国家出版基金项目
NATIONAL PUBLICATION FOUNDATION

中国社会科学院近代史研究所中华民国史研究室
总编 李 新

中华民国史

第九卷

(1937—1941)

下

吴景平　曹振威　著

中 华 书 局

国家,用于抗战①。

　　国民党临时全国代表大会通过的经济纲领以及基本政策,成为以后几年里国民政府制订实施具体财经金融政策的基本依据。

　　1938年10月广州武汉失陷之后,抗日战争进入相持阶段,国民党当局更加重视确立起战时经济统制和经营方针,认为:"抗战现已进入第二阶段,经济建设,尤其西部各省之生产建设,必更加速其发展,始能适应抗战之需要。"国民党当局提出了应该厉行的四条原则:1. 确定工矿等业之统制方式,凡与国防有重大关系之工业以及重工业,自以国营为原则。但经中央许可,仍得由省经营之。其他矿业、轻工业、农业以及不带军用性之普通商业,则务必采奖励民营之方式。2. 确定工矿等业之经营方针,国营及省公营工矿等业,应均以供给国防需要、增进社会繁荣为方针,不以与民争利为目的;中央应尽必要范围内给予省营事业以积极的经济援助,减少地方困难,增进地方与中央联系;对于民营事业,中央应以扩大现时奖助总预算,予以保息、保债、垫款、贷款等进行积极辅助。3. 确定改进交通事业之计划。4. 确定各种工作完成之期限并严订考核程序②。鉴于日本侵略者在前方区域日趋猖獗的经济侵略与掠夺活动,国民党当局还确定了不同地区的基本经济政策,沦陷区域之经济政策应以破坏为主,游击区域之经济政策应以保存资源、扶助民众为主,作战区域之经济政策应以免济敌以粮为主③。换言之,让西部各省成为战时经济的基地,在统制基础上综合协调,调动中央与地方各种经济力量,发挥其生产建设之积极性,从而促进大后方经济建设,增强持久抗战的实力与物质基础;而在沦陷区、游击区、作战区则以

---

　　① 《非常时期经济方案》(1938年3月30日),《中华民国史档案资料汇编》第五辑第二编《财政经济》(五),第1—8页。

　　② 《西部各省生产建设与统制案》(1939年1月26日国民党五届五中全会通过),《中华民国史档案资料汇编》第五辑第二编《财政经济》(五),第36—37页。

　　③ 《巩固前方经济基础方案案》(1939年1月28日国民党五届五中全会通过),《中华民国史档案资料汇编》第五辑第二编《财政经济》(五),第38页。

破坏敌方经济、保存我方经济力量为原则。

随着战线的扩大和战事的持续,战时经济的负担十分沉重。1941年3月,国民党五届八中全会通过了《积极动员人力物力财力确立战时经济体系案》,认为中国战时"经济力之能否持久",已成为中国抗战"最后胜利之关键",进而指出基本经济对策为:"积极动员全国人、财、物力,加强战时经济体系,以求生产之增加、分配之公允,并厉行消费节约,务使一切经济之力量,得收全盘控制之运用。"会议制定了《战时经济体系基本纲领》,共十条:

(一)确认当前对敌经济斗争为胜利之主要关键,树立以军事第一与经济国防化之基本信念,确立战时经济体系努力之方针。(二)深切了解新时代国防经济政策之重要,并全力推行,以达到抗战最后胜利之目的。(三)限定最短期间,充实并调整各级经济机构。(四)动员全国专门人才,分配于各级经济机构中。(五)动员全国优秀青年,施行短期训练,充任经济抗战之战斗员。(六)动员全国工人、农民和妇女,分期加以组训,积极从事生产事业。(七)经济机构均依军事部署与科学管理,统一指挥,分层负责。(八)对人民经济活动,从生产到消费,应作有体系之计划统制。(九)对于金融、贸易、运输、生产等关键事业,以扩大国营,联合民营,加强联系等手段,使成为整个经济抗战集体。(十)厉行对敌经济斗争[①]。

1941年12月太平洋战争爆发后不久,国民党五届九中全会订立了《加强国家总动员实施纲领》,从其内容来看,主要是关于经济总动员的。《实施纲领》提出了五项目标:1. 全国人民力量充分发挥,合理使用;2. 士兵之粮秣、械弹,供应无缺;3. 土地之使用竭尽其力;4. 一切物力之补充,继续不匮;5. 全国人民之生活能维持健康之水准。为达到这些目标,又提出了多项要求,其中与社会经济生产、消费、分配等直接相关的有:提高工作效能,增进物资生产;任何人劳力所获或所有之

---

① 《中华民国史档案资料汇编》第五辑第二编《财政经济》(五),第43—45页。

物资,除本人及其他节约合理需要外,应尽量提供政府征购或借用,不得私作无益消耗或囤积隐藏;全国土地应受国家之统制;生活必需品之物价应由政府管制,严禁违法抬价①。

战时经济纲领和基本经济政策的最突出的方面,就是强制性地要求各经济实体及其从业人员,均必须以发展战时经济为第一要务。对于这一点,国民政府及主管部门曾多次颁发相应的条例。

抗战爆发后不久,行政院便训令各省政府:在抗战时期,各地工商企业应加紧生产和调节物品,不得自行紧缩和收歇,无论部分或全部歇业,均需事前呈请许可②。待到1938年10月,国民政府在修正公布的《非常时期农矿工商管理条例》中明确规定:数十种经指定的农产品、矿产品和轻重工业品,"其生产者或经营者,非经经济部核准不得歇业、停业或停工。其已歇业、停业或停工者,经济部得限期令其复业复工";指定各企业之员工不得罢市、罢工或怠工;但对所用原料为军用必需品者,制造非必需品而所用原料供给缺乏者,经济部得令其停业,并将其土地、房屋、机器、动力、材料、工具等移作其他用途③。

这些,都是从消极方面来防止现有生产力的浪费。此外,更从积极动员和鼓励出发,推动社会经济的发展。

(一)奖励发展工矿业　1938年6月,国民政府颁布《工业奖励法》及《特种工业保息及补助条例》,凡应用机器或改良手工制造货物在国内外市场有国际竞争者,采用外国最新方法首先在本国一定区域内制造者,应用在本国享有专利权之发明在国内生产者,可申请奖励;凡实收资本在100万元以上,并且制造原动力机、电机、工作机器、冶制各种金属原料、采炼各种液体燃料、制造运输器材,其他经政府认可的重要

①　《中国国民党历次代表大会及中央全会资料》(下),第746—747页。
②　引自《文汇年刊》(1939年),《战时中国的经济动态》,第3—4页。
③　重庆市档案馆编:《抗日战争时期国民政府经济法规》(上),档案出版社1992年版,第80页。

工业,得呈请保息或补助①。一年之后,又把可申请奖助的重要工矿业确定为电气、机械、化学、纺织、农产制造、采矿、冶炼等七个行业,范围要比原先扩大;同时把实收资本的限额从 100 万元改为 20 万元,体现出对中小规模工矿业的重视②。另外,除了保息和现金奖励之外,还扩大了奖助的方式,包括:减低或免除出口税、原料税、转口税及其他地方税捐,减低国营交通事业运输费,免除和酌减公有土地之地租,提供低息贷款、提供运输上的便利③。为了发展战时急需的矿业,国民政府修订了《矿业法》,在重申"中华民国领域内之矿均为国有"的同时,允许各地在行政院核准后,可与外人合资经营矿业,但半数以上的股份应为中国中央政府或地方政府所有,并有半数以上董事系中国中央或地方政府之代表,董事长和总经理由中国中央或地方政府所派④。

(二)重视农业 在中央政府内设农产促进委员会,为发展农业的最高设计机构;设中央农业实验所,主管农业技术的推广运用。推广战前业已开始的合作事业,至 1938 年底,在国统区已有农业合作社3 万余个。根据战时出现大量难民的现实,鼓励组织难民移垦,国民政府要求各省调查并划定垦区,拟订移垦计划和实施办法,帮助垦民建筑住所,以贷款的方式帮助垦民解决移垦第一年所需之食粮、农具、耕牛、种籽、肥料、饲料、种畜等,免交田租三至五年。国民政府有关当局并把拓宽农村金融业务视作战时农业经济发展之关键,设农本局主持之。财政当局要求各地金融机关设立农产仓库,增加农产押款,增放农田机器借款和农田水利借款,农民得凭存仓农抵押借款。起初,各金融机关仅以合作社为提供农贷之对象。1938 年 6 月,财政、经济两部联合修正

① 《抗日战争时期国民政府经济法规》(下),第 155、157 页。

② 《非常时期工矿业奖助审查标准》(1939 年 8 月 4 日经济部公布),《抗日战争时期国民政府经济法规》(下),第 162 页。

③ 《非常时期工矿业奖助暂行条例》(1938 年 12 月 1 日国民政府公布),《抗日战争时期国民政府经济法规》(下),第 159—160 页。

④ 《抗日战争时期国民政府经济法规》(下),第 80 页。

通过了《扩大农村贷款范围办法》,规定农民组织亦得为贷款对象①。至 1942 年 1 月,四联总处又决定,中央信托局和中国、交通、农民三银行发放农贷之对象,包括:1. 合作社、互助社、农会等农民团体;2. 以改进农业为目的之机关、团体、学校;依法登记之农场、林场、牧场等。农贷的种类也扩大为农业生产、农田水利、农业推广、农村副业、农产运销等方面②。

(三)开发西南地区　抗战爆发后,国民政府有关机构在组织安排沿海工业内迁时,便有意识地把资源丰富的西南地区作为重点接受地区。国民党中央政权移至四川后,不仅在政治上提升西南各省的地位,且在经济开发上予以重点扶持。1939 年初,国民政府设立了西南建设委员会,由行政院院长孔祥熙任委员长,四川省主席张群为副委员长,有关各部的部长、各省主席为委员。国民政府把发展交通运输作为开发西南地区的重要措施,规划和兴建了多条省际公路、铁路干线。资源委员会、经济部亦以西南地区作为发展矿业、基础工业和其他工业的重点所在。

二　战时经济机构的进一步调整

1937 年 8 月 11 日国民党中央政治委员会决定设立的国防最高会议,既是政治和军事领域大政方针的最高决策机构,也是经济决策的最高机构。国防最高会议的职权中包括对国防方针、国防经费、国家总动员事项的决定③,在战时当然也包括了对重大经济问题的决策。至 1939 年 1 月,国民党五届五中全会设立了国防最高委员会,既取代了原国防最高会议,又明确代行中央政治委员之职权,国防最高委员会

---

① 《抗日战争时期国民政府经济法规》(下),第 2—3 页。
② 《抗日战争时期国民政府经济法规》(下),第 14—15 页。
③ 《国防最高会议组织条例》,《民国档案》1985 年第 1 期,第 59—60 页。

委员长对于党政军一切事务,得不依平时程序,以命令为便宜之措施[1],经济决策权同样也高度集中了,这是战时经济体制进一步完备的标志。

从战时经济具体机构的设立和调整来看,起初国民政府试图通过强化军事部门的作用,来应付大规模战争的爆发所带来的经济问题。为了应付战争爆发对经济造成的混乱局面,国民党当局决定对战时经济"加以严密之组织,予以适当之调整,济以有力之援助",以解除战争带来的困难,促进农、矿、工商百业之发展。1937年10月,在蒋介石的提议下,经国防最高会议议决,在军事委员会下设农业调整委员会、工矿调整委员会、贸易调整委员会。三个调整委员会的主要职责和使命,在于调剂农村经济,保育实业生产,保持国际市场,并"各就主管范围,督促管理,负责调整"[2];另在军事委员会设第三部管制矿产品和重工业品,设第四部管制农产品和轻工业品,设第六部管理交通运输,都体现了这方面的用意。

但是,上述军事部门与已有仍在发挥其职能的政府经济部门,如实业部、全国经济委员会等,显然有职权划分不清、机构重叠的问题,导致了经济决策和管理方面的混乱。为了适应战争持久化的需要,国民政府开始对经济机构进行较系统的调整。

1938年1月1日,国民政府对行政院进行改组,将实业部改组为经济部,为管理全国经济行政事务之机关,对于各地方最高行政长官执行经济行政事务,有指示监督之责[3]。原直属于国民政府的全国建设委员会、全国经济委员会之水利部分,归并入经济部;原隶属于军事委员会与经济相关的若干机构,即第三、第四两部、资源委员会、农业调整委员会、工矿调整委员会,也并入了经济部。在经济部内,先后设置了

---

① 《国防最高委员会组织大纲》,《民国档案》1985年第1期,第60—61页。

② 《中华民国史档案资料汇编》第五辑第二编《财政经济》(五),第55—56页。

③ 《经济部组织法》,《抗日战争时期国民政府经济法规》(上),第1页。

农林、水利、矿业、工业、电业、商业、企业、管制、总务等司,农本、商标、度量衡、采金、物资等局,工矿调整、燃料管理、平价购销等处,资源、燃料等委员会。经济部的职权范围一度包括了战时中国主要生产领域(农、矿、工业)和商业领域,虽然下属机构众多,但大体上代表了一种高度集中的战时经济体制。

资源委员会由原属于军事委员会改隶经济部之后,职权范围扩大了,包括所有国营基本工业、动力工业和矿业企业的创办、经营和管理,统制所有战略物资的生产、收购和运销。战时资源委员会先后建立了数百个电气和工矿企业,是电力、燃料、矿产品和重工业品的主管机构。

原属于军事委员会的贸易调整委员会于1938年改隶于财政部,易名贸易委员会,主要职权为管制进出口贸易,推进对外贸易的发展,管理外汇、借款、易货偿债,从国外购货,对日伪进行经济封锁,自日伪占领区抢购重要物资等。

战前,国民政府行政院下设交通部和铁道部。1938年1月1日,铁道部被撤销,所经营管理之铁道事业归并入交通部;此外,全国经济委员会所属的公路处和军事委员会下属的水陆运输联合办事处,也都划入交通部。自此,交通部的职权范围大为扩展,全面负责国有铁路、公路、电信、邮政、航政事业的规划、建设和管理,对地方经办及民营之交通事业,亦有监督之责。

1938年初所进行的调整,是抗日战争爆发以来国民党当局对中央经济行政机构所作的最全面、最系统的大调整。其结果是经济、行政职能基本上从军事机构中划分出来,统一于行政院系统。这并非意味着淡化经济的战时特征,恰恰相反,它实际上是为了适应战争持久化的需要,不再人为划分经济的"战时"和"非战时"性质,而是把所有经济机构都定位于为战争服务,从而大大加强了战时中央经济职能和权限的集中,有助于经济行政效率的提高,对战时后方各地社会经济的运作有着直接的影响。

随着战争的进展,特别是经济统制的全面实施,要求经济决策的集中统一和贯彻实施的高效率,再次提上议事日程。1940年10月,在国防最高委员会内设立了中央设计局,蒋介石兼总裁,其中集中了一批专门人才,掌管全国政治、军事、经济建设计划和预算之设计与审议①。这还只是个综合性的高层决策咨询机构。同年12月,决定在行政院内设立经济会议,1941年2月8日,行政院经济会议正式成立,开始办公,每星期开会一次,其职权范围为:"统筹战时经济"、"政府一切经济设施概由经济会议审定",凡经济会议之议决案,以行政院之命令行之②。经济会议以行政院院长(当时为蒋介石)为主席,行政院副院长(当时为孔祥熙)为副主席,委员包括财政、经济、军政、交通、农林、社会各部的部长,行政院秘书长和政务处处长,军事委员会参谋本部总长和次长、军令部部长、后方勤务部部长、军事委员会侍从室各处的主任、中央设计局秘书长,全国粮食管理局局长,中央银行总裁、副总裁,四联总处秘书长,资源委员会主任委员,贸易委员会主任委员,军需署署长,兵工署署长。指派侍从室第一处主任贺耀组为秘书长。行政院经济会议设备专门委员会,指派专门人员组织之。另在秘书处下设政务、粮食、物资、工资、运输、金融、贸易、合作、调查、检察、军事等组,分理各项事务。如检察组可派员前往各地,执行经济检察任务,以贯彻实施经济统制政策。

1942年3月29日,国民政府公布了《国家总动员法》,实施全面的战时统制。4月,行政院经济会议也相应改为国家总动员会议。此后,

———————

① 中央设计局于1941年2月22日正式成立,召开第一次会议。设秘书长、副秘书长以及委员、专门委员、科员。蒋介石发表《中央设计局之使命及工作要领》的演讲,称根据行政三联制的原则,设计、执行和考核,设计为最首要的工作;主要中央设计局今后一方面是本局自身的设计,一方面是汇合各部门的总设计。现在的工作目标,不仅着眼战时的需要,还要侧重战后的复兴。一切军事、政治、社会、经济各种建设的设计,都属于我们工作范围之内,其中实以国防经济建设的设计最关重要。"我们一定要以百分之七十以上的人力、财力和时间,用在经济建设方面"。据《先总统蒋公思想言论总集》卷18,第48—54页。

② 《经济会议组织大纲》(1941年3月24日国民政府颁行),《抗日战争时期国民政府经济法规》(上),第59页。

国民政府战时中央经济机构相对稳定,未再作大的调整。

三　战时物资管理与统制

战时经济体制的运作,较多地体现在对物资的管理与统制上。

抗战之前,国民政府曾通过资源委员会对某些战略原料的产销进行过控制,但总体上看,大部分产品的生产和流通没有纳入政府管制。抗日战争爆发后不久,国民政府就提出要对若干重要物资进行统一的管理乃至统制。

1937年12月22日,国民政府公布了《战时农矿工商管理条例》,共20条。规定:在战时,军事委员会第三部可对所指定之矿产品及重工业制品进行管理,包括燃料、金属及其制品,酸、碱及其化合品,水泥、酒精及其他溶剂,橡胶、交通器材、电气及动力器材;军事委员会第四部可对所指定之农产品及轻工业品进行管理,包括食粮、植物油、棉、毛、丝、麻及其制品,纸及其制品,纸及印刷教育文化品,皮革及其他畜产品,药品、茶、盐、糖、酿造品、油漆、木材、火柴、陶瓷、砖瓦。条例还规定,军事委员会第三部、第四部得就下列事项规定适当之标准:生产或经营方法、原料之种类及存量、工作时间及劳工、产品之品质与产量、生产费用、运输之方式及途径、销售之方式及范围、售价、利润①。这是战时第一个在较广范围内对物资进行管理和统制的法规。

1938年10月6日,《战时农矿工商管理条例》经修正后,易名《非常时期农矿工商管理条例》加以公布,从原来的20条增加到36条。新《条例》把对有关物资实施管理的责任机构由军事委员会改为经济部,管理物资的种类由原来的二类(矿产品及重工业品、农产品及轻工业品),进一步分为四类,并作了具体规定:1. 棉、丝、麻、羊毛及其制品;

---

① 《文汇年刊》(1939年),《党政重要法令及规程》,第55页。

2. 金、银、钢、铁、铜、锡、铝、镍、铅、锌、钨、锑、锰、汞及其制品；3. 食粮、植物油、茶、糖、皮革、木材、盐、煤及焦炭、煤油、汽油、柴油、润滑油、纸、漆、酒精、水泥、石灰、酸碱、火柴、交通器材、电工器材、电气机器工具、教育用品、药品、人造肥料、陶器、砖瓦、玻璃；4. 其他由经济部呈准行政院指定者。此外，对于各指定物资，经济部得因必要限制或禁止其输入输出，得依供求情况调节其消费，得因必要分别为禁售或平价之处分，得因必要令生产者或经营者储藏或移置之①。这个新颁布的《条例》，无论对列入管理物资的范围还是管理的程度，都超出了抗战爆发之初的规定。

对日用必需品的平价和取缔投机，是战时物资管理和统制的重要方面。起初，国民政府系授权各地方主管官署会同当地商会、同业公会设立的平价委员会，根据兼顾生产者和消费者利益的原则，以物品之生产及运销成本受战时影响的程度，或以战前的平均价格，或以战时之成本加上相当之利润，作为对有关日用必需品进行平价的标准。平价委员会拟出价格后，再呈地方主管官署核定，最后报经济部备核；至于应予评定价格的日用必需品的种类，亦由各地主管官署指定②。嗣后不久，国民政府授权由经济部来指定需加以平价的日用必需品的种类，并在经济部之下设立平价购销处，主持办理西南、西北各省的日用必需品平价购销事宜；购销处营运资金由四联总处直接拨付，会计独立，受四联总处的稽核监督；该机构办理日用必需品的平价购销，须依据以下原则：1. 采购日用必需品，应维持其最低价格；2. 批售日用必需品，应规定其最高价格，3. 维护商人之正当营业，不与商人争利；4. 规定批发零售价格，应采取稳定主义。另规定，凡受平价购销处委托并请得营运资金从事购销者，其批发利润平均不得超过成本的 5%，零售利润不得超

---

① 《抗日战争时期国民政府经济法规》(上)，第 78—80 页。

② 《非常时期评定物价及取缔投机操纵办法》(1939 年 2 月 20 日)，《抗日战争时期国民政府经济法规》(上)，第 93 页。

过批发成本的 20%①。

上述平价购销工作收到了一定的效果。但是,后方各省的日用品供不应求的情况依然十分严重,投机倒把、囤积居奇猖獗。至 1941 年 1 月 3 日,国民政府公布了《非常时期取缔日用重要物品囤积居奇办法》,重新规定了列为取缔囤积居奇范围的日用重要物品的种类:1. 粮食类:米、谷、麦、面粉、高粱、粟、玉米、豆类。2. 服用类:棉花、棉纱、棉布、麻布、皮革。3. 燃料类:煤炭(包括煤块、煤末、煤球、焦煤)、木炭。4. 日用品类:食盐、纸张、皂碱、火柴、菜籽、菜油。5. 其他经济部呈准指定者。该办法并对囤积居奇行为作出了明确的界定,授权各主管官署斟酌当地情形规定有关物品的"合法利润"②。

除了综合性的条例法规之外,国民政府还就若干重要物品的管理和统制订定了专门性的文件。

(一)粮食。粮食是抗日战争爆发后最早实行统制的物品。1937 年 8 月 18 日,国民政府颁发了《战时粮食管理条例》,宣布设立全国粮食管理局,直隶于行政院;授权战时粮食管理局得发布有关粮食管理事宜的办法或规章,并得对粮食的下列事项进行管理:1. 生产;2. 消费;3. 储藏;4. 价格;5. 运输及贸易;6. 统制及分配③。另设立地方的粮食管理机构,在各省设粮食管理局,县设粮食管理委员会,直辖市或市即由市政府负责粮食管理。全国粮食管理局成立后,对粮食的生产、储藏、运输、销售、消费等基本情况进行了调查,规定所有的粮食仓库、加工事业、粮商,都必须进行登记,并按期报告经营粮食的数量。全国粮

---

① 《经济部日用必需品平价购销办法》(1939 年 12 月 5 日),《抗日战争时期国民政府经济法规》(上),第 95—97 页。次年,国民政府行政院颁布《各省办理日用必需品平价购销业务办法纲要》,规定各省政府得设立该省的平价购销机构,依据上述经济部《办法》规定的有关原则,开展当地的平价购销业务。

② 《抗日战争时期国民政府经济法规》(上),第 99 页。

③ 朱汇森主编:《粮政史料》(四),台北"国史馆"1989 年版,第 12—13 页;《抗日战争时期国民政府经济法规》(下),第 320 页。

食管理局负责规划设立公仓网，从省到镇、乡、保；规定公有粮食必须存储于公仓内，民有粮食亦奖励寄存于公仓，必要时可限定部分民有粮食储入公仓；全国粮食管理局还直接负责粮食动员的实施，从中央储藏之粮食到各省以下乃至民有之粮食；平时则进行粮食市场的管理，调剂供需，加强运销组织，开展平价①。1940年3月起，四川重庆、成都和贵州贵阳等地粮价上涨幅度加大，囤积之风骤炽，蒋介石曾同时致电川、黔两省政府及经济部、四联总处、农本局、重庆市政府等机关，指示施行粮食限价出售，禁止和取缔公私机构购押米谷屯储，现存米谷一律陈报并听候平价出售等措施②。同年8月，国民党最高当局强调"采米统制，不许米商自由采办"③。蒋介石还曾发布手令，要求各地政府在乡镇一级均要组织谷米存户调查会，设立登记处，如有隐瞒不报者，一经查出，充公其所有谷米以外，并加重处罚；同时奖励密报者。蒋介石还要求国民党员、三青团员努力参加粮食调查工作④。全国粮食管理局还进一步采取治本和治标的管理措施。所谓治本，包括查明粮户的地亩数，约定售出量，规定粮户送粮之限期，民户按月购粮之限额等。所谓治标，包括：委托行政督察专员前往征购军粮各县，督导军粮之提前完成；严禁各地阻碍粮运；劝令300市石租谷以上之粮户出售部分粮食；通令各县对所有公学谷除保留必需之最低数量外，其余售卖以接济市场⑤。政府最高当局还要求"粮食没收须从富豪开始"、"余粮囤积不

---

①　《粮食管理纲要》(1940年全国粮食管理局公布)，《抗日战争时期国民政府经济法规》(下)，第324—329页。

②　《粮政史料》(四)，第27—30页。

③　蒋介石日记1940年8月11日，斯坦福大学胡佛研究所藏蒋介石日记手稿影印件。

④　《国防最高委员会秘书厅致行政院函》(1940年8月15日)，《粮政史料》(四)，第34—35页。

⑤　《管理粮食治本治标办法》(1940年全国粮食管理局颁行)，《抗日战争时期国民政府经济法规》(下)，第329—331页。

售者应从官方舞弊者开始"①。至 1940 年末,全国粮食管理局还颁行了《粮食管理紧急实施要项》,共 18 条,要求在各市县克期成立粮食管理委员会,各重要粮食市场成立粮食管理处,对所辖境内之粮食市场进行管理,包括制止市场外的粮食交易、管制粮食的转输、定订当地粮食牌价、限期出售民间旧存余粮、对拒绝售粮者照市价征用乃至予以没收,等等②。1941 年 5 月 12 日,国民政府颁布施行的《非常时期违反粮食管理治罪暂行条例》,则在粮食管理方面作出了更严厉的规定:凡非商人或非粮商购囤粮食营利者、粮商购囤粮食不遵粮食主管机关规定售出者、粮户或农户余粮未按粮食主管机关规定出售而规避藏匿者,均以囤积居奇论;凡囤积稻谷 5000 市石以上或小麦 3000 市石以上者,除没收其粮食外,视囤积粮食之数量,分别处以拘役或罚款、有期徒刑、无期徒刑直至死刑;规定需粮之民户和机关,如存粮分别超过 3 个月和 2 个月以上需要量的而未向主管机关陈报核准的,其超过部分的粮食将予以没收;另外,粮商购进售出粮食未登记报告,不按主管机关规定之地域、期限、数量、价格售粮者,均将处以罚金③。

　　但是,由于没有掌握足够的粮源,严格的粮食管理政策难以奏效。为了直接掌握粮食,也为了减少通货膨胀对田赋收入的不利影响,1941 年下半年起,国民政府又在后方各省全面实行田赋征实,起初规定按正附税总额每元折合稻谷 2 市斗(或等价小麦、杂粮,次年调整至 4 斗),由财政部经征;结束全国粮食管理局,另设立粮食部为田赋征实经收之最高机关,并负责粮食采办、仓储运输等事项。1941 年还开始实行粮食征购以补田赋征实之不足,次年改征购办法为随赋随购,1943 年又改征购为征借。另外从 1942 年初开始,国民政府有关部门还全面开展

---

　　① 　蒋介石日记 1940 年 12 月 4 日,斯坦福大学胡佛研究所藏蒋介石日记手稿影印件。

　　② 　《抗日战争时期国民政府经济法规》(下),第 332—334 页。

　　③ 　《粮政史料》(四),第 67—71 页。

了对大户存粮情况的调查，以冀有效地实施粮食管制。一些省份还实行了对大户余粮的强制性收购。例如，广东省曾对粮户存粮满 100 市担以上者进行强制收购，收购比率从 10％到 20％①。

国民政府除了以行政手段实行粮食管理和统制外，还一度在战区采用军事体制。1938 年 4 月，国民政府在各战区设立战时粮食管理处，直隶于战区司令长官部，可对战区内所有公私粮食依法处理，乃至直接管理中央及省市县政府在战区内所设之粮食仓库；管理之粮食种类以米、麦、面粉为主，次及重要杂粮，必要时并得包括食盐、饲料及其他可供食用之物品；管理事项包括：了解和查核粮食存储消费数量，公平分配军糈民食之供给，必要时可决定粮食的移运或销毁，得直接办理粮食之采购、加工、储藏及配销，等等②。

（二）棉花纱布。在战时的后方地区，棉花、棉纱和布匹也是列入管制的最重要的物品之一。战前，全国经济委员会曾于 1933 年设立棉业统制委员会，在部分棉区从事过发放农贷、良种培育、收购棉花等事宜，名为统制，实际上不含强制性。抗战爆发后，全国经济委员会撤销，大部分经管事项归并于新设立的经济部。1938 年 6 月，经济部农本局在重庆设立了名为"福生庄"的机构，在各省设分庄，对棉花纱布市场和价格进行管理，以调剂供需。农本局还在主要产棉区川、陕、豫、鄂等省设收购处，又在川黔等省设立手纺办事处。1939 年 12 月经济部成立平价购销处，曾委托"福生庄"在外地采购布匹，然后运交各供应站平价销售。为了平抑重庆等地居高不下的布价，平价购销处最初采取了"放纱收布"的管理方法，即由该处向织户定量发放棉纱，再向织户收购布匹，平价购销处根据各织户所有织机的

---

①　《行政院致粮食部指令》(1944 年 11 月 30 日)，《粮政史料》(四)，第 94－95 页。

②　《各战区粮食管理办法大纲》(1938 年 4 月军事委员会核准公布)，《抗日战争时期国民政府经济法规》(下)，第 322－323 页。

种类数量和性能,核发领纱证,准许织户领纱数量,以织布1匹领机纱5市斤3两和土纱5市斤8两为准,最初时先按每台布机织布5匹所需经纬量领纱,以后按所缴布匹数换领相等之纱量,随缴随领,随织随缴,约隔3日缴布1匹,不得延迟;另对织户领纱所织之布的规格,包括长度、宽度、重量、经纬密度、含浆量等,作了具体的规定①。用这种方法,平价购销处得以掌握部分布匹,再以平价推出后,在一定程度上有助于遏制市场布价的上涨。

但是,1941年以后,市场纱价激涨,进一步冲击了棉业市场,平价购销处只得在经济部指定的区域内,对棉纱、棉布实行限价,凡经规定限价的棉纱、棉布,平价购销处有权随时派员检查其规格,以资考核。到1942年2月,经济部进一步加强了对棉花、棉纱、棉布的管制,提出了"以花控纱、以纱控布、以布控价"的管制政策,并且实行了统筹棉纱平价供销办法,分别规定了16支纱、20支纱的最高价,对重庆附近的豫丰、裕华、申新、沙市四大纱厂的全部出产之纱,均由经济部的物资局加盖标记后,再由农本局按平价统行收购,禁止四厂自行出售纱支;还授权物资局在必要时征购其余公私纱厂的产品。对于所有征购得来的棉纱,除军用部分外,均由农本局负责供销分配,供放纱收布、以纱换布、平价售供直接用户、调节市场之用。对于布匹,一度也采取过平价限量出售的办法。如自1942年3月起,先后向在重庆的公职人员乃至一般市民出售平价布匹,每人可以一次性购买1丈5尺。至当年8月,在重庆市场抛售了平价布12.6万余匹,对平抑市场布价起过一定的作用。后来在财政部设立花纱布管制局,仍沿用"以花控纱、以纱控布、以布控价"的政策,但执行规程中更为严厉。

(三)矿产品和重工业品。抗战爆发初始,国民政府便实施了矿产品和重工业品的管制。对于煤,授权军事委员会以命令的方式确定各

---

① 《抗日战争时期国民政府经济法规》(下),第266—267页。

煤矿供给煤炭之地域、数量及价格[1]；全国所有各运输机关，"应设法使有关于国防建设所应用之煤炭尽先运抵目的地"，由军事委员会统一规定各煤炭管理区域所需最低额之煤量及供给煤矿、承运之运输机关，各机关均须遵守；非经军事委员会的核准，各运输机关不得装运未经规定之煤炭[2]；军事委员会于必要时，得在煤炭管理区域内设立煤炭管理机关，管理下列事项：1. 各煤炭商行存储煤炭及运到煤炭之登记保管与分配；2. 各煤炭商行销售煤炭之种类数量及地点；3. 各优先用户购买煤炭之种类数量及地点；4. 普通用户购买煤炭之种类数量及地点；5. 煤炭之价格。所谓的优先用户，指的是有关军事之制造及运输机关、公用事业[3]。国民政府西迁重庆后，在经济部下设燃料管理处，煤炭是列入管理的主要物资。燃料管理处先是对嘉陵江、綦江、岷江、沱江各沿岸煤矿产煤进行管制，规定各矿应尽先供给重庆市、成都市及各盐场、各工厂之需要；燃料管理处得随时派员调查各矿生产情形及采运选炼费用或工程设备，各矿须按月向燃料管理处呈报各种煤采选、炼焦、运输、存积吨量及次月预计之数；燃料管理处及其下属办事处得指定各矿煤斤运销区域及停泊煤船地点或分设堆栈，各矿须持有燃料管理处所发之煤运证方得由码头起运，到达目的地后，亦由燃料管理处或其办事处分配[4]。自 1939 年 5 月起，所有各矿所产煤斤及各重要城市、各工业区暨铁路轮船之用煤，均受燃料管理处管制。对于水泥，由经济部为主，会同军政部、交通部的代表，成立专门的水泥管理委员会，所有的水

---

① 《煤矿管理章程》(1937 年军事委员会颁行)，《抗日战争时期国民政府经济法规》(下)，第 110 页。

② 《煤运管理章程》(1937 年军事委员会颁行)，《抗日战争时期国民政府经济法规》(下)，第 247 页。

③ 《城市煤炭管理章程》(1937 年军事委员会颁行)，《抗日战争时期国民政府经济法规》(下)，第 248 页。

④ 《经济部管理嘉陵江、綦江、泯江、沱江各沿岸煤矿所产煤斤暂行办法》(1939 年 2 月 25 日经济部公布)，《抗日战争时期国民政府经济法规》(下)，第 249-250 页。

泥生产厂家和运销行商,都必须向该委员会登记,购用水泥者,亦须预先向管理委员会申请,经核准领取购用证后,再向生产厂家或行商购买①。

　　汽油、柴油及润滑油等非食用油,是列入战时管制的又一类重要物资,由直属于行政院的液体燃料管理委员会经管,所有经销行商,均须向该委员会或其办事处申请登记,经核准发给营业许可证后,方得到指定的油公司领购,并按液体燃料管理委员会核定的价格经售。油料经理商每月应将经售数量、现存数量及正在购运中之数量,报告该管理委员会②。至于酒精,无论制造还是销售,都列入了燃料管理委员会的管制范围,违者将受到查缉。钢铁则由经济部会同军政部组织之管理委员会进行管制,钢铁管理委员会指定实施管理的区域和钢铁种类,并得派员驻在各冶炼制造厂进行监督,稽核有关之簿据;钢铁材料的转运,须持有管理委员会所颁发的运照;各工厂、机关、商号需用列入管理的钢铁材料时,须经该委员会审核批准后,再向指定之主管机关或商号购用③。即便是以土法炼制的铁料,也由钢铁管理委员会下设的土铁管理处进行管制,被指定区域内的原存及新生产的所有土铁,都由该土铁管理处分配,亦可统一收购;土铁收购及销售价格由管理处规定公布,其生产过程受到监控,运输亦须领有钢铁管理委员会的运照④。

　　(四)出口物资。出口物资中,钨、锑、锡、汞等特种矿产品,由经济

　　①　《经济部管理水泥规则》(1939 年 5 月 26 日经济部公布),《抗日战争时期国民政府经济法规》(下),第 62—63 页。

　　②　《油料经理商经售油料办法》(1938 年 12 月 19 日行政院公布),《抗日战争时期国民政府经济法规》(下),第 254 页。

　　③　《经济部钢铁管理规则》(1940 年 1 月 24 日经济部公布),《抗日战争时期国民政府经济法规》(下),第 66—67 页。

　　④　《经济部钢铁管理委员会土铁管理处管理土铁实施办法》(1940 年 1 月经济部核准公布),《抗日战争时期国民政府经济法规》(下),第 67—68 页。

部资源委员会统制。特种矿产品早先主要是民间开采，多系商人自由经营。1936年起，资源委员会在主要矿区分别设立了钨业管理处、锑业管理处、锡汞管理处等机构，开始实施统制，但主要限于对矿砂的收购运销。抗战爆发后，资源委员会一面协助民营矿区改进技术，获得材料，融通资金，督促开采，另一方面加强了国营生产，而且全面统制了特种矿产品的出口。除了特种矿产品外，桐油、猪鬃、生丝、茶叶、羊毛等物资是由财政部贸易委员会主管的。各省茶叶的收购、外销事宜，由贸易委员会负责统筹办理，得定价收买，中国茶叶公司及下属机关予以协助；至于各省茶叶之生产、管理、运输事宜，由各省政府组织茶叶管理机关，商承贸易委员会办理①。全国猪鬃之收购运销，亦由贸易委员会统一办理，凡经营猪鬃的商号行栈，均须向贸易委员会登记，在内地收集生鬃并整理，然后按定价售与贸易委员会，不得自行报运出口，囤积猪鬃的数量和期限均有规定②。至于各地桐油的收购运销，由贸易委员会属下的复兴商业公司统一办理，价格由复兴商业公司拟订和贸易委员会核定后公布，凡在复兴商业公司设有收货机关之市场，其他任何机关、商号或个人均不得收购或贩运桐油；桐油的运输须持有贸易委员会所发之转运证，甚至复兴商业公司报运桐油转口和出口，也须凭财政部颁发的专用准用单，方准放行。至于各地内销桐油，由地方政府将实际需要数量及经营行号，向贸易委员会申请核定；贸易委员会还规定了每经营行号和桐农存储桐油的最高数额，超过限额者，复兴商业公司将按照当地牌价强制收买③。

对于国统区所生产的物资的管理和统制，不仅是为了后方各地的

直接需求或出口，还在于限制物资流入日伪占领区。早在 1937 年 8
月，国民政府就颁布了《食粮资敌治罪暂行条例》，严禁向敌军供给食
粮，违者将没收所运食粮、课以罚金，并视供敌食粮之数量，判有期徒
刑、无期徒刑直至死刑①。1938 年 10 月，国民政府公布了《禁运资敌
物品条例》，规定："凡国内物品足以增加敌人之实力者"，禁止运往敌国
及其占领控制地区，所谓的禁运资敌物品和敌国控制区域，由经济部随
时指定之，由海关或其货运稽核处严密查禁，在各战区亦应严密划定封
锁线，配置军警，以防偷运物品资敌，各地军政、交通、邮局等机关予以
切实协助；凡截获偷运之资敌物品，予以没收并罚款，如偷运物品查有
实据系售卖于敌人者，可处死刑或无期徒刑②。凡被列为禁运资敌物
品，在各战地党政分会的协调下，应由贸易委员会、资源委员会、农本局
及下属机构分别负责办理统一收购事宜，其收购资金、价格、存储地点
及仓库、转运等，都有相应的规定③。与查禁偷运资敌物品相应的，是
查禁敌货进口和运入后方国统区。国民政府曾颁布条例，明确规定由
各地主管官署、海关或其货运稽核处实施查缉敌货之职权、各工厂商号
不得购买敌货；凡已购入敌货之工厂商号，须在规定期限内申请登记，
具结永不购买敌货④。

　　随着对日经济作战愈益重要，国民政府于 1940 年设立了对敌经济
封锁委员会，并在水陆交通重要站口指定负责机关，派军警切实协助，
另有军法执行总监部组巡视团监察。

---

　　①　《文汇年刊》(1939 年)，《党政重要法令及规程》，第 66 页。
　　②　《抗日战争时期国民政府经济法规》(上)，第 198－199 页。
　　③　《战地内禁运资敌物品收购救济办法》(1939 年 12 月 22 日行政院转令经济
部遵照)，《抗日战争时期国民政府经济法规》(上)，第 191－192 页。
　　④　《行政院经济会议秘书处检查组工作大纲》(1941 年 4 月 25 日)，《抗日战争
时期国民政府经济法规》(上)，第 102－104 页。

第二节　战时国民政府的财政

一　战时财政征收

抗战时期财政征收，主要包括税收（关税、盐税货物税等）和田赋。

抗战爆发之初，1937年8月国民政府确定的税制方针为：1. 改进旧税，变更稽征办法，维持国有收入；2. 举办新税，另辟战时特别财源[1]。随后，国防最高会议常务委员会第六次会议议决授权财政部，对于修改关税、统税、印花税、所得税等税则，"得以命令先予施行，一面将办理情形呈报行政院核准追认，以应事机"[2]。这样往常税则修改办理之繁重手续得以大大简化，以因应情势对税制进行及时调整整顿，以保证税项收入。在1938年制定的《抗战建国纲领实施方案》中，国民政府进一步将税制方针确定为：从整理旧税与举办新税两方面，推行战时税制。其中整理旧税，在关税方面，改定现行出口税则，"凡出口货品所得外币价款结售于国家银行者，分别减免出口税，手工艺品出口亦予免税，以奖励输出，易取外汇"。在货物税方面，奖励统税货品工厂移设内地，增加卷烟税率以节制消费兼顾税收。在直接税方面，扩大所得税范围，"凡动产与不动产之所得概予课税，现行税率酌予提高，并采分级累进制，使负担公允"。举办新税，主要是举办战时消费税、战时利得税及遗产税[3]。

战前，统税为关税、盐税之外的第三大税项，主要是采用就厂征收

---

[1]　《总动员计划大纲》(1937年8月30日)，中国第二历史档案馆：《中华民国史档案资料汇编》第五辑第二编《财政经济》(一)，江苏古籍出版社1997年版，第11—12页。

[2]　《中华民国史档案资料汇编》第五辑第二编《财政经济》(二)，第1页。

[3]　《抗战建国纲领实施方案》(1938年8月)，《中华民国史档案资料汇编》第五辑第二编《财政经济》(一)，第13—15页。

的方法。抗战爆发后，对于战区、沦陷区的工厂已经无法如前征税。自1938 年 4 月起，对于内运应纳统税均由第一道统税机关进行查验补收；没有统税机关的情况下，则由海关代征统税。在统税征收科目方面有所增加，如 1940 年 12 月开征糖类统税，课税对象包括国制和进口糖类，税目有七种，即红糖、桔糖、白糖、冰糖、方糖块糖、糖精以及其他经财部核定之糖类，征收税率均课统税 15％。此外，在课税单位、完税价格、驻厂征收、重征与税照、报请与登记等均有相应规定①。至 1941 年 7 月，规定征收货物统税之货品包括卷烟、薰烟叶、洋酒、火酒、饮料品、火柴、糖类、水泥、棉纱、麦粉等十类，由财政部税务署所属税务机关征收之。统税原来采用从量税率，随着物价波动严重，1940 年下半年起财政部提高税额一倍征收统税，复于 1941 年 9 月起，改为各货品均采取从价税率，区别不同货品分别征收 2.5％至 80％不等税率。如卷烟从价征收 80％，洋酒啤酒从价征收 60％，国产烟酒类税方面，税率相对较低。其中，烟类税分烟叶、烟丝两种，烟叶依照产地核定完税价格征收 30％，烟丝税征收 15％。酒类税按照产地核定完税价格征收 40％；棉纱从价征收 3.5％，麦粉从价征收 2.5％，以体现对日用奢侈品和日用必需品的区别对待。茶类统税方面，包括国内产制及国外输入之茶类，具体有红茶、绿茶、砖茶、毛茶、花薰茶、茶梗、茶末等八类，税率规定为 15％。并实行国制产茶出口退税，以补贴促进国货出口，拓展国际市场，赚取外汇②。

　　抗战时期，由于扩大统税范围，将其发展为货物税，并结合专卖政策，使得货物税征收数量逐年上升。据统计，货物税征收数量 1940 年是 7200 万元，1941 年是 18900 万元，1942 年是 78300 万元③。

---

　　①　《财政部糖类统税征收暂行条例》(1940 年 12 月 1 日)，《中华民国史档案资料汇编》第五辑第二编《财政经济》(二)，第 18—20 页。

　　②　《中华民国史档案资料汇编》第五辑第二编《财政经济》(二)，第 21—26 页。

　　③　许涤新、吴承明主编：《中国资本主义发展史》第三卷《新民主主义革命时期的中国资本主义》，人民出版社 2003 年版，第 469 页。

在直接税的开征方面,主要有印花税、所得税、利得税和遗产税。印花税战前已经开征,"八一三"淞沪抗战之际,国民政府鉴于"值兹非常时期军需浩繁",决定将现行印花税率加倍征收,即"现行印花税法第十六条税率表第一目至第三十五目所定之税率一律加倍征收";并酌量扩充征税范围,凡呈文申请书,诉愿书保结、甘结、切结,每件贴印花二角;分别加重处罚漏税之罚款数额,"现行印花税法第十八条所定处分应纳税额十倍以上三十倍以下罚款,改为二十倍以上六十倍以下,如倍数计算不满五元时,应处以五元之罚款"①。所得税战前仅开征了该税目中第二类的薪给报酬所得以及第三类的公债利息所得。1938 年之后,开始计征第一类营利事业所得和第三类存款利息所得。另外 1938年 7 月 1 日起计征过分利得税,征收对象范围为:1. 凡公司商号、行栈工厂或个人资本在二千元以上之营利事业,官商合办之营利事业及一时营利事业,其利得超过资本额百分之十五者;2. 财产租赁之利得超过其财产价额百分之十二者。税率自百分之十至百分之五十不等,但"凡由战区迁入内地之工厂及因战事受有重大损失之营业,经查明属实者,应暂予免税"②。开征过分利得税的同时,取消了各省此前擅征的战时利得税、战时商捐等名目。

至于战前规划但未及开征的遗产税,也于全面抗战爆发一年后开始征收。根据 1938 年 10 月 6 日公布的《遗产税暂行条例》,遗产税的征税对象范围为本国公民死亡时在国内和国外的遗产,包括被继承人之动产不动产及其他一切有财产价值之权利;征收税率,遗产总额5000 元以上者,一律课税 1‰,遗产额超过 5 万元者,依其超过额实行按级计算加征,并一一规定按级计算加征之税率,最高就其超过额征收

　　① 《财政部公布施行非常时期征收印花税暂行办法》(1937 年 10 月 11 日),《中华民国史档案资料汇编》第五辑第二编《财政经济》(二),第 2—3 页。

　　② 《非常时期过分利得税条例》(1938 年 10 月 28 日),《中华民国重要史料初编》第四编(三),第 383—386 页。

50％，以体现区别对待；关于减免征税，第七条对免纳做出规定，如遗产总额未满 5000 元者，军官、士兵及公务员战时阵亡或因战地服务受伤致死者之遗产，涉及文化教育等之遗产，捐助各级政府之财产等，则予以免征，以鼓励人们抗战建国，踊跃捐输之积极性。此外，暂行条例还就遗产处分分割、报告期限、申请诉讼、纳税时间次数与证明以及拖延隐匿等，均做出相应规定①。暂行条例于 1940 年 7 月 1 日付诸实施。

在关税方面，为了鼓励战时必需品的输入，实行减税，凡列为减税货品的，仅按照 1934 年进口税则原定税率之三分之一缴纳进口税，因此最低者为值百抽三，最高者也仅为值百抽十左右。至于洋米、汽油、柴油、救护药品和医疗器械等，则全免进口关税。至于非必需的奢侈品，则实行禁控，必须凭进口特许证方得输入。另外考虑到物价波动的因素，自 1941 年 4 月起，对于进口洋货的按量计税部分改为按价计税。另一方面，为了鼓励出口，凡由专门国营机关统一收购外销的货物，如矿产品、桐油、茶叶、猪鬃、羊毛、蚕丝等，以及经规定由商人向国家银行结售外汇的出口商品，如肠衣、羽毛、皮革、子仁、木材、麻类等，凭准运单或银行结汇证明书，由海关验放，豁免出口税。对于由沦陷区转运内地行销的洋货，则需要补缴进口税；凡禁止进口的洋货，或以禁止进口的货品为原料制成的物品，则不得转运内地销售②。

盐税方面，1941 年 9 月起将从量计征改为从价计征，避免因物价上涨而导致盐税在盐价中的比重急剧下降这一不合理的现象，增加盐税的收入。

1941 年 6 月 23 日，在重庆召开的全国财政会议第五次大会通过了裁废各省货物税改办战时消费税案，即克期裁废各省货物通过税、产销税及其他对货物征收之一切捐费，所相应导致的各省收入之减少，由

①　《遗产税暂行条例》(1938 年 10 月 6 日)，《中华民国重要史料初编》第四编(三)，第 375－379 页。

②　《中华民国重要史料初编》第四编(三)，第 311－312 页。

中央统筹弥补办法;另由国民政府举办战时消费税,其要点为:战时消费税为中央税,其课税货品由财政部另表公布,其税率对奢侈品征收10%至30%,对日用品征收3%至6%;战时消费税在货品产地一次征足,进口制造品及直接消费品则由海关按同样税率征收消费税;业经征收战时消费税的货品如系输出国外者,于出口时退还已交之税款;战时消费税不得征收任何附加捐费①。

抗日战争爆发后,各省以财政困难为由,或自行征收货物通过税产销税,或以统制管理物资名义收取捐费。征收种种名目税费的,有粤、桂、湘、赣、闽、浙、陕、甘、宁、青、苏、皖等十二个省份,至1940年征收总额约达7600万元。

抗战爆发时,田赋为地方税,一般以面积为标准,以货币缴付。随着战争进展,沦陷区和战区实际上难以维持正常的农业生产和田赋征收,于是国民政府于1939年9月颁行《战区土地租税减免及耕地荒废之救济暂行办法》,主要内容:1.已沦陷为敌人控制之地区,赋税暂行豁免;2.沦陷地方经过克复,或游击队武力控制,能行使政权之地区,土地赋税及附加税,应予减征,以不超过原税额50%为原则;又田租应予减低,承租人应缴之佃租以不超过原额三分之二为原则;3.接近战区及将成为战场之地区,土地赋税及佃租亦应减轻,准用第二项规定;上述2、3两种地区之土地赋税,得以农产物按照市价折算缴纳实物②。这是抗战爆发后关于部分地区土地征收标准变更的最初规定,一方面规定缴纳赋税或佃租,得依照市价折算,另一方面规定征额均比照原额减轻,其主要精神,系对战区及沦陷区农村和农民的一种优待办法。

与此同时,在国民政府控制的地区除了总体上仍如常继续征收田赋外,晋、闽、浙、甘等省相继开始酌征实物。

① 《大公报》,1941年6月24日。
② 朱汇森主编:《粮政史料》(五),台北"国史馆"1990年版,第143—144页。

山西是最早开始田赋改征实物的省份。1937年随着抗战军兴,在山西境内经常作战的国民党军队为数颇多,虽然军饷基本按时拨放,但随着物价逐渐高涨,军粮购备困难很大。从1938年起,山西开始试行所谓摊派法,其摊派对象为财产在3000元以上之富户,分为三等九级,按累进率摊派。到了1939年,山西各驻军盛行"借粮"之风,名为官购,实同征用,结果困难迭出,主要是越来越不易购得平价军粮,同时运输又甚感困难。于是自1940年春山西地方当局倡行田赋改征食粮办法,具体为:1. 我统治区,采用集中方式;2. 敌我交错区,由人民自行保存;3. 敌侵占区,则由人民直交钱赋。因山西境内105县已破碎不全,全年田赋共284万两,1940年开征,计粮30万担,棉10万斤,布400斤。省财政厅规定,每两征小米、大米或小麦1官担(山西官秤130斤、新市秤155.172斤)。大麦、豇豆、豌豆、扁豆、绿豆1担半,或谷子、黑豆、高粱、乔麦2担,折为1担;布4斤、棉10斤,亦等于1两。缴纳粮食之运输,大体由征收者和缴付者各负担一半①。

福建在全省范围里也较早田赋改征实物。经呈请国民政府核准,福建全省自1940年10月1日该年下忙第二期起开征,其主要办法为:1. 依照各县"七七"事变前一年之平均米价为标准,将现有田赋正附税额(包括丁粮每两石正税及原有省县附加)折成米额,改征米谷。2. 征米如有困难,得依照米价折合缴纳国币,各以其本县上年10月至本年3月间之六个月平均米价,为第一期(或上忙)征收标准,本年4月至9月间之六个月平均米价为第二期(或下忙)征收标准,由各县查明,呈省核定公布。3. 一切田赋临时附加,经改征实物或米折后,一律取消。4. 改制后之溢额,用以抵补取消田赋附加,废除苛杂,并支应实施新县制及军米与其他应办事业经费。5. 本年事属创办,如依折合价款缴纳国币,准予八折实收。"凡此在谋县财政之整理充实,使能去其苛杂,固其根基,经费既无虞竭蹶,事业可计日成功,而人民实无加重负担之

---

① 《粮政史料》(五),第144—145页。

顾虑"①。福建省田赋收入之原有数,计每年正赋约600万元,附加约400万元,改制后,估计可收2500万元左右,约增150％。但是,这种实米折价办法,与国民政府所规定者有所不同,事实上更多地成为各地解决眼前财政困难之变相加赋,忽略解决军民粮食问题②。

浙江省1941年1月起开始田赋改征实物,其要点为:1.各县田赋改征米额,以原有各则田地山荡应征上、下期田赋省县正附捐税,及比照田赋标准或按亩征收之税费暨带征之赋收公费总数,依照各该县"七七"事变以前一年内1936年7月至1937年6月平均米价,进行折算。2.各县田赋仍分上、下期征收,每期各征半数,上期于5月开征,每期征收均以2个月为限,其原系一次征收者,仍照旧例。3.各县征收实物,如因事实困难,得将米额折合国币征收,以各该县各期田赋开征2个月前4个月内之平均公定米价为折征之标准。4.各县田赋改征实物后,不得再征任何附加税捐,或派征经费。5.逾期或抗缴税款之处分:加收滞纳罚金、拘追、提取欠赋地收益、查封财产;6.1940年份及以前各年份之旧赋,仍照旧追缴;6个月未清缴者,照本办法征收实物及米折标准改征。另外,浙江省颁行施行细则20条,其中规定:业户缴纳实物以干谷为限;田赋缴纳实物部分,得照额酌予折扣,折减成数由省政府随时核定,折缴国币部分须十足征收③。但游击区及征收地价税区域,则仍旧贯。

陕西省颁行的《战时田赋改征实物暂行办法》规定:改征标准,未办土地陈报县份按原定粮石数征收,已办土地陈报后,按新定赋额半数粮石改折银元比率,回折粮石数征收;暂分全省为五个标准区,分别征收米、麦、小麦,并得折收现物实价。折收标准,由省粮食厅根据

---

①　《福建省政府陈主席申州电》(1940年10月),朱汇森主编:《粮政史料》(五),第6—7页。

②　《粮政史料》(五),第147页。

③　《粮政史料》(五),第147—148页。

各县所报上年度和本年度粮价,核定平均粮价;愿以实物缴纳者,须以乡镇为单位,全体皆缴实物。改征后取消一切附加。征收地价税县份及城区,以及积欠田赋,不改收实物或折价。核定征数照收征额八折征收[①]。

甘肃田赋中地丁部分照旧征收国币,粮石部分改征实物。原粮石中三四成折价,每石折收 2 元 2 角 8 分至 13 元 6 角 8 分不等,自 1941 年起,一律征收本色[②]。

青海省每年征粮 4.6 万石,除同仁一县全征本色粮米外,其余各县皆本色四成,折色六成。宁夏夏粮本折各半,秋粮全数折色。西康原有辖境仅泸安稍有征折色,其余概征本色,内分红米、青稞、大麦、小麦、菽麦、豌豆、玉麦、粟米、元粮、洋芋等[③]。

从国民政府层面看,进入 1940 年之后,由于后方各地物价、粮价腾涨,对于粮食的统筹管制不容迟缓。1940 年 12 月,行政院第 409 次会议上,副院长兼财政部长孔祥熙提议,由于各省粮价高涨,政府收支不敷,因而应适应时势需要,准许各省田赋酌量征收实物,并认为田赋征实后,"人民之负担既可平允,政府之损失亦可补偿,而军粮民仓复得资以调节,手续简便,较易推行"。该案经国民党国防最高委员会第四十七次常会决议通过[④]。

为自本源上解决粮食征购和销售中的问题,1941 年 3 月 18 日,行政院又修正通过《田赋改征实物办法暂行通则》,要点为:1. 田赋改征省份,应自即时起尽量征收实物;2. 田赋改征或加征后,所增加人民负担,不得超过物价增加数 60%;3. 各省征得之粮食,应尽先充作军粮,其处理办法应经全国粮食管理局核准;4. 征收实物之种类,应兼顾地

---

①　《粮政史料》(五),第 149—150 页。

②　《粮政史料》(五),第 150 页。

③　《粮政史料》(五),第 151 页。

④　《中华民国史档案资料汇编》第五辑第二编《财政经济》(二),第 175—176 页。

方出产及政府需要;5.田赋改征或加征后,省县收入之划分,应不违背现行法令;6.田赋改征或加征后,所有未经中央核准之省县地方税捐,应一律撤销①。

在推行田赋征实的过程中,国民党最高当局意识到,必须从制度安排上解决地方政府对于财政收支状况的担忧,决定:"田赋改组中央,省经费中央统筹。"②1941年4月,国民党五届八中全会"为调整国地收支,并平衡土地负担起见",决定将各省田赋收归中央整顿征收,以适应抗战需要;而且中央为适应战时需要,得依各地生产交通状况,将田赋之一部或全部,征收实物③。随即召开的全国财政会议通过了田赋征实办法,自当年下半年正式把田赋列为中央收入。田赋征实以原来的田赋正附税总额为折征标准,以稻谷小麦为主,每元折2市斗稻谷,产麦区另折征等价小麦;并试各地农产具体情况,兼征等价杂粮。其赋较重之省份,得请财政部酌量减轻。次年征实标准提高,每元赋额折征稻谷4市斗,或小麦2斗8升。由于征实所得粮食无法满足军公粮所需,遂于征实之外,另办粮食征购,大体参酌各省所需和粮价,分省核定征购数额与价格④。实施田赋征实的成效,1941年度后方地区征收总额为谷麦22,938,496石,实际征得谷麦共25,560,297石,超过征额11.2%。1942年度征实征购总额为谷麦65,039,582石,实际征得谷麦共66,175,687石⑤。这与当时国民政府与各地方政府有关部门之间的协力合作有关,更是产粮区民众支持抗战、踊跃输将的结果。

---

①　《粮政史料》(五),第48—49页。

②　蒋介石日记1941年3月22日,斯坦福大学胡佛研究所藏蒋介石日记手稿影印件。

③　《中华民国史档案资料汇编》第五辑第二编《财政经济》(二),第177—178页。

④　《各省田赋征收实物施行通则》(1941年7月),《粮政史料》(五),第151—152页;《中华民国重要史料初编》第四编(三),第314—316页。

⑤　《中华民国重要史料初编》第四编(三),第316—317页。

1941年9月,财政部为防止延、抗、逃税起见,订定催征通则颁行:公务人员欠赋限期清完,逾期撤职处分;公共团体欠赋,逾期未完,将首领经管人传案追缴;行政机关欠赋,在应领经费内扣除;经征人员通同隐匿或据报不实,从严议处;欠粮总额达三年应完税款以上者,得拍卖其欠税财产;业主远出或住址不明,责成佃户代完抵租。蒋介石令饬各省市地方,不得率行报灾,应先电财政部查核,省政府田赋管理处会同有关人员履勘,妥慎拟议,报部查明核办。财政部复有《田赋征收实物考成办法》颁布[1]。

二　大举内外债和停付关盐税担保外债

1937年卢沟桥事变、尤其是"八一三"淞沪抗战发生后,国民政府原有的正常性财政收入已无法应付迅速增长的军政开支。"盖抗战建国同时进行,需用既繁,税收又减,中央与地方同感支绌,不得不举行新债,以资弥补"[2]。举借公债,首先是内国公债(以下简为内债),便成为国民政府获取税外收入的重要手段。

1937年8月18日,国民政府公布了《救国公债条例》,宣布为"充救国经费起见",自9月1日起发行公债5亿元。这是中日战争全面爆发后,国民政府公开发行的第一笔内债,其数额超出了战前国民政府所发行的任何一笔内债[3]。与战前发行的内债相比,救国公债有如下特点:不仅可用现金,也可以用"有价物品"认购公债;没有指定具体的还本付息基金,只是笼统地提"由财政部于国库税收项下指拨";强调对该

---

[1]　《粮政史料》(五),第153—154页。

[2]　《孔祥熙在国民参政会第二次会议上的财政报告》(1938年10月30日),《民国外债档案史料》第2卷,第236页。

[3]　1936年国民政府曾发行统一公债14亿6千万元,但是为了整理旧有债票,而不是发行新债。

公债"如有伪造及毁损信用之行为者,由司法机关依法惩处"①。另外,从公债的募集来看,国民政府于该年8月下旬设立了"救国公债劝募总会",以国民政府委员、全国经济委员会常务委员、中国银行董事长宋子文任劝募总会会长,国民党中央执行委员会常务委员陈立夫任副会长。这是自南京国民政府成立以来,为发行公债成立的第一个全国性官方背景的劝募机构。此外,该公债系照票面十足发行,利率原定为年息2厘,后在正式发行前宣布改为年息4厘,但仍低于此前南京国民政府所发行的绝大部分内债的利息率②。即便如此,救国公债的认募情况十分踊跃。在公债发行伊始,中央银行、中国银行(包括所属机构及同人)便分别认购2000万元,交通银行系统也认购了500万元。在一年的时间里,救国公债便基本认募完毕。至1938年6月底,解入国库的救国公债发售收入为21619.9余万元,而整个1937财政年度(1937年7月至1938年6月)的各种税项总收入才41287.9余万元③。由此可见,救国公债的发行对抗战初期国民政府的财政收入具有较大的意义。

抗日战争爆发之初,中国在举借外债方面并不顺利,举借内债成为较重要的税外收入手段。在国民政府财政当局看来,"战时弥补国用办法虽不止一端,而以发行公债为最普遍之政策"④。在发行救国公债之后,国民政府又在1938年发行了国防公债5亿元(实发49811余万元)和赈济公债1亿元(实发2510万元)。此后,一直到1941年底太平洋战争爆发前,国民政府发行的法币公债数额居高不下:1939年,发行建

①　千家驹:《旧中国公债史资料》,1984年版,第275页。

②　1928年国民政府为整理中央汉钞,发行民国17年长期金融公债4500万元,年息2.5厘;1930年发行铁道部收回广东粤汉铁路公债,年息为2厘;1936年发行整理广东金融公债1.2亿元,年息4厘。但这三项公债都属于整理旧债的性质。

③　《民国外债档案史料》第2卷,第232页。

④　孔祥熙在国民党五届五中全会上的财政报告(1939年11月12日),《民国外债档案史料》第2卷,第239页。

设公债和军需公债各 6 亿元；1940 年，发行军需公债 12 亿元（实发124,939 余万元）；1941 年，发行建设公债 12 亿元和军需公债 12 亿元（实发 118,460 万元）①。这样，自抗日战争爆发后的四年里，由国民政府发行的法币公债总额约为 59 亿元。此外，历年为临时周转库款，另发行有短期国库券及国库证 351,395 万元②。

　　抗战时期若干省政府发行了地方公债。如山东省政府为"办理全省土地陈报及试办地籍图测量"，于 1937 年 9 月 1 日起发行整理土地公债 250 万元。安徽省政府于 1937 年 10 月 1 日起，发行完成公路建设公债 200 万元。江西省政府为发展本省生产建设事业，于 1938 年 1月 1 日起发行建设公债 2000 万元；又于 1941 年 9 月 1 日起，发行建设公债 1500 万元。湖南省政府"为筹办建设事业，充实金融机构及应付紧急需要等费用"，于 1938 年 7 月 1 日起发行建设公债 1800 万元。河南省政府为"供应紧急要需，发展农村经济"，于 1938 年 8 月 1 日起发行 6 厘公债 500 万元。甘肃省政府"为筹办建设事业"，于 1938 年 8 月1 日起发行建设公债 200 万元。福建省政府"为筹办紧要设施及建设事业"，于 1938 年 10 月 1 日起发行建设公债 800 万元。1940 年 1 月 1日起，福建省政府又为"发展本省生产建设"，分三期发行生产建设公债2000 万元。浙江省政府"为筹措国防特种用费"，于 1938 年 5 月 1 日起发行 6 厘公债 1000 万元。广东省政府为"巩固本省国防起见"，于1938 年 3 月 1 日发行省国防公债 1500 万元；复以"均衡战时省金库收入"名义，于 1939 年发行短期金库券 480 万元。江苏省政府"为整理地方财政及调剂农村金融"，自 1939 年 4 月 15 日起发行地方财政公债800 万元；1940 年 3 月 1 日起，江苏省政府又以"整理地方财政及调剂

---

　　① 参见《旧中国公债史资料》，第 376 页附表。另外，1937 年 12 月国民政府曾发行整理广西金融公债，以充实桂钞准备，该项公债的收入用途不同于已述及的各项中央公债。

　　② 财政部公债司编：《战前战时债务状况及其附注（截至 1941 年 6 月底止）》，《民国外债档案史料》第 2 卷，第 332 页。

农村金融"名义,发行江苏地方财政公债 1000 万元。广西省政府"为调整 1939 年度省库收支",自 1939 年 5 月 1 日起发行 6 厘公债 800 万元。湖北省政府"为办理农民贷款,拨缴湘鄂粮食管理处资金,暨增加湖北省银行资本,谋产业经济之发展",自 1939 年 7 月 1 日起发行金融公债 800 万元。四川省政府"为办理交通生产建设事业",于 1939 年 9 月 1 日起,发行建设公债 750 万元;于 1940 年 10 月 1 日起,发行四川省建设公债 750 万元;复为"整理二十七年五月三十一日以前本省债务",于 1941 年 1 月 1 日起,发行四川省整理债务公债 3500 万元。甘肃省政府为"筹办水利农矿事业",于 1941 年 9 月 1 日起发行公债 1500 万元。甘肃省政府于 1941 年 1 月和 1942 年 1 月分 2 期发行了民国 30 年甘肃省建设公债共 800 万元国币。四川省政府为"整理二十七年五月三十一日以前本省债务",于 1941 年 1 月 1 日起,发行整理债务公债 3500 万元。安徽省政府为"充实地方银行资金,调剂农村金融,谋经济之发展",于 1941 年 5 月 1 日起发行公债 800 万元。该省另为"完成本省公路",于 1941 年 5 月 1 日起,发行公债 200 万元①。战时地方公债条例均由国民政府公布,一般指定以地方财政收入为担保,由各地方银行或中央政府银行在当地之分行负责经理还本付息,财政部、审计部以及省政府、省财政厅的代表参加基金保管委员会。绝大部分地方公债以举办经济实业或交通事业的名义发行,其使用和偿付是各地方财政开支中的重要部分。

---

① 各地方公债发行概况,参见《国民政府公报》第 2504 号(1937 年 11 月 6 日)、第 2505 号(1937 年 11 月 8 日)、《国民政府公报》渝字第 7 号(1937 年 12 月 20 日)、渝字第 29 号(1938 年 3 月 1 日)、渝字第 62 号(1938 年 7 月 1 日)、渝字第 68 号(1938 年 7 月 21 日)、渝字第 69 号(1938 年 7 月 25 日)、渝字第 126 号(1939 年 2 月 10 日)、渝字第 149 号(1939 年 4 月 15 日)、渝字第 157 号(1939 年 5 月 27 日)、渝字 175 号(1939 年 8 月 2 日)、渝字 184 号(1939 年 9 月 2 日)、渝字 236 号(1940 年 3 月 2 日)、渝字 237 号(1940 年 3 月 6 日)、渝字第 310 号(1940 年 11 月 16 日)、渝字第 323 号(1940 年 12 月 31 日)、渝字 404 号(1941 年 10 月 11 日)、渝字第 410 号(1941 年 11 月 1 日)、渝字第 423 号(1941 年 12 月 17 日)。

战时各项公债除了利率较低外，一般均十足发行，以一般国民为主要对象；偿还期较长，最短的 15 年，最长的达 30 年。另外，战前国民政府所发内债之担保主要是关税（占 85％）和盐税（占 11％），战时关税和盐税收入锐减，列入公债基金的有所得税、统税、烟酒税、国营事业和建设事业余利等财政收入项目。

除了法币内债外，国民政府还公开发行了其他种类的内债。

1938 年，国民政府发行了"民国二十七年金公债"，这是抗战时期第一笔非法币内债。举借定额分别为关金 1 亿元、英金 1000 万镑、美金 5000 万元，并分别印制债票。发行该项金公债的直接目的，是收换民间和海外侨胞所持的金类、外币、外汇及国外有价证券。国民政府规定：如以生金、金制品、金币等缴购者，按每一关金合纯金 60.1866 公毫的比率发给关金债票；如以国外有价债券缴购者，按当时售价发给英镑债票或美金债票；以关金、英镑、美金之外的其他外币、外汇、国外有价债券缴购者，可按当时市价，任择一种或数种债票。该公债年息 5 厘，期限 15 年，自 1939 年起还本，以盐余为偿付基金。规定还本付息时即以债票种类分别付给关金、英镑和美金。该项公债在国内委托中央、中国、交通三行募集，在海外则由中国银行负责劝募与推销，另由中行委托华侨、中兴、广东、东亚等银行的海外机构代为劝募。各银行劝募该公债，可得劝募债额 0.25％ 的手续费。对踊跃承购的个人和团体，则予以奖励[①]。该金公债的实际发售额分别为关金 99,000,110 元、英金 9,132,340 镑、美金 48,151,630 元[②]，发行是成功的。

此后国民政府又于 1940 年发行建设金公债（发行定额为英金 1000 万镑、美金 5000 万元，实际发售 9,874,994 英镑、45,989,550 美

---

①　详见《民国二十七年金公债条例》（1938 年 4 月 21 日）、《民国二十七年金公债劝募规则》（1938 年 9 月 2 日），《旧中国公债史资料》，第 282—288 页。

②　参见《旧中国公债史资料》，第 376 页附表。

元），1941 年发行滇缅铁路金公债（定额与实发额都是 1000 万美元）①。如果加上 1938 年金公债实际发售额，那么至太平洋战争爆发前，国民政府公开发售的非法币公债共达关金 99,000,110 元、英金 19,007,334 英镑、美金 104,141,180 美元。而在同一时期，国民政府从英国方面借得的债款约为 1800 万英镑，从美国方面借得债款约为 1.7 亿美元。还应当指出，这一时期英美政府向中方提供的债款种类是商业信贷和平准基金借款，前一类只能用于购买货物，平准基金借款固然提供外汇现汇，但其使用仅限于维持法币汇价，且置于外方的严格监控之下。由此可见，非法币公债的发行，使国民政府得以获得巨额可自由支配的外汇，其财政意义颇为重要。

总计上述法币公债、短期国库券及国库证、三项金公债，抗战爆发四年里国民政府发行内债共达国币 1,015,284.12 万元。如果连同战前发行的内债，截至 1941 年 6 月底国民政府所欠内债本金共合国币 13,183,796,200 元②。

国民政府举借的 100 余亿元的内债，具有什么财政意义呢？据统计，1937 年至 1941 年国民政府财政总支出约为 213.48 亿元③。也就是说，国民政府财政实际支出总额的 46.7％是通过举借内债得以实现的。

另外，在太平洋战争之前，国民政府还开始发行了实物公债，即 1941 年 9 月的粮食库券，这是战前所没有过的特殊形态的内债。当年 4 月召开的国民党五届八中全会曾提出了"加强公债募集与发行田赋之实物库券双方并进"的方法，其直接目的是为了把握粮源，特别是保证军粮的供应。这一次发行的粮食库券分为稻谷和小麦两

---

① 　参见《旧中国公债史资料》，第 376 页附表。

② 　财政部公债司编：《战前战时债务状况及其附注（截至 1941 年 6 月底止）》，《民国外债档案史料》第 2 卷，第 332 页。

③ 　杨荫溥：《民国财政史》，第 102 页。

类,券面分为 1 市升、2 市升、5 市升、1 市斗、5 市斗、1 市石、5 市石、10 市石、100 市石九种。根据收购粮食的数量,分别省区发行;年利息率为 5 厘,以实物计算。其期限,规定自 1943 年起分五年偿还,即随同券面额按年抵缴各该省田赋应征之实物①。根据这一规定,国民政府并不准备以货币或实物偿还,所以,该粮食库券实际上是提前征收的田赋。

举借内债固然对解决抗战初期的财政困难起到了重要作用,但战时所需军用物品及交通、经济事业各种器材,多须自国外输入,往往需要以外汇支付。此外,法币汇价的维持,同样需要为数不小的外汇汇兑或平准基金。所以,在举借内债的同时,国民政府还举借了多笔外债。

自抗日战争爆发到太平洋战争前,国民政府举借外债的基本情况如下。

(一)苏联。共达成三项易货借款,总额 2.5 亿美元,其中前二次借款各 5000 万美元,均在 1938 年达成,年利息率 3%,期限为 5 年。第三次借款 1.5 亿美元于 1939 年达成,年利息率 3%,期限 10 年②。中方均以向苏联出售农矿产品的方式偿付借款的本息。至 1941 年 6 月,共动用173,175,809美元③。所动支的款额均由国民政府军事委员会向苏方购买军用品。1941 年 6 月苏德战争爆发后,苏联方面停止向中

---

①　《民国三十年粮食库券条例》(1941 年 9 月 22 日修正公布)》,《旧中国公债史资料》,第 301 页。

②　苏联第一次易货借款自 1937 年 10 月 31 日起计息,即按苏联开设向中国提供军用品的日期计算,但还本期是从 1938 年 10 月 1 日起的五年;第二次易货借款自 1938 年 7 月 1 日起计息,还本则是自 1940 年 7 月 1 日起的五年,因而借款的实际期限等于七年;第三次易货借款自 1939 年 7 月 1 日起计息,自 1942 年 7 月 1 日起的十年内还本,借款实际期限为十三年。详见《民国外债档案史料》第 11 卷,第 19、23、26 页。

③　中央银行编《中苏易货借款节略》(1948 年),见《民国外债档案史料》第 11 卷,第 61 页 。

方交货。

（二）英国。于 1939 年和 1941 年分别达成平准基金借款各 500 万英镑，年利息率分别为 2.75％和 1.5％，用于维持中国法币汇价的稳定。又于 1939 年 3 月达成购车信用借款 18.8 万英镑，年利率 5.5％，清偿期限为 1939 年 6 月起的 48 个月①。同年 8 月达成购料信用借款 285.9 万英镑，年利率 5％，清偿期限十四年②。1941 年 6 月又达成英镑区购料信用借款 500 万英镑，年利率为 3.5％，清偿期限为自 1946 年 10 月 31 日起的十四年半，但中方可随时提前清偿。根据借款合同的规定，为了迅捷拨付到期本息，中方准备向英方出售猪鬃、茶叶、生丝、锑及其他产品③。

（三）美国。于 1939 年 2 月达成桐油借款 2500 万美元，年利率 4.5％（后减至 4％），清偿期限不得超过 1944 年 1 月 1 日，规定中方在国内收购桐油，分五年运美销售，以收入之半数偿付借款④。于 1940 年 4 月达成华锡借款 2000 万元，年利率 4％，清偿期限七年，中方在七

---

①　该项购车货价总额为 22.3011 万英镑 15 先令 4 便士，其中 25％由中方付现；库券总额包括 75％的货价 16.7258 万英镑 16 先令 6 便士，以及利息 20749 英镑 3 先令 6 便士。详见《民国外债档案史料》第 11 卷，第 178－181 页。又：本购车信用借款和下项购料信用借款，通常被合称作战时英国第一次信贷，因为是同一阶段中英谈判的结果，又是在同年订立协定的。

②　《民国外债档案史料》第 11 卷，第 184－191 页。

③　《民国外债档案史料》第 11 卷，第 378－380 页。该借款亦被称作战时英国第二次对华信贷。

④　《民国外债档案史料》第 11 卷，第 119－121 页。关于桐油借款和下项华锡借款的担保问题，虽然两项借款协定载明由中国银行"完全"、"无条件"地承担，中国财政部部长孔祥熙亦要求在纽约的中国银行出面担保。但时任中国银行董事长的宋子文以"事关国家整个财政"为由，提出应由中央、中国、交通三行共同负责，中央、交通两行应向中国银行书面声明共同承担到期还本付息的责任；孔祥熙同意三行按四、四、二的比例分担责任，并换文件存证。参见《中国银行史 1912－1949》，中国金融出版社 1995 年版，第 548 页。

年期限内向美方运售滇锡共 4 万吨,其收入提成作为还本付息基金①。1940 年 10 月达成钨砂借款 2500 万美元,年利率 4%,清偿期限五年,规定中方在偿付期内向美方运售不少于 1000 吨的钨砂,其收益首先提作偿付基金②。1941 年 2 月,中美之间又达成了金属借款 5000 万美元,年利率 4%,清偿期限七年,规定中方在偿付期内向美方运售不少于 1400 吨的钨砂、锑、锡,其收益首先提作偿付基金③。上述总额达 1.2 亿美元的四项借款,均属于信用借款,债权方都是代表美国政府的华盛顿进出口银行;各项借款均不得在美国直接购买 1939 年美国中立法案规定的军械、军火或军用品。另外,1941 年 4 月中美之间达成了平准基金借款 5000 万美元,年利率为 1.5%,使用借款期限初定至当年 6 月 30 日,后经双方洽商延长一年;该借款系由美国财政部直接供给,协定未规定中方须提供何种经济担保,也没有规定借款动用部分的清偿期限。该借款规定只能用于在中国维持法币对美元的汇价。另外,中国国民政府和中央银行必须拨付 2000 万美元加入该平准基金④。

　　(四)法国。于 1939 年 10 月达成南镇铁路借款合同,法方为中国修筑湘桂铁路南镇段提供材料和工款共 1.8 亿法郎,与中国建设银公司共同提供工程需款 14.4 万英镑(其中法方占 49%)。借款年利率 7%,清偿期限十五年,中方如果提前清偿,须在 6 个月前通知法方并支付 2.5%的酬金;国民政府以普通盐余、广西矿税、其他国税收入以及南镇铁路之产业、收入作为担保⑤。1939 年 12 月,中法又达成叙昆铁路借款,法方为修筑叙府－昆明铁路向中方提供材料及设备,价额以 4.8 亿

　　① 《民国外债档案史料》第 11 卷,第 262－266 页 。
　　② 《民国外债档案史料》第 11 卷,第 286－288 页。
　　③ 《民国外债档案史料》第 11 卷,第 309－311 页。
　　④ 《民国外债档案史料》第 11 卷,第 358－365、373 页。中美平准基金旋与中英第二次平准基金合为统一的中美英平准基金。
　　⑤ 《民国外债档案史料》第 11 卷,第 76－81、91－93 、100－101 页 。

法郎为限;年利率 7%,清偿期限十五年;国民政府以普通盐余、其他政府收入以及叙昆铁路产业、收入作担保①。

法国的两项借款,约合 1500 万美元,远少于苏、英、美各国的借款额。但是法方所要求并为中方所同意的抵押担保条件,以及在工程技术、财务和其他特权方面所获得的中方的让步,却是整个抗战时期中国外债问题中的特例。

除了上述向苏、英、美、法四国的各项借款外,在抗日战争爆发后的四年里,国民政府还因自国外购买机械和军用品积欠有相当数额的外债,计:英金 704,866.45 镑,美金 2,437,937.18 元,法金 5,126,743.38 法郎,港币 199,760 元,关金 195,215.23 金单位。连同战前所借外债,结至 1941 年 6 月底,所欠外债本金约合国币 1,244,035,651 元②。

国民政府一方面大量发行内债和积极举借外债,另一方面不得不支付以往积欠的内外债的本息。偿付本息负担最重的,是以关、盐税担保的债务。按理,关、盐税收入比较稳定,一直被视作债务的"确实担保"。自抗日战争爆发后,中国关税、盐税多为日本方面劫持,收入骤短。至 1938 年底,战区关税遭日本劫持约达国币 1.5 亿元以上。为了维护债务信用,国民政府起初由中央银行垫付到期内外债的本息。据统计,从 1937 年 9 月到 1938 年 12 月,仅垫付以关税担保的各内外债之本息,就达 1.75 亿元,占 1937 年度财政实收总额的 42.4%③。当时无论从财政收支还是从外汇储备来看,都不可能继续垫付以关盐税担保的内外债的本息了。

---

① 《民国外债档案史料》第 11 卷,第 225—230 页 。

② 财政部公债司编《战前战时债务状况及其附注(截至 1941 年 6 月底止)》,《民国外债档案史料》第 2 卷,第 332 页。该积欠数额中,不包括美国金属借款和平准基金借款,英国的第二次信用借款 500 万美元和第二次平准基金借款四项尚未动用的外债。

③ 《民国外债档案史料》第 2 卷,第 272 页,并参照第 232 页 1937 年度中央收支报告表计算。

1939年1月15日,国民政府财政部宣布:把以关税作担保的债赔各款改为摊存办法,"嗣后对于海关担保各项长期债务,凡在战前订借而尚未清偿者,当就战区外各关税收比例应摊之数,按期拨交中央银行专款存储。惟此项摊存办法,原系应付目前非常情势之临时措置,如战区各关将已存欠缴之应摊债赔款及嗣后税收应摊之数额如数照旧解交总税务司时,政府自当仍即同时照旧拨付债赔款基金,以恢复战前原状也"[1]。具体地说,就是把每月海关担保各项债务之数额,按照各关所在地划分为战区(即日占区)及非战区(即国统区)两部分,各以上个月每区收入数目比照全国关税收入总数,定为各该区本月份应摊债额之标准;国民政府停止支付海关担保各债的本息,但把国统区各关应承担的份额存入中央银行备付,恢复支付的条件,是日占区各关将其以前欠缴之款(即至1938年底的1.75亿元国币)补齐并每月向总税务司照旧解款。具体而言,当时在关税担保项下的长期债务本额约合国币25亿元,其中外币借款约为6亿元,庚子赔款约1亿元,国币借款约18亿元;而1939年内每月偿付数,外币借款项下约合400万元国币,庚子赔款项下约合国币300万元,国币借款项下约合1100万元,亦即每月应付之数约等于国币1800万元[2]。

同年3月,国民政府又宣布:"鉴于日方干涉盐税收入范围益广",决定停付以盐税担保各债本息,采用与关税担保外债同样的摊存方法[3]。

国民政府宣布停付本息、采用摊存办法的,有以关税担保的英德续借款、善后借款、庚子赔款,以及民国二十五年统一公债、民国二十五年复兴公债、民国十七年金融长期公债三项内债;以盐税作担保的有湖广

---

① 《民国外债档案史料》第2卷,第272—273页。

② 1939年1月18日财政部发言人对外国记者的谈话,《东方杂志》第36卷第5号,《现代史料》第63页。

③ 《中华民国史档案资料汇编》第五辑第二编《财政经济》(二),第810页。

铁路借款、克利斯浦借款、美国芝加哥大陆商业银行借款、英国费克斯马可尼公司借款、美国太平洋拓业公司借款等五项外债。

但是，国民政府规定上述三项内国公债照常抽签，中签债票和到期息票，可由中央、中国、交通、中国农民四家政府银行贴现①。至于以某关附加捐税，或某省盐税及附税担保的内债，如疏浚河北省海河工程公债，辟浚广东省港河工程公债，玉萍铁路公债，二十六年整理广西金融公债，均不在摊存之列。这样，国内债权人的利益实际所受到的影响并不大。此外，对于中法南镇铁路借款和1938年的金公债，虽然担保中都涉及盐余，但系抗战爆发后举借的，国民政府均由国库另行拨付，予以维持。这样，有利于在战时继续举借内外新债。

三　巨额赤字和通货膨胀

抗日战争爆发后，国民政府的财政开支剧增，赤字情况即总岁出与实际收入的亏短数，渐趋严重。

抗战爆发初始，国民政府曾明确了为支持抗战实行节减开支的方针。1937年8月，国防最高会议通过国民政府抗战《总动员计划大纲》，其中关于财政管理实施方案，就有核减党政各费及停止不急需之一切事业费支出；整理地方财政，增收节支，使有余力补助中央战费②。但实际财政收支的不平衡愈益严重。1936年度（自1936年7月到1937年6月底），国民政府的财政赤字为国币600.7百万元，占当年度财政实支总额的31.7%③。1937年度，财政赤字便增加到1532百万元，占财政实支总额的73.3%。1938年度（只包括1938年7月至12

<hr>

① 《关税担保债赔各款摊存办法》(1939年1月31日财政部公债司、国库司、会计处会签)，《民国外债档案史料》第2卷，第297页。参阅1939年1月18日财政部发言人对外国记者的谈话，《东方杂志》第36卷第5号，《现代史料》第63页。

② 《中华民国史档案资料汇编》，第五辑第二编《财政经济》(一)，第11—12页。

③ 杨荫溥：《民国财政史》，中国财政经济出版社1985年8月版，第43页。

月的数字,1939 年起,财政年度改成与历年制相同)财政赤字为 872 百万元,占实支总额的 74.6％;1939 年度赤字达 2082 百万元,占实支总额的 74.4％;1940 年度赤字激增至 3971 百万元,由于整个开支额的增加,占实支总额的比率增加到 75.1％。而 1941 年度的赤字高达 8819 百万元,比上一年度增加了 122％,赤字占实际支出总额的 88.2％,增加了 13 个百分点[①]。

赤字额的迅速增加,既是实际支出特别是军政开支居高不下所致,也与战时财政收入、尤其是正常税项增收无着有关。至于举借公债,无论是内债还是外债,虽然可以应付一时,但还本付息又将成为日后的开支负担。这样,增发钞票就是国民政府不得不作出的选择了。

国民政府之所以采取通货膨胀政策,与抗日战争的爆发有着直接联系。大规模军事行动的持续,既造成了金融的紧张,又导致对通货需求的增加;加上国民政府自战争一开始就实施了收兑金银和吸收侨汇的政策,这些都使得法币的发行量逐渐增长。

通货膨胀政策的出笼,也有一个过程。自 1935 年 11 月实行法币政策到 1937 年抗日战争爆发,在 20 个月内,法币的发行量只是从 4.5 亿元增加到 14 亿余元,增加的幅度还小于被废止的银币的数额,可视作紧缩状态的货币流通。在战争爆发的头几个月里,法币的增发幅度也是很有限的。如以 1937 年 6 月法币的发行额 14.07 亿元视作指数 100,那么当年 9 月的发行额 15.44 亿元的指数,只相当于 109.8,增加了 9.8 个百分点。同年 12 月的发行额为 16.39 亿元,比 9 月份只上升了 6.7 个百分点[②]。应当说,这一增发幅度还是正常的,是可以为国民政府所实际掌握的财政力量与经济力量所承受的。

但是,由于实行法币政策时国民政府承诺了无限制买卖外汇的义务,这在战争情况下却是无法长久履行的。于是,在 1937 年 11 月间,

---

① 《民国财政史》,第 102 页。

② 《中华民国货币史资料》第二辑,上海人民出版社 1991 年版,第 290 页。

国民政府有关当局就已经在考虑采取通货膨胀的政策了。财政部部长孔祥熙提出了"维持法币同时并应增加筹码"的目标,并提出发行不可兑换外汇的"货币券"①。当时任中央银行业务局局长席德懋不同意在法币之外再公开发行一种不兑换外汇的货币,认为这将造成两种不同之币制,"影响法币信用及外汇甚大",势必使法币政策趋于崩溃。席德懋建议"空发"法币5亿元到10亿元,中央银行的英籍顾问罗杰士也赞成这一主张。按照席德懋的私下解释,所谓空发,既不公开宣布取消法币可以买卖外汇的政策,又不为所发行的钞票提供任何准备,"只要保守绝端秘密,对外否认"②。这一建议后来为财政部所接受,并且得到了四联总处乃至蒋介石本人的允可。于是,从1939年1月1日起,中中交农"四行发行法币,增加之数可暂以金公债充作现金准备,另帐登记"③。公债票本身是国民政府发行的,它与维持同样是政府所发行的法币的币值,在任何意义上都没有必然的联系。至当年9月,国民政府对于法币发行的准备金中,除了原来规定的现金准备和保证准备之外,又加入了短期商业票据、货物栈单、生产事业之投资凭据。这样,战时便于法币扩大发行的因素进一步增加,通货膨胀政策在法理上和操作上都不存在什么重大障碍了。

　　抗战爆发后法币的实际增发情况可见下表:

期　别	发行额 (百万元)	指数	较上期增加发行额(百万元)	较上期增加指数
1937年6月	1407	100.0	42	

---

①　《财政部次长徐堪致孔令侃电》(1937年11月10日),《中华民国货币史资料》第二辑,第284页。

②　《孔令侃致孔祥熙电》(1937年11月13日),《中华民国货币史资料》第二辑,第284—285页。

③　《中央银行常务理事会决议》(1939年3月28日),《中华民国货币史资料》第二辑,第285页。

（续）

期　别	发行额（百万元）	指数	较上期增加发行额（百万元）	较上期增加指数
9 月	1544	109.8	137	9.8
12 月	1639	116.5	95	6.7
1938 年 3 月	1679	119.3	40	2.8
6 月	1727	122.7	48	3.4
9 月	1925	137.0	198	14.3
12 月	2267	161.1	343	24.1
1939 年 3 月	2411	171.2	144	10.2
6 月	2700	191.9	289	20.6
9 月	3587	254.9	887	63.0
12 月	4287	304.5	700	49.7
1940 年 3 月	4689	333.3	403	28.7
6 月	6063	430.8	1373	97.5
9 月	6841	486.2	779	55.4
12 月	7867	559.0	1025	72.8
1941 年 3 月	9157	650.7	1290	91.7
6 月	10715	761.5	1559	110.8
9 月	12652	899.1	1937	137.6
12 月	15133	1075.4	2481	176.3
1942 年 3 月	17510	1244.3	2377	168.9

资料来源:《中华民国货币史资料》第二辑,第 290－291 页。

从上表可以看出:自抗日战争爆发到 1939 年 6 月的两年里,法币发行额增加了近 13 亿元,每一季度的法币发行平均增加率为 11.5%,应当说涨幅不大。1939 年第三季度以后,到 1940 年底,法币增发额超过 51 亿余元,每季度的平均增加率达 61.2%,速度明显加快。而 1941 年到 1942 年 3 月,法币增发额已近百亿元,每个季度平均增加率提高到 137.1%。

　　如果进一步考察法币的增发情况,还可以看出抗战爆发后中央、中国、交通、农民四行在货币发行过程中地位的变化。1937 年 6 月,四行的法币发行额分别是 37,584 万元、50,986.3 万元、31,354.8 万元、21,795.1 万元,其中中国银行占法币发行总额的 36.23%,中央银行只占 26.71%;到 1938 年 9 月时,中国银行的发行额为 66,193.7 万元,占同期法币发行总额的 34.39%,仍超过中央银行(发行额为 56,638.2 万元,占 29.43%)。但到 1938 年 12 月,中央银行的法币发行额达 73,802.8 万元,占发行总额的 32.55%,居四行之首,同期中国银行的发行额为 71,105 万元,占发行总额的比率为 31.36%。此后,中央银行的发行额一直居四行首位。到 1942 年 3 月,中央银行的发行额已达 717,620.2 万元,占发行总额的 40.93%,远超过其他三行。同期中国银行的发行额是 502,942.3 万元,占 28.72%,交通银行的发行额为 209,587.9 万元,占 16.6%;中国农民银行的发行额为 240,785.8 万元,占 13.75%①。

　　还应指出的是,从 1939 年开始,无相应发行准备的所谓"另帐"发行额迅速增加。具体数额可见下表。

单位:万元

期　　别	中央银行	中国银行	交通银行	合　　计	指　　数
1939 年 6 月		28720	5417.6	34,137.6	100
12 月	53,316.2	45,483.3	21,685.3	120,484.8	352.9
1940 年 6 月	102,763.2	54,983.3	28,000	210,046.5	615.3
12 月	165,498.8	38,483.3	37,900	241,882.1	708.5

---

①　《中华民国货币史资料》第二辑,第 292 页。

（续）

期　　别	中央银行	中国银行	交通银行	合　　计	指　　数
1941 年 6 月	195,593.7	38,483.3	40,000	274,077	802.9
12 月	281,502.3	38,483.3	40,000	359,985.5	1054.5
1942 年 3 月	337,866.6	38,483.3	40,000	416,349.9	2196.2

资料来源：国民政府财政部档案，引自《中华民国货币史资料》第二辑，第294 页。

战时通货膨胀转趋严重，与法币实行另帐发行直接相关。自 1939 年 9 月起，中央银行的发行额一直超出中国银行和交通银行的另帐发行额之和。而自 1942 年 12 月起，中国银行和交通银行的另帐发行额基本上被限定，但中央银行的另帐发行额却急剧上升。

与通货膨胀相应的，是国民政府统治地区物价的上涨。抗日战争爆发之初，物价指数上升得并不快。但从 1938 年起，物价上涨的趋势逐步明显。以下是国统区主要城市平均零售物价指数变化表：

1937 年 6 月	1	1939 年 12 月	3.23
1937 年 12 月	1.18	1940 年 6 月	4.87
1938 年 6 月	1.4	1940 年 12 月	7.24
1938 年 12 月	1.76	1941 年 6 月	10.5
1939 年 6 月	2.26	1941 年 12 月	19.8

资料来源：［美］杨格：《中国与外援，1937－1945 年》，第 436 页。（Arthur N. Young, *China and the Helping Hand*, 1937‑1945, *Harvard university Press*, *Cambridge*, *Massachusetts*, 1963, p. 436.）

进一步的计算表明，每一年比上一年物价上涨的幅度分别为：1938 年，40％；1939 年，83％；1940 年，124％；1941 年，173％。

作为战时中国经济和政治的中心所在地重庆，物价上涨、法币购买力下降的情况显得更为严重。以下是 1937 年至 1941 年底的变化情况：

日　期	22 种基要商品批发物价指数 （以 1937 年上半年为 1）	法币购买力指数 （以 1937 年上半年为 1）
1937 年 12 月	0.98	1.0172
1938 年 12 月	1.04	0.6097
1939 年 12 月	1.77	0.2813
1940 年 12 月	10.94	0.0783
1941 年 12 月	28.48	0.0365

资料来源：物价指数：《上海解放前后物价资料汇编（1921 年－1957 年）》，上海人民出版社 1958 年 10 月版，第 195－196 页；法币购买力指数：杨荫溥《民国财政史》，第 159 页。

可以看出，1939 年是物价迅猛上涨、法币购买力急剧下降的转折点。

战时物价指数上涨的原因，往往被归于货物短缺和运输的困难。但是，事实上后方各地的基本必需品的生产还能够维持下去，还有不少货物可以辗转从日伪占领区获得。正如当时担任国民政府财政部顾问的美国人杨格所指出的："物价不断上升之主因，显然是由于钞票泛滥，而不是由于货物普遍缺乏或运输困难的不断增加。"[1]

应当指出，国民政府在战争爆发后不久便注意到平抑物价的重要性，也采取了若干措施。1938 年 10 月，国民政府曾明确把三大类近五十种货物列为经济部"指定产品"，授权经济部"对于指定之物品，得因必要分别为禁售或平价之处分"[2]。战时通货膨胀之下，物价的平抑成为国民政府十分头疼的难题。

物价的大幅度上涨引起了国统区社会各阶层普遍的不满。考察通货膨胀、物价上涨、法币购买力下降的后果，还必须联系同期领薪阶层

[1] 《中华民国货币史资料》第二辑，第 360 页。
[2] 《非常时期农矿工商管理条例》（1938 年 10 月 6 日国民政府修正公布），引自《抗日战争时期国民政府经济法规》（上），第 80 页。

实际收入指数的变化。重庆等地部分领薪阶层实际收入指数可见下表：

年份	重庆市工人	四川农业雇工	重庆市教员1936年7月—1937年6月为1	重庆市公务员1936年7月—1937年6月为1	士兵
1937	1	1	0.9	0.88	1
1938	1.24	1.11	0.78	0.68	0.93
1939	0.95	1.22	0.58	0.43	0.64
1940	0.76	0.63	0.29	0.18	0.29
1941	0.78	0.82	0.24	0.14	0.21
1942	0.75	0.75	0.17	0.10	0.10

资料来源：杨荫溥：《民国财政史》，第162页。

到抗战中期，以工薪收入为生的人们已经明显成为战时通货膨胀的直接受害者。他们的名义工资也会有一定程度的提高，但与物价指数上涨、法币购买力下降的幅度相比，他们的实际收入和生活水准比战前大大地降低了。特别是完全靠薪金的普通教师、公务人员和士兵，事实上处于难以为继的艰难境地。

第三节　战时金融

一　安定金融和维持法币汇价的努力

1937年卢沟桥事变发生后，金融领域的稳定亦受到较大的影响。国民政府及所属金融机构为稳定金融采取了不少措施。

1937年7月15日，国民政府对两年前实施的《妨害国币惩治暂行条例》加以修正公布，除了重申对意图赢利而私运、销毁、或伪造、变造银币、铜币、中央造币厂厂条者的处罚外，特别增加了严厉处罚伪造、变造币券者和收集者的条款,处罚最重的为无期徒刑并课以5000元的罚款①。这一《条例》的要旨,不仅在于防止贵金属的外流,而且从反面提升了法币的重要地位。

对贵金属币的私运、销毁和伪造,还不是金融领域的主要困难。战争爆发伊始就普遍出现的向银行提存、抢购外汇、逃避资金和大幅度呆账等情况,要求国民政府加强对商业行庄的管理。于是,国民政府财政部在1937年"八一三"事变发生的当天就宣布上海银钱业停业两天。8月15日,财政部又公布了以限制提存、鼓励存款为主要内容的《非常时期安定金融办法》,如规定活期存款每户每星期提取限于5%,且总额不得超过150元法币;定期存款未到期者不得通融提取,用作抵押每户亦以法币1000元为限;到期后如不欲转定期者,也须转作活期存款,并以原存款银行、钱庄为限,同业或客户汇款,一律以法币收付之②。《非常时期安定金融办法》是国民政府统治地区的金融开始由平时转向战时的重要标志,该《办法》施行后,"虽无外汇管理之名,已收外汇管理之实"③。嗣后,国民政府财政部还明确规定:各税收机关收纳税款,仍应以法币及可以兑取法币之票据为限,汇划票据概不适用;至于以支票报解税款,均不受《非常时期安定金融办法》第一条的限定,只需得到四行联合审核委员会的核准④。可以看出,国民政府旨在控制市面上法币的流通量,来达到安定金融的目标。

为了避免该办法对工商业资金周转可能带来的消极作用,8月16日财政部规定了上海市补充办法四条,以汇划票据弥补市场金融筹码的不足。9月1日又提出汉口市的补充办法四条,采用可以入账而不

---

① 中国第二历史档案馆等编:《中华民国金融法规档案资料选编》上册,档案出版社1989年版,第626页。

② 《中华民国金融法规档案资料选编》上册,第627页。

③ 《中华民国史档案资料汇编》第五辑第二编《财政经济》(四),第483页。

④ 财政部令上海市银行钱业同业公会(1937年8月21日和23日),上海市档案馆藏上海市银行公会档案,档号S173—1—96。

能支付法币的横线支票,来解决工商业和机关的困难①。此后,汉口、西安、郑州、济南、长沙、重庆等城市也实行了大体相同的办法,既执行了限制提存的规定,对金融有所安定,又兼顾到市面资金流通的需要。另外,财政部也适当放宽了提存额的限制。

当然,不同地区对《非常时期安定金融办法》的执行情况是有差别的。如根据广州市银行公会的意见,广州中国银行当时并不对提存加以限制,准备到万不得已时再按照上海的方法执行,但停止了以法币折合港币或其他外汇的汇出汇款,并通过广东省财政厅要求香港及广州沙面的外商银行,暂不接受华人的新存款。又如河北省省会所在地的保定,为了避免执行"同业或客户汇款一律以法币支付"的规定对省钞流通的不利影响,一面向南京国民政府要求对河北省钞的支持,同时不公布有关安定金融的办法。为了适应战时调剂内地金融、扶助农工各业增加生产的需要,1938 年 4 月 8 日,财政部发表了《改善地方金融机构办法纲要》十项②。同年 6 月 1 日至 3 日,在汉口召开了改善地方金融机构会议,各省代表共到 74 人。

1937 年 8 月 30 日,国防最高会议通过的《总动员计划大纲》,在金融管理各主要方面提出以下实施方案:

1. 通货管理。(1)推计法币需要数额,预为印制存储,并注重分储于安全地区。(2)将发行之现银准备,为安全存贮之措置,并奖励督促收兑民间之金银,以厚准备。(3)国防民生有关之农工商矿重要事业,其通货之供给,应为合理之增加。(4)法币发行应从速实行中央储备银行法所规定之办法。

2. 汇兑管理。(1)严格限制外汇。(2)积极流通内汇,凡未设银行之地方,应利用邮政机关办理。

3. 金融业务管理。(1)必要时主管机关得与各地银行公会规定临

①《中华民国金融法规档案资料选编》上册,第 627－628 页。
②《财政年鉴》续编下册,第 308－309 页,商务印书馆 1943 年版。

时之适宜办法,以维持金融之安全。(2)主管机关令中、中、交、农四行规定接济各金融机关办法及维持发展内地有关国防民生农工商矿必要事业办法。(3)指导投资,使资金运用于必需品之生产储集事业。

4. 金融机关管理。(1)促令金融机关将资金逐渐移转安全地带。(2)促令各银行分别就指定地点推设分支行或新组银行,以健全金融网。(3)促令各银行组织联合准备机关,以健全金融机构①。

1938 年制定的《抗战建国纲领实施方案》中,关于金融方面,又提出两项政策:统制银行业务,从而调整工商业之活动;巩固法币,维持外汇,管理进出口货,以安定金融。

从抗战爆发到太平洋战争爆发前,金融安定在很大程度上是由法币汇价的稳定所体现的。当时国民政府在上海设立官方外汇市场,通过中央、中国、交通三行买卖外汇,以消耗官方的外汇储备来维持法币的汇价②。但是,国民政府战时管理外汇工作,困难重重。正如孔祥熙所说:"一因我国有租界关系,政治力量无法控制;二因有外商银行买卖外汇无法制止;三因金融中心在上海,投机牟利之风盛行;四因敌伪在沪多方捣乱。"③从 1937 年 8 月 13 日到 1938 年 3 月修订外汇政策时止,国民政府在上海出售的外汇据报约有 5000 万美元之多④。可见,有大量的资金还是通过外汇市场逃避了。

为了防止各地以汇款方式调集资金到上海购买外汇、逃避资金,四联总处于 1938 年 3 月命令各银行限制往上海汇款,包括解付汇划款额。1939 年 6 月 21 日,财政部长孔祥熙自重庆发布"马电",规定从 6 月 22 日起,上海银钱业提存款,除政府要需及发放工资者外,每周支取数目在 500 元以内者,照付法币;超过 500 元者,以汇划支付,专供同业

---

① 《中华民国史档案资料汇编》第五辑第二编《财政经济》(一),第 12—13 页。
② 张公权著,杨志信译:《中国通货膨胀史》,文史资料出版社 1986 年版,第 183 页。
③ 《中华民国史档案资料汇编》第五辑第二编《财政经济》(四),第 471 页。
④ 《中国通货膨胀史》,第 183 页。

转账之用；上海以外各埠，仍照旧办理，至于将存款移存内地者，则不受该办法的限制①。

　　1938 年初，日本侵略势力和"临时政府"在北平设立了所谓的"中国联合准备银行"，发行"联银券"。并由伪临时政府发布《旧通货整理办法》，规定了法币在华北地区的流通期限：中央银行券和中国、交通两行的南方地名券至 1938 年 6 月 10 日为止，中国、交通两行的北方地名券以 1939 年 3 月 10 日为限。而在以"联银券"收兑法币时，有意压低法币的比价，如 1938 年 8 月把法币与"联银券"的比价低贬 10％；1939 年 1 月起，又压低法币对"联银券"的比价 30％。其目的是套换法币，再以法币到国民政府控制下的金融机构换取外汇。

　　国民政府立即采取了应对措施。1938 年 3 月 12 日，国民政府财政部发布了《购买外汇请核办法》，规定：1. 外汇之卖出，自本年三月十四日起，由中央银行总行于政府所在地办理。但为便利起见，得由该行在香港设立通讯处，以司承转。2. 各银行因正当用途于收付相抵后需用外汇时，应填具申请书送达中央银行总行或其香港通讯处。3. 中央银行总行接到申请书，应即依照购买外汇请核规则核定后，按法定汇价售与外汇②。这实际上是放弃了从 1935 年 11 月实施法币政策以来的自由买卖外汇的政策，转而实施一定程度上的外汇管制办法，即只有经中央银行审核为"正当"的需求，方得以在上海向中央、中国、交通三行购汇，其他一概停止供给。

　　随着战事的推进，当时外汇的实际需求量很大，但在外汇请核制度之下，无法获得请准外汇者便纷纷在市场竞购，外汇黑市相应出现，且日趋活跃，波动很大。而日伪势力进一步套购外汇，使法币的汇价更难以维持。自 1938 年 3 月下旬每 1 元法币的英汇跌入 1 先令，月底又缩

---

　　①　《中华民国史事纪要》(1939 年 1 至 6 月)，台北"国史馆"1989 年版，第 720 页；转引自《中国银行行史 1912－1949》，中国金融出版社 1995 年版，第 439 页。

　　②　《中华民国金融法规档案资料选编》下册，第 1000－1001 页 。

至 10.75 便士,5 月中旬为 10.625 便士,至 6 月 13 日,上海汇丰银行英汇牌价为 8 便士,比实施外汇请核办法前夕的牌价 1 先令 2 便士半,约下跌了 45%。到 8 月中旬,英汇一度跌破至 7.9687 便士①。为了避免法币汇价的进一步下跌,国民政府多次商请英商汇丰银行乃至英国政府出面支持。至 1939 年 3 月,中英双方正式达成协定,共同设立总额为 1000 万英镑的平准汇兑基金,用于香港、上海两地的外汇市场,以维持法币的英镑汇价②。另成立以英国专家罗杰士为主席的委员会,负责基金的管理与运用。

中英平准汇兑基金和基金委员会的设立,曾对维持法币的汇价起了一定的作用。但是,日伪方面不断以法币套取外汇,以及投机商的推波助澜,使平准基金难以应付,法币的汇价也不可避免地低落。1939 年 6 月 7 日,上海汇丰银行的法币牌价跌至 6 便士半,10 月又跌入 4 便士。而到 1940 年 5 月初,法币的市价下跌到英汇 3.125 便士、美汇 0.045 美分。同年 7 月,平准基金会外汇存底仅 200 万英镑,难以继续稳定汇市③。汇市的不稳又马上影响到上海市场金价的上涨,以及麦、粉、棉纱等均涨价。为了应对这一严峻局面,1941 年 4 月中国政府分别与英、美签署协定,设立“中英美平准基金”,其中,英方共认 1000 万英镑(约合 4000 万美元),美方摊认 5000 万美元,中方出资 2000 万美元④。另设立由三方代表组成的平准基金管理委员会,共同维持上海

---

① 《中国银行行史(1912—1949)》,第 527 页;《中央银行月报》,第 9 卷第 8 号,1940 年 8 月,第 2750 页。

② 详见《中华民国货币史资料》第二辑,第 445—449 页。1940 年 7 月,中央银行、中国银行、交通银行的代表,与英国汇丰银行的代表订立建立总额为 300 万英镑的 B 种平准基金的协定,其中汇丰银行出资 100 万英镑,中央、中国、交通三行共出资 200 万英镑。B 种平准基金系作为 1939 年设立的中英平准基金的后备金,但实际上未曾动用。而 1941 年 4 月设立的新的中英平准基金,则是由英国政府直接出资的。

③ 《中华民国货币史资料》第二辑,第 458 页。

④ 《财政部向国民党五届九中全会的报告》(1941 年 10 月 6 日),《中华民国货币史资料》第二辑,第 481 页。

的法币汇价。中英美平准基金运作之后，采用外汇审核制度，按规定汇价（每1元法币合 $3\frac{5}{32}$ 便士、另合 $5\frac{5}{16}$ 美分），供给正当商业所需之外汇。这一汇价要比同期上海黑市高得多①。此外，根据重庆国民政府财政部的授权，平准基金委员会商得上海中外重要银行以及香港当局之合作，宣布取消了上海、香港两地的外汇黑市。

除了设立中英美联合平准基金会之外，财政部扩大了原有之外汇审核委员会组织，改为外汇管理委员会，财政部长孔祥熙为主任委员。该委员会成为全部进出口外汇管理职权之中心，有关处理封存资金、集中侨汇，取消上海外汇黑市经过、平准基金委员会规定上海买卖外汇办法之经过，都由外汇管理委员会审定。另外，凡属政府机关及企业发展申请用汇，由外汇管理委员会直接审查，至于私人及商界申请购汇，则授权平准基金会审查。

在平准基金设立和运作的过程中，国民政府方面还与华中傀儡政权的金融机构及有关伪币进行了较量。

1939年5月1日，以伪南京维新政府为背景，并且直接得到日商银行支持的"华兴商业银行"在上海日本占领区宣布成立，同月15日正式开业。该行除在上海设总行外，另在苏州、无锡、镇江、南京、扬州、芜湖、蚌埠、南通、嘉兴、杭州、绍兴、徐州、海州等地设立分支机构。华兴商业银行宣称系日、华合办，资本总额为法币5000万元。对外公布由伪南京维新政府认股2500万元，另由日本兴业银行认股500万元，台湾、朝鲜、三井、三菱、住友五行各认股400万元。华兴商业银行筹备时，曾试图拉拢在上海的其他外商银行参与认股，但遭拒绝。华兴银行发行面额为100元、10元和1元的"华兴券"。在"华兴券"之前出笼的"蒙疆券"、"联银券"等北方伪币都是与日元联系的，"华兴券"却宣布

---

① 1941年8月16日，上海每1元法币的黑市汇价为 $2\frac{27}{32}$ 便士，以及 $4\frac{3}{4}$ 美分。引自[美]杨格：《中国与外援，1937－1945年》，第198页。Arthur N. Young, *China and the Helping Hand*, *1937-1945*, p. 198.

与法币直接挂钩。日本侵略者之所以没有让华兴券与日元挂钩,不仅在于无法承担相应的财政负担,还有着更为险恶的用意。一手炮制华兴商业银行的日本兴亚院的打算是:规定"华兴券"1元兑换英镑8便士,与法币等价行使;但对于日元系各通货,则根据市面实际行情兑换①。日方打算通过"华兴券"与法币的挂钩,可以在上海套取外汇。"华兴券"的1元券上印有"凭票即付国币壹元"字样,国币实际上就是指法币。除了宣布"华兴券"与法币等价,另规定"华兴券""于缴纳租税及其他一切公私交易,一律通用之"②。从1939年9月1日起,江海关税收处被日伪方面强占,江海关开始以"华兴券"为征税的折算标准,以法币1元5角5分折合"华兴券"1元收税。日伪方面的如意算盘是:利用江海关税收吸纳法币,再用法币转购外汇,即便法币汇率波动,也将不会直接受损。

早在1939年1月,国民政府方面便针对日元、日本军票和华北伪联银券的肆虐,颁发过《取缔敌伪钞票办法》,明确规定凡"敌国银行所发钞票及敌军所发军用票、伪联合准备银行钞票暨敌伪所发之其他性质相同之钞券","无论在任何地方,一律禁止收受行使"③。在上海租界内,日伪钞票的流通一直遇到有力的抵制。而当华兴银行和"华兴券"出笼后,国民政府方面立即进行了反击。1939年5月3日,即华兴银行成立的第三天,国民政府财政部即致电四联总处、上海银钱业公会和市商会转知各行庄,明确指出:"现在伪币在华北市价日益低落,乃又在沪成立所谓华兴银行,并发行空头伪币,并遝此欺骗之故伎。我中中交农四行暨全国金融业及其他各业自应严守立场,一律拒用该项伪币,绝对勿与来往,使该伪行陷于孤立,以减少其诡恶伎俩之流毒,而保持我正当之权利。"国民政府外交部则照会各国驻华使馆,要求对非法组

---

　　① 〔日〕浅田乔二等著,袁愈佺译:《1937－1945日本在中国沦陷区的经济掠夺》,复旦大学出版社1997年12月,第198页。

　　② 《华兴商业银行条例》,《中华民国金融法规档案资料选编》下册,第1537页。

　　③ 《中华民国史档案资料汇编》第五辑第二编《财政经济》(三),第151页。

织之华兴商业银行严加谴责，并告诫在华外侨一律勿与华兴银行往来，勿接受该行伪钞及其任何票据①。5月9日，国民政府财政部发言人对中外记者明确指出："华北伪银行设立之目的，原即在强骗民众使用不兑现而毫无价值之纸币，现敌人在华北之搜刮，已达其限度，惟仍急需金钱，故又转其目标于华中，敌方所拟设立之新银行为商业银行，据谓，其资本半由敌国各银行担任，半由傀儡政府担任，鉴于伪币在华北之失败经过，可断言除非受敌伪之武力压迫，决无人愿接受此新伪银行所将发行之纸币。"要求各外国银行"为其本身及大众之利益计"，继续拥护法币，拒绝接受伪华兴券②。7月17日，财政部曾电上海银钱业，要求制止伪币收付买卖。8月，根据财政部的要求，行政院又转咨司法院通饬各级法院，任何债权债务若有基于伪钞（"联银券"、"华兴券"等）而成立者，在法律上应为无效③。也就从华兴银行成立起，中国、交通两分行停止收受华北地名（如天津、青岛、济南）之法币，以杜塞华北法币南流，防止两行汇兑上之耗损，断绝投机奸商牟利途径。财政部并明确命令上海各业严守立场，一律拒用"华兴券"。

　　鉴于上海各银行钱庄仍有买卖"华兴券"，国民政府财政部于10月9日再度致电上海有关各业公会，要求对各成员店号切实转行告诫，尽力设法制止。内称：查"华兴钞"应一律禁用，并绝对勿与往来，惟沪市银钱烟兑各业，或以贸易零星，不免有收付及买卖情事，并应严予查禁④。日伪方面成立华兴商业银行、发行以法币为准备的"华兴券"并与之等价流通，其重要目的在于套取外汇和掠夺物资，而图逐渐代替法币的地位。由于国民政府方面及时有效的反击，加上法币的实力和影响范围远远超过"华兴券"，日伪的上述目的一时无法得逞。但是，1939

---

①　重庆市档案馆：《档案史料与研究》，1990年第1期，第21页。

②　《中华民国重要史料初编》第六编《傀儡组织》（四），第1007—1008页。

③　重庆市档案馆：《档案史料与研究》，1990年第1期，第22页。

④　《银行周报》第23卷40期，1939年10月10日 。

年5、6月间,日本集中大量的法币,向上海外汇市场冲击,造成法币汇价的贬值。7月18日,上海汇丰银行停止法币汇价的挂牌。日伪方面担心"华兴券"随法币汇价的低落而暴跌,即于7月19日发表声明,将"华兴券"脱离法币汇价水准,另订立华兴券1元合6便士的汇价,并称无限制供外汇;其与法币兑换比价,将依法币对英镑之汇价而定。而7月21日汇丰银行的法币汇率牌价跌落到4.75便士①。

"华兴券"与法币脱离联系后,尽管订立外汇牌价,却并不供应外汇,毫无信用,不仅没有得到扩张,连独自存在的条件也失去了。"华兴券"脱离法币比价之后新印制去掉"兑换国币"字样的5元券和10元券,以及日本为华兴银行铸造1分、5分、1角、2角硬辅币,以后也没有发行出去。据统计,1939年6月"华兴券"发行额为60万元,1939年12月为510万元,1940年6月和12月的发行额都是560万元②。应当指出的是,伪华兴券的发行额,并不是实际的市场流通额,其中大部分滞留在日本正金银行上海分行和其他在沪日本银行的库房里。即便以"华兴券"的发行额来考察,这一数额与上海市场上数以亿计的法币相比,几可忽略不计。"华兴券"定下6便士的汇价,法币的汇价却在变动,这样"华兴券"与法币的比价也时常变化,这种变化产生的效果,使上海市民更确认为是"华兴券"本身价值的不稳定所致。在市面上,离开法币基础的"华兴券"被视作废纸,流通额无法扩大,仅限于华兴和有关日本银行的往来。

1939年下半年,汪伪政权在酝酿之际,便打算停止"华兴券"的发行,以便让新设立的中央金融机关发行统一的货币③。1940年12月,汪伪财政部公布《整理货币暂行办法》,明确规定:"华兴商业银行之发行权取消之,其已发行之纸币之收回办法另定之。"④1941年1月伪中

①　《银行周报》第23卷31期,1939年8月8日。
②　前引《1937—1945日本在中国沦陷区的经济掠夺》,第188页。
③　《周佛海起草和平成立后货币与金融政策之设施》(1939年),《中华民国史档案资料汇编》第五辑第二编《附录》(下),第654页。
④　《中华民国史档案资料汇编》第五辑第二编《附录》(下),第661页。

央储备银行正式成立,发行伪中储券,"华兴券"逐步被收回,伪华兴商业银行的发行权被取消,成为汪伪政权金融体制之下的一般商业银行。

汪伪政权取消收回"华兴券",决不意味着放弃了与法币之间的较量,而是为了推行伪中央储备银行发行的"中储券"。1941年1月,汪伪政权在南京设立了"中央储备银行",但在上海的分行实际上处于总行的地位。中央储备银行最初发行面额为100元、50元、10元、5元、1元的"中储券",根据1940年12月汪伪财政部公布的《整理货币暂行办法》规定,汪伪"国民政府授予中央储备银行发行兑换券之特权,以期逐渐完成币制之统一";"凡人民完粮、纳税及其他对于政府之支付,一律行使中央储备银行发行之法币,但暂准以旧法币与中央储备银行发行之法币同样行使";"凡政府机关各项经费之支付,一律行使中央储备银行发行之法币";同时又宣布允许法币与"中储券""暂行等价流通"[1]。汪伪政权出笼前,曾规划了货币与金融措施,虽然已经确定将以新发之货币"中储券"为统一之货币,且已经明确提出须停发与收回"华兴券",但却不得不承认,法币所定对英镑的汇率,对中国之国际贸易极为适合而有利,"中储券"将继承法币的法定汇率,"以示信用中外",因而"当政府成立之日,新、旧法币宜通令照常行使,同时并分令各地之中央、中国、交通、农民四行,中央信托、邮政汇业两局,以及其他各银行、钱庄照常营业,四行及两局并由政府派员监督"。甚至担心"万一四行不遵令而撤退,恐其他各商业机关因缺乏资金之通融而随之停业,使市面金融陷于混乱状态,予人民以不良之印象。上海为全国金融之枢纽,必须用全力顾及,其他各地只须上海不生问题,均可迎刃而解"[2]。显然,当时日伪方面打算以"中储券"来统一华中地区的伪币,既要扩大"中储券"的流通,又企图利用法币来向国民政府方面套汇。

① 《中华民国史档案资料汇编》第五辑第二编《附录》(下),第660－661页。

② 《周佛海起草和平成立后货币与金融政策之设施》(1939年),《中华民国史档案资料汇编》第五辑第二编《附录》(下),第653页。

因此，日伪确定采取暂准法币与"中储券"等价流通，先利用法币进而驱逐法币的策略，即先使"中储券"能够立足，然后积蓄力量与法币较量。

伪中央储备银行属于标榜为"国民政府"的汪伪政权的"中央银行"，"中储券"被明确赋予"统一币制"的职能，这与"联银券"、"华兴券"等地方性伪币不同，"中储券"的出笼对国民政府方面的货币金融制度造成了很大的威胁，法币汇价的稳定更为困难。

国民政府对伪中央储备银行和"中储券"的出笼十分重视。1941年1月初，即在伪中央储备银行和"中储券"出笼的前夕，重庆国民政府便电令上海银钱业公会和市商会，一律拒用伪"中储券"，在上海租界的邮局也奉令拒绝收汇。与此同时，重庆国民政府财政部在香港召集了上海金融界人士会议，商议汪伪中储行出笼后之应对措施。根据重庆当局的指示，1941年1月9日，上海银行业、钱业公会拟定了拒用"中储券"的办法，如在上海设立"中央特种宣传处"，大张旗鼓地举行"拒用中储券宣传周"。待到伪中央储备银行和"中储券"正式出笼后，重庆国民政府电请上海公共租界工部局转饬在沪中外银行拒收伪中储券，指出："中央储备银行"系非法组织，无充足之准备金，非中国或外商银行公会会员，要求拒收中储券。根据这份电文，上海公共租界工部局总董费利浦召集上海金融业和商业上层人士讨论之后，决定在公共租界抵制"中储券"①。当时伪中储行分送给上海租界中、外银行的"中储券"样本，各行都未予理睬。伪中储行当局曾指派人员持"中储券"向上海四行及其他商业银行强行存储，中行等在拒绝无效的情况下，只得收下，但在存单上注明"不付利息，提存时仍以原券支付"，以示抵制②。另外，上海的中国、中央、交通、农民四行还把收到的"中储券"集中汇解英商汇丰银行，然后向"中央储备银行"兑换法币，致使"中央储备银行"

---

① 《中国银行行史资料汇编》上编（一），档案出版社1991年版，第424—425页。

② 《中国银行行史（1912—1949）》，第461页。

措手不及,难以承兑。"中央储备银行"上海分行虽笼络租界内电车公司同意收受"中储券",但市民鲜有以"中储券"去购买车票的。先施、永安、新新、大新等上海四大公司原来已同意接受"中储券",但大部分市民仍拒绝使用,广大营业员坚决拒收,公司只得在营业间另设兑换处,一时出现凡以"中储券"购物者须事先换成法币才能购买的景象。

为了打开推行"中储券"的局面,汪伪当局于1941年3月中旬起实施《妨害新法币治罪暂行条例》,规定凡"故意妨害新法币(即伪中储券,下同—引者注)之流通或破坏其信用者,处五年以上有期徒刑,得并科五千元以下之罚金"。(第二条)"拒绝使用新法币者,处三年以上十年以下徒刑,得并科五千元以下罚金"。(第三条)"凡银行、银号、钱庄、典当及其他公司行号,有第二条、第三条情形者,除犯人依各该条治罪外,并吊销其营业执照"。(第四条)"凡公私团体、军民人等,如有第二条至第四条犯罪情形者,应立即报请当地警察机关逮捕,移送法院讯办"①。这就是汪伪方面推行"中储券"的法律依据。3月24日,汪伪财政部向上海金融业发出"通令",威胁不得拒收"中储券"。在上海日本占领区,固然可以藉此强使市民和商家接受"中储券",但是在租界却不那么容易了。日伪方面则采取了种种手段,以冀推广"中储券",排斥法币。如:在上海的各种交通车辆和大马路张贴宣传伪中央储备银行和"中储券"的标语,在《申报》、《新闻报》等报纸内夹送相应的传单,派特务到拒收"中储券"的金融业、商业部门进行威胁,强迫各业业主甚至普通市民到伪中储行存款。1941年7月英美宣布冻结中日资金后,日伪方面加大了在上海外汇黑市的活动,造成黑市汇价猛涨,法币不断贬值。上海日商正金、三菱、三井、台湾等银行的华商票据,原由英商汇丰银行收解,改由伪中储行上海分行经办,市场上"中储券"一度升值,在伪中储行柜台前以法币兑换"中储券"者日趋踊跃。汪伪财政部还下令,自9月1日起,所有关、盐、统各税及其他"中央"税收,一律只收"中储券"新

---

① 《中华民国金融法规档案资料选编》(下册),第1557—1558页。

法币,不收法币,迫使商人以法币向伪中储行调换"中储券"本票或保付支票,这样伪中储行上海分行曾兑入不少法币。

尽管自抗日战争爆发之后法币的汇价呈明显下降的趋势,通货膨胀比较严重,中、中、交、农四行在日伪地区的业务受到了很大损害,但由于国民政府采取了较为及时得当的措施,并且得到了英、美方面和租界当局的公开支持,直到在太平洋战争爆发前,法币在上海地区与伪币(包括"华兴券"和"中储券")的较量中仍占了上风,在上海租界基本上仍占绝对优势。伪中央储备银行成立半年后,"中储券"在内地流通已达 6000 余万元,但在上海租界主要是在辅币流通,本位券无法站住脚。一般市民即使不得不收受了"中储券",也往往立即设法购买物品或换成法币,最终大部分又都流回到"中储行",对此伪中储行当局颇感无奈:"旧法币头寸日益减少,而来源枯竭,实可虑也。"①

重庆国民政府和南京汪伪当局双方的特务,还在上海等地展开了针对对方金融机构及人员的恐怖活动。1941 年 1 月,伪中储行的专门委员被暗杀,伪中储行上海分行遭到手榴弹的袭击,数名高级行员被暗杀。3 月份,汪伪特务在上海绑架了中国银行职员百余人、交通银行职员二人、中国农民银行职员一人,江苏农民银行也有五名职员被暗杀、六人被伤。而中央银行设在上海亚尔培路和静安寺路的两家分行被炸,银行职员和顾客多人伤亡②。在上海的中、中、交、农四行职员一度人人自危,不敢上班,各行只得暂时停业。只是在英、美、法领馆的斡旋下,双方才停止了对金融业及从业人员的恐怖活动,释放了捕禁人员。

鉴于日伪势力日趋猖獗,重庆国民政府有关当局也对上海的金融善后进行部署。早在 1940 年 10 月 11 日,蒋介石曾当面指示财政部次长徐堪:"港沪情势将有变化,四行及重要商业银行在沪港人员、钞券及文件、帐册等,务令急速准备,以策安全,并迅拟办法。"徐堪当时拟就关

---

① 《周佛海日记全编》(上编),1941 年 3 月 10 日,第 434 页。
② 《中国银行行史(1912—1949)》,第 461—462 页。

于四行上海分行的三点应对措施：1. 租界情势变化不能营业时，即公告停闭，撤退至闽浙省内适当地点。2. 撤退时，各行应酌留忠实可靠者若干人，在沪密为照料，并负通讯之责。3. 文卷、账册、契据、债券等项，应早为运存浙闽省内适当地点，或在沪移存①。针对日伪在上海的金融恐怖活动，重庆当局曾议定应因方针：四行照常营业；斟酌实际情形，紧缩存款汇款业务；紧缩人员，后撤不必要之人员；力予减少库存，将公债和账册放置于安全地点②。特别是上海中、中、交、农四行均作了应变准备。至 1941 年 6 月，四行在上海之库存及头寸已大大减少，当地放款及存放同业之款均设法收回；重要账册文件或设法内运，或暂时移存公共租界内安全地点；营业机构则全部移入租界内，除了加强警卫外，又请求工部局加派巡捕。另外，上海银行公会也将包括票据交换所及联合准备库等特殊金融机构的重要文件，秘密移入上海美军防区保存，有关人员作了随时移迁香港办公的准备，上海票据交换所在中央、中国、交通三行的存款总额由 8000 万元减至 3500 万元，联合准备库则拟定在中央、中国、交通三行不能行使职权时暂行取消③。由于采取了有关应变措施，太平洋战争爆发日军进占上海租界后，重庆当局掌握的政府金融机构遭受的损失较小。

二　四联总处的主要活动

在战时金融体制的确立及其运作过程中，四联总处起了十分重要的作用。

1937 年"七七"事变后不久，蒋介石即令饬迅速组成以中国银行董

---

① 《四联总处史料》（上），第 440—441 页。
② 《四联总处理事会决议》（1941 年 3 月 26 日），《四联总处史料》（上），第 448 页。
③ 重庆市档案馆：《档案史料与研究》，1990 年第 2 期，第 46—47 页。

事长宋子文为首的金融委员会，作为战时金融决策最高机构。旋因
各派之间矛盾重重，该委员会未及成立。至 7 月 29 日，在财政部授
权之下，中、中、交、农四行在上海设立了联合贴现委员会，共同办理
同业贴现业务。8 月 9 日四行联合贴现委员会正式改为"联合贴放
委员会"，核办对上海同业的贴现与放款事宜。当时每日由四行代表
商定贴现率和放款利率后，再由中央银行挂牌公布；凡经审定通过的
贴放款额，由中、中、交、农四行大体按照 35％、35％、20％和 10％的
比例承担。放款的利息则就放款期间的平均利率计算。中央银行逐
日把贴放款项收付报告表分送中国、交通、农民三银行，以资接洽①。
财政部还令中、中、交、农四行在上海联合设立审核委员会，办理对特
别支取款项的审核，并制定特别支款申请书，由需要申请支款的公司
行号填写，且由存款行庄提供证明后，再送交四行审核委员会审
核②。但这只是四行在贴现、放款和审核支款等普通业务中的合作
与协调，还不是一个新的金融机构的成立。同年"八一三"淞沪抗战
爆发后，财政部令中、中、交农四行在上海组成了联合办事处，8 月 16
日，上海四行联合办事处在法租界开业，四行联合办事处最初由宋子
文负责主持，"每日开会一次或数次不等"，"凡财部决定之措施，如安
定金融办法等等，均由本总处赞襄及执行"③。当年 10 月底财政部
长孔祥熙回国后，由孔主持四联办事处事务。国民政府设立四行联
合办事处，旨在避免四大政府银行之间的歧异，以实行统一管理和指
挥，进而对各行的资金进行统筹分配，以应对因战事而导致的金融紧
急情况。另在国内其他重要城市设立的四行联合办事分处和联合贴

---

① 　贴放委员会致中国农民银行函，上海市档案馆藏上海市银行档案，档号
Q61－1－240；另参见《中国银行行史》(1912－1949)，第 441 页。

② 　财政部令上海市银行钱业同业公会(1937 年 8 月 20 日)，上海市档案馆藏
档，档号 S173－1－96。

③ 　重庆市档案馆、重庆市人民银行金融研究所合编:《四联总处史料》(上)，
档案出版社 1993 年版，第 66 页。

放分会,均受上海办事处节制。

　　待到 1937 年 11 月,因上海和整个华东战局的失利,中、中、交、农四行的中枢机构内迁①,四行联合办事处亦移至汉口。不久,又自汉口迁到重庆。

　　四行联合办事处从成立到 1939 年改组,还只是一个松散的协调性机构,对中央、中国、交通、中国农民各行都不能下达强制性的命令。但它对于统制金融、扶植中央银行和战争初期重大经济政策的实施,仍起了重要的作用。

　　四行联合办事处向国民政府军事委员会属下的三个调整委员会(即工矿调整委员会、农产调整委员会、贸易调整委员会)共筹拨了调整资金 6000 万元。1938 年 3 月军事委员会的三个调整委员会撤销、其工作相应改归经济部工矿调整处、农本局和财政部贸易委员会继续进行之后,四行联合办事处又增拨营运资金 1.2 亿元②。四行联合办事处还直接向内迁的民营厂矿提供资金上的帮助,至 1938 年底,贷助民营厂矿内迁和复工的款额达 850 万元。此外,到 1939 年 12 月,四行的联合贴放总额达 63645 万元③。显然,四大政府银行资力的集中使用,对于协助内地工业体系的建立和完善,缓解内地资金的紧窘状况,有着直接的积极作用。

　　在一时期的贴放款中,商业放款和同业放款占了 78.61%,协助农业、工矿业、盐业和交通运输业的款项只占 18.78%④。另外,部分贴放款被人以票据或其他资产抵押的方式获得,而实际上却被用于套买外汇或囤积货物。也就是说,四行联合办事处时期的资金流向和实际

---

　　①　1937 年 11 月中国银行总管理处南迁香港,是为中行港处,后另设渝处。太平洋战争爆发后,中行港处撤离。

　　②　《徐柏园为报告四联总处办理联合放款概况及方针呈蒋介石稿》(1941 年 8 月 1 日),《四联总处史料》(上),第 5 页。

　　③　《四联总处史料》(上),第 5 页。

　　④　《四联总处史料》(上),第 6 页。

使用并不完全合理,对金融的宏观调控能力还不大。

　　1939年9月8日,国民政府公布了《战时健全中央金融机构办法纲要》,宣布"中央、中国、交通、中国农民四银行合组联合办事总处,负责办理政府战时金融政策有关各特种业务";四联总处设理事会,由中央银行总裁、副总裁,中国、交通两行的董事长、总经理,中国农民银行理事长、总经理,以及财政部的代表共同组成;四联总处理事会是最高权力机构和决策机构,实行主席负责制,主席由国民政府特派之,"总揽一切事务","财政部授权联合总处理事会主席在非常时期内,对中央、中国、交通、农民四银行可为便宜之措施,并代行之职权"①。蒋介石以中国农民银行理事长的身份,担任了四联总处理事会的主席。作为中央银行、中国银行和交通银行最高负责人的孔祥熙、宋子文、钱永铭,则为四联总处理事会的常务理事。另外,翁文灏、张嘉璈、徐堪、陈行、周佩箴、叶琢堂、贝祖诒等为理事。理事会设秘书处管理行政事务。

　　四联总处的这次实体化改组,还体现了国民党最高当局对政府金融系统进行高度集中的安排。抗战以来,蒋介石对于中央、中国、交通、农民四行之间业务经营中实际上存在着各自为政状况颇为不满。在决定四联总处改组前夕,蒋在日记中写到:"金融机关如不能由中央统制,则无疑养痈致患,岂子文一人而已也。"②1939年8月初国防最高委员会决定四联总处改组并由蒋介石任理事会主席之后,有关各行均表示接受。蒋介石当时把改组后的四联总处视为"金融联合库机构"③,认为改组的完成预示着"财政金融问题渐能如计集中,此亦转败为胜因祸

---

　　① 《中华民国金融法规档案资料汇编》上册,第634—635页。
　　② 蒋介石日记1939年7月29日,斯坦福大学胡佛研究所藏蒋介石日记手稿影印件。宋子文时任中国银行董事长。
　　③ 蒋介石日记1939年8月3日,斯坦福大学胡佛研究所藏蒋介石日记手稿影印件。

得福之机,国人如子文新之等,究以国事为重也"[1]。从而完成了政府银行系统高度集中的制度安排和相应的人事安排,国民政府的金融统制达到了前所未有的高度。

改组后的四联总处的权限范围较广,包括:全国金融网之设计分布,四行券料之调剂,资金之集中与运用,四行发行准备之审核,受托小额币券之发行与领用,四行联合贴放,内地及口岸汇款之审核,外汇申请之审核,战时特种生产事业之联合投资,战时物资之调剂,收兑生金银之管理,推行特种储蓄,其他四行联合应办事项,四行预算决算之复核[2]。根据这些规定,四联总处的职权涉及金融和社会经济两大领域。与此相应的,四联总处下设战时金融委员会和战时经济委员会,来实施其职权。战时金融委员会分设发行、贴放、汇兑、特种储蓄、收兑金银、农业金融六处,主管金融方面的事务。战时经济委员会分设特种投资、物资、平市三处,主管特种生产事业之联合投资、物资之调剂、物资之平价等经济方面的事务。

无论从四联总处最高机构的组成人员还是从其职权来看,它不仅仅是在四行之间起协调作用,而是一个在四行之上起指导、监督、考核作用的新的机构。

改组后的四联总处统一了在各地的下属组织,在业务重要地区设立分处,次要地区设立支处,以督导国家金融机构在各地的分支机构。原在各地设立的贴放分会均归并于当地的分支处。至1940年1月,已设重庆、成都、上海、香港、杭州、宜昌、福州、贵阳、桂林、长沙、西安、衡阳、南昌、昆明、兰州等15个分处,内江、自流井、叙府、嘉定、泸州、万昌、北碚、

---

　　① 　蒋介石日记1939年8月19日,斯坦福大学胡佛研究所藏蒋介石日记手稿影印件。子文,即中国银行董事长宋子文;新之,即交通银行董事长钱永铭。

　　② 　《中央中国交通农民四银行联合办事总处组织章程》(1939年10月2日),《四联总处史料》(上),第70页。

宁波、吉安、泉州、永安、梧州、零陵、常德、南郑、柳州、西宁等 17 个支处①。各分支处下设文书、业务、会计、调查、农贷、储蓄等组。通过数目多、分布地域广的分支处的活动，四联总处得以控制战时后方地区的金融事务和经济事务，甚至把国民政府的经济、政治影响扩大到日伪地区。

四联总处对战时经济和金融进行了规划。1940年3月30日，四联总处正式提出了《经济三年计划》和《金融三年计划》。同年4月9日，又分别制定了《经济三年计划实施办法》和《金融三年计划二十九年度实施计划》。

四联总处拟订的经济计划目标，"首在增进生产，便利运输，以求自给自足。次为稳定金融，安定物价"。确定经济事业包括农林水利、工矿建设、商务贸易和交通建设四个方面，分别匡算了最低限度所需资金。提出农林水利（包括农贷、农林建设、水利建设三项）在 1940 至 1942 年的三个年度内，需要资金国币 21.451 亿元；工矿建设（包括国营工矿、民营工矿及工业保息与辅助等三项）在三年内需要资金国币 3.6101 亿元、美金 2474.5 万元；商务贸易（包括平价资金、出口农矿产购运资金、一般商业贴放等三项）三年内需要资金国币 7.3 亿元；交通建设（包括铁路、公路、电讯及航空四项）三年内需要国币 13.28649 亿元、美金 2034.7 万元、英金 42.7 万镑。此外，还专门列出了军民运输所需汽油机油及汽车配件三年需要资金额度为美金 3800 万元②。整个《经济三年计划》系以工矿建设为中心，其中国营工业所需经费国币部分定为 16654 万元，民营工业所需经费国币部分定为 3800 万元。国营工业拟由国库拨发 11415.5 万元，四行投资 800 万元，四行贷款 4438.5 万元；民营工业拟由国库拨发 250 万元，四行投资 1760 万元，四行贷款 1790 万元③。

---

① 《四联总处关于 1940 年度分支处组织演变情况的报告》(1940 年)，《四联总处史料》(上)，第 127 页。

② 《四联总处史料》(上)，第 156—157 页。

③ 《经济三年计划实施办法》(1940 年 4 月 9 日)，《四联总处史料》(上)，第 166—167 页。

《金融三年计划》提出"以稳定法币为中心",首要为调节法币之流通额,防止通货之膨胀;其次为维持外汇、节省消耗、紧缩开支与严防敌伪破坏金融。预计三年内国库亏短数将达国币 105 亿元,增加法币发行国币 60.5 亿元,所拟补救之道为:中、中、交、农四行和中央信托局吸收存款共 45 亿元,财政部会同各行局推销公债 12 亿元,募集捐款 6 亿元,增加税收 8 亿元①。拟在 1940 年度四行和中信局吸收存款 14 亿元,推销公债 3 亿元,募集捐款 2 亿元,增加税收 1 亿元,其他金融机构拟吸收存款 4 亿元。此外,在调节法币流通方面,1940 年度拟推广法币在内地的流通额相当于增发 8 亿元,推行小额钞券 4 亿元,保持法币在华北、华中、华南游击区的流通额约 15 亿元②。

由四联总处制定的经济、金融三年计划及其实施办法,成为 1940年之后四联总处工作的基本依据,同时也在相当程度上规范了国民政府的经济和金融基本政策。

管理和调剂货币发行,是四联总处的另一重要工作。当时以流通范围受到一定限制的法币大券兑换能在沦陷区流通的小券时,须有相当数额的贴水,致使大券充斥、小券短缺,法币实际上发生贬值。四联总处采取了多项措施,如限制搭发大券,限制大量携带小券出境,大量印制小券,在各口岸无限止兑换小券等,及时制止了贴水风波。另外由于欧洲战局的影响,历来承担主要印钞额的英国公司难以按期交货,一度也造成了通货紧缺。根据 1940 年 7 月第三十八次理事会会议关于《调剂钞券缺乏办法》,四联总处组织了钞券的印制和抢运。如转向美国方面订印钞券,还商请英、美公司在仰光建设分厂,由香港公司承印。另制定《内地印钞办法》,仅 1941 年四行便在重庆、赣州等地印制 50 元券共 37.7 亿元。四联总处一方面催促英、美方面加快向中国运送定印

---

① 《四联总处史料》(上),第 158—162 页。

② 《金融三年计划二十九年度实施计划》(1940 年 4 月 9 日),《四联总处史料》(上),第 174—177 页。

的钞券,另一方面还会同运输统制机构,组织抢运四行在香港、海防、新加坡、仰光等地的存钞。1940 年平均每月要组织 50－60 架次的运输机,把钞券抢运到后方地区。并在各地设立了 18 个钞券集中运存站,核定各个运存站运储钞券的最低限度,从而保证各地军政开支的需要。在货币发行的管理上,四联总处较早就采取了扶植中央银行的措施。如 1940 年实行轧现制度,规定由中央银行对政府银行实行总轧帐;1942 年初起,又由中央银行集中办理票据交换。1942 年 3 月 22 日,蒋介石手令四联总处加强对四行的统制,特别是"限制四行发行钞券,改由中央统一发行"①。四联总处即与财政部和中央银行会商,先后拟具通过《统一发行办法》和《统一发行实施办法》,规定自 1942 年 7 月 1 日起,所有法币之发行,统由中央银行集中办理。

四联总处还直接介入了战时的金类收兑事项。1938 年 5 月,四联总处属下设立了收兑金银处,6 月间开始收兑。起初仅收兑都市存金,继而收购产地生金。至当年底,共收黄金 31464 两,合国币 6,152,948.3 元,另收兑白银折合国币 10,980,401.98 元②。1939 年起,实行了收兑金银的统制,即明确规定:"收兑金银事宜,统由收兑金银办事处秉承四联总处主任之命,督促并指导中央、中国、交通、农民四银行分行处办理之。"③收兑金银处组设了检查,督促收兑,厉行检查,防杜隐匿和私运。另采取措施增加生产,划拨资金以扩充国营金矿,资助民营金矿;还适当调整金价、酌贴运费,以增进收购。1939 年内,黄金收兑数量迅速增长,达 314917 两,合国币 88,277,294.09 元;白银收兑数则有所下降,合国币 3,528,178.56 元④。但 1940 年以后,通货膨胀渐趋严重,采金成本激增,官收价格与黑市价格差距益远,收兑成效下降,走私猖獗。

1940年为267,148两,1941年更减少至84152两[1]。1942年3月,四联总处撤销了收兑金银处,由中央银行办理收金事宜。1943年5月,国民政府停止执行统制收兑金银的政策。

在战时平定物价、管理物资等方面,四联总处也发挥了较大的作用。首先,是审议通过或直接制定施行有关法规。如在1939年11月连续审议通过了由经济部拟具的《日用必需品平价购销办法》、《取缔囤积日用必需品办法》、《平价购销处组织章程》;1940年3月中下旬,拟订和讨论通过了平定物价办法十二项;1940年3月议决平抑纱价办法四项;1940年8月,拟订《加强同业公会以安定物价之建议案及实施办法》,等等。其次,四联总处采取实际措施,协助和督饬平价工作之施行。1939年底经济部设立平价购销处后,急需运作资金,四联总处曾特予通融,先行拨借800万元;又允准平价购销处以开具贴现票据的方式,向四行支取款项,至1940年8月,共支取18,692,500元,分配予中国国货联营公司、福生总庄、农本局、燃料管理处等机构。后又改贴现方式为低利基金借款,以保证运作资金。此外,四联总处还负责对平价购销业务进行考核。

三　战时后方的银钱业

抗战爆发特别是国民政府西迁后,后方地区金融业得到较快的发展。根据1939年10月5日通过的《关于加速完成西南西北金融网的决议》,中央、中国、交通、农民四行在凡与军事、政治、交通及货物集散有关以及人口众多之地,至少应筹设一行,以应要需。至1940年3月20日,依照第一期计划所设立的分支行已达171处,其中四川60处、云南25处、贵州21处、广西22处、广东4处、湖南5处、陕西15处、甘肃11处、青海2处、宁夏1处、西康5处。原计划外所增设的分支行有25处,其中四川10处,云南、陕西、甘肃各3处,贵州、福建各2处,

---

[1]　《四联总处史料》(下),第661页。

湖北、湖南各 1 处①。另根据到 1940 年底的统计，自抗战爆发之后，中、中、交、农四行在西南西北增设的行处达 235 处，计中央银行 69 处，中国银行 85 处，交通银行 37 处，中国农民银行 54 处②。到 1941 年 12 月 31 日为止，中、中、交、农四行在各地的分支行处总数已达 469 处（不包括在日伪占领区的行处），其具体分布如下：

省　别	中央银行	中国银行	交通银行	中国农民银行	合计
四川	28	29	13	38	108
西康	2	1	2	3	8
云南	6	14	1	5	26
贵州	4	8	6	6	24
广东	3	10	2	10	25
广西	8	12	11	7	38
福建	7	19	7	10	43
浙江	3	14	7	12	36
安徽	1	2		1	4
江西	5	13	4	8	30
湖南	9	8	6	10	33
湖北	2	1		4	7
河南	7			1	8
陕西	7	19	8	5	31
甘肃	6	9	4	4	23
宁夏	1	1		1	3
青海	1	1		1	3
国外		17	2		19
总计	100	170	73	126	469

《四联总处三十年度工作报告》，引自《四联总处史料》（上），第 197－198 页。

---

① 《完成西南西北金融网方案》（1940 年 3 月 30 日），《四联总处史料》（上），第 191 页。

② 《四联总处关于完成西南西北金融网的报告》（1940 年），《四联总处史料》（上），第 195 页。

　　战时后方的商业行庄也有显著发展。抗战爆发前,中国西部省区金融业发展滞后,除重庆金融业相对较为发达外,其余贵州、甘肃等省,甚至没有一家银行总行设立。据统计,1937年全国所有银行共有164家,分支行总计有1627家,资本实额为43430万元。其中,设于川、康、滇、桂、陕、宁、新七省的银行总行只有23家,占全国的14%①。

　　抗战爆发后,情形迅速发生变化。以中央、中国、交通、农民等国有银行为首的一大批国营、省营、民营银行,纷纷将其总行迁往以重庆为中心的大后方。其中,中、中、交、农四行总行全部迁到重庆,而且随总行内迁的四行分支行处,也多达200多处。随后,四行在四联总处领导下,在大后方积极推设分支机构,加速大后方金融网建设。到1941年底,中、中、交、农四行在其控制的17个省区内,共设立分支机构450个,其中设于大后方九省为264个,占总数58.67%②。

　　除了国家行局,抗战时期后方私营银行即一般的商业银行,也有相当快的发展。抗战爆发后,随着国民政府和诸多工矿业内迁,贸易中心西移,原来的经济中心和金融中心城市上海受到极大的冲击,贸易额急剧下降,各种押款也无从料理,金融业出路"各银行既感沦陷区之无业可营,港沪租借地之范围狭小,惟有将其游资散之于农村,爰于抗战之初,即有若干银行随政府内迁,在川、湘、粤、桂、滇、黔各省筹设分支行,入后纷至沓来"。据统计,到抗战爆发一年后的1938年7月底,南方和西南地区银行总支行共322家,其中广东81家,广西48家,湖南50家,贵州4家,四川128家,云南11家③。以四川为例,抗战爆发前四川境内商业银行,重庆有28家,其他各县市有47家。重庆的钱庄银号只有十多家,成都内江各有两家。抗战爆发后不久,重庆成为西南乃至

---

　　①　中国银行经济研究室编:《全国银行年鉴》(1937年),A9页。

　　②　《四联总处史料》(上),第197—198页。

　　③　中国人民银行上海市分行金融研究室编:《金城银行史料》,上海人民出版社1983年版,第684—685页。

整个大后方的金融中心。到 1942 年,重庆的商业银行有 23 家总行、14家分行、6 家支行、17 家办事处,共计 60 家。在四川,商业银行有 10 家总行、35 家分行、9 家支行、114 家办事处,共计 168 家。其他内地省份的商业银行机构数为:西康省 13 家,陕西省 12 家,甘肃省 4 家,广西省11 家,云南省 42 家,贵州省 9 家①。重庆的钱庄银号比战前增加了 41家,达到 50 多家,四川其他县市增加 46 家,达到 50 家②。

　　战前一些著名的商业银行,如"南三行"中的上海商业储蓄银行、浙江兴业银行,"北四行"中的金城银行、大陆银行、盐业银行、中南银行,"小四行"中的中国国货银行、中国实业银行等,或将总行迁往后方,或将业务重心放在后方,在战时后方的金融市场中,起到了重要的作用。而为了遏制通货膨胀的势头,政府最高当局也直接要求关注"各行储蓄总额与竞赛"③,甚至命令"各行集中游资,提高其利率"④。在管理方面,则要求各省银行及商业银行,必须向政府银行详细报告有关押款、放款、存贷、储蓄等业务情况⑤。这些措施也促使各商业银行加强展开相应业务。以下是 1942 年 1 月重庆市主要商业银行的存放款情况。

重庆市二十家商业银行普通存款余额表　（1942 年 1 月　单位:千元）

银行名称	定期	活期	合计
上海银行	2193	15795	17988

---

　　①　《三十一年度战时全国总分支行处分布》,《中华民国史档案资料汇编》第五辑第二编《财政经济》(四),第 605－606 页。

　　②　张守广:《大变局——抗战时期的后方企业》,江苏人民出版社 2008 年,第182 页。

　　③　蒋介石日记 1940 年 4 月 6 日,斯坦福大学胡佛研究所藏蒋介石日记手稿影印件。

　　④　蒋介石日记 1940 年 8 月 18 日,斯坦福大学胡佛研究所藏蒋介石日记手稿影印件。

　　⑤　蒋介石日记 1940 年 8 月 22 日,斯坦福大学胡佛研究所藏蒋介石日记手稿影印件。

（续）

银行名称	定期	活期	合计
浙江兴业银行	584	1484	2068
中国国货银行	126	6031	6157
中国实业银行	60	1249	1309
金城银行	630	6994	7624
大陆银行	368	191	559
盐业银行	313	284	597
中南银行	1533	3225	4758
新华银行	164	2146	2310
聚兴城银行总行	1479	3968	5447
美丰银行总行	435	6298	6733
川盐银行总行	1574	5921	7495
和成银行总行	72	2604	2676
亚西实业银行	45	2913	2958
四川建设银行	6	430	436
通惠实业银行	101	3047	3148
长江实业银行	147	3003	3150
建国银行	72	1463	1535
江海银行	44	1660	1704
开源银行	62	2550	2612
总计	10008	71256	81264
百分比	12.32	87.68	100.00

资料出处:《中华民国史档案资料汇编》第五辑第二编《财政经济》(四),第734页。

重庆市十七家商业银行普通放款余额表　（1942年1月　单位：千元）

银行名称	抵押放款	信用放款	合计
上海银行	29508	1276	30784
浙江兴业银行	80	9	89
中国国货银行	2092	178	2270
金城银行	2999	1209	4208
大陆银行	6	—	6
盐业银行	22	202	224
中国实业银行	1378	9635	11013
中南银行	120	1198	1318
聚兴城银行总行	1162	10448	11610
美丰银行总行	1510	23033	24543
和成银行总行	2746	9863	12609
亚西实业银行	—	15614	15614
四川建设银行	84	1920	2004
长江实业银行	75	6557	6632
江海银行	60	222	282
大川银行	—	1916	1916
开源银行	—	3986	3986
总计	41842	87266	129108
百分比	32.41	67.59	100.00

资料出处：《中华民国史档案资料汇编》第五辑第二编《财政经济》（四），第737页。

重庆是战时大后方的经济金融中心。从整体来看，经过抗战爆发四年的发展,在重庆的内迁银行与原先在内地的商业银行,在金融市场上基本旗鼓相当,但是不同商业银行之间的业务额相差非常大,几家大的商业银行显然具有支配性的地位和主导作用。同时,活期存款额所占较大比重表明,在残酷的战争环境之下,后方社会经济活动的波动性甚大,银行业难以汇集起稳定的可用于中长期投资的来源。

第四节　　战时大后方的生产和交通

一　大后方的工矿业

抗战前,中国数量有限的工厂,大半集中于沿海省份。"七七"事变后,政府即下令沿海各厂矿迁入内地。从1937年7月至1940年底,三年半时间,完成了中国有史以来第一次工业大迁移。其中,上海迁出之民营工厂共146家,机料14600余吨,技工2500百余名,成效颇著。苏州、无锡、常州、南京、九江、芜湖一带工厂,除少数内迁外,大多沦陷。此外,湖北武汉附件厂矿迁移,比较彻底。大冶铁矿共运出5.7万余吨,武汉共迁出民营厂160余家,省有各厂迁出6000余吨,汉阳钢铁厂及六河钢铁厂亦完成拆迁。湖南、浙江、福建等地也有部分厂矿内迁①。内迁厂矿共计639家,其中经由政府助迁者共448家,包括钢铁工业2家,机械工业230家,电器制造41家,化学工业62家,纺织工业115家,饮食品工业54家,教育用品工业81家,矿业8家,其他工业54家。内迁器材共计12万吨②。按性质分类,机械工业约占40.40%,纺织工业占21.65%,化学工业占12.50%,教育文化工业占8.26%,电器工业占6.47%,饮食品工业占4.91%,钢铁工业占0.24%,其他工

---

①　《中华民国史档案资料汇编》第五辑第二编《财政经济》(六),第319页。

②　翁文灏:《抗战时期中国实业概况》,唐润明主编:《抗战时期大后方经济开发文献资料选编》,重庆市档案馆编2005年版,第539页。

业占 3.79％,矿业占 1.78％。内迁厂矿区域分布,以四川为最多,占内迁总数 54.67％,湖南次之,占 29.21％,陕西占 5.90％,广西占5.11％,其他各省占 5.11％①。这些内迁厂矿,为战时大后方工业重建与发展,奠定了基础。

抗战爆发后,战时工业对于支持长期抗战,具有举足轻重的作用。战时工业建设负有四个基本任务:第一,增加军需原料和制品的生产,以提高国防能力;第二,增加出口物资的生产,以提高对外的支付能力;第三,增加日用必需品的生产,以安定人民的生活;第四,发展基本工矿业,以奠定工业化的基础。作为战时经济建设的主要领导机构,经济部以最大努力,积极推行两大政策:即一方面用国家资本,在后方各省自行经办各种重要的工矿业;另一方面协助战区的重要民营工矿迁入内地,并奖励人民大量从事后方的工业投资②。

国营事业的兴办,主要由经济部资源委员会负责进行。抗战前夕,资源委员会已经开始施行重工业和矿业的发展计划,包括统制钨、锑和建设年产 2000 吨的钨铁厂,年产共达 30 万吨的湘潭和马鞍山炼钢厂,年产共 30 万吨的灵乡及茶陵铁矿,大冶等铜矿和年产 3600 吨的铜厂,年产共 5000 吨的水口山和贵县铅锌矿,年产共 150 万吨的高坑等煤矿,开发延长等油矿和年产 2500 万加仑的炼油厂、氮气厂、机器厂、电工器材厂③。由于抗战的爆发,上述事业大都停顿中断,但相应的器材设备尽可能往大后方迁运、重新安置,而相关的规划、筹办经验、技术和人才,则直接有助于推进战时的工矿事业。

抗战爆发后,后方企业中很快确立了国防工业和重工业"在民族工

① 《中华民国史档案资料汇编》第五辑第二编《财政经济》(六),第 320 页。
② 《经济部的战时工业建设》,《抗战时期大后方经济开发文献资料选编》,第523 页。
③ 钱昌照:《两年半创办重工业之经过及感想》(1939 年 5 月),《中华民国重要史料初编》第四编(三),第 653 页-654 页。

业中的领导地位"①。1938年1月15日,蒋介石致电经济部长翁文灏,要求筹办后方军需工业,地点以川、黔、湘西为主,从速制定方案;另要求拟定西南、西北战时经济建设方案②。1938年8月1日,国民政府修正公布资源委员会组织条例,进一步增强了资源委员会的权限,使其职掌包括:创办及管理经营基本工业,开发及管理经营重要矿业,创办及管理经营动力事业,办理政府指定之其他事业③。在服务抗战、增强国防的目标下,资源委员会倾力发展重工业、矿业和电力事业。国民政府相应实施了多项政策措施,主要有:1.奖励工业技术,其范围包括发明和新型或新样式之创作,甚至对于尚未完成的发明创作,经审查合格后,即可获得经济部协助试验。2.厘定工业标准,先后成立医药、器材、化工、机械、电工、矿冶等工业标准委员会,审定颁布相应的工业标准。3.扶助民营事业,包括贷助资金、供应材料、训练技术员工、定购机器成品等。4.扩充电力事业,包括筹设国营电厂、协建民营电厂、督导自用电厂等④。

为扶助后方关系国防民生之重要工矿业的发展,国民政府还于1938年12月颁布了《非常时期工矿业奖助暂行条例》,奖助方法包括保息、补助、减免出口税及原料税、减免转口税及其他地方税捐、减低国营交通事业运输费、提供低利贷款等多种方法⑤。

经过四年,大后方的工矿业有了较大的发展。1938年,后方各省新增了40家工厂,1939年新增466家,1940年新开工589家,1941年新增843家,到1942年,大后方各省共有3700家工厂,资本总额达20

①　吴承洛:《中国战时工业概况》,《中国工业》第6期,1942年6月25日,第25页,转引自张守广:《大变局——抗战时期的后方企业》,江苏人民出版社2008年版,第293页。

②　《中华民国重要史料初编》第二编(二),第291页。

③　《中华民国史档案资料汇编》第五辑第二编《财政经济》(六),第4页。

④　《国民党六大行政院工作报告》(1938—1945),《中华民国重要史料初编》第四编(三),第585—590页。

⑤　《中华民国史档案资料汇编》第五辑第二编《财政经济》(六),第34—35页。

亿余元,工人约 24 万人,动力约 14 万马力①。其中,属于重工业范围的厂家约占工厂总数的 35%,资本额则占了 50% 左右②。到 1940 年底时,资源委员会已设或筹设的工矿业已达 70 余个单位;其中已较有规模者,计工业 29 个单位、矿业 22 个单位、电气 20 个单位。工业方面,特别注重机械、电气、冶炼、化学等基本部门。矿业方面,特别注重开发和国防及易货有关的资源,如煤、铁、石油、铜、钨、锑、锡、汞等。电业方面,则特别注重后方各新兴工业中心的动力的供给,庶几动力的发展可以和整个的工业化之推进密切配合③。

大后方各省中,四川原来的交通条件相对较其他省份便利,原料丰富,抗战爆发后自沿海地区迁入的厂家最多,又为抗战之中枢,因而工业发展最为迅速。1938 年之前,四川的工厂总数不过 240 余家,但到 1942 年底,已增至 1600 余家,增幅达七倍以上。其次是湖南和陕西,1938 年前两省工厂数分别为 90 余家和 70 余家,至 1942 年,该两省的工厂数都增加了 4 倍。此外,云南、贵州、甘肃等省的工厂数亦有很大的增加。在后方各省的工厂总数中,四川约占 44%,湖南占 13.34%,陕西为 10.24%,广西为 7.77%,甘肃为 3.69%,贵州为 2.98%,云南为 2.82%。在国统区的工业资本总额中,四川约占 58%,云南占 10.8%,广西占 7.89%,陕西占 5.43%,浙江占 4.71%,湖南占 3.91%,甘肃占 3.19%,贵州占 3.38%④。总之,以四川为中心大后方各省工业的发展,已经改变了战前的中国工业布局。

在抗战爆发后的四年里,后方工矿业各个行业之间,甚至每个行业

---

① 《经济部统计处发表民国三十一年后方工业鸟瞰》,《中华民国重要史料初编》第四编(三),第 674 页。

② 《中华民国重要史料初编》第四编(三),第 675 页 。

③ 《经济部的战时工业建设》,《抗战时期大后方经济开发文献资料选编》,第 523 页。

④ 《经济部统计处发表民国三十一年后方工业鸟瞰》,《中华民国重要史料初编》第四编(三)第 674－676 页 。

的各个部门之间,发展的具体情况也有所不同。

采掘冶炼业。煤是战时后方各省交通和工业最急需的燃料,在整理旧矿的同时,开发了不少新矿。1938 年上半年,平汉线北段各煤矿相继失陷之前,国民政府有关部门即尽量将采掘设备拆迁,移用至后方各矿,如曾将中福公司之设备迁用于湖南湘潭、湖北大冶、江西萍乡、四川天府等煤矿。后方各省中,四川的采煤业发展较快,当时或由资源委员会直接投资,或由经济部工矿调整处提供贷款,扩充三才生、宝源、江合、东林等旧有各矿之设备,开拓运输通道;另一方面新设华安、华银、全济、华昌、义大等矿。1938 年四川省产煤不过 140 万余吨,1940 年即增至 279 万余吨,两年中增幅几达 100%。其他各省的煤业也得以改造扩建和新建。云南的明良煤矿扩建为明良公司,所产煤用于昆明之工厂和滇越、叙昆两路,又开办了宜明煤矿,从事炼焦。在贵州,将筑东煤矿改组为贵州煤矿公司,开采筑东和林东煤田。湖南、广西、江西、西康等省的煤矿,也在资源委员会和各该省政府的协作支持下,有了明显的发展。在西北地区,一方面由陇海铁路局与陕西省政府合作开发同官煤矿,以满足陇海路行车对煤的需求;另一方面,经济部投资协助陕西白水、蒲城、陇县等地煤矿改进产运,在甘肃投资开采永登煤田。从整个后方地区来看,煤的产量有较稳定的增产。1938 年产煤 470 万吨,1939 年为 550 万吨,1940 年达 570 万吨,1941 年增至 600 万吨,1942 年则达 631 万余吨①,资源委员会系统的煤矿产量则有较大幅度之提高:1937 年为 2 万吨,1939 年增至 19.2 万吨,1941 年达 51.7 万吨②。

石油的开采,战前仅陕西延长永平油矿有少量生产。1938 年初,政府延聘专家,设立机构,从事油矿之探勘工作。1938 年,资源委员会

①　《国民党六大行政院工作报告》,《中华民国重要史料初编》第四编(三),第 600—602 页。

②　《资源委员会档案史料初编》,台北 1984 年版,第 126 页。

加紧对四川巴县石油沟、甘肃玉门石油河等地的勘探。巴县的钻探获得了大量天然气,为嗣后的正式开采打下了基础。玉门地区的钻探取得了极好的结果,尽管该矿地处塞外、交通不便,采油器材、给养物资的运入和石油产品的输出颇为困难,但1939年起便正式投产,并陆续增开新井、扩大开采,又设炼油厂,生产汽油。玉门油矿投产后,产量连年增加:1939年为4160加仑,1940年达73013加仑,1941年增至20.9万加仑,1942年更提高到189.57万加仑。另外,玉门油矿1941年开始出产煤油113,040加仑,次年即增产为596,936加仑①。从整个资源委员会系统来看,石油产品(包括汽油、煤油、柴油)也是连年增加的:1939年仅为1.5万加仑,1940年便增至16.7万加仑,1941年达46.3万加仑。另外,天然气自1941年开始生产,当年产量为2.7万立方米,1942年就增至23.3万立方米②。

与煤、油、气三大能源产品相比,钨、锑、锡等重要出口物资的生产并不理想。钨砂1937年产量为11,926公吨,1939年为11,509公吨,1941年为12,392公吨。锑的产量,1937年已达14,597公吨,1939年减少到11,988公吨,1941年更减少到7991公吨。锡的产量,1939年为2501公吨,1940年增至17,416公吨,到达战时最高水准,1941年为16,589公吨,以后连年下降。有色金属方面,西南地区的云南东川、西康宁雅、四川彭县等矿,先后由资源委员会和各该省政府联合投资,进行改造扩建,除本身开采外,还收购其他小矿所产之土铜,一并冶炼粗铜。至于提炼精铜(电解铜),主要设有重庆和昆明的炼铜厂,年生产能力总共达2000余吨。但粗铜来源的限制,实际产量不高。1938年,精铜产量为580公吨,1939年为582公吨,1940年增至1415公吨(战时最高产量),1941年又下降到779公吨。至于铅、锌,有川康铜铅锌

---

① 《国民党六大行政院工作报告》,《中华民国重要史料初编》第四编(三),第603—604页。

② 《资源委员会档案史料初编》,台北1984年版,第126页。

矿物局在西康会理天宝山开采,滇北矿物局亦产纯净铅、锌,湖南练铅厂和炼锌厂经拆迁后,又重建复工。这两种金属的产量也不高。1939年,精铅和精锌的产量分别是 262 公吨和 40 公吨,1941 年的产量则为 277 和 20 公吨[①]。

而作为工业发展重要标志之一的钢铁业,其发展亦远不能满足战时的需要。战前后方铁厂多用土法,制钢的设备尤少。抗战爆发后,面对抗战军需与众多工厂重新建设的需要,钢铁业的建立即成为各方重视的重点,并在各方努力下,取得一定成效。

国民政府有关部门除将上海等地的钢铁厂内迁外,并于 1938 年将湖南湘潭筹建中的中央钢铁厂的设备、汉阳钢铁厂和汉口扬子铁厂等钢铁企业的设备,迁至川、滇,改建和设立新厂。例如,为完成汉阳钢铁厂的拆迁,国民政府军政部兵工署与经济部资源委员会,于 1938 年 3 月,合建钢铁厂迁建委员会(简称"钢迁会"),负责将汉阳和大冶两钢铁厂部分设备及六河沟铁厂百吨炼铁炉,拆迁到重庆大渡口,重建大渡口钢铁厂,并于 1939 年冬与兵工署第三工厂合并,成为战时规模最大的钢铁联合企业[②]。另外,兵工署 1937 年 1 月接管并继续筹建此前由四川地方政府筹备的重庆电力钢铁厂,并于 1939 年 7 月 1 日正式成厂,改名为"军政部兵工署第二十四工厂"。该厂经过不断扩充,年产钢最高达到 4000 多吨,农产钢材、丝钉等 3900 多吨,是抗战时期国民政府后方最大的兵工用钢生产工厂[③]。此外,较为重要的钢铁企业还有,以炼制合金钢铁材料为主的兵工署第二十八工厂[④],资源委员会创建或接办的资渝钢铁厂、威远铁厂等,抗战时期官商合办的最大钢铁联合企业——中国兴业公司,由上海迁川重建的民营渝鑫钢铁厂。除了四川,

---

①　《资源委员会档案史料初编》,台北 1984 年,第 126 页。

②　重庆市档案馆、四川省冶金厅《冶金志》编委会合编:《抗战后方冶金工业史料》,重庆出版社 1987 年版,第 63 页。

③　《抗战后方冶金工业史料》,第 131 页。

④　《抗战后方冶金工业史料》,第 200 页。

在云南则有中国电力制钢厂、云南钢铁厂①。经过数年努力，后方铁厂
家数已由战前的几家增至 114 家，资本总额约为 1.2 亿元，每年最大生
产能力 9.9 万吨，炼钢厂有 10 家，资本总额约 1 亿元，生产能力达 3.9
万吨②。后方各省钢铁冶炼设备也在逐渐扩充，技术不断进步，历年钢
铁产量不断增加。如下表所示（单位：吨）：

年度	生铁（包括土铁）	钢
1938	41,000	900
1939	41,466	1,200
1940	55,182	1,500
1941	62,836	2,011
1942	77,497	3,000

　　资料来源：《国民党六大行政院工作报告》(1938—1945)，《中华民国重要史料
初编》第四编（三），第 592 页。

　　可见，战时后方地区铁与钢的历年产量均有提高，但尚属较低的水准。

　　电力。战前中国本国资本之电业生产比较落后，在二十三个省区
内，国营民营电厂合计仅 460 家。1936 年装机容量 35.587 万千瓦，发
电 77255 万度，且发电厂主要集中于沿海地区。后方电厂数寥寥无几，
资本总额才 686 万元，装机容量仅 1 万千瓦，发电 1400 万度。抗战开
始，全国电厂沦陷达三分之二，其时后方华中、华南及西南各省电厂共
有 141 家，而川、康、滇、黔、陕、甘六省则仅占到 30 家，且设备陈旧落
后，无法满足后方工业需要。有鉴于此，经济部加强了对后方电力事业
的投资与建设③。通过向国外购买电机设备，拆迁战区发电设备等措

---

　　①　《国民党六大行政院工作报告》、《抗战时期资源委员会工作概况》(1938—
1945)，分别见于《中华民国重要史料初编》第四编（三），第 590—591、611 页 。
　　②　《经济部统计处发表民国三十一年后方工业鸟瞰》，《中华民国重要史料初
编》第四编（三），第 680—681 页。
　　③　《中华民国史档案资料汇编》第五辑第二编《财政经济》（六），第 271 页。

施,后方电气事业得以初步发展。从 1938 至 1940 年的三年里,资源委员会在川鄂区、湘黔区、云南、四川、湘潭、西安、安庆等地区建设电厂,特别是利用后方水利资源,建成多处水力发电站。至 1941 年,大后方各省已有电厂 116 家,资本总额 1.35 亿元,装机容量已达 5.3 万千瓦,发电 9300 余万度。其中四川省就有发电厂 27 家,资本 7000 余万元,装机容量 2.3 万千瓦,发电 4900 余万度;云南电业资本总额 1400 余万元,装机容量 6000 千瓦;陕西电业资本总额 400 余万元,装机容量 5000 千瓦;湖南电业资本总额 1000 万元,装机容量 3000 千瓦;广西电业资本总额 600 余万元,装机容量 5500 千瓦[①]。战时历年后方地区总的发电容量和发电度数见下表:

年度	发电容量(千瓦)	发电量(千瓦时)
1938	35,405	73,621,694
1939	40,376	91,494,460
1940	40,722	111,931,172
1941	44,313	127,302,000
1942	49,822	136,850,090

资料来源:《国民党六大行政院工作报告》(1938—1945),《中华民国重要史料初编》第四编(三),第 590 页。

不仅发电容量与度数逐步增加,电厂的分布区域也在逐步扩展,工业用电的比率不断加大,后方工业电气化程度有所提高。

机器制造业。战前中国机器制造业集中于上海,且以机器修理和零件制造为主,也有若干种纺织机之制造,但电动机和工作机的制造极少。而在后方地区,机器制造业完全是空白。抗战爆发后,机器工厂在

---

① 《抗战时期资源委员会工作概况》(1938 至 1945 年)、《经济部统计处发表民国三十一年后方工业鸟瞰》,分别见于《中华民国重要史料初编》第四编(三),第608－609、679－680 页。

内迁工厂中为数最多,迁入后方的机器厂有 180 余家,经过几年的发展,已经增加到 680 余家,资本总额达 3.3 亿元,从业工人 30000 以上,使用动力 16000 马力。所制造的机器,已着重于工具机、作业机和电动机。从地域分布来看,四川最多,有 330 余家机器制造厂,资本总额约 1.6 亿元;广西有 87 家机器制造厂,资本总额 9000 余万元;在贵州、云南、甘肃、湖南等省,也设立了机器制造厂。这里,还可以从典型机器产品生产指数的变化来看后方机器制造业的发展。以 1938 年工具机的产量指数为 100,那么 1939 年达 204,1940 年为 296,1942 年增至 367;又以 1938 年内燃机的产量指数为 100,1939 年为 151,1940 年为 529,1941 年达 706[①]。后方各省主要机器产品(含电器工业产品)产量见下表:

品名	蒸汽机	内燃机	发电机	电动机	工具机	变压器
1938 年		550	229	84	332	4,575
1939 年	559	831	163	8,703	679	3,758
1940 年	2,949	2,910	2,788	12,449	984	5,850
1941 年	4,476	3,886	4,144	21,890	1,220	10,846
1942 年	3,491	3,933	4,001	10,359	1,131	16,136

资料来源:《国民党六大行政院工作报告》(1938－1945),《中华民国重要史料初编》第四编(三),第 594 页。

化工业。主要指制造液体燃料及酸碱等基本化工品的工厂。化学工业战前甚不发达,1936 年全国共 19 家,集中于天津、上海和广东,资本总额 1000 余万元,年产各种酸约 34.4 万担,碱 86 万担。化工业原本在后方属于空白,经过数年之发展,工厂数达 44 家,其中酸厂 31 家,碱厂 13 家,资本总额 4.8 亿元,各种酸的生产能力为 1.9 万吨,碱的生

---

① 《经济部统计处发表民国三十一年后方工业鸟瞰》,《中华民国重要史料初编》第四编(三),第 682－685 页。

产能力为 1000 吨,但受到原料的限制,实际年产量酸类 2000 吨,碱 3500 吨①。此外,主要由资源委员会规划筹建了后方的工业酒精生产企业,1938 年 6 月首先在重庆设四川酒精厂,1939 年又成立资中酒精厂,在其他省份也先后设立或接办了 20 余家酒精厂。1939 年后方各厂酒精产量共约 28 万加仑,1940 年增至 66.9 万加仑,1941 年产量达 129.8 万加仑,1942 年达到 239.6 万加仑②。工业酒精的生产在一定程度上缓解了液体燃料匮乏的局面。同时,经济部于 1938 年设植物油提炼轻油厂于重庆,试自植物油炼制轻油,以代汽油,并取得初步成效。1940 年,经济部令资源委员会调查五通桥附近煤产,筹建为焦油厂,以低温蒸馏方法,从烟煤中提炼动力油料,如汽油、柴油、灯油等,并于 1941 年正式出产,陆续扩充③。历年化学工业重要产品产量增减情形,如下表所示:

品名	1938 年	1939 年	1940 年	1941 年	1942 年
酒精	305,620	807,775	4,553,024	5,401,437	7,843,324
纯碱	944	1,250	1,091	632	1511
烧碱			209	628	752
硫酸	170	124	428	625	666
盐酸	99	72	151	130	180
漂粉	—	—	147	521	660
水泥	120,460	278,024	296,940	149,584	233,487

资料来源:《中华民国史档案资料汇编》第五辑第二编《财政经济》(六),第 310 页。(说明:原件缺各产品产量单位。)

---

① 《经济部统计处发表民国三十一年后方工业鸟瞰》,《中华民国重要史料初编》第四编(三),第 687－688 页。

② 《资源委员会档案史料初编》,第 118、126 页。

③ 《中华民国史档案资料汇编》第五辑第二编《财政经济》(六),第 309 页。

　　纺织业。抗战爆发时,后方棉纺织业仅有纱锭 25,000 枚。后经上海等地迁入纱锭 22 万余枚,纺织厂数增加到 55 家;至 1941 年底发展到 76 家,资本总额 1.78 亿元,纱锭 30 余万枚。后方棉纺织厂约有 65％在四川,30％在陕西。整个后方棉纺织业的规模,仅及战前中国棉纺织业的 4％,华商棉纺织业的 10％左右。由于原料和重要器材的不足,实际开工纱锭数约为 25 万枚,实际开工布机 1800 余台,另有千余台未开工。从毛纺织业来看,后方地区的机器毛纺织厂都是在抗战爆发后设立的,如重庆附近的中国毛纺织厂、民治纺织厂,乐山的川康毛织公司,西安的西京、西北毛纺织厂。与重工业有所不同的是,在后方纺织业中,民营企业在资本和生产能力方面,均略高于国营企业①。

　　面粉业。战前中国机制面粉厂有百余家,集中于江苏 山东、河北,年产量约 7500 万袋,最大之厂家日产达 1.4 万余袋。抗战爆发后,战区不少面粉厂迁至后方,如迁至陕西宝鸡的有福新、大新厂,迁至西安的有和合、同兴厂,至重庆的有庆新、正明等厂。加上战前后方原有的面粉厂,至 1941 年后方面粉厂总数为 70 余家,集中于陕西和四川,广西、湖南次之,云南、江西又次之。另外,后方机器厂制造了不少小型面粉机,以增加各厂的生产能力。当时后方面粉厂的规模都不大,最大的陕西咸丰面粉厂日产也只有 5000 袋,大多数厂日产在 2000 袋之下。据统计,1938 年后方各厂生产面粉 151.3 万袋,1939 年为 192.6 万袋,1940 年增加到 323.92 万袋,1941 年的产量达到了 451 万袋,1942 年进一步增至 488 万袋②。

　　后方主要民生用品历年生产情况见下表:

---

　　①　《经济部统计处发表民国三十一年后方工业鸟瞰》,《中华民国重要史料初编》第四编(三)第 689－690 页。

　　②　《国民党六大行政院工作报告》,《中华民国重要史料初编》第四编(三),第 598－599 页;参阅《经济部统计处发表民国三十一年后方工业鸟瞰》,《中华民国重要史料初编》第四编(三)第 690－692 页。

品名	棉纱	肥皂	机制纸	火柴	皮革	面粉
1938 年	15,870	82,000	24,600	32,109	40,000	1,513,000
1939 年	22,584	98,670	26,281	32,357	43,969	1,926,000
1940 年	44,000	279,900	32,979	39,547	49,045	3,239,200
1941 年	61,500	410,000	63,340	40,508	56,346	4,510,000
1942 年	24,100	320,000	170,000	157,200	112,522	4,880,000

资料来源:《国民党六大行政院工作报告》(1938－1945),《中华民国重要史料初编》第四编(三),第 599 页。

总之,通过国民政府的大力扶持,在大量内迁厂矿企业的基础上,大后方的工业在 1942 年前取得了快速发展,成就斐然。据经济部统计,截至 1941 年底止,依工厂登记法准予登记之后方工厂共有 1350家。其中,冶炼工厂由 4 家增至 87 家,机器厂由 37 家增至 736 家,电工器材厂由 1 家增至 44 家,化学工厂由 78 家增至 380 家,纺织服装工厂由 102 家增至 273 家,水泥厂由 1 家增至 7 家,酒精厂由 3 家增至 133 家,机器制纸厂由 3 家增至 14 家,面粉厂由 6 家增至 17 家,炼汽油厂已达 22 家,炼润滑油厂 5 家,炼柴油厂 15 家,煤、铁矿由 33 区增至 112 区[①]。后方各省摆脱了战前工业寥寥无几的局面,并开始形成了一些工业区。后方工业的发展,为支持长期抗战,并取得最终胜利,奠定了坚实基础。

二　大后方的农业

战时大后方作为中国的政治和经济中心,军糈民食和其他生活必需仰赖农业甚重。以粮食而言,战前中国平均每年输入洋米达 1600 余

---

①　袁梅因:《战时后方工业建设概况》,见唐润明主编:《抗战时期大后方经济开发文献资料选编》,第 638－639 页。

万担,小麦和面粉每年平均 2000 余万担①。抗战爆发后,一方面东部战区人口大量移至后方,另一方面海口均遭封锁,进口受阻。此外,大后方工业的发展,也需要一些农产品作为原料。于是,为谋求战时农副产品需求的自给自足,国民政府将发展大后方农业摆在十分重要的地位,并采取了一系列有力措施。

(一)增加耕作面积。首先是鼓励垦荒,直接扩大耕地总面积。战前,西南、西北各地均有大量可耕地未开发。抗战爆发后,国民政府有关当局把扩大耕地面积与安置难民和内迁人口相结合,比较重视该项事宜。例如,对于陕西黄龙山、四川边区、广西西北各县、江西南部各县,经济部派员调查,并与当地政府配合,进行大规模难民垦殖。到 1942 年底,西南各省成立垦殖单位 110 个,新开垦耕地 333 万亩②。此外,推广冬耕制也是重要措施,如 1938、1939 年在广西、贵州、湖南等省增加小麦种植面积 100 多万亩,1940 年进一步在后方各省扩大小麦种植面积 920 余万亩,大麦 170 余万亩,豆类 200 余万亩③。川、滇、黔、桂四省 1938 年增加稻谷种植面积 980 万余亩,增加棉花种植面积 165 万余亩;1938 年又增加稻谷种植面积 200 万余亩,增加棉花种植面积近 110 万余亩④。

(二)推广良种。为了改良农作物品种,以中央农业实验所为倡导机关,同时督促各省农事机关,对极需自给自足之食粮,可以换取外汇之出口农产品,以及可为工业原料兼可外销之农产品,努力进行优良品种的培育与推广。在水稻方面,中央农业试验所培育出可供

---

①　《国民党六大行政院工作报告》(1940—1945),《中华民国重要史料初编》第四编(三),第 817 页。

②　转引自陆仰渊、方庆秋:《民国社会经济史》,中国经济出版社 1991 年 11 月版,第 605 页。

③　陈济棠:《抗战四年来之农业》,《中华民国重要史料初编》第四编(三),第 844 页。

④　《中华民国年鉴》,附表,1944 年版。

推广的品种 120 余种，与当地之农产品相比，平均可增产 60 余斤，产量最高者可增产 190 余斤。1938 和 1939 两年内，仅在湖南省就推广良种 33 万余亩，增产稻谷 26.5 万担。1940 年除了在湖南推广良种 65 万亩外，在广西、江西、四川、浙江、广东、福建等省共推广良种 25 万亩，是年相应增产稻谷约 57 万担。在小麦方面，战前中央农业试验所曾收集了中外品种 5600 余种，抗战爆发后运至后方继续试验推广。从 1938 年到 1940 年推广了"金大 2905 号"、"中农 28 号"等良种，较农家普通品种之产量，每亩可增产 15 市斤至 41 市斤。其中，仅 1940 年就在陕西便推广良种麦 18 万余亩，四川推广了 8 万余亩，河南推广 3.4 万余亩，江西推广 2.6 万余亩，贵州、浙江各推广 2 万余亩，上述各省 1940 年因推广良种而增产小麦 9 万余市担[①]。在棉花方面，1938、1939 两年在四川推广优良棉种共 19 余万亩；1940 年又推广了 38 万余亩，其中"德字棉"14 万亩，计增收皮棉 4.1 万担[②]。又在陕西关中平原普及"斯字棉"的种植，产量比当地土棉增产 65％。另外，1938 年发现云南木棉纤维细长，颇具经济价值，即推广种植，并由农产促进委员会 试制相应的"七七纺织机"，效果良好，也加快了木棉的推广。此外，对于可供出口的农产品，如桐油、茶叶、蚕种，也积极进行优良品种的推广。

（三）防治病虫害。在水稻方面主要是防治螟虫害，如 1938 年至 1940 年连续在川西水稻区指导防治螟虫，相应增加产量约合 19 万担。在麦类方面，主要是防治黑穗病和线虫害，1937 年在安徽防治麦田病虫害 1 万余亩，1938 年在四川、贵州防治麦田病虫害 400 余亩。以后防治面积迅速增加，1939 年在川、黔两省防治麦田病虫害 19.3 万余

---

① 陈济棠：《抗战四年来之农业》，《中华民国重要史料初编》第四编（三），第 844 页。

② 陈济棠：《抗战四年来之农业》，《中华民国重要史料初编》第四编（三），第 846 页。

亩,1940年在川、黔、陕、滇、甘等省防治麦田病虫害44.6万余亩。在棉花方面,1938、1939两年在川、陕、滇三省防治棉芽虫、棉卷叶虫、棉红铃虫、棉红蜘蛛等虫害共31万余亩,相应增收籽棉9.1万余担;1940年川、陕、滇、豫、甘、鄂、康七省防治棉花虫害71万余亩,相应增收籽棉14.2万余担①。

(四)兴修农田水利。大型的农田水利工程,在抗战前已由全国经济委员会主持下在部分地区开展。抗战爆发后,后方各省都有新旧工程之推进。如陕西省的梅惠渠,于1936年开工,战时继续施工,1938年完成,使得岐山、嵋县一带增加了13万余亩水浇地。又如陕西的黑惠渠工程,1938年动工,1942年完成,增加灌溉面积16万余亩。在甘肃省,原有兆惠渠工程,系1936年开工,拟引兆河水灌溉临兆一带农田3.5万余亩,抗战爆发后继续施工,于1938年完成。嗣后,甘肃省又于1939年开始兴建湟惠渠和兆溥渠。宁夏、绥远两省历史上早有引黄河水灌溉农田之水利设施,但工程简陋、年久失修,实际灌溉面积很少,战前便有整修规划。战时,国民政府有关部门亦作了若干测试工作。据统计,从1938年到1942年,通过贷款方式完成的农田水利工程就有22处,相应扩大灌溉面积近30万亩;另局部完成水利工程9处,相应扩大灌溉面积46万余亩②。

(五)健全农业金融,加强农贷。后方各省农村金融,早在战前已陷入枯竭境地。抗战爆发后,农村金融恐慌程度更为加剧。于是,为谋求后方农业生产、供销、农田水利、运输工具、农业推广、农村副业,能够适应抗战建国需要,在国民政府的明确要求下,以四联总处为主,兼及其他金融机构,在后方地区积极增设农业金融机构,并提供了大量农贷。

---

①　陈济棠:《抗战四年来之农业》,引自《中华民国重要史料初编》第四编(三),第849—850页。

②　《国民党六大行政院工作报告》,《中华民国重要史料初编》第四编(三),第828—831页。

如四联总处 1939 年 9 月改组后,在翌年 2 月便确定农贷中心地区①,决定全国范围内的农贷资金总额为 4 亿元②。农贷主要用于帮助农民解决因种子、农具和其他投入所遇到的经费困难,详见下表。

1937—1942 年农贷余额统计表　　　　　单位:元

年份	农贷余额(元)	指数
1937	39,529,000	100
1938	73,551,000	186
1939	110,563,000	280
1940	211,408,000	535
1941	465,306,000	1177
1942	682,805,000	1727

资料来源:黄立人《论抗战时期国统区的农贷》,《近代史研究》1997 年第 6 期。

农贷以大后方的四川、西康、云南、贵州、陕西、甘肃等省为中心区,尤其以四川、西康为重点。农贷种类包括农业生产贷款、农田水利贷款、农业推广贷款、农产运销贷款、农村副业贷款等。农贷资金逐年增长,缓解了后方地区农业发展中的资金缺乏问题,农业产量有了明显提高。

1936—1942 年川桂滇黔四省主要农作物产量及其指数增长统计表

农作物类别 \ 年份		1936	1937	1938	1939	1940	1941	1942
稻	产量(千担)	185,888,100	200,877	388,555	286,847	225,902	216,497	255,320
	指数	100	108	209	154	121	116	137

①　蒋介石日记 1940 年 2 月 17 日,斯坦福大学胡佛研究所藏蒋介石日记手稿影印件。

②　蒋介石日记 1940 年 2 月 29 日,斯坦福大学胡佛研究所藏蒋介石日记手稿影印件。

（续）

年份 农作物类别		1936	1937	1938	1939	1940	1941	1942
麦	产量(千担)	8764	64,857	105,551	103,878	99,903	90,947	117,878
	指数	100	740	1204	1185	1139	1037	1345
棉	产量(千担)	873	644	971	1546	1450	1261	1529
	指数	100	73	111	177	166	144	175

资料来源:《中华民国年鉴》(1944年3月版)附表统计数,转引自朱英、石柏林:《近代中国经济政策演变史稿》,湖北人民出版社1998年版,第511页。

总的来看,后方主要地区战时农业生产事业有了明显发展,主要农产品产量比战前有较大的提高,为支持抗战军事和维持民生作出了极大的贡献。

三　大后方的交通运输

（一）铁路建设

抗战爆发前的1936年,中国铁路通车里程约为7,400公里。抗战爆发初期,铁路在运输军队粮秣、疏散人口、抢运物资等方面,发挥着极大效能[①]。尤其已经完成建设的重要路段,如粤汉铁路之株韶段,陇海铁路之展长至宝鸡,广九与粤汉接轨,浙赣铁路之南昌、株洲段,以及苏嘉铁路与钱塘江大桥之全部筑成,在运送军队和军品方面,作用尤为突出。请见下表:

1937年7月至12月各路运输军队军品数量表

铁路	段运输军队(人)	运输军品(吨)
陇海	822,180	525,245
平汉	1,255,887	248,251

[①]　《中华民国史档案资料汇编》第五辑第二编《财政经济》(十),第143页。

（续）

铁路	段运输军队（人）	运输军品（吨）
津浦	199,906	111,733
京沪/沪杭甬	615,712	57,728
南浔/浙赣	308,760	60,863
粤汉/广九	697,813	126,380
同蒲/正太	457,103	80,499
胶济	110,525	25,930
共计	4,467,376	1,236,629

　　资料来源:张嘉璈《战时交通》,中央训练团党政培训班讲演录,1942年2月印,第14—15页。

　　随着战局的进展,原华北、华东和华南地区的铁路干线或落入日军手中,或中断交通,各路段员工尽力拆除车轨,迁运设备至安全地带。另一方面,战前拟定之筑路计划,包括若干实施中的工程项目,往往因军事或财政的原因,亦被迫中止。然而,随着战争初期大量民众及政府机关、工商企业转向西南、西北后方移动,全国的政治经济中心西移,内地建设对交通运输特别是铁路运输提出了新的要求。为了打破日本的封锁,联结重要的国际通道,以及后方地区国计民生之需要,国民政府在中国西南和西北地区均修筑了若干铁路。

　　湘桂铁路(自湖南衡阳到广西镇南关)。该路联结粤汉路和安南铁路,为西南交通干线,最初动工的是北端的衡阳－桂林段,长361公里,1937年9月开工,至1938年10月竣工通车,工程进展约合每日1公里,为抢筑铁路进度之最快纪录。该路段通车恰值广州、武汉大撤退,在往后方抢运器材、伤兵和难民方面发挥了重要作用。在1938年间,湘桂线先后又有三段开工。其中桂林－柳州段计长174公里,于1938年8月开工,虽然受到时局影响,仍于1939年底竣工通车,对于桂南军事所需帮助甚大。柳州－南宁段全长260公里,开工之后,受日敌南侵影响,进度较慢,甚至因南宁一度失陷,于1939年12月完全停工。待到南宁收复，该路段柳江大桥于 1940 年内赶造完成，以利于黔桂路与湘桂、粤汉两路联通；并把该路段展至来宾。另外，南宁－镇南关段，系中法合办，1938 年 4 月自越南同登经镇南关向北推进，1939 年 12 月铺轨达 67 公里，后因日军侵入桂南，工程被迫停顿。

湘黔铁路（自湖南株洲到贵州省的贵阳）。1936 年 7 月，该路株洲－蓝田段动工，长 175 公里。历经 2 年半，至 1939 年 1 月完工，通车营运。但因江西、湖南战事紧迫，军事委员会令遂拆除该段所有之路料，南移用作修筑黔桂线。

黔桂铁路（柳州经独山、都匀至贵阳）。该线全长 620 公里，为衔接湘桂铁路至进发西南重要干线之一。1939 年 9 月，该线分四段同时动工。该路所需相当部分钢轨材料，系靠粤汉路南北两段、浙赣路西段及京赣路皖赣两境内搜集后，西运应用。其中，柳州－宜山段 95 公里于1940 年 10 月通车，宜山－金城江段 71 公里于 1941 年 1 月竣工。至1941 年 12 月，尚余 460 公里中的广西段 120 公里正全面开工，贵州境内至都匀的 130 公里也已经开工。但1944年日军攻陷衡阳，并沿湘桂线先后占领桂林与柳州。为阻日军前进，中方即将湘桂、黔桂两路破坏。

叙昆铁路（昆明经曲靖、宣威、威宁至四川叙府）。该路全长 860 余公里，战前便准备动工，因与法国接洽筑路借款出现波折，自 1938 年12 月才开始兴建，且系利用滇越铁路工程之料。至 1941 年 3 月，全长160 公里的昆明－曲靖段竣工通车，对抗战后期之盟军军用品接运发挥了重要作用。另外，由曲靖至宣威段 100 公里，至 1941 年底已完成路基，宣威至威宁间 170 公里桥涵隧道也已部分开工，但因缺乏轨料器材，于 1942 年全线停工。

滇缅铁路（昆明经楚雄、祥云至缅甸的苏达）。规划全长 880 公里，这是抗战时期国民政府动工的一条国际铁路，中方原先寄望颇高，1938年 12 月开工，一度发动了 25 万民工分东西两段赶筑，拟在 1942 年底竣工。开工初期，越南当局限制有关物资经滇越铁路运入中国，英国方面也封锁滇缅公路运送物资进入中国三个月，均有碍滇缅铁路工程之进行。1941年美国政府允在租借法案内划拨路材车辆等,在仰光交货,分运来华。至1941年10月,东段工程自昆明至一平浪间的125公里路基全部完成,铺轨22公里;一平浪至祥云的285公里,路基也完成了60%。西段边境至祥云共496公里,分三段同时开工,到1941年12月,三段工程分别完成了20%到45%的进度。缅甸境内共192公里,由英国方面负责施工。太平洋战争爆发后,工程进度大受影响,到1942年4月停工。

宝天铁路。该工程自宝鸡展筑,沿渭河而达天水,全长168公里,为陇海线之延长线。1939年5月开工,沿途经秦岭山脉,需开凿之隧道就有100多座,总长度达21公里,石方530万立方,至1941年12月凿通隧道导坑10130米,约合一半工程量。且因财力和其他因素制约,需大量利用其他线段所拆器材,工程进展极其艰难,中途被迫两度停工。直至1945年底,工程始告完成。

咸同线(咸阳到同官)。为陇海线运煤支线,自陇海铁路之咸阳向北,经三原、富平、耀县,跨越泾、渭两大河流,达同官煤矿,共长135公里,于1939年6月分两段同时动工,1941年11月竣工通车。该路工程土石方共约600万立方米,修筑桥涵140处,全部铁轨系拆运自东部战区路段。咸同铁路的通车,使陇海线机车用煤及陕西工业用煤问题得以解决,对军民用运输亦颇有助益。

西部地区战时还进行了成渝铁路工程,该线计划自重庆经荣昌、陇昌、资阳而达成都,于1936年动工。由于种种条件限制,抗战时期工程未能竣工。与成渝铁路工程相应的,是成都至天水路段,规划总长755公里,预计土石方共6700万立方米,隧道桥梁多处。由于器材和财力的限制,该路完成勘探规划后,最终没有动工①。

---

①　以上参阅张嘉璈在国民党五届九中全会所作交通部工作报告(1941年12月17日),《中华民国重要史料初编》第四编(三),第990—993页;《新建铁路工程进展情形》(1942年8月路政司提报),《铁路史料》,台北"国史馆"1992年版,第116—118页;《中华民国交通志(初稿)》,台北"国史馆"1991年版,第10—16页。

　　总之,至 1942 年初,战前 11,013 公里的旧路中,尚存 1605 公里;修成之新路中,除有 428 公里复行拆除外,通车者尚有 1529 公里,在建铁路 2794 公里,测量中铁路 1983 公里①。

铁路营业里程表 1938 年 3 月－1942 年 3 月 （单位:公里）

路别	1938 年 3 月	1939 年 3 月	1940 年 3 月	1941 年 3 月	1942 年 3 月
津浦蚌滕段	265				
平汉南段	544				
陇　海	1562	542	587	587	680
南　浔	129	29			
粤　汉	1145	451	451	481	481
广　九	179				
浙　赣	998	438	414	414	
固壁石	177	177	177	177	177
湘　黔		175			
湘　桂		361	602	535	535
川　滇					196
黔　桂				95	166
合　计					

　　资料来源:《中华民国重要史料初编》第四编(三),第 968－969 页。

铁路运量概况表(一)人数

项　别	年度总量	军士人数	占总人数%	旅客人数	占总人数%
1938 年	8,543,900	2,050,500	24.00	6,493,400	76.00

---

　　① 张嘉璈:《战时交通》,第 25 页。

（续）

项　别	年度总量	军士人数	占总人数%	旅客人数	占总人数%
1939 年	10,282,100	2,467,700	24.00	7,814,400	76.00
1940 年	12,045,440	2,968,744	24.66	9,076,694	75.35
1941 年	14,134,650	2,089,665	14.78	12,044,985	85.22
1942 年	13,459,668	2,131,625	15.84	11,328,043	84.16
总　计					

资料来源：《中华民国重要史料初编》第四编（四），第 969－970 页。

铁路运量概况表（二）吨位数

项　别	年度总量	军品	占总运量%	非军品	占总运量%
1938 年	7,350,000	1,249,500	17.00	6,100,500	83.00
1939 年	3,560,000	605,200	17.00	2,954,800	83.00
1940 年	2,636,827	459,543	17.43	2,177,284	82.57
1941 年	3,136,340	363,700	11.60	2,772,640	88.40
1942 年	3,069,247	380,518	12.40	7,688,729	87.60
总　计					

资料来源：《中华民国重要史料初编》第四编（四），第 969－970 页。

（二）公路建设

战前中国沿海地区公路较具规模，苏、浙、皖、赣、鄂、湘、豫各省之间公路已陆续衔接相通；西北地区亦开始修筑西（安）兰（州）路、川陕路陕段（宝鸡至川陕交界之棋盘阁）、汉（中）白（河）路、华（家岭）双（石铺）路、甘青路甘段（兰州至河口）、甘新路甘段（兰州至猩猩峡）等。到抗战爆发前夕，全国公路约达 11 万公里①。

————————

① 《交通部统计处编抗战以来之交通概况》（1945 年 5 月），《中华民国史档案资料汇编》第五辑第二编《财政经济》（十），第 148 页。

抗战爆发后,因主要铁路线路陆续被占或中断,公路交通日趋重要,为配合战局的进展,对原有公路进行改善和新路的抢筑。对战争之初华北战事影响较大的,是修筑河北省之沧石、德石、保石、柳石等军用公路,共617公里,在20天之内便告完工通车;以及连接绥远山西交通的归绥至百灵庙、归绥至杀虎口两公路,太原至大同之公路。在西南地区,继战前通车的川湘公路湘段外,赶筑成川湘公路川段,全长698公里,使得川湘公路成为后方重要干路之一;川黔、湘黔、黔桂、黔滇等线路也有所改善。完成全长163公里的粤港公路,改善湘粤公路,则保证了内地与港粤间交通联系。另外,为配合武汉会战,有湖北与江西、安徽间公路和粤韶、汴洛、武长、汉宜等公路的改善和抢修,尤其是武长、汉宜两公路抢修工程的完成,为自武汉的疏散抢运工作起了重大作用。西北地区则有汉白、老白、华双等路的修筑,以及连接西南、西北之间交通的汉渝、川滇两路。这一阶段共新修筑公路2593公里,计有江苏省28公里、福建省20公里、湖南省136公里、湖北省63公里、广东省680公里、四川省759公里、河北省533公里、绥远省47公里、甘肃省137公里、青海省160公里①。

1938年10月广州、武汉相继失陷后,后方公路线路的修筑、改善工程得到进一步的重视。国民政府有关部门规划的西南地区公路网,旨在联通湘、粤、桂、川、贵、滇各省;西北地区,则把河南与陕、甘、新贯通;另进行川—陕—甘公路工程,真正沟通西南、西北公路干线。此外,为开发大后方经济,又有多条线路之改善和新筑,如川康、川中、西祥、乐四、桂穗、黔桂西、贺连等,以及沟通水陆交通的若干线路。

抗战爆发后,还有接通国际交通的几项公路工程。在西北,是整修西(安)兰(州)线,以及自兰州到猩猩峡的甘新线(经哈密、迪化入苏联)。在西南,修建湘桂、桂越、滇越、滇缅等线路。特别是滇缅公路,曾在7个月时间里动员了25万余民工,使该路初步通车。

①　《中华民国史交通志》(初稿),第46—47页。

以下为抗日战争前半期修建的若干条公路的概况①。

贺连路　自广东连县，经连山至鹰扬关，到广西省贺县。1938 年 12 月开工，次年 9 月竣工通车。全长 153 公里，是粤、桂两省间交通要道。

黔桂西路　自贵州沙子岭起，经兴仁、安龙、八渡而至百色。1939 年 11 月开工，1940 年 3 月完成通车。全长 413 公里，是广西与贵州间一条主要的通道。

川滇东路　起于四川隆昌，经泸州、叙水，入黔境后，经毕节、赫章、威宁，再入云南达沾益，与黔滇路相交。于 1939 年 8 月全线打通，1940 年 2 月通车，全线长 969 公里。川滇东路的修通，使昆明到四川及西北地区的公路运输线缩短了 200 多公里。

玉秀路　由贵州玉屏，经铜仁、松桃，至四川秀山，全长 187 公里。1938 年冬全线分三段同时动工，其中玉屏铜仁段 1939 年 5 月底竣工通车；松桃至秀山段也于 1941 年 10 月完工；铜仁至松桃段，因麻阳江大桥工程难度较大，至 1942 年底完成。

桂穗路　自广西桂林，经义宁、龙胜、湖南靖远，到达贵州三穗，全长 479 公里，与湘黔路相连，是桂林至贵阳之间的直达路线，而不需经由柳州。于 1940 年 1 月分段开工，1941 年 3 月先完成土路以因应军需，同时加铺路面。

从西兰路之华家岭，经天水，至川陕路之双石铺，共长 231 公里，自 1938 年 3 月开工，1939 年 2 月完成通车。此后，从兰州到成都不再需要绕道西安。

汉白路之安康至白河段　为武汉与西北地区间的联系要道，长 258 公里，于 1938 年 11 月完成通车。1939 年 7 月 1 日，汉白公路全线通车。

---

①　《国民党五届九中全会行政院工作报告》(1941 年 10 月)，第 11—14 页，中国国民党党史会档案 500—32。

甘川路为四川与西北间的重要通道,其中从兰州到通北口段,长360公里,1939年底完成土路通车。

重庆至西乡段,连接汉白路,是重庆与汉中间的捷径,共长592公里,1941年底完工通车。

乐西路　起于四川乐山,经峨眉龙池、富林、洗马沽、冕宁、泸沽,至西康之西昌,为进入川西南部彝族地区最早的一条公路,亦为川康间主要通道,全长517公里,于1939年8月动工,动员民工2.6万余人,施工沿途险峻异常,越过各河流的大桥和渡口工程尤为困难,如青衣江、峨眉江、流沙河、大冲河、大渡河、安宁河、大都河等。1941年7月中旬竣工开通,对四川经济的开发具有重要意义,并为川滇公路西路的延展定立了基础。

西祥路　从西康西昌经会理、江驿、龙祥、大姚、姚安至滇西祥云,总长550公里。经过五处峻险山岭,以及绵川河、金沙江、羊蹄河、江底河、岔河等较大河流,工程难度甚大。于1940年11月开工,至次年4月,云南境内的工程289公里得以打通。西康境内工程261公里于1941年6月完成,全线开始通车,为川康、滇缅两路的重要连接线,可弥补滇缅公路之不足。

川中路　起于内江到达乐山,长200公里,系改善原有路段,共200公里,该段东接成渝路,西连乐西路,是川中盐区的一条重要交通线,于1940年1月动工,当年底完成。另自流井至宜宾段的121公里,为新建路段,1941年中已修至邓井关。

川陕路　从成都起,经绵阳、广元到七盘关,长419公里,主要对峻险路段进行改修,如武侯坡、剑门关、牟家山等处,全线并新建大小桥梁20余座。

川康路　从成都经雅安、天全、二郎山到达康定,于1938年全线动工,1940年10月粗通,又经改善,于1942年正式通车,全长374公里。

垒畹路　自垒允到畹町,全长59公里,加上八莫水运,可与邦坎公路相衔接,于1941年5月间 全线初步打通,对国际运输颇多帮助。

滇缅路　起自云南昆明,原为滇西公路运输干道,到下关为止,长411.6公里。1937年底决定西延,经保山、龙陵、芒市,从瑞丽畹町入缅,至1938年8月全线通车,完成土方1100余万立方米、石方100多万立方米,新修路段547.8公里。1939年7月1日起,滇缅路开始办理昆明至畹町间的客运。更重要的是,此后,滇缅路成为中国大后方主要的国际通道。1942年5月初,日军进犯龙陵,中方炸毁怒江上的惠通桥,这条国际通道中断。

据统计,从1938年10月至1941年底,各省新修筑的公路共达6640公路,计有湖南省459公里、湖北省60公里、广东省165公里、广西省575公里、云南省1291公里、四川省1225公里、贵州省826公里、西康省823公里、陕西省345公里、甘肃省880公里。至1941年底,全国公里里程总计124,418公里①。至于各年新筑与改善公路之概况如下:

1937年－1941年新筑和改善公路简表

年　度	新筑里程(公里)	改善里程(公里)	总里程(公里)
1937	1594		117,297
1938	973	5584	118,270
1939	2583	9802	120,853
1940	949	9313	121,802
1941	2616	11,883	124,418

资料来源:国民党六大行政院工作报告有关交通建设部分,《中华民国重要史料初编》第四编(三),第964页。

全面抗战爆发后,提高现有公路和车辆的运输能力,是颇为重大的

---

① 《中华民国史交通志》(初稿),第48页。

问题。随着战局的进展,各省市原有之汽车总队部陆续撤销,设立了地区性的公路运输管理机构,如西南公路运输管理局、西北公路运输管理局、川滇公路管理处,主管跨省公路干线之客货运输。当时采取了联运的方式提高效率,扩大公路运输量。战争初期,如由湖北与河南两省办理自汉口经老河口至孟楼、南阳以及信阳之间的公路联运;陕西与河南两省办理南阳经西坪到达西安之间的公路联运;广东和湖南两省办理以坪石为接驳点、以广州和衡阳为起讫点的联运;还办理过汉口经南昌至浙江永嘉、宁波等地的水陆联运。武汉、广州失陷后,于1939年8月成立交通部公路运输总局,专掌各省干线及特约运输业务。1940年1月1日,成立了国民政府特许中国运输股份有限公司。该公司采用了商业公司的形式,并入了交通部所属之川桂公路运输局、财政部贸易委员会所属复兴商业公司之运输部、交通部所属川滇公路管理处所属之运输业务,额定资本国币5000万元,实际领得开办费150万元,以及复兴公司财产所折定的1992余万元。成立之后专办西南各公路客运货运,以及有关国际贸易运输业务①。至1940年4月,又设立了军事委员会运输统制局,并入了原交通部公路总管理处和公路运输总局,以统一指挥后方公路运输。在西南和西北地区,尽管各路段车辆普遍缺乏,但设法维持重要干线之客运班车,如渝筑、筑昆、筑独、筑晃、西兰、兰广、广宝、汉白等路。货运方面,在西南地区重点保障滇境物资之抢运和空运抵昆明物资的接运,西北地区各干线着重于军用补给品运输,另兼顾食盐、棉纱及其他日用必需品之转运业务。当时江西、湖南两省,尽力维持省内客运业务;福建省还于1939年10月开办了南平至重庆的闽渝直达客车,每月开一班,全程共3100余公里,起初11日到达,后减至7天,成为联结东部地区与西南后方的重要路线。从1937至1941年底,各年中国公路运输情况统计如下:

①　龚学遂:《中国战时交通史》,商务印书馆1947年版,第20—24页。

历年公路运量表（1937—1941 年）

年　　别	客运人数	延人公里	货运吨数	延吨公里
1937 年	6,245,800	1,080,524,400	54,720	31,464,000
1938 年	1,432,200	247,770,600	49,690	28,571,800
1939 年	1,141,600	197,496,800	39,510	22,718,300
1940 年	916,500	159,173,001	36,592	21,936,675
1941 年	484,450	71,443,386	347,686	189,205,226

资料来源：交通部统计处编抗战以来之交通概况（1945 年 5 月），《中华民国史档案资料汇编》第五辑第二编《财政经济》(十)，第 151 页。

战时公路运输的另一重要手段，就是驿运。

驿运制度古已有之，到清末业已衰弛。但抗日战争爆发后，粤汉等铁路干线中断；由于车辆、汽油和路段等条件的限制，汽车运输一时又难以满足客运和抢运物资的急需。1938 年 10 月，行政院召集全国水陆交通会议，决定利用全国人力、畜力之运输，以补充机械运力之不足，遂由交通部拟定驿运计划和组织纲要。同年 11 月，首先在重庆成立交通部驿运管理所，并在重要路线设立分所，征用民间驮畜。经过近一年的运作，驿运机构得到进一步发展，管理逐步规范[①]。1939 年 1 月开办了叙府至昆明、贵阳至柳州、昆明至贵阳三条驿运线路，利用旧式舟车，配合人力与畜力。当年，先后新辟重庆至贵阳、贵阳至晃县、贵阳至六寨、柳州至三合等驿运线路，共计 2900 余公里，年内经运物资便达7900 余公吨。自 1939 年 1 月到 1940 年 1 月，叙昆线平均每月运输量在 5 万吨以上，黔桂线平均每月在 10 万吨以上，川滇线每月平均在 7万吨以上。1940 年初，曾将驿运管理所改称车驿管理所，隶属公路运输总局。同年 7 月 18 日，全国驿站运输会议决定成立交通部驿运总管理处，相应调整地方驿运机构，各省设置支线管理机构，资助生产驿运

---

① 《交通部公布修正驿运管理所暂行组织规程及驿运分所组织通则》(1939 年9 月 11 日)，《交通公报》第 2 卷 23 期，1939 年 9 月 16 日。

车辆、改善道路状况,并重新规划路线。9 月 1 日,驿运总管理处正式成立,隶属公路运输总局。驿运干线经费由国库担负,收入亦交国库;各省支线开办设备费和经常费由中央酌予补助,至 1941 年初,川、陕、甘、豫、湘、鄂、滇、粤、桂、赣、浙、闽、皖等 13 个省都设立了驿运管理处,开运干线有八条,即陕甘线、川陕线、川陕川湘水陆联运线、川黔线、川鄂线、泸昆线、黔桂线、叙昆线,总长已达 8000 余公里。发动的民夫约 5 万余人,征用驮畜 3 万余头,起用大车、板车 12000 余辆。驿运物资总额,1940 年初至 8 月共计 12800 余公吨,从 1940 年 9 月到 1941 年 1 月共计 29000 余公吨。1942 年后,驿运一度受到战局影响,营运线路有所收缩。1943 年,重新规划为川黔、泸昆、陕甘、川陕、甘新等五线;闽、皖、赣、湘、粤、桂、豫、陕、甘、川、滇、康等十二省各有支线。1944 年,陕、甘两省撤销,另增青海省。创办驿运原为交通当局不得已之举措,但它对战时后方运输助益甚大 [①]。

　　在水运方面,抗战爆发后,沿江沿海地区大部分沦陷,航线数、里程数、轮船数等都明显减少。参见以下统计表:

年份	航线(条)	里程(公里)	轮船(艘)	轮船吨数	帆船(艘)	帆船吨数
1937	141	18,492	1,027	118,484	11,408	372,632
1938	127	15,052	792	87,453	11,097	285,262
1939	114	13,868	607	68,794	10,786	277,889
1940	109	8,014	507	58,712	10,483	270,516
1941	104	12,989	309	46,540	11,512	357,876

　　资料来源:《交通部统计处编抗战以来之交通概况》(1945 年 5 月),《中华民国史档案资料汇编》第五辑第二编《财政经济》(十),第 154 页。

---

　　① 《国民党五届八中全会交通部工作报告》(1941 年 3 月 25 日),《中华民国重要史料初编》第四编(三),第 988—989 页;周一士:《中华公路史》上册,台湾商务印书馆 1984 年版,第 293—294 页;《中华民国史交通志》(初稿),第 54—55 页。另外《大公报》1940 年 9 月 1 日刊登《新驿运之特点与困难》一文。

为适应战时需要，航政当局曾督饬成立长江、上海、镇江、芜湖、九江、汉口、长沙、福州、厦门等内河航业联合办事处，办理联合航运，各埠航商均需加入，所有轮船均由联合办事处统一调度，为战争最初阶段抢运军民用物资发挥了重要作用。随着战局演变，以重庆为中心的后方水运网逐步确立。为统一航政，撤销原四川省政府设于重庆的川江航务管理处，以迁渝之汉口航政局为基础，成立长江区航政局，管辖范围达川、鄂、湘、赣、苏、皖等省。另外，在梧州成立珠江区航政局，管辖粤、桂两省航务。内地新增辟的航线有：沅江线，自常德至沅陵，水程 203 公里；湘江线，自长沙至宜昌；嘉陵江线，增辟合川以上，直至南充。疏浚水道有：湘桂间之灵渠段（30 余公里）、桂全段（120 余公里）、桂梧段（360 公里）；粤桂间之桂龙段（约 720 公里）；川黔间之碚龚段（275 余公里）①。

1939 年 1 月，在行政院之下设立了水陆运输联合委员会，由交通部、军政部、财政部、经济部、航空委员会、兵工署、贸易委员会和西南进出口物资运输总经理处的成员组成，以统一调度水陆运输工具，调查和规划水陆运输路线和方法，洽定运费和运输工具之租费，对水陆运输业务进行稽查促进，在有关运输机关间进行联络协调。

在民用空运方面，抗战爆发后，因沿海口岸遭封锁，中国航空公司和欧亚航空公司在战区的线段相继停航，两公司的总部亦辗转迁移，最后落定重庆及昆明。除了后方地区原有线段的业务转趋繁忙之外，两家公司均增开了新的航线，如中国航空公司的重庆—桂林、汉口—长沙、重庆—泸州—叙府—嘉定、重庆—昆明—腊戍—仰光、南雄—香港、重庆—昆明—腊戍—加尔各答等航线；欧亚航空公司的昆明—成都、昆明—河内、汉口—西安、重庆—桂林—广州—香港、重庆—西安—兰州—武威—酒泉—哈密、重庆—兰州、成都—兰州、昆明—桂林、南雄—香港。1938 年 10 月之后，以武汉、广州为起迄点或中途站的航线，

---

① 《中华民国史交通志》（初稿），第 139—140 页 。

不得不中止或调整①。

　　1938 年 8 月 24 日,中国航空公司班机"桂林号"由九龙飞重庆,起飞不久遭日机攻击,12 人丧生,包括浙江兴业银行总经理徐新六、交通银行董事长胡笔江、中央银行机要科主任王宇楣。同年 9 月 6 日,欧亚航空公司之第十七号班机在飞往西安途中,亦遭日机攻击。

　　1939 年 3 月 15 日,中国航空公司重庆至越南河内间正式通航。

　　1941 年 1 月 19 日和 20 日,中国航空公司首次试飞重庆经腊成、吉大港到加尔各答航班成功。"珍珠港事件"后,中国及欧亚公司所经营之桂林、南雄至香港各线停航,中国航空公司之重庆经昆明、腊成至仰光线亦停顿。两公司飞机遭炸毁,空运颇受影响。经与美国、英国方面商议,委托中国航空公司办理自印度丁江(Dinjiang)经密支那(Myit-kyina)、八莫(Bhamo)、垒允到云南驿的航线。1942 年 4 月试航,飞机从 9 架增至 20 余架,并改由丁江直飞昆明。中国航空公司另有航线为:丁江分别至宜宾、泸县;重庆—兰州—酒泉—哈密、重庆—汉中(后改宝鸡)、重庆—芷江—柳州。由美国自"租借法案"下拨借 C—53、C—47 飞机,专门负责中印空运。1945 年共 50 多架,每月运入物资最多时为 2400 吨。

　　"抗战以来,中苏通航不容再缓"②。1939 年 9 月,国民政府交通部与苏联民航总局合组航空公司,资本总额 100 万美元,飞机两架,飞行于新疆哈密与苏联的阿拉木图之间。国民政府交通部先于 1939 年 3 月 24 日开通重庆至哈密间航空线,途中经过西安、兰州、凉州、肃州,全程 2050 公里。每周往返各一次,所经过之城市借用当地军用机场。自通航以来,每周二、五来回一次,从未间断。同年 12 月 6 日,正式开通哈密至苏联阿拉木图(Alamatu)之航线,途中经过迪化、伊宁,全程

---

　　①　《中华民国史交通志》(初稿),第 180—181 页。
　　②　《交通部致行政院呈文》(1938 年 9 月 29 日),《中华民国史交通志》(初稿),第 183 页。

1415 公里,即由双方合资的中苏航空公司经营。1940 年 6 月 1 日,由苏联民用航空管理局负责的莫斯科至阿拉木图段通航,这样由重庆至莫斯科的航空线已衔接开通。但阿莫线不久即停航。嗣后中方数度交涉,于 1941 年 5 月 5 日起复航[1]。另外,1941 年 1 月 15 日,双方经协商同意公司增资至 180 万美元[2]。

据统计,自 1937 年到 1941 年,后方地区历年民用航空货运量和客运量统计如下:

	1938 年	1939 年	1940 年	1941 年	1942 年
飞机架数	27	22	24	17	17
飞行公里数	1,298,722	2,098,982	2,768,906	3,091,255	3,101,548
客运人数	14,657	28,775	28,575	29,060	30,853
货运吨数	139	430	937	4152	4349
邮运吨数	124	210	160	193	100

资料来源:《国民党六大行政院工作报告》(1938－1945),《中华民国重要史料初编》第四编(三),第 974 页。

四　大后方的邮政电信[3]

战时大后方的邮政事业有了较大发展。自 1938 年到 1941 年底,共新增邮政局所 12000 余处,新辟邮路 132,000 公里。

战前全国电报线共 95000 余公里。抗战爆发后,电信设施遭到很

---

[1]　《大公报》,1941 年 5 月 11 日。

[2]　简笙簧:《西北中苏航线的经营》,台北"国史馆"1984 年版。参阅《中华民国重要史料初编》第三编(二),第 113 页。

[3]　本部分内容撰写参考了《国民党五届九中全会交通部工作报告》(1941 年 12 月 17 日),《中华民国重要史料初编》第四编(三),第 993－994、997－999 页;《中华民国史交通志》(初稿),第 225－232 页。

大的破坏,如电报线路沦陷损毁便达 4.5 万公里。而西部地区原有的线路失修情况也颇严重。1938 年初,由交通部、军政部、军令部、航空委员会等部门联合成立了战时电信委员会,规划和协调电信建设工程。

从 1938 年起,后方地区历年电报线路建设均有显著进展:1938 年 4401 公里,1939 年 8401 公里,1940 年 6213 公里,1941 年 1562 公里,1942 年 1979 公里。同期整修旧有线路约 2.5 万公里。至 1942 年底,后方地区共有电报线路达 9.1 万公里,虽较抗战爆发前减少约 4000 公里,但年收发达 37000 万字,大大超过战前全国 24000 万字的收发报数。1937 年全国电报局为 1200 余处,线路约 10.5 万公里,抗战期间,后方线路增设 2 万余公里。

抗战爆发后,电话设备及线路拆卸抢运至后方者颇为不易,先将自南京、汉口两地撤移之自动交换机用于陪都重庆,至 1941 年底,重庆城区原人工电话 500 号改为自动电话 1500 号,新市区自动电话自 1000 号扩充至 1800 号。到 1942 年,重庆市区电话已经全部改为自动转接,其机器和主要线路逐步移装地下。另外,成都、昆明、贵阳、西安、衡阳、常德、曲江等十多个后方城市的市内电话,也得到了整修扩充。另增设西昌、宜宾、沅陵等小电话局九处。至 1944 年底,后方城市市内电话总容量约达万余号。

长途电话方面,战前共有长途话线约 5.3 万公里,抗日战争爆发后,长途话线损失达 2.3 万公里。1938 年至 1941 年 12 月后方新设长途电话线共 2.5 万余公里,合计共有 5.5 万余公里。从通话地区看,以重庆、衡阳、西安为中心,规划并实施了西北、西南长途电话网,以能够与后方各省联络为目标,展接用话单位。以重庆为枢纽,历年开通长途电话的地区就有:1938 年:万县、长沙、宜昌、衡阳;1939 年:桂林、南昌、洛阳、老河口;1940 年:巴东;1941 年:合川;1942 年:龙门、沅陵、黔江。另一个长途电信中心衡阳至下列地区也先后开通了长途电话:汉口、南昌、沅陵、贵阳、吉安、南岳、湘潭、南平、邵阳、万载、芷江、上饶、曲江。另外,后方不少地区之间开通了无线电话电路,如从昆明分别通往重庆、贵阳、成都、河口、桂林、西安、下关、上饶。值得指出的是,新增筑的长话线路中涉及南宁以西至云南滇越路以东地区,使得滇桂间军讯得以直接联络;而湖南、湖北、四川间线路,使第五、六、九战区近前方的军讯联络得以畅通,还有益于江西与安徽间的联络。

在国际通信方面,1938年开通了重庆、成都至莫斯科、马尼拉、河内、西贡、万隆的线路。1939年开通了昆明至仰光、河内、香港的线路。1940年开通了成都至日内瓦的线路。1941年开通了重庆至洛杉矶、旧金山、新加坡的线路。1942年增加了重庆、成都、昆明至夏威夷、孟买、德里、加尔各答、悉尼、密支那、曼德勒、腊戍等地的线路,基本保证了中国大后方国际通信的畅通。

在筑桂、桂衡、衡长、西安至贵阳等线段完成三路载波机,从而加速电话接转、增加通话容量,起到了增加线路的作用,并构成后方地区辐射通信网。该工程于1943年全部完成,也是中国建立长途电话中心制之肇始。至1943年底,全国长途话线共66,700余对公里,其中属于战前架设的为29,800余对公里,而战时新架设的达36,900余对公里。

抗战时期在无线电话方面,国民政府交通部拟定了同样以重庆、衡阳、西安为中心的通信网计划,覆盖及贵阳、昆明、兰州、康定、桂林、南郑、赣州、迪化等地,总共建立大型电台10余处、中小型电台100多处,为维持军需民用之通话发挥了较大的作用。1937年至1941年中国大后方电信事业概况如下:

	1937	1938	1939	1940	1941
电信局所(个)	928	941	971	1135	1167
电报(万字)	26121	25308	27541	30986	40999
长途电话(万次)	250	200	240	273	243

资料来源:许涤新、吴承明主编:《中国资本主义发展史》(第三卷《新民主主义革命时期的中国资本主义》),人民出版社2003年版,第523页。

五　大后方的商业和贸易

抗战爆发后，中国大量战时所需物资有赖进口；另一方面，有效组织农矿产品的出口，是中国易货偿债和获取外汇收入的主要手段，因而国民政府十分重视对外贸易。"政府深知我国欲将持久制胜，势非控制资源，管理贸易，不足以巩固财政金融基础，而供应长期抗战之要需"[①]。国民政府先后公布《增进生产调整贸易办法大纲》、《非常时期禁止进口物品办法》及《出口货物结汇领取差额办法》、《进口物品申请购买外汇规则》等文件，采取了鼓励和统制相结合的政策。尤其对于大宗出口货品的桐油、猪鬃、茶叶，国民政府分别设立复兴公司、富华公司和中国茶叶公司经营。矿产收购出口则由资源委员会经营。制约进出口贸易的因素很多，由于抗日战争形势变化迅速，尤其是沿海口岸被日本封锁和占领后，经过法属越南的滇越铁路，以及受英国控制的滇缅公路，成为对外贸易最重要的国际通道，这两条通道都曾因法、英当局对日妥协退让而中断过。因此，这里主要考察 1937 年—1941 年间中国外贸及出口情形。抗战时期，国民政府对进出口贸易实施了鼓励和控制相结合的政策。

1938 年，政府机构调整时，行政院将对外贸易机关划归财政部管辖，并成立贸易委员会掌理其事，同时将实业部所属之国际贸易局亦归并该会。贸易委员会会同经济部等部门，一方面管制输入，为"增强抗战力量，故凡与抗战无关不急之需，皆应或减或禁，以节外汇"；另一方面，促进输出，其目的"一在保留必须物资于国内，俾军需民用不致匮乏，且禁止各种物资偷运济敌。一在输入剩余产品于国外，求国际收支保持平衡"[②]。

---

① 《中华民国史档案资料汇编》第五辑第二编《财政经济》(九)，第 507 页。
② 《中华民国史档案资料汇编》第五辑第二编《财政经济》(九)，第 402—403 页。

1937—1941年主要进出口商品位次表

单位:百万元

位次	1937 进口	1937 出口	1938 进口	1938 出口	1939 进口	1939 出口	1940 进口	1940 出口	1941年1—10月 进口	1941年1—10月 出口
第一位	煤油	桐油	米	棉花	棉花	丝	棉花	丝	米	丝
数量	148	90	58	106	173	140	262	281	276	229
第二位	钢铁	丝	机器工具	钨	麦粉	蛋	米	蛋	棉花	棉纱
数量	109	53	56	50	77	82	171	133	240	136
第三位	机器工具	蛋	麦粉	蛋	钢铁	抽绣品	麦粉	茶叶	棉花	猪鬃
数量	65	53	53	49	62	50	142	105	227	127
第四位	纸	钨	钢铁	桐油	机器工具	钨	钢铁	猪鬃	麦粉	煤
数量	59	41	53	39	60	45	108	94	209	101
第五位	米	抽绣品	纸	丝	米	猪鬃	机器工具	抽绣品	纸	桐油
数量	41	41	40	38	55	41	75	77	82	94

资料来源:章伯锋、庄建平主编《抗日战争》第五卷《国民政府与大后方经济》,四川大学出版社1997年版,第729、730页。

　　为推销国货换取外汇,贸易委员会与中外出口商行协助合作;该会还在商行不愿购买时,定价收购土货外销。1938年4月,先后颁布《商人运货出口及应结外汇办法》《出口货物应结外汇之种类及其办法》。近因国际市场不振,货价下跌,致出口商人滞销,转而影响生产;复因公定汇率低于黑市,结汇商民要求补偿,四川、湖南、广东等处同业公会曾提出此类请求。由于外汇法定价格不能变更,出口税也已酌量减轻。贸易委员会遂于6月末向有关商行提出了减轻出口成本以促进土货外销,并调整土货市场,以维护国内生产[1]。

　　贸易委员会成立后,通过调整输出业务,管理出口外汇,主办统购统销,管制进口贸易,协助后方生产,抢购战区物资,协助货物疏运等多项措施,实现了对商业贸易的垄断。国民政府战时外贸统制制度的确立推行,为中国换取了大量必需的军用物资、工业设备和日用必需品等,既增强了国家抗击日帝侵略的实力与信心,又促进了后方工业基地的建设,从而对争取抗战胜利提供了可靠的基础。

　　在后方地区,由于产出难以满足实际需求,国民政府强化了对日用必需品供销的干预统制。

　　1939年2月,国民政府公布非常时期评定物价及取缔投机操纵办法,在各省市成立平价委员会,就地方政府所指定之日用必需品,按照产运成本及合理利润,分别评定其价格。为了进一步疏通物资来源,取缔居奇囤积,当年底国民政府又决定垫付资金采购物品,批发给商人销售,同时限定零售价格,即以限制利润的方式间接管理物价。遂相应颁行日用必需品平价购销办法,以规定最低价格购进货品以促进生产,以规定最高价格出售货品以保护消费,批发利润以5％为限,零售利润以20％为限。又颁行取缔囤积日用必需品办法,由经济部和其他有关机构,调查了解各主要城市日用必需用品的存货和销售情况,参酌其他因素,规定公平价格,要求商人照价售货,对不按规定价格出售且囤积者,

---

　　①　《大公报》1938年6月30日。

则予以警告直至依照公平价格强制收买货品,以维护正当利益,取缔不合理所得。

　　与上述两项方法相应的,经济部分别指定了应施行平价和取缔囤积之物品种类,设平价购销处,下设服用、粮食、燃料、日用品等部门。平价购销处的平抑市价所需经费,系由中国、中央、交通、农民四行以贷款方式提供,第一期为 2000 万元,并先拨 800 万元应用。在平抑燃料价格方面,1940 年 2 月平价购销处获得寸煤垫款 110 万元,可购煤斤 38200 吨;另获得流动资金 37 万元,每月购入煤斤 52000 余吨,委托燃料管理处承办平抑煤价,首先向各机关和各用煤大户接济供给平价煤斤。在平抑纱价方面,平价购销处委托农本局福生庄代办门市业务,按规定牌价 1760 元售纱。经济部对此专门颁行过《取缔棉纱投机买卖办法》,尤其对棉纱的期货交易及非同业买卖,严行取缔。平价门市业务逐步扩大,进而开展平价批发业务。其他日用品方面,则于 1940 年拨专款 200 万元委托中国国货联营公司等在上海采办货物,其中购得布匹便有 100 箱,另在后方产地收购土产,辗转运回重庆等城市,平价供售①。还组织人力查缉囤积未售之货物,给价收买,然后平价配售,以满足市场需要。

　　国民政府在后方地区几乎把大部分日用物品均列入了取缔囤积、限定利润的范围②,但是,平价购销处主持的平价措施收效并不显著,重庆等后方城市的物价涨风难以遏止。如对煤矿生产难以做到彻底统

---

　　①　国民政府交议:《关于平衡物价工作正在分别推进列举各项重要问题请讨论商榷案》(1940 年 4 月 10 日),《中华民国重要史料初编》第四编(三),第 443－444 页。

　　②　1941 年 2 月 3 日公布的《非常时期取缔日用重要物品囤积居奇办法》,规定的各类物品是:甲、粮食类－米、谷、麦、面粉、高粱、粟、玉米、豆类;乙、服用类－棉花、棉纱、棉布、麻布、皮革;丙、燃料类－煤炭(煤块、煤末、煤球、焦炭)、木炭;丁、日用品类－食盐、纸张、皂碱、火柴、菜籽、菜油;戊、其他经济部呈准指定类。见于《中华民国重要史料初编》第四编(三),第 448 页。

制,矿商、煤商对官方的煤斤平购政策多有阻扰抵制,因而即便在重庆市也无法维持普遍销售平价煤市。从 1939 年 12 月至 1940 年 3 月,重庆每担粒煤市价便上涨了 11%,岚炭市价上涨 25%,缸炭市价上涨 20%。棉纱平价的情况也大体相同,因平价纱售货有限,无法满足需要,且受香港、上海、云南等地纱价涨风的影响,棉纱投机活动严重,平价措施难以奏效①。1940 年 3 月上、中旬之际,重庆、成都等后方主要城市米价飞涨,每担市价由 40 余元涨至 60 余元,涨幅达 50%,煤和其他日用品的价格也迅速上涨。为此,蒋介石在 3 月 16 日致经济部、四联总处、农本局和重庆市政府的代电中提到:"政府日日宣言平抑物价,今乃并此民生日食最需要之米谷,亦复愈平愈高,将何以对人民? ……又查渝市燃料及其他日用物价,在旬日以来,亦皆逐步飞涨,与经济部、市政府迭次所报平抑情况完全相反,究竟是何原因? 政府当局有无实行取缔? 及现在有无有效处置办法? 并仰据实具报,不得专以纸面粉饰。平价购销处规定资金,曾否拨付? 该处现由何人主管? 如何办理? 并仰详报。"②在蒋的督饬下,有关部门也采取过一些措施,如 1940 年 6 月 22 日,重庆市日用必需品公卖处开业,先实行米盐两种物品之平价公卖,米价每斗 3 元 7 角,比市价便宜 1 元,盐价每斤 2 角 3 分。每天约售盐 800 斤,米 50 担。7 月 2 日另开五处,并由经济部燃料管理处尽量供给煤炭③。1940 年 8 月 16 日,行政院还颁布了取缔囤积居奇的命令④。这些措施执行之处不无成效,得到各方的好评,但并没有从根本上解决基本日用品供应严重不足的困难,相应的监控和调节体制也存在诸多漏洞。

在粮食市场方面,1934 年财政部曾在上海设立粮食运销局,代购

---

① 《翁文灏、徐堪致蒋介石呈文》(1940 年 3 月 25 日),《粮政史料》(四),第 25—26 页。

② 《粮政史料》(四),第 28—30 页。

③ 《中央日报》,1940 年 7 月 3 日。

④ 《申报》,1940 年 8 月 17 日。

洋米以充军粮。后又有华南米业公司之组织,以冀树立近代化的粮食运销制度。1936 年 9 月,设立农本局,内设农产、农资两处。抗战爆发后,军事委员会下设立农产调整委员会,1938 年 2 月归并农本局,改设农产调整处。凡战区粮食抢运、军粮供应、贷款发放,均由农本局调度。在粮食购销方面,农本局设有福生庄,专门从事粮食及花、纱、布的购运,尤其在四川、贵州和陕西粮区设分支庄,购入粮食后,运至消费中心地点储存。另外,农本局还曾出资 500 万元,另由湘、鄂两省银行共贷款 500 万元,与第六、九战区粮食管理处一起实施了购运两省存谷,至 1939 年底,共购谷 1,185,365 市担;另与江西省政府有关部门一起,在该省办理购粮业务。农本局还向有关部门提供用于购粮的专项贷款①。

随着市场价格波动日趋加剧,供应紧张,国民政府对军公食粮的供应采取了平价购领的政策。1941 年规定中央公务员及其眷属(本人连眷属以五人为限)每人每月得购领平价米 2 斗,每斗收基本价款 6 元。次年 10 月起进行调整,对中央公务员食粮均按人及年龄免费配发,不收基本价款,凡 31 岁以上者月领米 1 石,26 岁至 30 岁者为 8 斗,25 岁以下者 6 斗,工役一律 6 斗。至于省级机关公务员,则按照中央公务员之例配给平价米,每斗收基本价 6 元。县级公务人员之食粮则由各地自行酌情筹办。

至于一般民用食粮,抗战之初政府并不干涉其买卖,仅在少数重要城市视需要办理平价供应。1941 年在实行田赋征实征购的同时,国民政府在大部分省份向市场投放食粮,以供调节民食。计 1941 年度在川、滇、黔、粤、湘、浙、皖、赣、闽、桂、康、鄂、宁、青、绥、甘等十六省,共拨谷 9,002,000 余市石,麦 208,000 余市石;1942 年度川、滇、粤、湘、浙、皖、赣、闽、桂、康、宁、绥、甘、陕等十四省,共拨谷 8,426,000 余石,麦 139,000

---

① 《粮政史料》(四),第 111—112 页。

余市石①。在如此大的范围内,组织投放大量的粮食,诚属不易。

同时在打击粮食的囤积居奇方面,采取的措施可为最强硬,规定非经营商业之人,或非经营粮食业之商人,购囤粮食营利者;经营粮食业之商人,购囤粮食不遵粮食主管机关规定售出者;粮户或农户之余粮,经粮食主管机关规定出售而规避藏匿者,均以囤积居奇论,最高处罚可处以死刑。而需粮民户存粮超过3个月以上需要量,而未依法令向粮食主管机关陈报者;需粮之公私团体存粮超过2个月以上需要粮,而未依法令向粮食主管机关陈报核准者,均将被没收其超过量②。

但是,总体来看直到太平洋战争爆发之前,后方地区的粮食市场供应紧缺、价格腾涨的情势非但没有根本缓解,而且日趋严峻,不仅直接关乎整个大后方日用物品普遍紧缺、价格失控,还发展成了重大的社会问题,导致了民众与政府有关当局关系的紧张。

此外,对于一些重要商品,国民政府还实行了具有垄断性质的专卖制度。1941年4月,第五届中央执行委员会第八次全体会议通过了孔祥熙等人提出的《筹办消费品专卖以调节供需平准市价案》。该提案中指出,"专卖制度系由政府管制产销,保障生产运销者之合法利润,而使消费者不增加过分负担",其目的在于"促进生产,促进消费,调节物价,安定民生"。并认为施行专卖制度,可以"抑制豪强,充裕国用",有利于国计民生。该案提出政府专卖先从盐、糖、烟、酒、茶叶、火柴等消费品试办③。财政部随即设立了国家专卖事业设计委员会,从事研究及设计。经过半年多准备,除烟、酒两类专卖暂缓实施外,其余盐、糖、烟、火柴四项物品,分别指派专员负责,渐次实施专卖制度。专卖制度除能增加国库收入,还有助于平定市场、改进品质、调剂盈虚。

---

① 《中华民国重要史料初编》第四编(三),第320页。

② 《非常时期违反粮食管理治罪暂行条例》(1941年5月12日),《中华民国重要史料初编》第四编(三),第452—454页。

③ 《中华民国史档案资料汇编》第五辑第二编《财政经济》(九),第72—73页。

第十章　汪精卫傀儡政权的成立和日伪对沦陷区的统治

第一节　筹组汪政府的活动

一　汪精卫赴日会谈

汪精卫一伙跑到上海后,随即开始谋划筹组新政府的活动。他们深知,日军控制的沦陷区内已有各种伪政权,再要在那里建立新的政权,必须首先取得日本方面的同意。于是,汪精卫等人迫不及待地同日方进行交涉,同时还要求去东京与日本政府高层进行商谈。

此后,汪精卫先派周佛海、梅思平与日方代表今井武夫进行了初步商谈。双方多次接触过程中,周佛海等介绍了汪精卫关于组府的设想,同时也向日本提出一个基本要求:"希望日本政府不折不扣地实行第三次近卫声明,如实使四亿中国民众知晓日本的政策不是侵略性的。"对于将来新政权使用的旗帜问题,汪精卫坚持"国旗绝对不能改为青天白日旗以外的旗帜"①,以证明自己是国民党正统的延续。

当今井武夫带着上述意见返回东京汇报时,汪精卫召集骨干,抓紧商讨赴日谈判的具体方案。1939年5月28日,他们正式议定一份内容详尽的《关于收拾时局的具体办法》。该《办法》首先确定了此次"和平运动"的基本原则,即:"收拾时局之要旨以收揽人心为先决条件,因

---

① 〔日〕《今井武夫回忆录》(中译本),上海译文出版社1978年版,第110页。

此,以不使抱有因外来压力而变更政体与中断法统(所谓法统即指现在的法律系统,亦即以国民政府之名制定的现行法制)之观念,实为重要";"此次收拾时局办法的根本精神在于笼络人心,因此,不变更政体和法统,而以变更国策收拾此次时局为要务。"①

根据上述原则,该办法还针对建立新政权问题提出了三个必要步骤:

第一,召开国民党全国代表大会。他们认为,应"首先召开国民党全国代表大会,依照此次大会的决议,授权汪先生以党内同志及党外人士组织中央政治会议,负起改组国民政府之责。在现行法制上此为合法的步骤,不使任何人有指责之余地。而且代表大会在法律上不过是一种形式上的手续,使国策的变更成为合法化"②。《具体办法》中对于如何召开此次大会拟订了十大步骤,主要内容有:1. 由汪精卫指定人员组织"中国国民党临时全国代表大会筹备委员会",进行大会的筹备工作;2. 在临时全国代表大会上,推举汪精卫为国民党总裁,授权他指定中央委员;3. 授权中央执行委员会修改总章;4. 重新制定国民党的政纲及政策;5. 宣布重庆国民党中央及国民政府今后"一切措施及文告概属无效";6. 宣布"实行三民主义,复兴中华民国","彻底肃清共产主义的思想、行动及一切组织之宣传","调整国际关系,确立东亚和平"等三项内容为国民党最高指导方针;7. 授权汪精卫以党内外人士组织中央政治会议,"负起改组国民政府及还都南京之责";8. 国民党以外之党派中其主张公正者,予以公认;9. 国民政府的改组吸收各党派,"在全民的基础上组成之";10. "使国民政府召开国民会议"③。由此可见,汪精卫集团的如意算盘是通过召开国民党全国代表大会,将"正统"的旗帜从蒋介石手中夺过来装扮新建立的伪政府。

---

① 〔日〕《今井武夫回忆录》(中译本),第328—329页。
② 〔日〕《今井武夫回忆录》(中译本),第329页。
③ 〔日〕《今井武夫回忆录》(中译本),第330页。

　　第二，召开中央政治会议。这一步实际上是完成新政府的各项组织工作。汪精卫依照国民党全国代表大会之授权，招聘若干党内外人士，组成中央政治会议，讨论"实行改组国民政府与还都南京"事宜。具体决议应包括以下四项：1."国民政府指定一定期限还都南京"；2."林主席（林森）……今后所发表意见一概无效，而由行政院长摄行主席的职权"；3."推举五院院长并任命行政院各部部长"；4."改组军事委员会"①。

　　第三，国民政府"还都南京"。他们不顾各种反对意见，坚持新政权仍称"国民政府"。其主要理由是："盖新政府在于以此来集合同志与军队使之成为主体，新政府的名称定为国民政府，始得使彼等保持真面目，云集于新政府的旗帜之下。"因延用战前南京国民政府的名称，所以文件强调新政府不是成立，而是"还都"。他们还声称，"政府必须统一"。为表明自己是惟一代表中国的政府，他们对国内各种政府采取一概否定的态度，具体措施有十条之多，主要是：1. 在宣布还都南京的同时，已经在沦陷区内建立的"华北临时政府"和"华中维新政府"，即"自动宣告完成任务，自行取消政府的名义"；2. 发表还都宣言后，"重庆伪政府对国内发布之法令、规章及对外缔结之条约协定，一律归于无效"；3."宣告改变国策，即以和平建设、睦邻反共为指导方针"；4. 发布公告，令重庆及地方公务员于半年内来南京报到；5."命令前线各军停战"，6."各地游击队各自在当地等待检验收编"；7."促进与日本之平等互惠的谈判，以调整邦交，奠定永久和平之基础"②，等等。

　　这份《具体办法》最初虽作为与日本讨价还价的筹码而拟订，但实际上是汪精卫集团筹建伪政府的一份纲领性文件，并成为后来汪伪政府制定政策的基本原则。为使这次赴日谈判取得成效，汪精卫与周佛海做了具体分工。汪精卫主要务虚，同近卫前首相、平沼首相及日本内

---

　　①　［日］《今井武夫回忆录》（中译本），第 331 页。
　　②　［日］《今井武夫回忆录》（中译本），第 332—333 页。

阁重要大臣进行"推心置腹地交换意见"。周佛海主要务实,着重解决两个问题:一、为有利于"和平运动"的开展,日本应表示"丝毫没有侵略、统治中国或干涉中国内政的想法",以使中国国民谅解,为此,必须向日本政府提出"有关实行尊重主权原则的各种要求";二、向日方强调,新政府不是因日本的压迫而成立,有必要不使法统中断,所以新政府定名为"国民政府",建立的形式是还都,以三民主义为指导原则,以青天白日旗为国旗。这几项为绝对条件,务须求得日本政府的谅解与同意①。5 月 31 日,汪精卫偕周佛海、梅思平、高宗武等十一人,在日方代表影佐祯昭、犬养健等人陪同下,秘密从上海飞赴日本,进行组府谈判。

对于汪精卫的组府计划,日方事先"全然没有足以与之相对应的准备",其主要原因是双方各有自己的打算,汪精卫的设想已超出"重光堂会谈"的范围。"重光堂会谈"的内容虽得到日本内阁的认可,但当时日本最重视的是如何利用汪精卫集团的出逃,以达到分化、瓦解中国抗日阵线之目的。当时近卫文麿即对汪精卫的组府设想表示了"冷淡的、猜疑的、悲观的"态度,他"真诚希望汪作为居间调解人",以推进同中国的谈判②。不久,近卫内阁倒台,继任的平沼内阁对汪精卫的态度更为冷淡。影佐祯昭事后曾说:"日本政府在当时没有要求汪氏建立政府,也没有怂恿汪氏建立政府。"③直至 5 月 11 日,今井武夫将汪精卫准备来日本谈判在南京建立新政府一事报告东京方面时,日本政府仍犹豫不决。尽管陆军省持支持态度,但外务省与海军省仍持有不同意见。几经协商,意见仍难于统一,如果拖延汪精卫访日的时间,局势可能发生意外变化。5 月 29 日,影佐等人竭力向日本内阁进言:"应抓住现在这

---

①　[日]《影佐祯昭供词》,见[日]益井康一:《汉奸裁判史》,みすず书房 1977 年版,第 307—308 页。

②　[日]风见章:《近卫内阁》,第 176 页。

③　[日]《影佐祯昭供词》,见[日]益井康一:《汉奸裁判史》,みすず书房 1977 年版,第 309 页。

个难得气氛。而且近来汪的周围流传着日本政府的真意在于和蒋介石谈判的谣言,似有退缩的现象,所以希望能按预定的安排偕其进京。"①在此情况下,日本政府才勉强同意汪精卫一行赴日访问。

5月31日,汪精卫抵达东京,这迫使日本政府迅速对汪的方针政策做出决定。于是,陆、海、外三省及兴亚院分别召回派驻中国各地的有关官员回东京协商。6月2、3两日,陆、海军分别召开"现地与中央座谈会",现地陆军对汪精卫要求以青天白日旗为国旗,以及取消临时、维新政府的主张表示保留,但对建立以汪为首的新政府则表示同意和协助。6月5日,日本内阁五相会议上通过了《建立新中央政府的方针》。《方针》规定:1."新中央政府以汪、吴和已设政权以及翻然悔改的重庆政府等为其构成分子,中国方面的问题,应依靠彼等的适当合作建立政权";2."新中央政府应根据关于调整日华新关系原则,正式调整日华邦交。此等组成人员应于事前接受上述原则";3."新中央政府的组织和成立时间,应适应涉及全局的战争指导步骤,根据自主的观点处理之,为此,特别需要具备人的因素和基础实力";4."中国将来的政治形态,应适应其历史与现状,以分治合作主义为原则,具体内容则应根据《调整日华新关系的方针》决定之:华北应是国防上、经济上的日华紧密结合地区(蒙疆为特别高度的防共自治区域),长江下游地区在经济上为日华紧密结合地带,华南沿海除将特定岛屿设定为特殊地位外,内政问题以交给中国方面为原则,尽量避免干涉,在适应新中央政府的体制,尊重其领导者意向的同时,特别要考虑到我国对现有政府的特殊关系";5."关于国民党及三民主义,如果放弃容共抗日,改为亲日满防共的方针,则与其他亲日防共为其主义者相同,允许其存在";6."重庆政府在放弃容共抗日政策,实行必要的人事更换,并接受上述第一、第二项方针时,即承认其屈服,可成为组成新中央政府的一分子"②。

---

① 〔日〕《中国事变陆军作战史》(中译本)第三卷第一分册,第20—21页。
② 〔日〕堀场一雄:《支那事变战争指导史》,第261—262页。

　　这是一个决定汪精卫集团未来命运的重要文件。它明确规定,将来的新中央政府,是一个在日本占领军控制下的各种亲日势力的联合体,同时,汪精卫必须承认上一年11月日本御前会议决定的《调整日华新关系的方针》,而这一方针他尚未见过。在这里,日、汪双方在上海"重光堂会谈"中达成的《日华协议记录》的内容不见了,日方的要求背离了近卫第三次对华声明的原则。为了使汪精卫就范,平沼首相、近卫枢密院议长及其他内阁大臣,分别会见汪精卫,以示重视,但这些会见都是礼节性的,丝毫未触及实质性内容①。这样,使汪精卫感到日本政府很"诚恳",产生了将会有一个"光明前途"的印象。

　　汪精卫到达日本等待了十天后,日本政要才出面接见。除寒暄之外,他非常想了解日本政府对自己出马组织新政府的态度。虽然平沼等人高唱日本"尊重武力",是为了"争取东亚,特别是日华两国间的永久和平",进而"维持世界人类和平"等空洞论调,并对汪精卫大加称赞、鼓励,以此搪塞过去。但在同陆军大臣板垣征四郎会谈时,还是涉及了这个敏感问题。6月15日,板垣会见汪精卫,他一开始就说:"我认为,要在中国建立新的强有力的中央政府,必须争取重庆方面的要人和军队的多数。您对此一定有相当把握,如果能听到这方面的情况,实为有幸。"这对手中没有一兵一卒,也没有一寸地盘的汪精卫来说,无异是一场奚落。汪精卫心里有气,但为了求得支持,只得忍气吞声地向板垣分析重庆"要人方面"与中国军队内部的情况。他认为"蒋介石现在已经绝望",因为"大部分的要人心里希望和平",而且"不满意蒋的容共政策";关于军队,只要善于利用,就可使其"作为建设新中国的基础"。因此,他希望日本政府应"深刻考虑"中国军队和民众的"民族意识","为日本计",应"给予中国民族生

---

　　①　[日]《中国事变陆军作战史》(中译本),第三卷第一分册,第21页。

存的机会，保留他们的希望，这是最明智的策略"①。汪精卫的言外之意很清楚，就是乞求日本军方支持自己的组府方案。

可是，板垣根本不理会汪精卫的"苦心"，他直截了当地对汪精卫的组府方案提出不同意见。汪精卫原先设想一个国家不可能有几个政府同时存在，因此一旦汪政府正式成立，"临时"、"维新"等"已设政府"应立即宣告自行解散。但板垣却强调日本政府"分治合作"的原则，认为新政府成立后，应"只废止维新、临时两政府的政府名义，而不是取消其内容及其事实"。其原因是：华北是"日中两国国防上和经济上的特殊结合地区，蒙疆是国防上特别为防卫苏联的防共区域，长江下游地区是日华经济提携最密切地区。根据各地区的特征，并参照日华关系紧密的程度，有必要把以前临时、维新两政府与日本之间发生的关系以某种组织形式保持下来。华南沿海，由于对南方国防上的必要，主要是海军的问题，但不能不考虑两国国防上的特殊关系。"②这无异向汪精卫发出警告，即日本已经在华北、蒙疆、华中以及华南沿海取得的权益，均不允许汪精卫染指。对此汪精卫颇为不满，称："只废除临时、维新两政府的名称而其实体依然存在的话，中央政府则将流于有名无实。如果两政府的实体必须保留，那么组织中央政府只能延期，国民党将另找地盘组成一个政权以待来日，时机成熟再组织中央政府。"③而板垣也对此前的话进行解释说："不是指让地方政府有大得可以和中央政府相抗衡的权限。当然，只要在中央政府下给予相当的权限就够了。维新政府、临时政府是随着战局的发展而产生的，和日本方面已经有了种种既成事实，也已经组成关于地方经济开发的机构。前面所说的尊重事实，就是指的这种既成事实"。这样，在日方的胁迫下，汪精卫不得不答应将

---

① ［日］《汪精卫与板垣第二次会谈要点》（1939 年 6 月 15 日），《日本外交档案》缩微胶卷 S487 号。

② ［日］《汪精卫与板垣第二次会谈要点》（1939 年 6 月 15 日），《日本外交档案》缩微胶卷 S487 号。

③ ［日］《中国事变陆军作战史》（中译本）第三卷第一分册，第 22 页。

来在华北设置政务委员会一类的机构,给予较大的自主权限;对于维新政府,根据日本方面的处理意见,另外研究具体方案①。

在同板垣会谈时,双方在使用何种旗帜的问题上也发生了一番争论。汪精卫为标榜自己是国民党正统,认为"国旗"具有重要的象征意义,所以坚持新政府必须延用青天白日旗。对此,板垣表示反对,他坚持必须在"国旗"和"党旗"上方加一块印有"反共和平"字样的大型黄色三角布片;对于军队,为避免混淆与纠纷,只使用"写着反共和平大字的黄色旗帜,而不用其他的旗,如国旗等等"。汪精卫则强调:如果军队不使用国旗,只使用黄色旗,"作为国家的军队,无论如何有损体面";"军队不使用国旗,就与军队的士气有关,怕给予不好的影响,如果长期不使用国旗,担心是否会影响军队在精神上的统一性"。板垣坚持说:"从军队的立场来说,现在日军正在和用青天白日旗的中国抗日军进行战争。即使在占领地区,所谓游击队很是跋扈。军队的敌忾心由此旗帜而产生,从军队心理来说,也是当然的。老实说,军方甚至对于日军占领区内除了军队以外的政府机关,或一般民众使用国旗都有相当的困难。所以不得不采取严格取缔的方法,不使为此产生误解。何况中国军队突然升起国旗,其情况极为危险,自不待言。所以我想,无论在前线或是后方,至少在军队方面使用国旗,会造成误解。"板垣并一再强调,"这一点是政府和军方充分研究的结果"。言下之意,这一问题没有商讨的余地。此后,经过双方反复协商,日方提出一个折中方案,即在"国旗"的上方加一条写有"和平反共建国"字样的黄色三角飘带。

一贯以继承国民党"党统"和国民政府"法统"自居的汪精卫,居然在"国旗"问题上放弃原来立场,最终接受日本的方案,这在汪精卫集团中引起巨大反响。对此,就连汪精卫最重要的亲信周佛海也深感不满,称这样的三角小黄旗像一条"猪尾巴"。对汪精卫这次赴日谈判,负责

---

① ［日］《汪精卫与板垣第二次会谈要点》(1939 年 6 月 15 日),《日本外交档案》缩微胶卷 S487 号。

从中联络的日本人西义显也认为是失败了。他在事后曾这样分析："把平沼首相坚持近卫声明的要点和板垣陆相肆无忌惮地交换意见总结起来，就是说，日本要把蒙疆作为日本的防共特区，把华北作为日本国防和经济的合作区，把华中作为日本经济合作区。这只是日本罗列片面的要求，根本否定中国民族主义的主体。平沼政府的真实意图，根本不是超越近卫声明，而是从近卫声明后退，虽然表面上依照声明，但随着问题的具体化，就想用旧有对华权益思想无多大差别的消极解释，强加给汪精卫，如果这也为汪所接受，这只能说汪的宽宏大量。单就这一点，已毁坏了和平工作的基础。至于说什么继承三民主义的法统，显然完全是废话。"①

汪精卫赴日谈判将近二十天，没有达成任何实质性协定。6 月 18 日，汪精卫怀着沉重的心情以及对日本政府尚存的一丝幻想，乘船离开日本前往天津，准备同临时政府的王克敏商讨组府事宜。周佛海则留在日本，继续与日方进行交涉。

二　建立特务组织

汪精卫的组府活动是以上海为中心展开的。作为远东第一大都市，英、美等国早年在上海市区中心设有租界地。尽管抗战开始后不久上海地区就被日军占领，但为避免同西方国家发生正面冲突，日本政府仍对英、美等国租界采取了维持原状的政策。因此，日军的侵略势力暂时无法深入租界内部。这些外国租界，于是也成为日军占领区中的孤岛，以及各种爱国力量进行抗日活动的基地。抗日爱国力量在上海的活动，不仅阻碍了汪精卫组府活动的进程，同时也对汪伪骨干的安全构成威胁。为摆脱这一被动局面，汪精卫集团在日本特务机关的支持下开始网罗死党，筹建特务组织，用暴力和恐怖的手段，残酷迫害抗日爱

---

① 　[日]西义显：《悲剧的证人——日华和平工作秘史》，第 265—266 页。

国志士,借以维持毫无政治基础的傀儡政权。

　　汪伪特务组织的创建者与主要头目是李士群。他是一个不折不扣的政治变节分子。20 年代,受大革命高潮的影响,他加入了中国共产党,并去苏联留学。回国后即以《蜀闻通讯社》记者的身份,在上海从事中共地下工作,此间曾被公共租界巡捕房逮捕。1932 年,李士群被国民党中央组织部"调查科"特务逮捕后很快投降,成为"调查科"上海区直属情报员①。抗战爆发后,李士群不满在中统特务机关内的地位,一心想改换门庭。1938 年夏秋之交,他席卷所经手的公款,从大后方假道越南转至香港,拜会日本驻香港总领事,开始投靠日本。此后,他被派往日本驻上海使馆,为书记官清水董三做情报工作。

　　回到上海后,李士群先后把"中统"上海区情报员唐惠民、国民党中央宣传部驻沪特派员章正范、国民党上海特别市党部成员刘某等拉下了水,让他们充当日本使馆的情报员。同时,他又与国民党上海特别市党部委员汪曼云达成互相照应的默契。1938 年底,李士群开始考虑从情报活动转向特工行动。他深知,搞特工必须有一批经验丰富的骨干。他把目光集中到原国民党军统局第三处处长丁默邨身上。丁默邨 1932 年即担任军统局第三处少将处长,地位与戴笠差不多。全面抗战爆发后,戴笠地位急剧上升,而丁默邨的第三处于 1938年初秋遭裁撤,此后不久丁即离职前往香港"养病",同时静观事态变化。1938 年底,丁默邨又秘密到上海,后被日本人发现并受到严密监视②。为把丁默邨拉下水,李士群一面在清水董三面前极力吹捧丁的地位、才能及声望,表示愿意让丁坐头把交椅,自己充当副手。同时,李士群又专门找到丁默邨,诱迫其加入到所谓的"和平运动"中。

----

　　① 　马啸天、汪曼云:《汪伪特工总部七十六号的建立》,《汪伪政权资料选编·汪精卫国民政府成立》,第 259 页。
　　② 　《首都高等法院检察官讯问笔录》(1946 年 9 月 25 日),南京市档案馆编:《审讯汪伪汉奸笔录》(下),凤凰出版社 2004 年版,第 664—665 页。

李士群的活动越来越受日本当局重视，其地位也步步提高。丁默邨来到上海后，日本方面更对丁、李合作搞特工的计划寄予厚望。1939年2月，在清水董三引荐下，日本"对华特别委员会"首脑土肥原贤二会见了丁、李二人。"对华特别委员会"是直属日本内阁，"专门负责以有关重大对华谋略及建立中国新中央政府的执行机关"。所谓"重大对华谋略"，是指除开直接作战的"关于政治、经济的谋略"①。因该机关以土肥原贤二为首，所以一般称其为土肥原机关。

土肥原机关设在上海虹口公园北侧的"重光堂"内，根据预定计划，决定物色北洋时期曾在中国政坛上出过风头的唐绍仪、吴佩孚、靳云鹏为新中央政府首脑。然而，唐绍仪由于遭国民党特工袭击而死去，靳云鹏也早已在中国政坛上失势，没有什么作为，吴佩孚则不能与土肥原很好合作。尽管土肥原费尽心机，工作仍无实质性进展。他不得不哀叹："可恶的吴佩孚已经没有希望了！"②

正当土肥原机关陷入困境、无计可施之际，丁默邨、李士群的出现使土肥原喜出望外。丁、李两人向土肥原陈述了组建特工队伍的设想，并提出请求日本军方援助的理由，即"上海恐怖活动的元凶是重庆的特务工作队，蓝衣社的地下组织。日本军警可以逮捕现场的犯人，但是如果不破获蓝衣社的地下组织，那是没有用的。"他们还向土肥原吹嘘："我们知道敌人的力量所在，也知道它的弱点所在，我们一定能够取胜，请给我们以援助和指导。"③几天之后，丁默邨与李士群向土肥原提交了两份资料，一份是《上海抗日团体一览表》，另一份是《上海特工计划书》。前者是李士群数月来情报资料的汇总，后者则是他们组建特工队伍的蓝图。计划书以获取日本经费、武器为前提，详细罗列了组建特工

---

① ［日］《中国事变陆军作战史》（中译本），第二卷第一分册，第106—107页。

② ［日］晴气庆胤：《上海恐怖机关—76号》，日本每日新闻社1980年版，第23页。

③ ［日］晴气庆胤：《上海恐怖机关—76号》，第25、36页。

队伍的方针、工作要领、组织机构等要项,同时还按照工作据点的设置、行动队伍的组成、经费的使用、兵器的保管和修理、反谍报的方法等具体事项,逐项列出了明确方案。这项计划书引起了土肥原的重视,他及时将此情况向日本大本营作了报告。

日本陆军对此计划很感兴趣。当时,影佐祯昭等人正与汪精卫集团联络,策划所谓"日华和平运动"。他们认为,稳定上海局势,镇压爱国民众的抗日浪潮,阻止国民党特工的恐怖活动,是整个和平计划中极为重要的一项内容。因此,他们主张把丁默邨、李士群的特工计划作为整个对华和平工作的组成部分。2月20日,日方以大本营参谋总长的名义下达了《援助丁默邨一派特务工作的训令》,明确指定由土肥原贤二的助手晴气庆胤具体执行①。从此以后,丁默邨、李士群的特工组织便由晴气庆胤直接指挥,直属日本大本营领导。同年8月,以影佐祯昭为首的"梅机关"成立后,又划归"梅机关"领导。

获得日本军方支持后,丁、李两人立即开始着手特工总部的筹建工作。为"笼络争取上海租界内各阶层的中国人",日军当局允许他们采用各种方式,在上海的原国民党党部成员、捕俘的重庆系特工人员、学校师生等方面物色合适分子,加入其特工组织②。另外,他们还炮制了一套"和平运动"的理论,进行欺骗宣传。谎称"和平运动"是"以和平求和平",是为了使中国尽快统一;相信以战争求和平,则是"中了共产党的计谋,中国要灭亡的"。经过一番活动,逐步形成了特工组织的核心,最早的骨干主要有七人,他们是:丁默邨、李士群、唐惠民、茅子明、李志云、杨杰、张鲁,当时被人称作"七人委员会"③。此后不久,蔡洪田、马啸天等一批人又或明或暗地参加了进去。

① ［日］晴气庆胤:《上海恐怖机关—76号》,第62—63页。

② ［日］影佐祯昭:《对汪政府特务工作的协作》,见《现代史资料(13)·日中战争(五)》,第396—397页。

③ 马啸天:《关于在上海之汪特组织情况及历史演变》,转引余子道等著:《汪伪政权全史》(上卷),上海人民出版社2006年版,第681页。

　　与此同时，他们还在上海租界巡捕、包探听，以及帮会、流氓中网罗对象，组织行动队。通过金钱和武器引诱，使得三教九流人物纷至沓来。如以吴四宝为首的地痞流氓，以潘达为首的公共租界华籍特别巡捕"十兄弟"，先后投入李、丁门下，成为骨干。

　　特工队伍初步建成后，丁默邨、李士群心里很清楚，以此充当日军的别动队，捞点"外快"，已经不成问题，但要在政治上"有所作为"，却并非轻而易举之事。为了在政治上打开"局面"，他们经日本当局授意，开始投靠汪精卫集团。丁默邨刚到上海时，汪曼云就曾当面提醒他说："以你丁默邨三个大字来'号召'是不够的。过去你的工作环境与条件，你的大名，别说党外的人不知道，即使党内的人，若非'CC'骨干，也很少有人晓得的。所以这件事，在你倒不是才的问题，而是号召力方面，确有一些事倍功半的。"为此，向他建议道："事到如今，当然不能因困难而不做，为求事的迅速'成功'，我觉得倒不如去接上汪精卫的关系，好在汪精卫已发表了艳电，要是你能采纳我的意见，一定能收到事半功倍之效。"①丁默邨点头称是。以后，通过汪曼云的居中牵线，丁默邨、李士群、特工队与周佛海接上了头；又在日方的"训令"之下，汪精卫决定全盘接纳丁、李的特工组织作为自己的警卫武装。在日方的安排下，丁默邨、李士群曾与汪精卫洽商双方合作的条件。丁默邨等提出参加汪伪"和平运动"的条件有二：一、"承认丁、李的特工组织是汪派国民党的秘密警察，并成立特务工作总司令部（特工总部），十月份以后，经费由汪精卫供给"；二、"如果新中央政府成立，要给丁、李等人内政部长、上海市长、江苏省主席几个席位"②。于是，汪精卫、周佛海等人与丁、李进行了一番讨价还价，最后议定由丁、李日后主持警政部，并担任"全国

---

　　①　马啸天、汪曼云：《汪伪特工总部——"七十六号"的建立》，见《汪伪政权资料选编·汪精卫国民政府成立》，第267—268页。

　　②　［日］晴气庆胤：《上海恐怖机关——76号》，日本每日新闻社1980年版，第120—121页。

代表大会"的发起人①。这样,双方达成一致。从此,汪精卫集团有了一支属于自己的特工队伍。

丁、李等人投向汪精卫集团后,为适应队伍的扩展,开始寻找合适的基地。几经搬迁,最后选中沪西极司非尔路②七十六号,极司非尔路是上海公共租界工部局在租界外强行修筑的一条马路,属越界筑路,所以路权归工部局巡捕房管理,马路两侧仍属华界。位于马路中段的七十六号,原是国民党安徽省主席陈调元的一座花园洋房,因该处三幢洋房的地基曾为洋商购买,所以挂的门牌为蓝底白字,与周围白底黑字的门牌明显不同。日军占领上海后,该房遂被日军控制,后经晴气庆胤联系,同意拨给丁、李使用。丁默邨等将七十六号的房屋建筑进行了大规模改造,设立了"警卫总队"的办公室、"审讯室"、"看守所",进出大门必须持有特别通行证③。从此,"七十六号"成为令人生畏的一个名字。

汪伪特工总部开张后,立即配合侵华日军,疯狂镇压上海爱国民众的抗日反汪运动,接连不断地制造流血惨案,其首要攻击目标是上海新闻界。上海沦陷后,留沪爱国报人利用外国租界,继续出版报刊,宣传抗战。汪精卫集团叛离抗日阵营后,上海各报刊纷纷揭露日汪勾结的阴谋,提醒人们要同这伙汉奸划清界限。因此,汪伪集团将上海爱国报人视为眼中钉,必欲清除而后快。1939 年 6 月中旬,丁、李等人以"中国国民党铲共救国特工总指挥部"名义向上海各抗日报刊负责人、编辑、记者发出恐吓信,威胁称:"如再发现有反汪拥共反和平之记载,无论是否中央社之稿件,均认台端为共党之爪牙,希图颠覆本党及危害国家","决不再作任何警告与通知,即派员执行死刑,以昭炯戒"④。同

---

① [日]晴气庆胤:《上海恐怖机关——76 号》,日本每日新闻社 1980 年版,第121 页。

② 现为上海市静安区万航渡路。

③ 马啸天、汪曼云:《汪伪特工总部——"七十六号"的建立》,见《汪伪政权资料选编·汪精卫国民政府成立》,第 275—276 页。

④ 钱俊瑞等著:《我们的檄书》,集纳出版社 1940 年版,第 16 页。

时，又公开发表一道对83人的"通缉令"，将一批新闻界人士列为通缉对象。威胁之外，他们又多次出动汉奸武装袭击《中美日报》、《大晚报》、《大美晚报》等报馆，杀害爱国报人，殴打报贩，妄图堵截抗日反汪报刊的发行。

特工总部的另一个重要任务，是采用威胁利诱手段，为汪精卫集团网罗党羽。其惯用手法是先派一个与对方熟悉的人去拜访，宣传"和平反共建国"的汉奸理论，并以金钱、官位相引诱。如对方不为所动，即再派人送去恐吓信，里面还有一颗子弹，限其一星期内离开上海，以此给对方造成巨大精神压力。倘若如此仍达不到目的，就采用强行绑架的手段，在七十六号内"嘱令宣誓，签署和平运动誓书"，强迫其就范。总之，凡被七十六号列为活动对象者，除逃离上海之外，均无法逃脱他们的魔爪。

在举国上下声讨、揭露汪精卫一伙叛国投敌活动的同时，重庆国民政府也通过在上海的留守机关，组织特工对其进行打击，以阻止汪伪政权的建立，双方由此展开了一场"以牙还牙"的特工战。由于驻沪国民党机关已转入地下活动，其特工的活动范围也十分有限。相比之下，汪伪特工不仅活动范围广阔，背后还有侵华日军支持。在争斗中，汪伪特工明显处于优势地位。早在投敌之初，丁默邨即向土肥原夸下海口："我们要干掉市党部和蓝衣社"，"市党部委员中有不少是我的老部下，现在它内部派系斗争激烈，纲纪紊乱，缺少统一领导，如果巧妙地利用这些弱点，可能原封不动地把它拿到手。蓝衣社是最强的对手，但它的情报人员因生活困苦而动摇，这就是它最大的弱点。我们准备从争取它的情报员开始，逐步寻出它的情报网，尽可能接近它的上层人物，说服他们，并使他们为我们所用，最终搞垮蓝衣社。"[①]在争斗中，丁默邨首先打入国民党上海特别市党部，将其主要成员汪曼云、蔡洪田等拉了过去,成为汪伪集团的骨干分子。接着,又把国民党"中统"苏沪区副区长苏德成拉下水,使该区的特工组织完全瓦解。此后,丁默邨等顺藤摸瓜,使国民党江苏省党部、三民主义青年团上海市团部全部垮台,主要骨干被迫在报纸上公开发表声明,表示悔过①。

以丁默邨、李士群为首的特工总部,为汪伪集团的"和平运动"鸣锣开道,立下了汗马功劳,他们的地位也节节升高。汪伪国民党"六大"召开后,伪中央党部内特设了特务委员会,由周佛海兼任主任委员,丁默邨任副主任委员,李士群任秘书长。特务委员会下设特工总指挥部,由丁默邨任主任,李士群、唐惠民副之。起初,特工总部机构比较简单,不久即增设了三个委员会与四个厅,以后又改设为四处四室。至1940年春汪伪政权建立前夕,特工总部再次进行重大调整,原警卫大队升为警卫总队,由吴四宝任队长,下辖五个大队;增设行动总队,由杨杰任队长,下辖六个大队②。另外,还设立了租界警卫队、直属行动组等机动组织,以及"海社"、"上海法院同仁会"、"立泰钱庄"、"国民新闻社"、"东南贸易公司"等一批外围组织,把魔爪伸向各个行业。

此外,特工总部还在杭州、苏州、南京、蚌埠等日军占领区以及沪杭、沪宁、津浦路段各铁路线设立"区"、"站"一类的分支组织,采用各类极端手段开展特务活动③。汪伪政府正式建立前后一年多时间里,特工总部迅速发展成一个规模巨大、组织完备的特务机关,成为汪伪国民政府生存与发展的重要支柱。

三 汪伪国民党"六大"的召开

汪精卫一伙在抗战的紧要关头,公然叛离抗日阵线,其自我编造的

---

① 《中华日报》,1940年7月16日、9月20日。
② 《首都高等法院检察官讯问笔录》(1946年9月25日),《审讯汪伪汉奸笔录(下)》,第666页。
③ 《中国近代史资料丛刊·抗日战争》第六卷《日伪政权与沦陷区》,第876页。

理由是对日谋求和平。但自从"艳电"发表后，其汉奸面目已经暴露，并很快成为人人喊打的过街老鼠。为确保自身安全，他们不得不转入地下，偷偷摸摸地进行所谓的"和平运动"。即便到了日本控制的上海，他们仍不敢公开露面。在秘密访日并取得日本政府的口头支持后，他们顿时感觉有了依靠，腰板开始硬起来了。尤其是在侵华日军的支持下，建立起以丁默邨、李士群为首的特工总部，更不用为自己的安全担惊受怕了。为扩大"和平运动"的影响，加快筹建新政权的步伐，他们从地下走到地面，公开亮出了自己的旗号。

1939 年 7 月 9 日，汪精卫在上海做了题为《我对于中日关系之根本观念及前进目标》的广播演说。这篇被日汪双方称为"开始实际和运工作之宣言"的演说词，实际上是一篇宣扬卖国理论的代表作，亦可视为汪伪集团公开投敌的宣言书。讲演一开头，汪精卫即以"理论"权威的姿态为日本侵华战争辩护："日本是东亚一个强国，经济军事文化著著先进，最近几十年，可以说无日本则无东亚。中国事事虽然落后，却是东亚一个地大人众历史深长的国家，如果要强盛起来，日本必然要知道中国的强盛对于日本会发生什么影响，于日本有利呢还是有害？如果有利，日本当然愿意中国强盛，愿意与中国为友；如果有害，日本必然要将中国强盛的动机打消了去，决定以中国为敌。以一个图谋强盛的中国来与已经强盛的日本为敌，胜负之数，不问可知。"①也就是说，日本对中国的侵略是理所当然的，原因是中国自不量力，"与已经强盛的日本为敌"。

怎样才能"于日本有利"，使日本"愿意与中国为友"呢？汪精卫认为："中国与日本外交方针一致，军事方针一致，更进而根据平等互惠之

---

① 汪精卫：《我对于中日关系之根本观念及前进目标》，《中华日报》1939 年 7 月 10 日。

原则,以谋经济合作,这样中国的强盛,便于日本有利而无害。"①为证明这是解决中日冲突的正确方案,他一方面引经据典,把近代历史上向西方帝国主义屈膝求和的卖国行为当作自己的楷模,同时又对坚持抗日的中国共产党进行恶毒攻击。最后他又声称,要"本着怨仇宜解不宜结的根本意义,努力于转敌为友","我决心向复兴中国、复兴东亚的一条路走,我决心团结同志并团结各党各派以及无党派有志之士,来共同走上这一条路"②。

讲演结束之后,汪精卫休息片刻,又发表了一篇题为《敬告海外侨胞》的广播演说。这篇演说除对上述卖国理论进行进一步阐述外,还对重庆政府予以攻击。其目的是欺骗海外华侨,阻止华侨对重庆政府抗日战争的支持。数日前,他曾向日本官员分析过华侨的情况:"在这次事变中,华侨却被蒋介石的抗日宣传所欺骗,被蒋的英雄言行所迷惑,因而支持蒋介石。"为改变这一局面,他主张"用实际行动加以宣传"③。为证明重庆政府之"误国",他在讲演中指责蒋介石政权还不如甲午战争时期的清政府"爱国":"当时的满洲政府,还算有爱国心的,战败了,就承认战败,讲和的结果,虽然割地赔款,却还保得住大部分未失的土地人民主权。如今呢,战败不承认战败,和一个赌鬼似的,越输越赌,越赌越输,宁可输个精光,断断乎不肯收手。这不是比当时的满洲政府还没有爱国心吗?"汪精卫认为,继续抗战,"民安得不穷? 财安得不尽? 而民穷财尽的结果,只有国亡种灭",结果是,"抗战不足,国亡灭种有余"④。为进一步推销这种抗战不如投降的汉奸理论,汪精卫将这两篇

---

① 汪精卫:《我对于中日关系之根本观念及前进目标》,《中华日报》1939 年 7 月 10 日。

② 汪精卫:《我对于中日关系之根本观念及前进目标》,《中华日报》1939 年 7 月 10 日。

③ [日]《汪精卫与森岛参事官会谈纪要》(1939 年 7 月 3 日),《日本外交档案》缩微胶卷,SP157 号。

④ 汪精卫:《敬告海外侨胞》,《中华日报》1939 年 7 月 11 日。

讲演稿全文刊载在新复刊的《中华日报》上，但由于上海租界内报业公会拒绝销售，影响"甚微"①。

汪精卫深知，自己被重庆政府开除党籍后已没有威信，只有把自己重新装扮成国民党正统，才能增强理论宣传的效果，排除组织全国性政权的障碍。所以，他在公开亮出自己的旗号之后，即着手准备召开国民党全国代表大会。按照国民党有关规定，召开全国代表大会，必须有各省市、各特别支部和海外支部推选的代表参加。而此时的汪精卫集团，除几名骨干之外，没有任何基层组织，召开一省党代会的条件尚不具备，遑论网罗全国各地党部的"代表"。8月中旬，汪精卫召集周佛海、梅思平、陶希圣、林柏生等骨干连日开会，商讨对策。

为拼凑"代表"各方的党代表，他们首先设立大会"筹备委员会"，指定"特派员"分区招揽。特派员拥有选择代表的大权，只要他们出具证明，谁都可以充当代表。尽管如此，仍很难觅到合适的人选。汪精卫曾秘密派遣刚从欧洲返回香港的周化人潜赴重庆，拉拢改组派旧人马来沪参加"和平运动"，但只拉到刘仲山等几人。后又让周北上"动员"，结果应者寥寥。于是，汪精卫不得不让周佛海等就地取材，拼凑人数。周佛海利用这个机会，同梅思平、丁默邨等乘机网罗亲信，扩充私人力量。丁默邨包办了上海特别市和江苏省两个党部，把一批原属"中统"的特务都拉来做代表。同时还想染指南京及安徽、浙江三省市。陈璧君也不甘落后，把陈耀祖等两个弟弟、三个侄儿都指定为代表。李圣五把老婆、妻舅、表弟、表侄全带了进来；林柏生则发动《南华日报》、《中华日报》的伙计前来参加②。

经过一番"努力"，拉到的人数仍同汪精卫预定的 300 名代表相距甚远。于是只能滥竽充数，由非国民党党员冒填党籍后推为"代表"。

①　［日］《中国事变陆军作战史》（中译本）第三卷第一分册，第 23 页。

②　罗君强：《汪记国民党第六次全国代表大会》，《汪伪政权资料选编·汪精卫国民政府成立》，第 367 页。

这样的胡乱拼凑,闹出了许多笑话:有的假党员不仅当上了党代表,同时还被指定为两个省的代表;有的人虽然出席了会议,但不知道自己是属于哪个省的代表。还有人在毫不知情的情况下,被威胁、诱骗到会场,以充当代表①。经过这样不择手段的网罗,勉强拼凑到 240 名代表。

1939 年 8 月 28 日上午,汪精卫集团一手策划的所谓"国民党第六次全国代表大会"在上海极司非尔路七十六号召开。之所以选择七十六号,是因为那里是汪伪特工总部所在地,自然比其他地方安全。会议主席团由汪精卫、周佛海、陈璧君、褚民谊、陶希圣、高宗武、梅思平等人组成,梅思平任大会秘书长。汪精卫自任大会主席,并致开幕词②。在开幕词中,汪精卫一再强调,这次代表大会同一年以前在武汉召开的国民党临时全国代表大会是一脉相承的,基本精神是一致的。他说:"上届大会提出抗战建国的口号,本届大会提出和平反共建国的口号,所谓建国是什么呢? 是完成三民主义的中华民国之建设,因为必须这样中国才能生存,必须这样,中国才能独立自由,这是目的。至于抗战和平不过是达到这目的之一种手段,为达到这目的,不得不战则战,可以和则和,手段有不同,目的则无异致。"把抗战和投降这两个完全对立的概念柔和在一起,说是具有相同的性质,这是汪精卫的一大发明。为推销这种汉奸理论,他还无耻地说,这是"中国国民党全体同志的公意,也就是中华民国全体同胞的公意"③。

伪"六大"首先通过了《整理党务案》。这是汪精卫集团从重庆政府手中抢夺"党统"大旗的关键一步。该法案包含多项内容,其中第一项

---

① 程宽正:《从祸水中登彼岸》,载祝小明编:《汪精卫是什么东西?》第 4 辑,岭南出版社 1940 年版,第 66—67 页。

② 罗君强:《汪记国民党第六次全国代表大会》,《汪伪政权资料选编·汪精卫国民政府成立》,第 367 页。

③ 《汪兆铭在伪中国国民党第六次全国代表大会之讲稿》(1939 年 8 月),《中华民国重要史料初编》第六编《傀儡组织》(三),第 157—158 页。

宣称:自1939年1月1日起,"国民党中央执行委员会及监察委员会,均已丧失行使职权之自由,所有一切决议及命令,完全无效"①。此决定具有双重目的,首先是要从重庆国民党中央手中夺权;其次是恢复汪精卫原有的地位。汪精卫是1939年元旦被重庆国民党中央执、监两委撤销一切职务、"永远开除党籍"的。现在宣布从这天开始,重庆国民党中央已经无权了,那么,对汪精卫的处分也就自然无效了。这样立案,比采用其他方式简单得多。夺过旗帜之后,还有一个问题尚待解决,即汪精卫不是总裁,领导全党似乎有些"名不正,言不顺",于是法案专列一项:"修改总章,废除总裁制,设中央执行委员会主席一人,代表行总章第四章所规定总理之职权。"②总裁一经废止,蒋、汪之间的正副差别也不存在了;新设国民党中央主席的职位,则为汪精卫担任国民党党首铺平了台阶。有了魁首之后,人手不足怎么办? 汪精卫等人挖空心思,在《整理党务案》中又加入如下规定:"除第五届中央执行委员、候补中央执行委员、中央监察委员、候补中央监察委员,均由本届大会推选继任原职外,并由本届大会增选中央执行委员38人,候补中央执行委员20人,中央监察委员26人,候补中央监察委员16人。"未参加本次大会的"中央执监及候补中央执监各委员,立即集中上海,共商国事";"在中央各委员未能齐集以前,中央各种会议,得以实际上有行动自由确能到会者之过半数为法定人数"③。这样既增补了100名亲信,又不确定开会的合法人数,将来的"国民党中央"就得以完全被汪精卫集团玩弄于股掌之中。

上述法案为汪精卫控制国民党铺平了道路。接着,会议又策动代

①　梅思平:《中国国民党在沪举行第六次代表大会》(1939年6月31日),《时代文选》第7期。

②　梅思平:《中国国民党在沪举行第六次代表大会》(1939年6月31日),《时代文选》第7期。

③　梅思平:《中国国民党在沪举行第六次代表大会》(1939年6月31日),《时代文选》第7期。

表提出临时动议两件:第一,因汪精卫"倡导和平,艰贞奋斗,挽救危亡"有功,"大会全体,应致敬意,以表尊崇",由主席团率全体代表起立,向他鞠躬致敬;第二,依据刚通过的《整理党务案》之决议,推选汪精卫为国民党中央执行委员会主席①。

经过一番苦心策划,汪精卫等人自以为轻而易举地推翻了国民党临全大会的决议,否定了蒋介石国民党总裁的职务,而自己又"合法"地获得了国民党中央执行委员会主席的头衔。抓到党统旗帜之后,汪精卫一伙又开始为自己的行动炮制法律依据。

当天下午,会议又通过了《修订中国国民党政纲案》。该纲领对1938年4月1日国民党临时全国代表大会通过的《抗战建国纲领决议案》(简称《抗建纲领》)中规定的方针政策做了全面篡改,以适应他们进行"和平运动"的需要。若将两个法案进行比较,即可看出其险恶用心。在外交方面,《抗建纲领》第五条明确规定:"联合一切反对日本帝国主义侵略之势力,制止日本侵略,树立并保障东亚之永久和平。"②而修正方案则模糊地宣称:"本国家生存及主权独立之主旨,励行睦邻政策,以奠定东亚永久和平";"联合非共产主义之有关各国,共同防制第三国际之阴谋"③。在军事方面,《抗建纲领》规定:"加紧军队之政治训练,使全国官兵明了抗战建国之意义,一致为国效命";"训练全国壮丁,充实民众武力,补充抗战部队";"指导及援助各地武装人民,在各战区司令长官指挥之下,与正式军队配合作战,以充分发挥保卫乡土捍御外侮之效能;并在敌人后方发动普遍的游击战,以破坏及牵制敌人之兵力"④。

---

① 梅思平:《中国国民党在沪举行第六次代表大会》(1939年6月31日),《时代文选》第7期。

② 《中国国民党历次代表大会及中央全会资料》(下册),光明日报出版社1985年版,第485页。

③ 《修订中国国民党政纲》,《汪伪政权资料选编·汪精卫国民政府成立》,第333页。

④ 《中国国民党历次代表大会及中央全会资料》(下册),第485-486页。

修正方案则闭口不谈抗战，仅虚伪地列出了这样几条："军队国家化，消灭个人及地方之系统"；"召集军事复员会议，解决军事复员、军队驻防及军事建设等问题"；"解散游击将士，助其复业，其志愿服兵役者，经甄别后分别编入国防军或地方保安队"①。在政治方面，《抗建纲领》为夺取抗战胜利，明确规定："组织国民参政机关，团结全国力量，集中全国之思虑与识见，以利国策之决定与推行"；"实行以县为单位，改善并健全民众之自卫组织，施以训练，加强其能力"②。而修正方案坚持反共立场，全力回避谈及抗战，仅笼统地宣称："召集国民大会，商讨建国之大计"；"政府草拟宪法，交国民大会审议，由政府公布实施"；"除共产分子外，人民之一切合法自由应予以充分保障"③。

从上述三方面的对比中可以清楚地看出，汪精卫集团别有用心地把"抗日"换成"反共"；把武装自卫换成转业复员；把全民抗战换成排共建国。其目的就是要完全颠倒武装抗日与投降卖国的是非标准。

与此同时，这次大会还通过了《决定以反共为基本国策案》、《根本调整中日关系并尽速恢复邦交案》、《关于授权中央政治委员会案》、《关于尽速召集国民大会实施宪政案》等一批议案，为正在筹建的汪伪政府之"合法"出台贴上一张又一张法统票签。

当会议进行到确定中央委员名单时，会场里出现一阵骚动。其主要原因是，在汪精卫提交大会讨论的名单中，有几个在社会上名声颇臭的汉奸，一些标榜继承国民党"正统"的代表"羞与为伍"。尤其是在"八一三"事变后投敌、先后在"上海大道市政府"和"维新政府"等几个伪政权中出任过要职的卢英也竟然名列其中，更使那些人难于接受，于

---

① 《修订中国国民党政纲》，《汪伪政权资料选编·汪精卫国民政府成立》，第334页。

② 《中国国民党历次代表大会及中央全会资料》(下册)，第486页。

③ 《修订中国国民党政纲》，《汪伪政权资料选编·汪精卫国民政府成立》，第333页。

是推派代表去找汪精卫说理。然而那些代表却遭到周佛海的阻拦,周回答他们说:"卢英是否汉奸,后世自有定论,可是汪先生到了上海,最先响应和平运动的,就是卢英。且卢英为迎接汪先生翻了车,几乎连性命都丢掉,他对和平运动,可说比谁都热心。再说现在汪先生的警卫人员,都是卢英派来的,万一因此而发生误会,汪先生的安全谁负责任?"①这几句话,不仅给卢英的汉奸行为做了辩护,而且也撕下了这批新汉奸的假面具,使他们面面相觑,无辞可对。当然,为了笼络这批新汉奸,汪精卫也作了一些让步,把内定给卢英的中央委员降为"候补"。通过采用软硬兼施的手段,汪精卫提名的一批老牌汉奸,如"维新政府"立法院长温宗尧、内政部长陈群、绥靖部长任援道等,都顺利当上了中央委员。

会议最后通过了《中国国民党第六次全国代表大会宣言》、《决定以反共为基本政策》等文件。这些文件的集中反映了汪精卫集团宣扬的"和平反共建国"的理论。其中《宣言》是一份颇具代表性的文件。

《宣言》首先颠倒是非,诡称这次代表大会的宗旨同上年临时全国代表大会是一致的。并认为1938年12月近卫声明所提出的三原则,是日本"为放弃侵略主义欲与中国谋合于正义之和平"的证据。"日本在战争中,有此反省,中国亦不可不深自反省,使合于正义之和平得以早日实现"。而身为国民党总裁的蒋介石,"遽以个人武断,发言拒绝……复用极端严厉手段,箝抑舆论,极端残酷手段,残杀同志,遂使和平运动横受挫折,战争依然继续"。对中日战局作了完全颠倒的阐述后,立即对坚持抗战的中国共产党进行恶意攻击,声称"和战问题为共匪所劫持,则合于正义之和平永无实现之希望"。"上届大会以执行之方针付之蒋同志,蒋同志乃弃置方针于不顾,以自误误国,本届大会爰以一致之决议,解除蒋同志总裁之职权,并废除总裁制,更授权汪同志,使本

---

① 　马啸天、汪曼云:《"七十六号"的一出开锣丑戏》,《汪伪政权资料选编·汪精卫国民政府成立》,第363页。

于上届及本届大会所定方针,领导同志积极进行"①。经这一番论述,汪精卫似乎成了拯救中国的英雄。

在拐弯抹角把自己的投敌行为同国民党临时全国代表大会的抗战方针连接起来后,《宣言》开始亮出汪伪集团的行动纲领:"自今以后,当易抗战建国之口号为和平建国","特再郑重宣布,以反共为和平建国之必要工作"。据此纲领,又确定了内、外方针。其外交方针,表面上赞成上届大会确定的两条方针,而在具体分析一年来形势时,指斥原有的政策是"无实力妄冀远交近攻,以取胜利,充其所至,徒使战则无同盟之援助,和则受外来之牵制,惟有任东亚相与为邻之两大民族共受其祸,而不能自已,非独不忠不仁,抑且不智。不忠,不仁,不智,不特不齿于中国之国民,且不齿于世界之人类"。所以强调,今后"当谨守上届大会所示之两大原则,以谋国际关系之维持,各国友谊之增进","而益之以睦邻友好";"不惟远交近攻之策绝对屏斥,一切合纵连横之技亦无所施,必如此,然后对内得以自力,对外得以共存也"②。其实,这些似是而非的言论,完全篡改了原外交方针中抗战救国的内涵。关于内政,《宣言》表面上赞成"以三民主义为最高指挥原理",具体内容则全面背离了原有纲领。《宣言》既反对因抗战延期召开国民大会之决定,又指斥"国民参政会形同虚设",宣称"本届大会特郑重宣布,授权汪同志,延请国内贤智之士,参加中央政治委员会"。并改变必须由党员才能参加的规定,宣布"本党愿以至诚联合全国有志之士,不分派别,共同负担收拾时局之责任"。同时又强调,"战争既息,国民大会之召集,宪法之制定颁布,已无延期之必要,务于最短期间,使全国和平得以实现,国民大会得以召集,宪法得以制定颁布,结束训政,开始

---

① 《中国国民党第六次全国代表大会宣言》,载汪伪宣传部编:《和平反共建国文选》第一辑《中国之部》,第36—37页。

② 《中国国民党第六次全国代表大会宣言》,载汪伪宣传部编:《和平反共建国文选》第一辑《中国之部》,第38页。

宪政，以完成民权正义之阶段"①。其用意十分清楚，就是不顾中华民族处所处的危险时刻，要在最近时间里成立伪政权。

戒备森严的汪伪国民党"六大"只开了一天即草草收场，而他们对外却大肆吹嘘，说会议开了三天。9月5日，又在上海愚园路汪精卫住处召开所谓六届一中全会，汪精卫以中央执行委员会"主席"身份主持大会，并就内外形势及党务、政治诸问题发表讲演。会议讨论通过了伪"六大"交议的各项提案，推举了领导成员。周佛海等九人当选为"中常委"委员，褚民谊出任秘书长，梅思平任组织部长，陶希圣任宣传部长，丁默邨任社会部长②。

伪国民党"六大"结束后，汪精卫在接受日本记者访问时，对今后如何树立统一政权问题，明确表示："中国国民党第六次全国代表大会宣言，于此点已郑重说明。连同各党各派，及无党派有志之士，协力一致，以担负收拾时局之责任，实为本党之最明确主张也。"③由此可见，汪伪国民党第六次全国代表大会之召开，给汪精卫集团正式在广大沦陷区建立统一的傀儡政权铺平了政治道路。

四　汪伪集团与"临时"、"维新"政权的交涉

早在汪精卫投敌之前，侵华日军就已在中国占领区南北各地扶植了一批傀儡政权。汪精卫投敌后想在日军占领区内建立伪政权，其首要条件是必须取得日本政府的同意，另外还得听从日方安排。日本方面不希望汪精卫集团简单地以"大鱼吃小鱼"的方式将原有伪政权吃掉，重新建立统一的傀儡政权，而是要他们互相合作，共同组织新

---

① 《中国国民党第六次全国代表大会宣言》，载汪伪宣传部编：《和平反共建国文选》第一辑《中国之部》，第40页。

② 《召开国民党六届一中全会》，《中华日报》1939年9月6日。

③ 汪精卫：《在上海招待外国记者谈话》，《中华日报》1939年9月8日。

政权；另外，为扩大新政权的影响与实力，还要求汪精卫与吴佩孚合作。1939 年 6 月 6 日，日本五相会议决定的《建立新中央政府的方针》中明确规定："新中央政府以汪、吴和已设政权以及翻然悔改的重庆政府等为其构成分子，应将此作为中国问题，适当予以协助，以建立其政府。"①

为使政府的决定具体化，日本陆军经过研究，草拟了一份"汪工作指导腹案"，其指导方针是："让汪同吴及已设政权合作，建立具有文武实力的强大政府。为此，首先应作好必要的准备，在此期间，特别应努力争取重庆政府的各种势力，尤其是其重要人物。""腹案"中对汪精卫提出的首项要求是："在成立新中央政府的准备期间，汪、吴和已设政权等应相互协力，并极力争取重庆政府的各种势力，特别是其重要人物，同时应建立基础地盘，以建立具有文武实权的强大政府。"②上述方案明确反映出日本当局希望利用各种有利因素，建立强有力傀儡政权的迫切心情，而并不是把汪精卫集团作为惟一的支持对象。汪精卫访日期间与板垣陆相等人交换意见时，对日本的立场表示赞同，并发誓要继承民国法统，纠合各党派和无党派人士，以便大力促进和平工作。访日结束后，汪精卫直接去北平，开始同吴佩孚及华北临时政府的头目进行交涉。

从已设汉奸政权的手中瓜分权力与地盘，其难度是可想而知的。对此，汪精卫有一定思想准备。在与吴佩孚合作这一问题上，他自认为具有较好的基础。早在访日之前，汪精卫曾通过互致电报及专人携亲笔信拜访等方式主动与吴佩孚联络，希望双方能够合作。对于汪的"和平"主张，吴佩孚曾一度表示赞同，称汪精卫提出的"非组织统一有力自由独立之政府，无以奠立和平，确为扼要之言，与鄙见亦正相符"，但双方具体政见并不一致。吴佩孚在给汪精卫的复函中说："民

①　［日］堀场一雄：《支那事变战争指导史》，第 261 页。
②　［日］堀场一雄：《支那事变战争指导史》，第 263 页。

意趋归,果以抗战为然,则任何牺牲,均可弗计。若民众厌战,相战之国复有感于穷兵黩武之非,即宜于矜恤同胞,戛然而止。"信中还强调:"诚知民为邦本,和与战同一为民,则应战应和,自不能不以民意之向背为准绳也。"①由此可见,吴佩孚的"和平"立场实际上与汪精卫有着原则区别。对此,汪精卫自己也承认,双方是"心事相同,而立场不无稍异"②。

此时,日本华北方面军已根据上级指令,为汪、吴会谈做出周密安排:将日军总司令官的住宅作为会谈场所;计划让汪精卫先去拜访吴佩孚,然后吴再作礼节性回访;合作达成之后,由汪主持政治,吴主持军事。然而,吴佩孚却不买日本人的账,他拒绝华北日军做出的安排,提出要在自己住宅里与汪精卫会面,而且拒绝回访。汪精卫也自视甚高,不愿以低人一等的身份去拜见吴佩孚,双方直接会谈遂成泡影。随后,汪派代表陈中孚前往北平面见吴佩孚,商讨合作事宜。吴当即提出四项要求,即"一、吴氏对外发表政见汪氏必须采纳;二、汪氏登台后不得干涉军事;三、汪氏不得私自与他国签订任何条约;四、汪氏施政方针须得先征商吴氏同意"③。这自然是汪精卫集团无法接受的。

由于在吴佩孚那儿碰了钉子,汪精卫只得硬着头皮去找"临时政府"首脑谈判。1939年6月23日,汪精卫从日本抵达天津,随即前往华北日军司令官府邸会见"临时政府"行政委员会委员长王克敏。在华北日军的安排下,王克敏被迫参加了这次会谈,他一开始就对汪精卫抱有很高的警惕性。王克敏一面表示愿意参加汪精卫的组府活动,同时又声明"不接受担任委员",主要理由是:"我已风烛残年,因此,在建立中央政府的前夜,拟告老退休,如果阁下要我参加中央政府,可以同意,

---

① 《吴佩孚复汪精卫函》,转引朱子家:《汪政权开场与收场》第一册,第88页。

② 《汪精卫再致吴佩孚书》,转引朱子家:《汪政权开场与收场》第一册,第89页。

③ 《顾祝同致蒋介石电》(1939年6月26日),《中华民国重要史料初编》第六编《傀儡组织》(三),第152页。

但希望在北平工作。"同时还提出要求,如果召开全国代表大会,也应放到北平举行,"北平在治安上也许适当一些"①。王克敏的意思很清楚,即可以考虑同汪精卫合作,但应以北平为活动中心,以"临时政府"为主体组织新中央政府,否则王克敏将继续留在北平,当然也不会容许汪精卫染指华北地区。为怕汪精卫不理解自己的主张,王克敏事后专门召开记者会,"宣布临时政府决不支持汪精卫的任何冒险事业"②。在华北期间,汪精卫曾打算亲自与吴佩孚会面,但由于吴的"坚决拒绝"而未能如愿③。同年 10 月 9 日,汪精卫又亲自写信给吴佩孚,称赞其风节"照映宇宙",将来必成"旋乾转坤之功业",并请求其参加新组建的"国民政府"④。受国内巨大的反汪锄奸浪潮的影响,吴佩孚更不愿同汪精卫集团同流合污,于是直截了当地在汪精卫来信封面上批了这样一段话:"公离重庆,失所依凭;如虎出山,无谋和之价值! 果能再回重庆,通电往来可也。"⑤吴佩孚的这一态度,打破了日方精心策划的汪、吴合作的蓝图。

　　华北之行接连碰壁之后,汪精卫灰溜溜地返回上海。此时,日本政府为进一步支持和控制汪精卫的"和平运动",已在上海设立了以影佐祯昭为首的"梅机关"。该机关阵容庞大,除陆、海、外三省的官员外,还有兴亚院的代表和所谓的民间人士。机关长影佐声称,"实行近卫声明是决定汪精卫运动成功与否的重要条件,是决定日华事变结果的重要

---

　　① ［日］《汪精卫与王克敏会谈内容》(1939 年 6 月 27 日),《日本外交档案》缩微胶卷 S157 号。

　　② 《中日战争时期的通敌内幕(1937—1945)》下册,第 346 页。

　　③ 《白崇禧致蒋介石电》(1939 年 7 月 8 日),《中华民国重要史料初编》第六编《傀儡组织》(三),第 153 页。

　　④ 《汪精卫致吴佩孚函》(1939 年 10 月 9 日),《中华民国重要史料初编》第六编《傀儡组织》(三),第 161 页。

　　⑤ 《吴佩孚先生集》第 443 页,转引吴相湘:《第二次中日战争史》上册,台湾综合月刊社 1973 年版,第 517 页。

条件"，因此要求全体成员全力以赴①。他们将沪西愚园路——三六弄的一处高级住宅拨给汪精卫做公馆，该住宅本是国民政府原交通部长王伯群所建的花园洋房，地处幽静。经日本宪兵与汪伪特工的改装，成为戒备森严的政治活动中心。

6月29日上午，汪精卫在整修一新的"汪公馆"会见"维新政府"首脑，探询他们对合作的态度。上午先同行政院长梁鸿志、内政部长陈群、绥靖部长任援道会谈，下午又同立法院长温宗尧会面。与王克敏一样，梁鸿志曾在北洋政坛上翻腾多年，政治经验十分老到，他对汪精卫的警惕性比王克敏更高。双方一开口，即摆出互不相让的架势。在日本特务机关眼中，与王克敏会面在表面上还有"合作的气氛"，"而梁鸿志似乎不赞成汪的企图"。双方会谈时，梁鸿志曾问汪精卫："阁下在东京会谈时，没有提出排除中国特殊化的问题吗？"汪反问："所谓中国特殊化是什么意思？"梁说："没有要求取消蒙疆委员会和临时政府吗？"汪答："蒙疆作为防共地区，情况特殊；华北也作为特殊地区。因此，适应特殊情况必须有特殊机构。"梁又追问："要成立特殊机构，不觉得影响中国主权吗？"②在此次各怀鬼胎的会谈中，双方都回避华中问题，汪精卫强调蒙疆、华北的特殊性，暗示华中地位并不特殊，"维新政府"将不再保留；而梁鸿志则一再否定华北、蒙疆的特殊性，示意华中应与华北同样处理，此次会谈最终没有任何结果。

汪精卫心里非常清楚，得不到梁鸿志等人支持，"还都"南京必然困难重重，因此要尽可能采用温和态度，积极争取对方的好感。7月5日，应梁鸿志邀请，汪精卫专程赴南京进行第二次会谈。会谈中，梁总体上表示"欢迎汪精卫出马，完成统一，收拾时局"，但谈及具体问题时

---

① ［日］冈田酉次：《日中战争内幕记》，日本经济新报社1975年版，第202页。

② ［日］《汪精卫与梁鸿志会谈内容》（1939年6月29日），《日本外交档案》缩微胶卷SP157号，转引《汪伪政权资料选编·汪精卫国民政府成立》，第142页。

则明确表示,只支持新中央政府"改组"维新政府。并向汪试探:"维新政府目前缺少财政部长和外交部长,要不要加以充实?"①其用意十分清楚,即希望新中央政府应以"维新政府"为基础,各部总长维持原状,自己当然仍担任行政院长。

　　然而与梁鸿志不同的是,"维新政府"其他要员最关心的是个人前途。温宗尧向汪表示:希望"勇敢排除许多障碍,为建立中央政府而迈进";"和王克敏及梁鸿志等商谈毫无必要";自己在中央政府建立后,"拟赴大连养老",但如汪精卫需要的话,"任何方面都可工作"②。他惟恐汪精卫不理解自己的想法,一再向汪表示:"我个人毫无问题,无需考虑"③。维新政府内部意见不一,给汪精卫实施各个击破的策略提供了有利条件。

　　汪伪国民党"六大"召开后,汪精卫加快了"组府"步伐。为尽快成立伪"中央政治委员会",他急于同"临时"、"维新"两政权首脑开展正式接触,商讨"合作"条件。在日本当局的安排下,汪精卫将与南、北两政权谈判的地点选在南京。9月18日,他带着周佛海、梅思平等骨干乘火车赶赴南京。次日,汪精卫、王克敏、梁鸿志三人各代表一派势力,在南京开始"三巨头会谈"。

　　会谈开始后,汪精卫即先发制人,要求王、梁等人参加"中央政治会议",并决定于10月9日在南京成立新中央政府,届时将取消"临时"、"维新"两政府。汪精卫这一手,自以为得计,其实早在王、梁的意料之中。此前,他们已经打探到日本政府支持汪精卫建立统一伪政权的态

　　①　[日]《汪精卫与梁鸿志第二次会谈要领》(1939年7月5日),《日本外交档案》缩微胶卷SP157号,转引《汪伪政权资料选编·汪精卫国民政府成立》,第154—155页。
　　②　[日]《汪精卫与温宗尧会谈内容》,《日本外交档案》缩微胶卷SP157号,转引《汪伪政权资料选编·汪精卫国民政府成立》,第145页。
　　③　[日]《汪精卫与梁鸿志第二次会谈要领》(1939年7月5日),《日本外交档案》缩微胶卷SP157号,转引《汪伪政权资料选编·汪精卫国民政府成立》,第155页。

度。他们虽不敢违背主子的意愿,但也不愿痛快地交出手中的权力,而准备讨价还价,尽量占据有利地位。会上,汪精卫拿出《中央政治会议组织条例草案》和《华北政务委员会暂行组织条例大纲》,希望"临时"、"维新"两政府予以赞同。其中规定,政治会议在暂定的 24 至 30 名委员中,"临时"、"维新"两政府只有 6 个名额,且只能以"社会重要人士"名义参加;华北政务委员会的实际大权,也统统由中央政府掌握。对此,王、梁两人当然不愿接受,他们以事先没有从当地日军司令官那里接到有关提案的通知,所以无法答应参加中央政治会议为由,予以消极对抗。此后,会谈陷入了僵局①。

　　同日,日方也在南京华中派遣军司令部举行会议,研究促使三方合作的对策。鉴于中日战争的形势,日本阿部内阁于 9 月中旬决定采取支持汪精卫建立中央政府的"现实主义"对策,并派遣参谋本部第二部长来南京向侵华日军传达。9 月 20 日上午,日本参谋本部影佐祯昭、"维新政府"最高顾问原田熊吉、"临时政府"最高顾问喜多诚一参加了"三巨头"会谈。影佐当场宣布了阿部内阁支持汪精卫建立中央政府的立场。汪精卫满心欢喜,以为有日本政府的支持,会谈一定可以顺利进行了。谁知当晚 9 点左右,王克敏、梁鸿志匆忙前来声明:"我们对中央政治会议人事、人数分配和国旗等议题,都不同意。"这一强硬态度,显然是得到日本顾问支持的。影佐认为:"在时间上来说比他们迟出来的汪精卫要组织中央政府,把临时政府降格为政务委员会,维新政府正面临解散的命运,这样一来,两政府要人也不能安下心来,这是理所当然的事情。"②此外,日本内部的不统一,也是非常重要的因素。当时,日本政府与军队的意见存在分歧。侵华日军内部更是派系林立,各地日军都想借自己扶植的傀儡政权扩充势力,并不希望出现统一的中央政

---

①　［日］《通向太平洋战争的道路》第四卷,朝日新闻社 1963 年版,第 214 页。

②　［日］影佐祯昭:《曾走路我记》,《现代史资料 13·日中战争(五)》,第 375—736 页。

府。王、梁的态度，实际上反映了华北方面军和华中派遣军的立场。

　　对于这样复杂的问题，汪精卫无法拿出有效的处理办法。为使日本政府的政策得以贯彻执行，影佐立即同原田、喜多两位最高顾问进行协调，使"三巨头"会谈能够继续下去。经讨价还价，汪精卫对中央政治会议的名额分配做出一些让步，于21日勉强达成一份《决议事项》，其要点是：以汪精卫的提案为基础，"首先召开中央政治会议，负责筹备建立中央政府"；"建立政府后，设中央政治委员会负责议政"；"中央政治会议人员的分配，国民党占三分之一，临时和维新政府占三分之一，余下的三分之一分配给蒙疆政府及其他各党各派和无党派人士"；"在中央政治会议中应讨论事项，是政府的名称、首都的位置、国旗问题等极重要事项"；此外，"如仍有须商谈的事项，可在以后三巨头再次相会的机会讨论"①。这份《决议》虽对设立中央政治会议做了原则规定，但对南、北两个伪政权如何加入新政权的具体问题则没有解决。

　　对于这次"未圆满地达成意见一致"的会谈，汪精卫甚感失望。考虑到对外宣传的需要，他于会谈结束当天发表了一个"声明"，宣称承认国民党"六大"授予的权力，与王克敏、梁鸿志等人"披沥诚意"，"对于收拾时局具体办法，已得切实之了解与热烈之赞同，深信从此必能相与致力于和平之实现"。声明还对王克敏、梁鸿志大加吹捧，称他们"挺身离乱之际，相继组织政权，以与日本为和平之周旋，使人民于流离颠沛之余，得所喘息，苦心孤诣，世所共见"②。汪精卫作出这番吹捧，旨在为统合"临时"、"维新"两个傀儡政权做铺垫而已。

　　就在汪精卫公开表态的当天，"临时"、"维新"两政府联合委员会也发表了一项声明，全文只有一句话："中华民国政府联合委员会，根据本

---

　　①　［日］《三巨头会议决定事项》，《日本外交档案》UD51号，转引《汪伪政权资料选编·汪精卫国民政府成立》，第391页。

　　②　汪伪宣传部编：《和平反共建国文选》第一辑《中国之部》，第55—56页。

会成立之使命,此时愿以全力协助汪精卫成立中央政府。"①维新政府的声明是以梁鸿志等十名院部长的名义发表的。声明中谈了一通"同人等在水深火热之中,谋救焚拯溺之举……揭橥和平,用心綦苦"后,勉强表示:"吾人所翘首企足,旦夕彷徨,而未遽达此期望者,得汪先生挺身任之,中日永久之和平,不难实现。同人等本救国之初衷,声应气求,未敢稍后,努力协进,以完成中国复兴之大业。"②"临时政府"则在两天以后,才以政府委员的名义发表一项声明。其格式与"维新政府"的声明相似,先是大谈组府的"艰危",然后表示了态度:"兹读汪精卫先生发表大文,对本政府奖饰过多,惭惶无似,但于国是民生,有所裨益,定当追随先生之后,以底于成。"③

"临时"、"维新"两个伪政权公开表态后,从表面上看,汪精卫与华北、华中两个已有的傀儡的协调工作已经取得成果。于是,汪精卫集团又开始了与其日本主子之间关于组织新的伪政权的会谈。

五　日汪关于"日华关系密约"的谈判

在日本占领区建立统一的伪政权,除取得现有伪政权赞同外,还必须获得日本政府的批准。汪精卫在北上南下与王克敏、梁鸿志等人进行交涉的同时,也在背后加紧活动,以乞求日本军政当局的支持。

汪精卫一心想建立一个具有较大独立性的中央政权,以便争取民众支持,同时也易于吸引重庆国民政府的官员前来合作。为此,他们希望日本当局不要对新政府控制得太紧。早在 1939 年 5 月 6 日汪精卫刚抵达上海还未上岸之际,他就向前来迎接的日本陆军参谋本部中国课课长今井武夫表示了组建新政府的设想:"万一决定建立政府,仍将

---

① 汪伪宣传部编:《和平反共建国文选》第一辑《中国之部》,第 57 页。
② 《中华日报》1939 年 9 月 24 日。
③ 《中华日报》1939 年 9 月 24 日。

继承中华民国法统,称之为国民政府";"从而以还都为建立政府的形式,意在采用三民主义,规定青天白日旗为国旗"①。同年 6 月 15 日,汪精卫赴日本访问时,又拟订了一份《热切期望日本实行尊重中国主权的原则》②,当时日本内部对汪精卫组府问题的意见尚未统一,因而没有对这一方案的细节作具体研究。至 9 月汪精卫的组府活动正式展开之后,他再次要求日本政府对上述方案表示明确意见,同时另外提出了《有关新中央政府财政问题对日本方面的希望》及《希望日本方面考虑之种种事项》③。上述要求包含的内容十分广泛,涉及内政、军事、经济等各方面。如内政方面,汪精卫集团保证"绝对严禁抗日、排日的思想言论,彻底实施亲日的国民教育",同时要求日本"避免在中央政府设立政治顾问及与此类似之名义与职位;在政治上,凡属与日本需要商议之事项,概由正当途径与中华民国驻日本大使进行"。经济方面,对关税、统税、盐税的收入及中日合办企业、开放长江航运等方面也提出了具体意见。总体而言,他希望日方"以事实为准则,向国民证明日本之好意"④。

对于汪精卫集团的组府活动,日本军政当局表面上虽作出不少空洞的承诺,但在实际行动中,决不允许其超越日本侵华总战略之范畴。1939 年 6 月 2 日,日本陆军参谋本部向有关人员通报大本营对华谋略时,明确指出:"为策划蒋政权的内部崩溃,正在推动汪精卫的一派,终于出现'汪'之脱党出国,继之以此次之来访。……在此之际,本问题的解决,应照国家全体一致的方针,中央与当地在军政各方面结成一体,向前迈进,借此发挥策略的作用以使重庆陷于四分五裂,并使离间工作

---

①　[日]今井武夫:《今井武夫回忆录》(中译本),上海译文出版社 1978 年版,第 110 页。

②　[日]今井武夫:《今井武夫回忆录》(中译本),第 327 页。

③　《中国方面第二要求》、《中国方面第三要求》,《今井武夫回忆录》(中译本),第 345—347 页。

④　《中国方面第一要求》,《今井武夫回忆录》(中译本),第 341—345 页。

得到飞跃式的进展。"①由此可以清楚地看出,在战略相持阶段,日本对华的基本方针,是要采用谋略摧毁重庆抗日政府。他们之所以支持汪精卫建立新政权,其根本目标也是想利用汪精卫政权的影响力来瓦解重庆抗日政府,以达到击破中国抗日阵线之目的。根据这一方针,日本当局对汪精卫集团采用了如下策略:先是哄骗,采用软硬兼施的手段,引其上钩;然而强迫其就范。在此前提下,日本对汪精卫关于建立"独立"政权的种种要求,是不会轻易答应的。

1939 年 10 月 30 日,日本兴亚院联络委员会对汪精卫的希望要点进行逐一研究后,拟订了一份《日本方面回答要旨》。《回答要旨》首先提出,应"基于互惠、互相提携、善邻友好、共同防卫、经济援助为原则,进而调整两国邦交",然后将汪精卫的要求一一加以否定。比如,汪精卫为使新政权有一个"独立"的形象,不希望在中央政府设日本政治顾问,也不在中央机关聘用日籍职员。而《回答要旨》则明确表示:"考虑在中央政府设置政治顾问,同时也考虑在中央政府各院、部采用日本职员";"不仅在自然科学技术方面,就在财政、经济方面,中央政府亦应聘请日本专家为顾问;同时中央政府直辖机关可任用日本教授、教官、关税官吏及技术员等";"各省政府、特别市政府(直辖市)所属的各厅、各局以及各县也可考虑设置日本政治顾问"。这样,不仅中央机关,就连县一级的政府机构都有日本政治顾问在前台活动。军事方面,汪精卫为营造军事指挥权的"独立性",希望在中央最高军事机关及各种军事教学机关招聘日、德、意三国军事专家组成顾问团或担任教官,各部队内均不得招聘或任用外国军事专家。但《回答要旨》强调:"为适应日中两国新关系的调整,商议有关两国军事合作事项,应设置日本军事顾问;关于中日军事合作,不得使第三国介入。"不仅如此,在日本认为"必要的地区、特殊的军队",也要"配

---

① 《第二部长关于对华谋略的大意》,《今井武夫回忆录》(中译本),第 335 页。

备日本军事专家"①。于是,汪精卫希望新政府在政治、军事方面具有"独立"形象的要求,完全被日方否定了。

为使即将成立的汪精卫政府完全听命于日本政府,日方又决定与汪签订一份调整双方关系的条约,以"法律"形式确定双方的主从地位。当汪精卫与王克敏、梁鸿志在南京会谈并初步达成一致意见后,日本兴亚院见成立统一中央政权的道路已基本铺平,即以"为中日两国间缔结条约奠定基础"为借口,提出与汪精卫集团谈判的具体方案。这个方案实际上是一份"详细清单",开列了汪精卫政府成立后必须履行的一大堆条件。其中除《日华新关系调整要纲》外,另有两个附件:《调整日华新关系原则》、《日华新关系调整要项》;另外还有《秘密谅解事项》八件,《机密谅解事项》三件②。

中日战争进入战略相持阶段后,日本国内矛盾日益加剧,日本政府中所谓"强硬路线派"逐步占据了优势,这份谈判方案充分反映出强硬派的主张。其条件之苛刻,范围之广泛,连直接主持谈判的"梅机关"头目影佐祯昭也"为之大吃一惊"③。它不仅包括了以前同"临时"、"维新"两个伪政权所签订条约的全部内容,而且超出了同年6月6日五相会议所确定的《建立新中央政府的方针》之范围。曾直接参与这次谈判的陶希圣事后揭露说,日方的条件所包含的地域,从黑龙江到海南岛;包含的事物,下至矿业,上至气象,内至河道,外至领海,大陆上则由东南以至于西北,这一切的一切,"毫无遗漏的由日本持有或控制"④。

1939年10月初,陆军参谋本部堀场一雄中佐将上述谈判方案带

① 《日本方面回答要旨》,《日本外交档案》S493号,转引《汪伪政权资料选编·汪精卫国民政府成立》,第416—418页。

② [日]堀场一雄:《支那事变战争指导史》,日本时事通讯社1962年版,第326—347页;另见《中国近代史资料丛刊·抗日战争》第六卷《日伪政权与沦陷区》,第825—839页。

③ [日]影佐祯昭:《关于秘密条约的谈判》,转引《汪伪政权资料选编·汪精卫国民政府成立》,第585页。

④ 陶希圣:《日本对所谓新政权的条件》,载香港《大公报》1940年1月23日。

到上海。直接从事对汪工作的"梅机关"认为该方案太过苛刻，难以取得预期效果。日本驻华使馆书记官清水则表示，如果以此草案为基础与汪精卫谈判，令人怀疑日本的信义，对日本最为不利；即使汪精卫接受，对和平运动不见得会奏效。因而建议将此方案退回去，"要求上司重新考虑"。"梅机关"负责人影佐虽然"也感到不高兴，有首先把它送回去，促使重新考虑的心情"，但认为作为政府的派出机关，"正确的办法就是忠实执行"，退回政府部门的方案，"那是不适当的"。于是决定："把这个草案率直地拿给汪看，也听取汪的意见，老实接受其意见中事理明了的部分，以修改草案，然后向政府提出意见。"①

　　11月1日，影佐约见周佛海，将自己的一封亲笔信和兴亚院谈判草案的原件当面递交给他，并请他转交给汪精卫。汪精卫发现，日本要求的条件已大大超越了"重光堂"协议的范围，而且也违背了近卫第三次对华声明的原则，但考虑到只有取得日本支持才能建立新政权，于是立即给影佐复函，同意谈判，其大意谓："尊函及日华关系调整拟订方案已收到，似与近卫声明宗旨有相当差异，颇以为憾。但对以此拟订方案为基础进行谈判，则无异议。谈判委员则任命周佛海为主任，梅思平、高宗武、陶希圣、周隆庠为委员。希肝胆相照，和睦相处，以审议东亚问题。"②影佐见汪精卫没有拒绝，即带领"梅机关"成员开始与汪精卫集团进行会谈。

　　双方谈判采用了非正式接触与正式会谈两种方式。首先由影佐与周佛海进行非正式会晤，双方在总体上交换意见后，即转入正式会谈；在正式会谈中遇到意见不一致的地方，再通过非正式方式磋商，寻求解决的办法。至11月12日，双方共进行了七次会谈，对日方提出的草

---

　　① 〔日〕影佐祯昭：《关于秘密条约的谈判》，转引《汪伪政权资料选编·汪精卫国民政府成立》，第586页。
　　② 〔日〕影佐祯昭：《关于秘密条约的谈判》，转引《汪伪政权资料选编·汪精卫国民政府成立》，第587页。

案从头至尾讨论了一遍，并提出了一个修改方案。尽管如此，双方仍有十余个重要问题意见不一，作为悬案留待以后解决。其间，在驻兵、铁路等一些重要问题上，双方始终无法达成一致，谈判一度陷于停顿。

影佐见谈判陷入僵局，即于11月16日赶回东京，向陆军大臣畑俊六、参谋次长泽田茂及有关部、局首长汇报谈判情况，并表示了自己的意见，即"与汪精卫签订秘密条约的目的在于对重庆政府和中国民众明示日本对中国的要求程度，由此使他们理解日本并不象他们所怀疑的那样进行侵略"①。对此，军部多数人表示反对，认为即使重庆政府要求和平，现在也不能减轻条件。影佐的意见被否决后，陆军大臣又命令他无论如何要努力导致谈判成功。

影佐返回上海后，双方重又开始谈判。根据陆军当局指示，日方在驻兵、铁路等实质性问题上寸步不让，为给汪精卫集团留一些面子，日方仅在少数枝节问题上做了一些"让步"。处于被动地位的汪精卫集团，开始对日本的意图产生怀疑，他们越来越细致地研究各项条款，极力想弄清其具体内容和范围。"梅机关"则按照兴亚院的方案做详细解释。由于涉及具体问题，双方的分歧意见越发明显。渐渐地，日本当局认为这样马拉松式的谈判已违背了原来的意图。12月8日，兴亚院会议就建立新中央政府问题达成四项协议：一、如果现在要求中方对兴亚院会议决定的要求全面作出保证，"则依靠汪精卫建立新中央政府是有困难的"；然而，日方也难于为建立新政府之便，"而完全同意汪精卫方面的主张"。二、根据当前形势，"尽快建立新中央政府还是有利的"，因此需要弄清双方的差距，"无论如何务必迅速地把汪政权建立起来"；"梅机关"应设法使双方意见不一致的问题留待将来转入正式谈判时作进一步的商量。三、政府在适当时候，

---

① ［日］影佐祯昭：《关于秘密条约的谈判》，转引《汪伪政权资料选编·汪精卫国民政府成立》，第589页。

同该新政府进行正式谈判;四、兴亚院 11 月 1 日的决定,必要时可加以修改①。这一决定,实际上是要"梅机关"采取变通办法,先达成内部协议,把汪精卫政府建立起来,待生米煮成熟饭之后再由政府出面同汪精卫集团做进一步的谈判。根据这一指示精神,双方谈判速度有所加快。经过一个多月的讨价还价,日本提出的方案,由于汪精卫集团的步步退让,终于全部得到对方认同。12 月 30 日,汪精卫最后在密约上签字画押。

当时达成的《关于日华新关系调整的协议书类》,共包括《日华新关系调整要纲》及两份《附录》,《秘密谅解事项》八件,另外还有作为《附件》的秘密谅解事项两件。《调整要纲》虽然只有非常原则的三项内容,但其《秘密谅解事项》,则完全把即将成立的新政府作为日本政府的傀儡;汪精卫希望在表面上有一些"独立"样子的可怜要求,最后也被日方拒绝。

总体上看,这份密约不仅包含了日本政府同"临时"、"维新"两个伪政权签订条约的全部条款,而且还有所扩大。军事方面,以"共同防共"为借口,日本拥有在防共地区的驻兵权,以及确立治安驻屯权;新政府区域内之铁路、航空、通讯、主要港湾及水路等,应使之适应日本军事上的需要。政治上,除不设立政治顾问外,在中央政府及最高军事机关设立财政、经济、军事、及各种技术顾问;在华北政务委员会和上海特别市等重要地方,设立日本技术顾问或联络专员;在军队和警察机关,得招聘日本教官、职员,特定地区可设顾问。经济方面,以日华合作为借口,日本取得了全国航空、华北铁路、沿海海运、长江水运等各种交通的控制权;开发、利用在国防上必需的地下资源的优先权;日本"军票"继续流通权;等等②。这份密约的签订,比较系统地暴露了日本企图长期霸

---

① 《日华调整协议内容》,[日]堀场一雄:《支那事变战争指导史》,第 325 页。

② [日]堀场一雄:《支那事变战争指导史》,第 326—347 页。另见《日本外交档案》缩微胶卷,S493 号。

占中国领土的野心,同时也使汪精卫集团在"和平"伪装的缝隙中露出了日本走卒的汉奸真面目。

汪精卫自知这是一份见不得人的卖国协定,所以在签字时与日方约定"永不公布"。然而,卖国毕竟不得人心,以个人野心为纽带结成的汪精卫集团也不可能是铁板一块。密约签订才一个星期,参与汪派并目睹日、汪密约达成过程的高宗武、陶希圣即叛离汪而去,由沪抵港。1940年1月7日,高宗武在香港把日、汪密约稿38纸、照片16张,交杜月笙赴重庆转呈蒋介石①。对于这些文件,蒋介石"阅之殊不能想象汪逆卖国之实情竟至于此!"为此他手函高宗武予以"慰励",反复研究了公开日、汪密约的相关事宜。1月20日,蒋介石获知"汪逆已飞青岛开会"的消息,当即决定"秘约非即速发表不可"②。1940年1月21日,香港《大公报》以"汪的卖国密约"为标题,公开披露了由高、陶两人提供的日、汪密约稿,同时还发表了两人致报社及汪精卫的公开信。公开信称,自参与这次谈判,"益知其中条件之苛酷,不但甚于民国四年之二十一条者,不止倍蓰,即与所谓近卫声明,亦复大不相同。直欲夷我国于附庸,制我国之死命,殊足令人痛心疾首,掩耳而走"。信中揭露谈判过程中,"敌方武人,颐指气使,迫令承受,或花言巧语,涕泪纵横",而汪精卫却"迷途已深,竟亦迁就许诺"③。另外,在致汪精卫的信中,他们以一副"恳切"的姿态,规劝汪精卫及"诸旧友悬崖勒马,放弃此于己无益,于国无益之运动"④。

高、陶两人的倒戈,给汪精卫集团带来极大震动。周佛海得知此事

---

① 《高宗武致蒋介石函》(1940年1月7日),《中华民国重要史料初编》第六编《傀儡组织》(三),第296—297页。

② 蒋介石日记1940年1月13日、14日、17日、21日,斯坦福大学胡佛研究所藏蒋介石日记手稿影印件。

③ 高宗武、陶希圣:《致〈大公报〉信》,香港《大公报》,1940年1月21日。

④ 高宗武、陶希圣:《致汪精卫信》,香港《大公报》,1940年1月21日。

后，"愤极之余，彻夜未睡"①。汪精卫亦深知密约被揭露后，自己所谓的"和平运动"将会为全国人民所唾弃，以后的日子将越来越难过，于是不得不仰首长叹："这是我的不德，完全是不德所致的。以这样的不德来计议国家的将来是不可能的，商谈建立东亚和平也不能自信了。"②然而，他们并未就此悬崖勒马，而是继续沿着卖国投敌的道路走了下去。

为掩盖真相，挽回影响，汪精卫集团利用各种宣传工具展开反击。1月23日，陈春圃以汪精卫随从秘书的身份发表声明，称高、陶"发表之文件，只是交涉中间日方片面提案，既非日方最早之要求，亦非最后折冲之结果，而为断章取义之片面记录"。同时还竭力为汪精卫的行为辩护："吾人与日方所商订之和平条件，断不损害我国之生存与自由独立"，"凡非中国国民所能接受者，凡有损害中国之自由独立与生存之条件者，皆非汪先生所能接受"③。汪精卫本人也于1月24日接待路透社特派员，就高、陶事件发表谈话。他一会儿称他们公布的仅是"日本方面该地当局一部人士之私案"，一会儿又说"两人所发表者，完全出于向壁虚造"④。前后之矛盾，反映出他内心的空虚。

在竭力辩解的同时，汪精卫集团还明确表示不放弃原有立场。汪伪机关报《中华日报》在社评中，一方面承认"和议的结果为损失"，同时又强调，"只要屈辱而不至于屈服，损失的程度不至于断送复兴之基础，和了还是比战到灭亡要好"⑤。由此可见，他们决心要在卖国投敌的道路上一走到底。

---

① 《周佛海日记全编》（上编），1940年1月22日，中国文联出版社2003年，第235页。

② 《汪先生苦难回忆录》，见《和运史话》，第19页。

③ 《中华日报》，1940年1月26日。

④ 《南京新报》，1940年1月26日。

⑤ 《中华日报》，1940年1月26日。

第二节　汪伪政权还都南京

一　汪伪集团的还都丑剧

经过秘密谈判，汪精卫集团与日本签订了《关于调整日华新关系协议书》。随后，汪精卫等即准备同"临时"、"维新"两个伪政权首脑就组织新政府展开新一轮谈判，以便早日成立统一的新政府。为减少组府过程中的障碍，一切活动都由日本"梅机关"直接操纵进行。

根据日方决定，汪精卫应于 1940 年 1 月下旬在山东青岛同王克敏、梁鸿志等进行正式的组府会谈。之所以选择青岛作为会谈地点，是因为此地过去曾受欧洲国家的侵略，日本"夺回"后"交还"给了中国，"这意味着重建东亚、日华合作的开端"①。1940 年元旦，汪精卫在上海发表题为《共同前进》的文章和《和平运动之前途》的广播讲话，宣称：共同防共和经济提携，是中日的共同目标，"二十九年（1940 年）这一年，无疑是和平运动由开始而达于成功"②。第二天，周佛海也发表同样主题的广播讲话，更明确地宣称："现在中央政治会议，快要召集了。中央政治会议之后，中央政府就要成立了。"③与此同时，汪精卫、周佛海等人连日同"梅机关"研究会谈细节。1 月 4 日至 7 日，周佛海、梅思平等与"梅机关"成员连续进行了四次会议，就"中央政治会议"、"中央政府"、"华北政务委员会"等重要事项议定了详细的谈判方案，随后报汪精卫与日方负责人审核④。

1 月 15 日，有关青岛会谈的各项议案全部准备妥当，汪精卫即致

---

① ［日］堀场一雄：《支那事变战争指导史》，第 357 页。

② 汪精卫：《和平运动之前途》，《中华日报》1940 年 1 月 2 日。

③ 周佛海：《和平运动的发展和前途》，《中华日报》1940 年 1 月 3 日。

④ 《周佛海日记全编》（上编），1940 年 1 月 4 日－1 月 15 日，第 223－226 页。

电王克敏、梁鸿志,邀请他们两人赴青岛会谈。电文称:"数月以来,各事折冲结果,渐见端倪。兹为组织中央政治会议,促进和平,实现宪政,作进一步检讨,而期实行计,定于本月下旬,在青岛举行会谈,以便讨论国家大计,尚乞赏临为幸。"①在伪中央政府成立前夕,汪精卫没有忘记再次向蒋介石劝降。16日,他发表"铣电"称:自"艳电"发表一年来,与诸同志致力于和平运动,并与日本朝野讨论和平方案。现在,"和平方案基础已具,中国所可得到者,不惟非亡国条件,且循此力行,中国之独立自由可保,三民主义之建设可以完成"。以今日之国内外形势,"抗战到底必无最后胜利之望"。只要蒋介石"毅然决定大计,声明愿与日本停战言和","则兆铭与诸同志,必能与先生同心戮力,使全国和平早日实现",否则,"势必先以全力,从事于局部的和"②。醉翁之意不在酒,"铣电"之目的并不是真的要劝蒋介石"停战言和",而是为即将成立伪政府鼓动造势。

　　1月21日,汪精卫携周佛海、梅思平、褚民谊、林柏生等一班人马,在"梅机关"负责人影佐祯昭、犬养健等人陪同下,乘船赶赴青岛。"临时政府"首脑王克敏、齐燮元、王揖唐,"维新政府"的首脑梁鸿志、温宗尧、陈群、任援道,以及蒙疆联合自治政府代表、蒙军总司令李守信等人也先后抵达青岛③。1月24日,青岛会谈正式开始。为制造由中国人自己组织政府的假象,汪精卫与"梅机关"事先约定,日本人不直接参加会谈。但会谈三方的日本后台,如"梅机关"的影佐祯昭,"临时政府"顾问喜多诚一,"维新政府"顾问原田雄吉,都带领骨干人员来到青岛。这批日本人虽不在会场上露面,但谈判的全过程都由他们幕后操纵。

---

　　①　《南京新报》,1940年1月19日。

　　②　汪精卫:《铣电》,汪伪宣传部编:《和平反共建国文献》第一辑《中国之部》,第107—108页。

　　③　《青岛三巨头会谈》,《中国近代史资料丛刊·抗日战争》第六卷《日伪政权与沦陷区》,第269页。

会议预定举行三天,由于各项提案事先都已得到各方日本顾问的认可,而且规定在讨论中以不变更为原则,所以会议进展顺利,整个议程有所提前。此次会议主要讨论了建立新政府的基本原则,以及重要法规制度。会议首先确认,"以反共亲日和平为宗旨"的新中央政府,应包括汪精卫等人组织的中国国民党,"临时"、"维新"两个已经成立的政权,以及蒙疆联合自治政府,其他在野合法政党与社会知名人士,"排除一党专制,建立在全民之基础上"。并重申:"对重庆政权,如其抛弃抗日容共抗战之迷梦,彻底悔悟,亦颇愿将其包括于政府之中。"①这些原则,实际上将日本对华政策具体化了。接着,会议进一步决定了中央政府树立大纲,中央政府政纲及其政策,中央政治委员会组织条例,华北政务委员会组织条例,中央政府名称、首都、国旗及政府机构之构成组织等各种问题②。这些议案基本由日本人制定,因此"临时"、"维新政府"的头目毫无异议,一致同意。

1月26日,各项议案一一讨论通过,会谈顺利结束。随后,汪精卫发表谈话,声称:"第一次之会谈,已略具端倪,今进为第二次之会谈,所得结果,更为圆满","青岛会谈,实可称为和平运动之一大进步与发展也。"③"临时"、"维新"两政府也于当天发表联合声明,表示对汪精卫组府活动的支持。声明表示:"关于内外政策,汪先生谈话所发表者,悉为吾人所冀求望其实现者,全国贤达之士,亦必深谅其苦心,而冀助成此大业也。"④当晚,各方会谈代表与日本顾问们举行联欢会。日本中国派遣军总参谋长板垣征四郎也赶来出席,并在酒席上发表声明,强调

---

①　[日]《国民政府要览》,新武汉社1942年版,第29页。

②　《青岛会谈日程表》,《中华民国重要史料初编》第六编《傀儡组织》(三),第165—166页。

③　《在青岛会谈各处谈话》,《和平反共建国文献》第一辑,《中国之部》,第109—114页。

④　《临时维新两当局联名声明》,《和平反共建国文献》第一辑,《中国之部》,第115页。

"凡东洋事务,应以道义为万事之基础;基础已经一致,日华间的一切问题定能迎刃而解"。同时又给汪精卫一伙打气,称他们是"有志气,行得正,谁都不惜予以支援和帮助;一切挺身而战,敢于言和的人,皆为勇士"。对此,汪精卫立即起而呼应,强调了中国的道义传统①。此次会谈,为日、汪合作在日军占领区建立统一政权扫除了最后的障碍。

青岛会谈后,汪精卫与梅思平等于1月26日晚返回上海。周佛海则于次日前往日本做进一步交涉。抵达上海后,汪精卫立即宣布成立"还都筹备委员会",着手组府的具体准备工作。为表示新政府是能够容纳各界人士的"中央政府",汪精卫集团努力拉拢社会上有一定影响的人士入伙。如国家社会党政治委员诸青来、中国青年党常务委员赵毓松、无党派的岑德广、赵尊岳等人,均被聘请参加中央政治会议。2月3日,周佛海回到上海。2月12日,他召集被邀请参加政治会议的青年党、国社党代表开会②,向他们报告日、汪谈判筹建新中央政府的经过,研究召开中央政治会议的具体问题,抓紧拼凑新政权的基本班底。

在进行组织人事方面准备的同时,日、汪双方还互相配合,展开新一轮舆论攻势。3月9日,上台不久的日本米内首相发表公开谈话,宣称日本将根据处理中国事变的根本方针,继续进行大规模战斗,"断然溃灭中国之容共抗日政权",而现在"中国方面体会帝国真意,揭示反共和平方针,以汪精卫为中心之中央政府行将成立,帝国政府决定从速承认,并予以全幅之援助"③。中国派遣军总参谋长板垣也发表谈话,表示将根据近卫三原则精神,"欣然举广大占领区域,悉置诸行将诞生之新中央政权统辖之下","援助其兴隆发展";"派遣军对新政府之全幅支

① 〔日〕堀场一雄:《支那事变战争指导史》,第360页。
② 《周佛海日记全编》(上编),1940年2月12日,第245页。
③ 《米内首相谈话》,《和平反共建国文献》第一辑,《日本之部》第25页。

持,自不待言"①。3月12日,汪精卫于上海发表《和平宣言》,声称和平运动已进入"组府还都实践阶段"。《宣言》还吹嘘:"自今以后,举国人民皆在统一而有力的中央政府领导之下,对外调整邦交,对内实施宪政,扫除历年之纠争与战祸,而实现和平与幸福之新天地矣。"②

日、汪相互配合的舆论攻势,除为汪政权的建立鸣锣开道外,更主要的目的是向重庆国民政府施压。为配合对重庆当局的诱降谋略,日本政府一再推迟新政府成立的时间。万事俱备只待日本下令便粉墨登场的汪精卫集团,对此渐渐感到焦躁不安。经多次交涉,日本方面终于同意在4月份以前成立新政府的请求。此后,汪精卫迅速启动了组府议程。3月20日,汪伪中央政治会议在南京开幕,正式代表除汪精卫外共有30名,分别代表汪伪国民党、"临时"、"维新"、蒙疆三政权和所谓合法政党领袖及社会贤达。另外还有广东、湖北的列席代表各一名。汪精卫主持会议并致开幕词,他吹嘘说:参加会议诸人,"或为中国国民党同志,曾服务于国民政府,深感收拾时局之重大责任;或为事变以来尽瘁于国脉民命之维持,先后成立政权之诸当局;或为国内有悠久历史,曾参加国民参政会之诸政党;或为海内贤达,有忧时先识,今兹相聚一堂……期于共同担负起和平建国之时代使命"③。会议连续开了三天,与会者装模作样地通过了一批由日、汪双方事先确定的法案,主要有《国民政府政纲》、《中央政治委员会组织条例》、《修正中华民国政府组织法第十五条》、《国民政府组织系统表》,以及新政府的名称、首都、国旗、成立日期等。会议还通过了新政府各院、各部会长官人选。值得注意的是,此次会议把政府主席的位置"保留"给了远在重庆的国民政府主席林森,汪精卫只任代理主席④。这一看似荒唐的决定,实际上真

①　《陆军纪念日感言》,《和平反共建国文献》第一辑,《日本之部》,第29—30页。

②　《和平宣言》,《和平反共建国文献》第一辑,《中国之部》,第117页。

③　汪精卫:《中央政治会议开幕词》,《中华日报》,1940年3月21日。

④　《伪中央政治会议推定汪兆铭代理国民政府主席之录案通知》(1940年3月22日),《中华民国重要史料初编》第六编《傀儡组织》(三),第191页。

实反映出即将成立的汪政府一切听命于日本的傀儡本质。长期以来，日本一直把对重庆的诱降工作放在重要位置，虽一再受挫，但从未死心。所以，要求汪伪政府必须为日后的宁、渝合流留下伏笔。3月23日，汪精卫发表题为《国民政府还都的重大使命》的广播讲演，宣称国民政府还都后，"第一，是把全国普遍的和平实现起来；第二，是把中华民国的建设完成起来"①。

　　为欺骗全国民众与国际舆论，汪精卫在组织新政府的过程中，始终打着国民政府"法统"的旗号。新政府的机构设置也完全模仿重庆国民政府的组织机构，同时新政府的建立亦被称为"还都"。汪精卫等原本打算在还都时由各主要城市悬挂原南京国民政府的青天白日旗，但遭到日本政府拒绝，即使"首都"南京也不允许悬挂。后经反复交涉，日本中国派遣军方面同意只在新中央政府正面悬挂一面青天白日旗，而将写有"和平反共建国"字样的三角黄布条挂在另一根杆子上②。3月30日，汪精卫等人在南京原国民政府考试院礼堂举行"还都"仪式，宣告汪伪国民政府正式成立。当日，汪伪政府并未按照与日方协定办法悬挂黄色飘带，从而引发日方不满，最后只能被迫"改正"③。

　　宣布"还都"的同时，汪伪国民政府公布了《国民政府政纲》和《国民政府还都宣言》，以宣布新政府的内外方针。其对外方针为："与日本共同努力，本于善邻友好，共同防共，经济提携之原则，以扫过去之纠纷，确立将来之亲善关系……并于经济上实现互惠平等之合作，以树立共存共荣之基础。"对内方针则强调："完成现代国家之建设，过去个人独裁，必当摧陷廓清，使无遗毒。"同时还煞有介事地向抗日阵营内的军政人员发出布告："凡属公务人员，自此布告以后，务必于最近期间回京报到。对于此等报到人员，一经确实证明，概以原级原俸任用。……有所

---

①　汪精卫：《国民政府还都的重大使命》，《中华日报》，1940年3月24日。

②　［日］堀场一雄：《支那事变战争指导史》，第385页。

③　《周佛海日记全编》（上编），1940年3月30日，第272页。

贡献者,尤当优予任用。凡属一般将士,自此布告以后,务必一体遵守,即日停战,以待后命。其非正规军队散在各地担任游击者,亦务必遵命停止活动,听候点验收编。"并且还宣布:"全国以内,只有此唯一的合法的中央政府,重庆方面如仍对内发布法令,对外缔结条约、协定,皆当然无效。"①

汪伪国民政府还都南京的同一天,北平的"临时政府",南京的"维新政府"也分别发表《解散宣言》。"临时政府"的宣言声称:"兹者幸值国民政府改组还都,宣布实现和平与实施宪政之二目标,均能吻合临时政府本来之目的,趣旨既合,两者自当归于统一。现当民国二十九年三月三十日国民政府举行还都典礼,宣言解散临时政府,以普告中外。"②"维新政府"则解释道:"兹幸中央政府即日成立,并揭橥实现和平、实施宪政两大方针。同人等赞成于先,尤宜辅助于后,所以原设之维新政府,应即宣告解散。"③

为显示日、汪之间的紧密合作,日本政府于3月30日发表声明,对汪政权的成立予以支持。米内首相还与汪精卫互换广播词,向对方国民进行广播。日本政府的声明表示:在庆贺其成立的同时,将根据历次声明,对汪政府的发展"给予全面的协助和支援","期望各国均能确认这一无可争辩的事实,迅速为东亚的和平建设作出贡献"。同时又宣称:"帝国为与东亚各国一起确保其生存,对于开发利用中国资源有着特殊的关心和要求,这是理所当然的。"日本以后的对华政策是:"只要残存的容共抗日势力迷梦未醒,帝国对其就断然不能停止战争,并将以坚定的决心和不断的准备,克服与突破今后可能产生的一切障碍,以期达到神圣战争之目的。"④米内首相在广播词中称赞"早就理解帝国真

---

① 《汪精卫发表还都宣言》,《中华民国史档案资料汇编》第五辑第二编《附录》(上),江苏古籍出版社1997年版,第115—116页。

② 《临时政府解散宣言》,《和平反共建国文选》第一辑《中国之部》,第145页。

③ 《维新政府解消宣言》,《和平反共建国文选》第一辑《中国之部》,第146页。

④ 〔日〕堀场一雄:《支那事变战争指导史》,第389—390页。

意之所在"的汪精卫等人,是中国方面"目光远大的先觉者",并表示对新中央政府"不惜予以全般的援助。"①日本中国派遣军总司令西尾与驻中国舰队司令及川也分别发表谈话,表示对汪政权的支持②。

　　对于日本军政当局的口头支持,汪精卫感激涕零。他在对日本国民的广播词中,称赞日本自近卫声明以来,对华主张"始终一贯";认为"建设东亚新秩序"的基本精神,"在使东亚诸国家民族各得本于自由独立之立场,以为亲爱和平之合作";日本在侵华战争中,"不仅尊重中国之主权,且不吝进而援助敝国完成其为独立国家所必须之条件"。为报答日本的支持,除向日本朝野"表示深切之谢意"外,他还表达了决心:"鄙人及国民政府同人,以后惟有继续努力,使和平反共建国之运动更普遍于中国","鄙人等愿以最善之努力,达到中日两国之共同目标"③。

　　正当日、汪双方互相吹捧,大演双簧之际,重庆、延安和其他抗日后方迅速掀起了一场声讨汉奸的浪潮。3月29日晚,重庆国民政府主席林森向全国发表广播演说,痛斥汪精卫等人的卖国罪行:"当我们抗战进展到这样重要时期,不幸出了汪兆铭等少数汉奸,给敌国军阀利用,拿屈辱和平的论调,做叛逆行为的掩护,冒用中国国民党组织下一切原有名称,举行叛党叛国会议,并且有组织伪政权的阴谋,企图盗窃名器,妄称继承法统,混淆观听。敌人如此利用汉奸,以及汉奸如此给敌人摆弄,只不过拿汉奸做个临时工具,以便敌人换一个方式来侵略。"④同时

---

　　①　《米内首相广播词》,《和平反共建国文献》第1辑,《日本之部》,第37—38页。

　　②　《西尾总司令及川司令长官谈话》,《和平反共建国文献》,第1辑,《日本之部》,第39—40页。

　　③　《国民政府还都对日交换广播词》,《和平反共建国文献》,第1辑,《中国之部》,第143—144页。

　　④　《中华民国史事纪要(初稿)》(1940年1至6月份),台北"国史馆"1993年版,第389页。

重庆国民政府又发布《悬赏拿办汪兆铭之命令》，"责成各主管机关，严切拿捕，各地军民人等，并应一体协缉，如能就获，赏给国币十万元，俾元恶归案伏法，用肃纪纲"。另外还宣布逮捕其他大小汉奸百余名①。4月1日，国民参政会在重庆举行一届五次会议，发表讨汪通电。中共领导的八路军、新四军，也于4月15日发表《讨汪救国通电》，揭露汪精卫等人的所谓"和平"即是投降，所谓"反共"即是灭华，并严正表示："誓率全军为祖国流最后一滴血，驱逐敌伪，还我江山，虽赴汤蹈火所不敢辞。"②中共中央还在延安召开讨汪大会，号召全国各机关及群众团体掀起讨汪运动，严禁各级人员和汪派联系，把残余的汪派分子从抗日营垒中清除出去。海外华侨也纷纷通电讨汪，怒斥汪精卫一伙"罪恶滔天，甘作虎伥，成立伪府，有血皆愤，誓不甘休"③。

与此同时，世界许多国家也发表声明，对汪政权予以否认。3月30日，美国国务卿赫尔声明指出："南京政权的建立，是一国以武力把自己的意志强加于邻国的"，"美国政府有充分的理由相信，重庆政府依然会得到中国国民的大多数的信任和支持，因此，今后仍然继续把重庆政府看作中国政府，这是自不待言的"。④英、法两国也于4月1日发表了不承认汪伪组织的声明。拉丁美洲的一些国家也先后表明不承认汪政权的立场。可见，汪伪政府一开张，即陷入了内外交困的孤立境地。

---

① 《国民政府令》(1940年3月30日)，《中华民国重要史料初编》第六编《傀儡组织》(三)，第193—194页。

② 《八路军新四军讨汪救国通电》，《解放》周刊第105期，1940年4月30日出版。

③ 《黄益堂吉隆坡来电》(1940年4月2日)，《中华民国重要史料初编》第六编《傀儡组织》(三)，第212页。

④ 〔日〕《支那事变战争指导史》，第390—391页。

二　汪伪党、政、军机构的建立

汪精卫集团为标榜自己建立的伪政府是继承民国法统的"合法"政府,把伪政府之建立称为"还都",政府内部组织制度也尽量模仿原南京国民政府。虽然东施效颦,终究无法掩盖其傀儡政权之本质。经过精心装扮的汪政府,与同时期其他伪政权相比,具有更大的欺骗性。其主要特点是:在政治上标榜继承中国国民党的党统,有一套完整的政治纲领;在组织上具有比较完备的政权形态;在人员构成方面,其主要骨干或为原国民党干部,或曾在民国政坛上出任过要职,都具有较高层次;在对外关系方面,表面上也显现出相对的"独立性"。

汪精卫早年追随孙中山参加反清革命斗争,国民政府成立后又与蒋介石集团发生过多次激烈争斗,因而深知抓住党统大旗的重要性。他利用自己在国民党内的资历以及出走前仍为国民党副总裁的身份,一开始即强调要以国民党为中心建立新政权。1939年8月,汪精卫集团在上海召开所谓中国国民党第六次全国代表大会,会议在周佛海的指挥下,首先通过《整理党务案》。该案宣称:自1939年1月1日起,原国民党中央执、监两委"均已丧失行使职权之自由,所有一切决议及命令,完全无效";"所有中央党务机关,均着暂行解散,听候改组";"各级地方党部及特别党部,均着暂行停止活动,听候改组";"修改总章,废除总裁制,设中央执行委员会主席一人,代表行总章第四章所规定总理之职权"。同时还宣布增补一批中央执、监委员,令尚在抗日阵营中的第五届中央执、监委员立即来上海集中,共商国是①。

在否定重庆国民党中央的合法地位后,由一批"六大代表"提出两项动议:(一)汪精卫"倡导和平"有功,"大会全体,应致敬意,以表尊

---

① 梅思平:《中国国民党在沪举行第六次代表大会》,《时代文选》第7期,1939年9月20日。

崇";(二)"依据整理党务案之决议,推选汪兆铭同志为中央执行委员会主席"上述动议经鼓掌通过后,汪精卫即成为国民党中央执行委员会主席①。抓到"党统"这面大旗之后,汪精卫开始以国民党元首的身份,担任六全大会主席。大会还通过了一系列关于建立伪政权的法案,其中主要有《修订国民党政纲案》,《决定反共为基本政策案》,《根本调整中日关系并尽速恢复邦交案》,《授权中央执行委员会主席组织中央政治委员会案》等五项。

伪"六大"结束后,汪精卫等又于9月5日在上海召开六届一中全会,确定了新中央机构的干部人选。他们首先增补周佛海等九人为中执委常务委员,同时又宣布原中常会委员继任原职。另外还推选褚民谊为秘书长,梅思平为组织部长,陶希圣为宣传部长,丁默邨为社会部长。

通过召开国民党第六次全国代表大会的方式,汪精卫把"党统"旗帜抓到了自己手中。这种掩耳盗铃的手法,当然无法瞒过中外舆论界。为回答西方记者质询,汪精卫于9月7日举行记者招待会,强调"重庆中央党部国民政府为共产党所劫持",自己为挽救国家危亡,所做工作的第一步,"在如何恢复中国国民党之本来面目,及自由独立之行动";第二步,"在如何收拾时局,化战争为和平"②。为标榜自己行动的合法性,他还歪曲事实,称重庆方面违背了1938年4月国民党临时全国代表大会所确定的方针,而自己召开的党代会则同上次会议一脉相承。不仅如此,他还认为自己的行动符合孙中山先生之遗愿:"而念及孙先生之遗教,尚未能一一实行……孙先生所提倡之中日友好及大亚洲主义,尚有前途辽远之感,实不禁傲惕悲痛之至,因此而更

①　梅思平:《中国国民党在沪举行第六次代表大会》,《时代文选》第7期,1939年9月20日。

②　汪精卫:《对欧美记者演词》,《中华日报》,1939年9月8日。

增进和平运动之决心。"①

这种解释，当然只能欺骗外国人。对于国内民众，不用说抗日志士绝对不会相信，即便在汪精卫集团内部，也有不少人心存疑虑。为给部下打气，汪精卫于1940年1月专门就第六次全国代表大会合法性问题做了一次讲演。他从第一次全国代表大会开始，对历次全国代表大会作了详细回顾，最后的结论是前后"一线相沿的"。他说："各位看看，这宣言里头，先后衔接，没有中断，等于第二次全国代表大会，对于第一次全国代表大会一样。各位看看，连体裁都是一样的，最先说明白抗战的目的，后来说到和平条件的达到，后来列举三民主义以及内政、外交、教育，说话完全是一致的。""在临时全国代表大会的时候，还没有得到和平的条件，当然还是讲抗战，希望和平，到现在，和平条件已经得到了，我们就要实现和平。"②应当指出，这种抢旗帜的做法，手段虽不高明，但同此前投敌的汉奸相比，却具有相当的欺骗性。

为自己的投敌行为找到理论依据后，汪精卫等在筹建伪政府的过程中也完全摈弃现有伪政权的组织制度，而是全盘模仿战前的南京国民政府。

首先，根据国民党《训政纲领》中"以党治国"的原则，召集中央政治会议，确定新政权的人士安排。经过一番激烈的明争暗斗，大小汉奸凭自己的实力排定在新政权中的相应坐次后，正式召开"中央政治会议"。汪精卫的国民党取得十一席，临时、维新两政府各取得五席，其他各方代表十二席。汪精卫主持会议并致开幕词，他首先对与会诸人吹捧一番，接着要求与会者对各项议题，"作缜密之讨论"，"使全国同胞所企盼之普通的和平，得以从速实现，使全国多时久悬未决之宪政问题，得以确定"③。经过一番煞有介事的讨论，通过了一大批事先确定的议案。

---

① 汪精卫:《对日本记者谈话》,《中华日报》,1939年9月8日。
② 汪精卫:《第六次全国代表大会宣言之解释》,《中华日报》,1940年1月10日。
③ 汪精卫:《中央政治会议开幕词》,《中华日报》,1940年3月21日。

然后根据中央政治会议组织条例设立中央政治委员会,作为全国最高之指导机关,并推举汪精卫担任委员及委员会主席。这样,汪精卫的组府活动取得了法统依据。

其次,把组建傀儡政权的活动称作"国民政府还都",组府地点选在原国民政府所在地南京。所用"国旗"也要采用国民政府的青天白日旗。在遭到侵华日军抵制之后,仍一再坚持,最后采用在青天白日旗帜上另加黄飘带的方式以示折衷。为对广大民众实施欺骗,还都宣言一开头,即装腔作势地宣称:"国民政府根据中央政治会议之决议,还都南京。谨以诚敬,昭告海内。"①这样做的惟一目的,就是要造成一个假象,即在淞沪抗战失利之后内迁的国民政府,在汪精卫的率领下又回来了。未觉察其阴谋的人,一不小心就会上当受骗。

第三,竭力把新政权装扮成"全国性"的"独立"政权。汪精卫政府筹建之时,明明只能控制长江三角洲的狭小地域,但硬要充大。汪精卫在对日交换广播词中宣称:"国民党同人服务于国民政府者,先后退出重庆,联合事变以来全国各处先后成立之政权,以及在野各党派暨贤达人士,相与协力,成立中央政治会议。由中央政治会议议决,国民政府还都南京,以统一全国以内和平反共建国之运动。"②在还都当日公布的"十条政纲"中,亦特别强调"以和平外交,求中国主权行政之独立完整,以分担东亚永久和平及新秩序建设之责任"③。汪伪国民政府的组织机构,采用五院一委制,即在国民政府之下设立行政、立法、司法、考试、监察五院,以及军事委员会。各院再设立数目不等的部委,总数多达 23 个。尽管许多机关只是徒有其名,但基本框架却与原南京国民政府完全相同。

---

① 《国民政府还都宣言》,《中华日报》,1940 年 3 月 31 日。

② 汪精卫:《国民政府还都对日交换广播词》,载汪伪宣传部编:《和平反共建国文选》第一辑《中国之部》,第 144 页。

③ 《国民政府政纲》,载汪伪宣传部编:《和平反共建国文选》第一辑《中国之部》,第 141 页。

　　第四，选用原国民党干部担任要职。值得注意的是，伪政府为标榜
承继原国民政府法统，推举仍留在重庆抗日营垒中的国民政府主席林
森为主席，汪精卫仅担任代主席兼行政院院长。伪政府中虽然也包括
"临时"、"维新"两个傀儡政权的头目，以及一批封建余孽、马路政客、失
意军人，但仍以原国民党党员为主体。尤其是上层官员，大多数是原国
民政府中的达官显贵。汪伪政府的灵魂是汪精卫，他是国民党元老，曾
任国民政府主席、军事委员会主席、行政院院长、国民党中央政治委员
会主席、国民党副总裁等职，是国民党内第二号人物；伪立法院长陈公
博是国民党中央委员，曾任实业部、民众训练部部长兼四川省党部主任
委员；伪政府中掌管财政、军事、特务大权的周佛海，曾任国民党中央宣
传部代理部长、蒋介石侍从室第二处副主任；伪行政院副院长褚民谊，
也是国民党中央委员，曾任行政院秘书长；伪工商部长梅思平、伪宣传
部长林柏生、伪社会部长丁默邨等，也都曾经是国民党高级军政干部。

　　然而，不管汪精卫等人如何装扮，伪政府的本来面目还是终究要暴
露的。因为一切伪装只能在日本人容忍的范围内进行，越出范围是绝
对不允许的。汪精卫非常想把华北控制在自己手里，由于华北"临时政
府"得到日本现地驻军的支持，汪精卫的一切努力全部落空，最后只能
默认华北伪政权的独立状态。为给汪精卫保留一些面子，日本同意将
"华北临时政府"改名为"华北政务委员会"，名义上归汪政府领导。为
明确双方权限，在汪政府成立前夕召开的中央政治会议上，专门制定了
"华北政务委员会"组织条例，允许其享有"极度的自治行政权"①。这
一规定不仅使汪政府无法插足华北，而且在政治上也大失面子。

　　汪精卫深知，在侵华日军刺刀的保护下，是无法维持"独立"形象
的，所以在新政府筹建的同时，也加紧拼凑一支名义上归自己指挥的军
队。这也是汪精卫集团蓄谋已久的计划。在公开叛离抗日阵线之前，
汪精卫等人即策划依靠云南、四川和两广的地方军阀部队，组建所谓

---

　　①　陈东白：《和运的展开与国府还都》，《申报年鉴》1944年版，第34页。

"和平军"，再成立伪政权。1938年11月日汪双方秘密达成的《日华协议记录》等文件中，曾拟订过这样的"行动计划"：汪精卫脱离抗日阵线后，"云南军队首先响应汪的声明，反蒋独立；其次四川军队起来响应"。"广东军队以及其他战线上的军队，有不少也是谅解这一运动的"。"日本军队对上述军事行动予以协助，并为中央军的讨伐制造困难"。"行动计划"还设想："汪精卫将……在云南、四川等日本军队尚未占领的地区成立新政府，建立军队"，其规模为"建立五到十个师的军队"①。但事态的发展完全出乎汪精卫等人的意料。"艳电"发表后，西南军阀无一人响应，日军也未从两广地区撤退，这就使汪精卫的计划彻底破产。

　　1939年年初，汪精卫等人只得把注意力转到自行编组军队上来。他们设立了"军事委员会"，由汪精卫自任主任委员，陈公博、周佛海等任委员，周佛海还兼任秘书长，以后又在香港发展了叶蓬、杨揆一两个委员②。同年2月，汪精卫向日本提出，如由自己组建政府，要求"重建军队，组编十二个师的军队"③。当时仅有设想，还没有实质行动。至汪精卫赴日本访问，其行动计划得到日本首肯之后，才与组府活动同时开展。同年秋季，军事委员会移至上海愚园路汪精卫住宅，"由汪氏自任主席，委员有周佛海、刘郁芬……郑大章诸人"④。其主要工作是收罗北洋军阀以来的失意军官、兵痞首脑、杂牌部队头目；对原西北军人员的策反，由刘郁芬、郑大章负责；对原东北军方面由鲍文樾、杨毓坤负责；武汉和江苏地区分别由叶蓬和藏卓进行联络。同年12月，在上海开办"中央陆军军官训练团"，有八百余名学员参加，由汪精卫任团长，叶蓬任教育长。同时还在上海组建一个警卫旅，充当汪精卫等人警卫

---

　　①　[日]今井武夫：《今井武夫回忆录》，第97—98页。

　　②　罗君强：《伪廷幽影录》，载《伪廷幽影录——对汪伪政权的回忆纪实》，中国文史出版社1991年版，第14页。

　　③　蔡德金、李惠贤：《汪精卫伪国民政府记事》，中国社会科学出版社1982年版，第17页。

　　④　朱子家：《汪政权的开场与收场》第2册，第11页。

之用。

与此同时,汪精卫、周佛海还在上海成立"和平建国军总指挥部",由王天木任总指挥,负责收罗江、浙、皖一带的游杂部队、国民党溃兵及土匪,编组"和平军"。另外,在日本特务机关的撮合下,以丁默邨、李士群为头子的特务机关也于1939年夏季与汪精卫一伙合流,成立伪国民党中央特务委员会和特工总部,从此,汪精卫集团有了特务机关和特务武装。

1940年3月汪伪国民政府成立时,仿照原南京国民政府的政治体制,正式设立直属国民政府的军事委员会,同行政、立法、司法、考试、监察等五院并列。"军事委员会为全国军事最高机关,其执掌为关于国防绥靖之统帅事宜、军事章制、军事教育方针之最高决定、军费支配、军备重要补充之最高审核、军事建设军队编遣之最高决定及中将及独立任务少将以上任免之审核"①。军事委员会由汪精卫任委员长,内设常务委员九人,委员若干人②。以后除常委基本未动外,委员陆续补充,最后增加到近五十人。

汪伪军事委员会设有一批直属主管机关。参谋本部为最高参谋机关,"掌理国防及用兵事宜";军事参议院,为最高军事咨询机关;另外还有军事训练部、政治训练部,以及航空署和办公厅。汪伪军事机构的设置,开始一个阶段实行军令与军政分权制度。军令属于军事委员会,掌管军事情报、参谋、军队调遣、作战指挥、部队训练等事项。军政则归属行政院,在行政院设置军政部,"管理全国陆军行政事宜";设置海军部,"管理全国海军事宜"③。凡属军需、军制、军械等方面的事务,均归军政、海军两部掌管。但这两部同时又受军事委员会统辖。另外在军事

---

① 顾仲韬:《政治制度》,载《申报年鉴》1944年度,第424页。

② 常务委员有陈公博、周佛海、刘郁芬、齐燮元、鲍文樾、杨揆一、任援道、叶蓬、肖叔宣等九人。

③ 顾仲韬:《政治制度》,载《申报年鉴》1944年度,第425页。1942年8月,该两部改隶汪伪军事委员会直属。

委员会还设有海军军令处,掌管海军军令。除上述制度之外,汪伪政府的军事法规,也大部袭用原南京国民政府的旧制。伪军政部长鲍文樾曾说:"国府还都伊始,即遵照中政会之决议,通令各军事机关,根据二十六年十一月十九日以前一切法令,按照现在情形,详密审查,其无滞碍者,一律沿用。"①实际上,并列设置陆海军管理机构的做法,已经采用了日本的模式。

汪伪军事委员会在地方的最高军事机构为绥靖主任公署和绥靖指挥部。其职责"为办理各省区及协商邻接边区绥靖事宜,……凡各管区内之军队及地方团队均归其指挥"②。至太平洋战争爆发前陆续成立的机构有:苏浙皖绥靖总指挥部,总司令任援道,司令部设于南京;苏豫边区绥靖总司令部,总部设于商丘;闽粤边区绥靖总司令部,总部设汕头;苏皖边区绥靖总司令部,总部设东台;此外还有开封绥靖主任公署、武汉绥靖主任公署。在华南地区,则设军事委员会委员长驻广州办事处。在南京,设首都宪兵司令部。在汪精卫的势力无法到达的华北地区,也设立华北绥靖总司令部,以齐燮元为总司令,总部设北平。其后,根据日本侵华战略的需要及汪政府内部的矛盾,其机构与人事曾作过多次改组和调整。

汪伪军事机构建立后,加快了收编、改编和组建伪军的步伐,以扩充其军事力量。首先,将"维新政府"的伪军全部收编。接着,又采取如下办法扩充军队:"(一)、原有国军部队,遣散在沦陷区自请收编者;(二)接收日军所已经收编者;(三)不及撤退之散兵游勇或小单位之携有枪械而无统辖者;(四)上项游兵散勇,已有人利用之而编成较大单位者;(五)巧立名目,无正式系统委任者;(六)由日军移交之国军俘虏;

---

①　鲍文樾:《还都一年来之军事》,载汪伪宣传部编:《国府还都周年纪念实录》,第54页。

②　顾仲韬:《政治制度》,载《申报年鉴》1944年度,第425页。

(七)极小部分,系向各地招募者。"①其中,收编国民政府的残余部队和改编各地伪军是扩军的两个主要途径。

太平洋战争爆发时,汪伪政府已拥有如下几支主要军队:(一)第一方面军。这是由原"维新政府"绥靖军改编而成的部队,由任援道任总司令,总部设在南京,下辖南京、湖州、杭州、庐州、蚌埠、苏州、芜湖七个绥靖区,七个师,两个独立旅,一个教导旅,两个独立团②。(二)和平救国军第一军。由原西北军张岚峰部伪军改编而成,以河南商丘为基地,下辖三个师,张岚峰为军长③。(三)第一集团军。由原国民政府军李长江部组成。李长江于1941年2月在苏北地区率部投汪,被编组为四个师,两个独立旅④。(四)第二集团军。由原国民政府军杨仲华部组成。1941年3月,原江苏省保安第八旅旅长杨仲华在苏北公开降日,先被任命为苏皖边区绥靖总司令,后改称为第二集团军,下辖四个师⑤。(五)第十九、二十二、二十八师。这是由原国民政府苏鲁战区副司令韩德勤所属的部分地方部队改编而成。(六)第二军。这是汪伪政权收编苏南地区和淞沪地区的二支和平军合组而成的部队。下辖二个师,三个团,军长为刘培绪。(七)第二十九、十一、十二师。这是在武汉地区先后收编的三支地方部队。(八)闽粤边绥靖军和第二十、三十师。这是在福建、广东地区先后收编的几支地方部队。(九)第三十一师,独立第三、四、十一旅。这是在安徽、山东地区收编的几支地方部队。此外,还有南京的陆军中央军官学校与中央海军学校,这两校规模不大,主要为培训军队干部之用。

---

①　朱子家:《汪政权的开场与收场》第2册,第17页。

②　汪伪《国民政府军事委员会训令》第119号,《绥靖公报》第9期。

③　王翔九:《我所知道的张岚峰》,载《河南文史资料》第3辑,第130页。

④　《汪伪军事委员会关于改编第一集团军致国民政府呈文》(1941年7月15日),转引《汪伪汉奸政权的兴亡》,复旦大学出版社1987年版,第150页。

⑤　《汪伪军事委员会关于改编第二集团军致国民政府呈文》(1942年1月8日),转引《汪伪汉奸政权的兴亡》,第150页。

汪伪政府党、政、军机构框架构筑完成之后,即以独立政府的形象出现在国际政治舞台上,同日本政府进行所谓外交谈判,使日本种种侵华罪行合法化。

三　日本正式承认汪伪政府

汪精卫国民政府是日本政府和侵华日军一手策划建立的,但对日本侵略者而言,炮制这个全国性傀儡政权,并不是侵华战争的终极目标,而是企图利用其向重庆的国民党当局施加压力,最终迫使中国人民放弃抵抗,接受其殖民奴役。因此,日本对待汪伪政府的态度,完全根据其侵华战略的需要而定。汪伪政府"还都"南京后,不管汪精卫集团如何焦急,日本政府却迟迟不正式予以承认。这一事实,充分反映出汪伪国民政府的傀儡本质。

早在 1939 年夏季,日本当局决定在中国占领区建立以汪精卫为中心的新中央政府,并与汪精卫集团进行秘密谈判。是时,日方仍未放松对重庆国民政府的和平攻势,还派专人与重庆方面的代表进行秘密接触。至于不放弃"重庆工作"的原因,直接负责将汪精卫从抗日营垒中拉出来的今井武夫事后坦言:"从本质上讲,同重庆政府达成全面和平为最终目标。因此,仅仅建立南京政府,其本身并不是目标,而只是从侧面推进的策略,应该认为这仅仅是一个阶梯而已。"[1]

尽管对重庆的诱降工作在实际执行中与建立汪伪政府工作存在一定矛盾,但日本陆军参谋本部认为这两项工作都很重要,应当在提法上统一起来,因而明确提出:"树立新中央政府的工作,其实质在于使重庆与此合流以达到指导停战之目的。"[2]该方针于同年 10 月 30 日被正式

---

[1]　《今井武夫回忆录》(中译本),第 139 页。

[2]　《以树立新中央政府为中心之事变处理方略》,〔日〕《支那事变战争指导史》,第 303 页。

批准后,对重庆工作即成为日本的一项重要谋略。不久,所谓"桐工作"也被提上了议事日程。

如何处理成立汪伪政府与对重庆诱降之间的关系,是一个十分微妙的问题。为表示对重庆和谈的诚意,日本方面曾一度推迟成立新中央政府的时间。这一做法使汪精卫集团感到急躁与不满,他们要求立即成立新政府,然后由"局部和平到全面和平"。此时日本对重庆的诱降,有几条秘密线路在同时进行。这些工作都有成功的可能,但暂时尚无眉目。在这一形势下,日本方面认为,应特别重视成立新中央政府和转入持久作战的时间界限。于是在1940年1月1日,制定了一份《关于解决战事的机密指导》,其方针是:"大致以1940年秋季为限,应特别努力解决战事问题,在加强和促进对汪工作的同时,开展对重庆工作,适时抓住对重庆停战的机会,并指导蒋汪合流"。"对重庆工作要与汪工作相协调,逐次积极地加以指导。上述汪、重庆两项工作,在成立新中央政府前后均应努力实施,并须尽快地掌握解决这个问题的一致点"。同时又规定,新政府成立前的工作大致到3月份为止,此后的工作预定进行半年①。

为实现上述目标,机密指导还细分为"对汪工作指导"、"对重庆工作指导"和"综合指导"三个方面,并列出详细的指导原则。其中"对汪工作的指导"原则有五项,主要包括:对汪工作之进行,"可使其适应于工作本身的自然进度。其政权的建立,也要基于其实力作相应的处理。因此该政权的建立,首先要作为临时政权,而为了要解决战事或遂行持久作战,则进一步使它有可能发展成为正式政府"。对于政府成立前的青岛会谈和中央政治会议,应作为"内政问题处理",使其取得一致意见。尔后的指导,"应着眼于他们对重庆的看法以至措施"。关于中日国交问题,"可把形势引导到完全责成汪精卫处理"。新政府成立时,应注意通过内外措施,"防止堵塞尔后与重庆合流的途径"。对新政府的

---

① ［日］《支那事变战争指导史》,第353页。

承认，"可在通过与重庆合流解决战争之际，或在两政府对立之下，我决意遂行持久战之际，(后者预定在年底)，独立自主地进行，而不受内外有关形势的牵制"①。这些原则，完全抛弃了曾经给予汪精卫的许诺，而把汪政权当作了日本整个侵华战略中的一枚棋子。

进入抗战相持阶段后，重庆国民政府尽管面临极为艰险的形势，但始终没有向日本屈服。1939年底，中国军队在部分战区发动冬季攻势，给日本侵略者予以沉重打击。1940年1月21日，日汪密约公布后，蒋介石于1月23日发表《告全国军民书》予以逐条驳斥，指出："汪派所谓的睦邻友好是日华合并，共同防共是永久驻兵，经济合作是经济垄断"，并呼吁"全国同胞全军将士乘此时机，加倍黾勉，努力奋斗，驱逐倭寇，光复山河"。同日，蒋介石还发表《告友邦人士书》，揭露日本的野心，呼吁各国"共同合作，迅采有效之行动，以制止日本之侵略"②。重庆政府的强硬态度，使日本当局进一步意识到，要彻底解决中国事变，必须同重庆当局打交道，促使蒋、汪合流，这才是最佳的解决方案。为此，日本方面于2月1日确定《调整汪与重庆关系办法方案》，企图采取措施，分别处理停战与和谈问题，"并利用处理两个问题的间隙，处理合流问题"③。

日本方面对"桐工作"充满希望，但重庆方面态度却不甚明朗，这直接影响了汪伪政府的成立。经与汪精卫协商，日本当局决定把新政府成立时间延至3月30日，蒋、汪事前合流的期限也限定为3月底。然而，在日、蒋代表的秘密接触中，重庆方面要求把最高代表的会谈时间推迟到4月中旬。日方认为，"这是一种可能被误解为企图使新中央政府延期成立的意见"，要求重庆方面重新考虑④。但至约定时间，重庆

①　《关于解决战事的机密指导》，[日]《支那事变战争指导史》，第353—354页。

②　《中华民国史事纪要(初稿)》(1940年1至6月份)，第132、136页。

③　《调整汪与重庆关系办法方案》，[日]《支那事变战争指导史》，第364页。

④　[日]《中国事变陆军作战史》(中译本)第三卷第一分册，第129页。

方面没有任何回音。至此，日本方面期待蒋、汪事前合流的计划完全落空，于是才决定成立由汪精卫单独组织的新中央政府。

汪伪政府的建立，并未对中日战争的全局产生实质性影响，因此，日本方面对蒋、汪事后合流仍寄予很大希望。正当汪精卫一伙在南京粉墨登场，庆贺"还都"之时，日本特务机关已开始筹划第二期"重庆工作"。他们把事后合流的工作期限延展到本年秋季为止①。日本陆军当局也根据欧洲战争日趋激烈的国际形势，抓紧研究如何尽早解决对华战争问题。由于日本政府和陆军中央都把解决事变的希望寄托在继续与重庆政府直接交涉上，新成立的汪伪政府反而被冷落在一旁。

5月5日，日本方面制定《对新中央政府指导方案》，对汪伪政府在战争中所起作用作出明确规定："对新中央政府，首先应根据包括重庆在内的解决事变之方略，对其加以扶持和利用，当取得成效时，正式予以承认"；如逾期仍不成功，"根据其成为对立政府之现实，正式予以承认，使之成为持久作战方略之一环"②。5月18日，日本陆军中央部在《对华战争处理方针》中，也对汪伪政权的近期活动作出规定："尽力扶植新中央政府，使之适应帝国的企图并力求其发展，到1940年底以前，特别要发挥它的谋略职能，集中力量做重庆工作。"③对于日方的指令，汪精卫等人只能认真执行，但他们肚里不无怨言，希望日本能尽早承认新政权，以抬高自己的国际地位。

汪伪政府是由日本一手炮制的，承认它自然不是什么难题。日本之所以延期承认，首先考虑的是充分发挥其在处理事变中的作用。如过早承认，"势必造成南京与重庆的对立形势"，导致对重庆诱和工作的失败。另外，正式承认时，双方所签条约的具体内容，"关系更为重大"，因而需要做充分准备，并先就条约内容进行谈判。日本方面认为，谈判

---

① 《关于今后对重庆工作的指示》，［日］《支那事变战争指导史》，第388页。

② 《新中央政府指导方案》，［日］《支那事变战争指导史》，第407页。

③ 《对华战争处理方针》，［日］《支那事变战争指导史》，第410页。

虽应以先前达成的日、汪密约为基础，但此时形势已发生变化，谈判一事理应由自己承担。为此，它准备了一份《关于起草条约的方针》，以此作为谈判的依据。方针强调指出：御前会议决定的调整日华关系的方针，"是在正式承认新中央政府以前，作为调整日华新关系的原则正式提出来的"，"但属于日本和中国内部的指导问题，以及处理事变上应特别考虑的问题除外"，新的条约应"按各项内容性质，分为基本条约和附属协定，且按公开、秘密分别处理"；"应站在处理事变的观点上，并考虑对内、对华和对第三国的关系来决定公开基本条约的范围"，"调整日华新关系的原则中，不包括在公开基本条约内的东西，须用其他形式，正式地与本条约同时处理"①。显然，日本总军想通过条约谈判，获取比原先更多的东西，而且采用不为人知的秘密方式取得这些特殊权益。

6月初，日、汪双方开始签约谈判，日本的日高公使和汪伪政府外交部长褚民谊分别任主任委员。6月初与7月底，日本政府把经兴亚院审议的基本条约方案分两次送达现地。在递交谈判代表之前，日本总军再经审议，并逐条提出详细修改意见。对第一个基本方案，共提出十三条意见，如"应作好调整日华新关系方针（协议文件基本原则和具体原则）之大部，作为基本条约或附属协定等同时进行签字的准备"；"现在进行谈判的条约体系，均属与基本条约一并处理的范围（即原则的事项），避免涉及部分的细目问题"；"对各条款和共同协议书等，只要内容没有异议，可以不要过分地作字句上的推敲"，等等②。日本方面认为，在现地形势没有稳定以前，"对待密约的细目事项之处理，应极力加以限制"，而东京方面却与此意见相左。在第二次送达现地的方案中，写入了不少细目事项。对此，日本当局于7月18日再次向日方谈判代表提出："为了处理事变，特别是日华两国的将来"，对有关项目和

---

① 《关于起草条约的方针》，[日]《支那事变战争指导史》，第426页。

② 《关于起草条约的第一次意见》，[日]《支那事变战争指导史》，第427页。

内容的处理,应力求避免"干涉内政"的句子①。

签约谈判表面是共同协商,实际则由日方一手操纵。根据日方提议,首先确定了几项谈判与签约原则,对于过去已经达成的"协议文件"之内容,虽不可能全部载入新文件,但将来"继续有效"②。汪伪方面为顾及面子,在驻军等问题上与日方进行了争论,但最终仍按日方意见写入了协议条文。在近三个月时间里,双方经过15次正式会谈,于8月28日就条约内容达成一致意见。条约送至东京后,日本最高决策层经过一个多月争论,至10月中旬,方才决定采纳现地达成的方案。

日汪条约达成之后,日本政府为诱使重庆政府屈服,继续拖延正式签约及承认汪伪政府,这一定程度上引起了汪伪集团的不满甚至是动摇。由于日本当局对重庆的诱降活动接连受挫,故决定于11月28日与汪政权签订日华新条约,正式承认汪伪政府。为与日本的行动相配合,汪精卫立即于11月29日正式就任南京伪政府主席。30日汪精卫即同日本全权大使阿部信行签订《日华基本关系条约》及《附属议定书》;另外汪精卫还与阿部信行、伪满"总理"臧式毅签署了《日满华共同宣言》。

日汪《基本关系条约》与《附属议定书》是日汪新条约的主体。其中除重弹近卫三原则等老调外,日本还虚伪地承诺"撤销治外法权"并"交还租界",以示对华友好。然而,为达到全面控制汪伪政府之目的,条约又明确规定:"两国政府相约,互相消除政治、外交、教育、宣传、贸易等各方面足以破坏两国间友谊的措施及原因,并在将来亦加以杜绝";"在必要期间内,根据两国另行协议决定,驻扎必要的军队于蒙疆及华北的一定地区";在必要时期内,"得驻泊其舰艇部队于中华民国领域内的特定地区";"在撤兵尚未完了之前,对共同的治安维持予以紧密

---

① 《关于起草条约的第二次意见》,[日]《支那事变战争指导史》,第428页。
② 《会议记录摘要》,《日本帝国主义对外侵略史料选编》,第327页。

合作"①。这些规定,实际上是以国际法的形式将汪伪政府紧紧控制在日本手中。为防止理解上的分歧,双方在《附属议定书》中作了更明确的规定:"中华民国政府谅解日本国在中华民国领土内目前正在继续进行的战争期间,随着上述战争的进行而产生的某种特殊事态,并谅解日本为完成上述战争的目的而采取必要的措施。"除根据《基本关系条约》及两国现行约定而驻扎的日本军队外,"其余日本军队于两国间恢复全面和平,结束战争状态时开始撤兵,并应在治安确立后的二年内撤退完毕"②。这些规定,不仅承认了日本侵华之现状,而且还使日本长期在华驻军具有了合法性。

日汪新条约,除上述两个文件外,还有《附属秘密协约》、《附属秘密协定》、《秘密交换公文》等五个机密文件。这些不公开的文件,更广泛、更具体地规定了日本应得的各种权益。《附属秘密协约》规定:"日本国应将必要的舰艇部队驻扎于长江沿岸特定地点和华南沿海的特定岛屿以及有关地点,日本国的舰艇得在中华民国领域内的港湾水域自由出入、停泊";"中华民国政府约定允诺,两国紧密合作,筹划开发厦门和海南岛附件岛屿的特定资源,特别是国防上必需的资源";"关于上述资源的利用……特别应满足日本国防上的要求"。双方在《附属秘密协定》中约定,"进行以相互合作为基础的外交,在对第三国的关系上,不采取与此相违反的一切措施";"对日本国军队所驻扎地区和有关地区内的铁路、航空、通讯、重要港湾和水路等,按照两国间另外的协议决定,答应日本国有关军事上必要事项的要求","提供军队驻扎所必要的各种便利"。《秘密交换公文》更以通信方式,对蒙疆、华北、华中、华南等广大地区的政治、经济等具体问题达成谅解,汪精卫再次向日本保证:"日本国在中华民国领域内目前正在继续进行战争期间,中华民国政府对

---

① 《日本外交年表和主要文书》(1840—1945)下卷,《文书》,第466—468页。
② 《日本外交年表和主要文书》(1840—1945)下卷,《文书》,第468页。

日本国完成战争行为的目的,应积极予以合作。"①

　　缔约当天,汪精卫接见中外记者,声称:"中日关系,因此获得纪元一新,已为中日两大民族开辟一线光明之路";"两国之国交方针,对共存共荣,共亡共辱,已趋一致"。因此双方在军事、经济、文化各方面携手合作,不但可能,而且很有必要。他在谈话中还颠倒黑白,胡说日本侵华是由中国抗日引起的,"此全系重庆方面应受之罪过",并称自己的行动符合孙中山先生所倡导的"大亚细亚主义"理念②。

　　日本当局对日汪《基本关系条约》之签订亦极为重视。日本政府于签约当天发表声明,宣称:"本条约之意义,厥在明示中日两国政府于全世界新旧秩序相互交流之一大混乱期,站在人类相爱立场上维护天赋之本分,为建设有无相通、共存共荣之世界新秩序之先遣。东亚民族之欣慰,莫过于此。"③直接来华签约的阿部大使也发表谈话,强调缔约后,日本"承认南京国民政府为中华民国唯一无二之正统政府,此后两国政府间关系趋于正常化",对于该政府,日本"拟不惜予以全幅之援助"④。日军西尾寿造总司令也于同日发表谈话,称赞条约"意义重大";同时又强调"达到伟大理想的前进途中,障碍也多,一切都要依靠三国的合作来打通道路";"在这里应分清平时战时的观念,正确运用平时、战时的原则。特别是在现地,应当密切日华两国间的互相合作,为达成共同目的而努力"⑤。

　　汪伪政府得到其日本主子正式"承认"之后,试图扩展其国际承认空间。日本政府也帮助游说德、意轴心国及仆从国。但是,直至1941

---

　　① 《日本外交年表和主要文书》(1840—1945)下卷,《文书》,第469—472页。

　　② 《汪兆铭对记者发表谈话》,《中华民国重要史料初编》第六编《傀儡组织》(三),第389—390页。

　　③ 《日本政府声明》,《和平反共建国文选》第1辑,《日本之部》,第69页。

　　④ 《阿部谈此次缔约之意义》,《中华民国重要史料初编》第六编《傀儡组织》(三),第390—391页。

　　⑤ 《西尾总司令谈话》,[日]《支那事变战争指导史》,第518—519页。

年6月30日和7月1日,意大利与德国才相继承认汪伪政府①。7月1日,罗马尼亚政府为了"与德、意政府一致行动起见",宣布正式承认汪伪政府②。此后,西班牙、法国维希政府等也宣布承认汪伪政府③。而美国与英国等西方国家,则始终坚持承认在重庆的国民政府为中国惟一合法的政府,拒绝承认汪伪政府。

第三节 日伪对沦陷区的统治

一 日汪"清乡"运动

日本以卢沟桥事变为借口,不断扩大对中国的侵略。侵华日军虽侵占了华北、华东与华南的大片领土,但这些地方并不安定。中国共产党领导的抗日武装深入日军占领区,展开敌后游击战,广大爱国民众也奋起进行各种反抗斗争。活跃于城乡各地的抗日武装,迫使控制占领区的日伪军步步退缩,仅能控制一些城镇及主要交通干线。

战争进入相持阶段后,侵华日军被迫把主要兵力转向占领区,以"确保所占领地区的安定"④,华北日伪当局反复进行"治安肃正"与"治安强化运动"。以长江三角洲为中心的华中地区,是日本占领区内经济最发达的地方,又是汪伪政府的政治活动中心。日本中国派遣军为巩固对华中占领区的统治,在汪伪政府开张后不久即策动汪精卫等人,推行了以"清乡"为名的殖民主义活动。

推行"清乡"运动,是日本侵华战略的重要一环。日本与德国、意大利结盟后,从国外获取的重要物资急遽减少。为摆脱经济困境,日本内

①《中华民国重要史料初编》第六编《傀儡政权》(三),第422—423页。
②《中华民国重要史料初编》第六编《傀儡政权》(三),第424页。
③《中华民国重要史料初编》第六编《傀儡政权》(三),第424—425页。
④ 日本防卫厅防卫研究所战史室编、天津市政协编译组译:《华北治安战》(中译本)上册,天津人民出版社1982年版,第107页。

阁于 1940 年 11 月 8 日决定了《对华经济紧急对策》,强调要全面控制中国经济,"不拘泥于历来措施,迅速加强中国各方面经济力量的综合运用,促进当地必要物资的调拨及获得帝国所需物资的进口","以此,期待帝国的国防经济力量特别是综合战斗力的迅速提高"①。五天后,日本御前会议又通过《处理中国事变纲要》的决定,对中国占领区的政治和经济提出了更多要求。

根据日本政府的要求,1941 年 1 月,日本总军制定《长期作战政治策略指导方针概要》,对如何贯彻政府方针做出具体部署。《概要》决定:为实现政府的目标,"特别要加强对敌占区的封锁","有效而合理地截断占领区和敌占区之间的联系";"逐步划出重要地区,促进占领区的治安整顿,谋求充实我国防资源,同时,谋取民心安定,扶植新政府的实力,渗透其政治力量,以便使之对我战争的进行与事变的处理进行策应与协助"。其实施要领是:"在政略战略上的要地,军队的给养及我方取得国防资源的产地……应确立高度治安,确保它们相互之间的连络线";"为此,首先从处于长江下游的小块地方开始,在取得成果的同时,也要考虑到当时的各种状况,逐渐扩大之"②。依照上述原则,日本总军有关部门与汪伪政府官员反复会商,决定将确立"高度治安"的行动称为"清乡工作",由当地日军与汪伪政府共同实施,并由汪伪政府出面组织。

日伪当局为什么要在华中地区实施比"治安强化"更为复杂的"清乡运动"? 这是根据日本在相持阶段的侵华战略决定的。

首先,华中地区具有重要战略地位,日本企图通过"清乡",把它变成进行"大东亚战争"的一个后方基地。日本划定的华中地区,北至陇海铁路,南跨长江三角洲,西起汉水,东临黄海与东海,包括苏、浙、皖三

---

① 余子道、刘其奎、曹振威编:《汪精卫国民政府"清乡"运动》,上海人民出版社 1985 年版,第 114 页。

② 《汪精卫国民政府"清乡"运动》,第 117—118 页。

省及赣、鄂、豫三省之部分，上海、南京、杭州、武汉、徐州、南昌等城市及战略要点都在其内。这一地区，无论在政治、经济、还是军事上，都具有极为重要的地位。然而，日军虽控制该地区多年，统治仍很不稳固。1938年以来，以新四军为主力的抗日游击战争在这里蓬勃发展起来。日军虽进行过频繁扫荡，但犹如泼油灭火，游击战争更成燎原之势。单纯的"扫荡"难于奏效，于是只能改用"清乡"这一招。

其次，华中沦陷区是汪伪政府的内宅重地，日本当局企图以"清乡"来强化汪政府的统治，引诱蒋介石投降。汪伪政府的建立，表面上实现了南北伪政权的统一，实际上依然是貌合神离，各自为政。伪政府所能管辖的区域，不过是原"维新政府"的领地，即不完整的苏、浙、皖三省及南京、上海两市而已。日军发动"清乡"后，提出"强化育成国府"的口号，把汪伪政府扶到台前，在形式上给予更多的独立权能，除武力"扫荡"外，行政、治安、财政、文教等，日军都装出"协助"姿态。日军处处使汪伪当局以"独立"政府的姿态出现，并要求树立"和平模范区"，其真实意图是要给蒋介石集团树立一个"模范"，引诱他们步汪精卫的后尘。

第三，更多地搜括战略物资和掠夺经济资源。当时，江苏的棉花产量居全国第一；皖中与湘汉平原的米粮生产冠于全国，素有中国谷仓之称；江浙一带集中了大量的近代企业，上海更是工商业的中心。日军占领华中后，到处贪得无厌地掠夺财物。但是，"新四军的抗战，大大破坏了敌掠夺计划。加上日寇处于战争危机，经济恐慌、资源枯竭、粮食缺乏的极端危急状况，加紧对江南的搜括是必然的，而清乡则是'确保占领区'保障掠夺财物的手段"①。在汪伪政府看来，实施"清乡"即是为大东亚战争开拓资源。汪精卫说："努力于清乡，就是努力于大东亚战争之一种重要工作，保障治安，以安定大东亚战争的后方，增加生产，以培养大东亚战争的资源。"②所谓培养资源，就是更多地劫掠，为日本的侵

---

① 张鼎丞：《为粉碎江南敌寇"清乡"而斗争》，《解放日报》1941年5月21日。

② 汪精卫：《清乡与大东亚战争》《政治月刊》第6卷，第2期。

略战争"输血"。此外,实施"清乡"也是解决财政困难的途径之一。汪伪政府成立后,其财政完全依附于日本。当时开办费没有着落,由日本正金银行上海分行从保管的上海海关的关税款中,以借款形式通融4000万元,予以解决①。因此,汪精卫集团也希望通过"清乡",将自己的统治权力向社会下层渗透,以便更多地在统治区进行搜括,改善自身经济困境。

根据侵华日军的要求,汪伪中央政治委员会于3月24日召开会议,决定成立"清乡委员会"。汪精卫亲自兼任清乡委员会委员长,陈公博、周佛海任副委员长,内政部长陈群、工商部长梅思平、参谋总长杨揆一等十四名各部委长官任委员。根据日本军事顾问团提议,由汪伪特工总部副主任李士群任清乡委员会秘书长,并代行会务②。清乡委员会在汪伪政府中与行政院、军事委员会并列,占有很高的地位。对于清乡区内的军政事宜,清乡委员会有权"制定法规、发布命令",并"咨商行政院暨军事委员会分别执行之"③。

侵华日军对"清乡工作"寄予很大希望,新任中国派遣军总司令畑俊六指示有关人员,迅速研究对汪政府进行军事协力,增强其财力、武力之方案。4月3日,日本总军拟出《第一次军事协力施策要领》,强调:"在对敌进行的经济战及安定民生所需条件的限度内,6月以后,设法使国民政府增加收入,以巩固其财政基础,同时在军事协力上使其分担部分军费。"④其后又陆续拟出关于"政略指导"、"调整物资流通"等一批方案。

从4月14日开始,汪伪清乡委员会在一个月内连续召开八次筹备谈话会。出席者除清乡委员会正、副秘书长、各处处长及部门负责人

---

① 《汪精卫国民政府成立》,第419页。
② 《中国近代史资料丛刊·抗日战争》第六卷《日伪政权与沦陷区》,第877页。
③ 《修正清乡委员会临时组织大纲》,转引《汪精卫国民政府"清乡"运动》,第163页。
④ 《第一次军事协力施策要领》,[日]《支那事变战争指导史》,第594页。

外,汪伪警政部与特工总部也派要员参加。日方军事顾问则每会必到,直接指挥。根据日本总军的意旨,会议确定了"清乡"目标:一、"确立治安",即确立日汪在占领区内的统治;二、改善经济,即进一步加紧对占领区民众的掠夺。鉴于以往在华中的"扫荡清剿"和在华北在"治安肃正"屡遭失败的情况,会议决定在"清乡"中采用新的策略。李士群提出,"清乡"要"军政并进,剿抚兼施,由城而乡,遍及全区"。日本顾问晴气也强调:"清乡工作,军政相辅而行,可谓三分军事,七分政治,以政治为中心,而以军事推动之,且特工又从旁协助"①。谈话会还讨论和确定了实施"清乡"的各种手段和方法,他们把日本曾在朝鲜,中国台湾、东北和华北实行过的各种殖民统治手段与方法统统搬了出来,诸如"扫荡清剿"、"封锁交通"、"政治宣抚"、"物资统制",等等。为推行这一整套法西斯措施,会议决定在清乡委员会之下再设立各种专门委员会与专职机构。

根据清乡的目标与方针,日伪双方还秘密制定了具体实施步骤。第一步是"军事清乡"。具体办法是实行分区肃清,"一区肃清后将军队向第二区线内移动,第一区线内改调保安警察接防";第二步是"维持治安"。"在封锁线内从事收编游兵股匪,抚缉流亡离散",对抗日军民"设法感化,令其诚服来归,为政府效命";第三步是"整理建设"。"严整保甲编制,整顿农村生产,推动教育发展,加强党务活动,以及训练民众,扩大宣传,调整交通,调剂金融,等等"②。

要推行这一套维持占领区稳定的总体方案,首要条件是拥有足够数量的军队。然而此时,日本中国派遣军在华中地区的兵力已捉襟见肘,汪伪政府能用于"清乡"的"兵力有限"。因此,"清乡"计划只能先在

---

①　《清乡委员会第四次筹备谈话会记录》(1941年5月1日),《中华民国史档案资料汇编》第五辑第二编《附录》(上),第289页。

②　《清乡委员会第一次筹备谈话会记录》(1941年4月14日),《中华民国史档案资料汇编》第五辑第二编《附录》(上),第285页。

"局部实施"。"清乡"筹备期间,汪精卫曾提出:"以京沪路沿线作一个示范性的实验区,先把力量集中在这里试搞一下。因为这个地区最易看出成绩,日本人对这条线也很重视;特别是可以减少南京所遭受的威胁。"①于是,清乡委员会决定,先将京沪铁路沿线以北之太仓、昆山、常熟、吴县、无锡、江阴、常州、丹阳、镇江、扬中等十县划为第一期清乡地区②。

基本方案确定后,汪精卫即于5月11日公开发表谈话,正式宣布成立"清乡委员会"。此后。汪伪政府又不断发布各种"清乡"法规,日汪合作的"清乡"运动开始启动。6月10日,汪伪当局在南京召开"清乡"区行政会议,划定"清乡"区域,对实施"清乡"的各项活动作了具体部署。6月18日,李士群与侵驻该地的日本第十三军(登集团军)参谋长秘密签订《关于苏州地区清乡工作之日华协定》,对"清乡"期间军队调度等问题达成谅解事项。协定规定:登集团军司令官为日方"清乡"的最高指挥官,中国方面最高负责者为清乡委员会委员长;"清乡"期间,日本军队主要担任"关于作战及封锁事项","中国方面主要担任政治工作";中国方面用于"清乡"的军队、警察及其他武装,"受登集团司令官之指挥",或受当地日军调遣③。

根据该秘密协议,日本总军加强了原先已在苏州设立的"清乡"指挥部,以便严格控制"清乡"运动之展开。曾在汪伪清乡委员会担任要职的汪曼云这样回忆说:"伪军事顾问部也设立了'出张所',主其事的便是……李士群的'靠山'、日寇晴气中佐与小笠原少佐,名义上它是作'驻苏州办事处'与日寇'清乡指挥部'之间的联系工作的,实际上却是

①　唐生明:《我奉蒋介石之命参加汪伪政权的经过》,《文史资料选辑》第40辑,第22页。

②　《清乡委员会第七次筹备谈话会记录》(1941年5月14日),《中华民国史档案资料汇编》第五辑第二编《附录》(上),第294页。

③　《关于苏州地区清乡工作之日华协定》,《汪精卫国民政府"清乡"运动》,第186页。

按照'清乡指挥部'的意旨,牵着李士群的鼻子跑。"①

　　日汪的"清乡"运动,从开始发动到最后破产,全过程大体可分为四个阶段。

　　第一阶段从"清乡"发动至1942年夏季以前在苏南地区的"清乡"。该阶段又可分为三期:1941年7月至9月在江苏吴县、昆山等四县进行的"清乡"为第一期。7月1日,日伪合伙,共调集15000余兵力,攻击新四军苏常太游击根据地。由于新四军缺少反"清乡"斗争经验,在给日伪军沉重打击后,被迫撤出该根据地。同年9月至12月为第二期。其"清乡"重点移到无锡、常熟、江阴三县的部分地区。抗日军民汲取了第一阶段反"清乡"的经验教训,采用以合法斗争为主的方针,基本达到了隐蔽坚持的目的。1942年2月至6月为第三期。主要在沪宁铁路南侧及江阴、武进两县部分地区进行。该年年初,伪江苏省政府改组,李士群兼伪省主席,"清乡"改由伪省府统一掌管。他们对"清乡"区实施广泛而严密的封锁,推行了种种罪恶措施,但仍遭到抗日军民的英勇反击。

　　第二阶段是从1942年夏至1943年春,着重在太湖东南地区和上海郊区进行"清乡",同时也在苏淮特别区开始"清乡"。

　　第三阶段从1943年春至1944年初,重点置于镇江地区和苏北地区,同时也在浙江杭州地区和余姚实施"清乡"。第四阶段从1944年初至1945年夏,"清乡"规模日益缩小,最后彻底失败。

　　在长达四年之久的"清乡"运动中,日伪当局采用各种法西斯手段,给华中、华南沦陷区人民造成了极为深重的灾难。"清乡"发动之初,汪精卫即强调"清乡"之目的是为了"确立治安,改善经济";后来又一再鼓吹,"清乡的意义,不只在确立治安,尤其要改善民生"②。不久,又提出

---

　　①　汪曼云:《日寇在"清乡地区"对伪政权的层层控制》,《汪精卫国民政府"清乡"运动》,第215页。

　　②　汪精卫:《清乡一周年》,《政治月刊》第4卷,第1期。

"思想清乡"的要求,到第三年,更大弹其"清乡必先清心"的滥调①,把"思想战"抬到重要地位。日伪的"清乡",不仅仅是单纯的军事扫荡,它同时具有所谓"总体战"的特点,渗透到政治、经济、思想、文化等各个领域,军事则是整个运动的支柱。其手段主要有如下几项:

第一,军事"清乡"。"清乡"运动,首先是一个残暴的军事扫荡运动。军事"清乡"是各地"清乡"的第一步。日伪当局首先调集优势兵力,在"清乡"区周围增设大量据点,构成大面积包围;然后深入到包围圈内,以强大兵力寻找新四军主力决战,"对反抗进军之村庄,实行大烧大杀,警一以戒百"②。接着又构筑封锁网,实施"封锁政策"。在"清乡"区边缘构筑长达数十公里的封锁篱笆,在"清乡"区内的据点之间,也用竹篱笆、铁丝网等构成小块封锁圈,以便分区搜剿。在封锁线的各交通路口,设置检问所,对过往人员进行严格搜查。其封锁法规定,凡民众通过封锁线,"须领有各种证明书";凡运输物资,"须申请发给搬出入证"③。各种证件名目繁多,如"良民证"、"渔民证"、"旅行证"、"归乡证"、"身份证"、"特别通行证"等等,其限制之严格,将人民的基本权利剥夺殆尽。

第二,政治"清乡"。这是军事"清乡"后的重要一步,其目的是巩固军事行动取得的成果。政治"清乡"的首要内容是根据各地治安形势采取不同的办法进行编组保甲。对于军事扫荡甫告结束的"清乡区","以宣传招抚赈济及组织指定队,搜捕零匪及匪物等项为主要工作";对已完成封锁的"自卫区","以严密布置岗哨,编查保甲户口,搜捕零匪,构筑碉堡,整理交通道路等项为主要工作";对已建立保甲组织的所谓"保甲区",则"对于保甲组织应切实进行整理"。他们把强化保甲,作为确

---

① 汪精卫:《实行清乡必先清心条》,《政治月刊》第6卷,第3、4期。

② 陈毅:《苏南反清乡斗争总结》,转引解放军政治学院编:《中共党史参考资料》第9册,第47页。

③ 封锁总办事处:《封锁解说》,《清乡日报》,1941年7月31日。

立治安的主要工作："清乡区自收复后应于二十日内促进为自卫区,自卫区应于一个月内促进为保甲区。保甲区无论已进至如何程度,应于两个月一律组织完成。"①其次是举办壮丁训练,编组"自卫团"、"爱乡会"等伪组织,强令十八至四十五岁的民众参加壮丁训练,将他们编入"自卫团",并具"联保切结",发现有抗日言行,即予镇压。与此同时,为强化"清乡"区内的地方政权,新建并加强了警察保安系统,健全特务情报网。这些罪恶活动,被称为"不流血的清乡"。

第三,经济"清乡"。"改善经济",是汪伪标榜的"清乡两大宗旨之一"。汪精卫每次巡视"清乡",总要提出两个问题:一、"清乡"前后的人口比较;二、"清乡"前后的赋税收入比较。他把这两个问题作为"治安能否确立,民生是否改善的估计标准"②。显然,人口多可以增加掠夺的对象,赋税多即直接增加伪政府的财富。经济"清乡"的一项重要政策是经济封锁,凡日伪当局认为"绝对禁运品"的物资,一律被禁止"在境内运输或运出运入"③。其根本目的是要切断对抗日根据地和游击区的物资流通。通过增加赋税,对民众进行敲骨吸髓的剥削,这是经济"清乡"的另一项重要政策。田赋被汪伪当局视为"最大之税源",他们除提高税额外,还"督征旧欠",即不顾因战祸而造成田园荒废的事实,强行收取自"八·一三"事变至"清乡"开始时未交清的田赋④。日伪当局对营业税和其他各种捐税的勒索,也是骇人听闻的。他们以"整顿"为名,巧立名目,层层加码,明征暗抢,无所不用其极。江苏太仓等七县在"清乡"第一年,征收的营业税即较前一年增加十倍以上⑤。另外,日

①　清乡委员会:《清乡地区整理保甲肃清零匪暂行办法》,转引《汪精卫汉奸政权的兴亡》,第335页。

②　汪曼云:《千里哀鸿说清乡》,转引《汪精卫汉奸政权的兴亡》,第339页。

③　清乡委员会:《清乡地区物资统制及运输管理暂行办法》,《中华日报》1941年7月11日。

④　余百鲁:《清乡一年来之财政》,《清乡新报》,1942年7月8日。

⑤　余百鲁:《清乡一年来之财政》,《清乡新报》,1942年7月8日。

伪还在"清乡"地区设立所谓"合作社",强迫民众出资入社,以合作之名行掠夺之实。如松江特别区强令民众入社,每户出资五元,一次就勒索了6000余元①。

第四,思想"清乡"。日伪不仅把"清乡"作为"政治战"和"经济战",而且还作为一场思想战。汪精卫一再鼓吹"清乡先要清心",要使人民在"心力"上"信仰和平运动"。周佛海也在代汪精卫主持"清乡"会议时强调:"清心工作之根本,不仅为军事上之扫荡,抑且为思想上之斗争;不仅在治安上的确立,抑且在心理上的建设。"②他们空前增强了对"清乡"区民众的思想控制和精神奴役。军事扫荡过后,即采用各种方式进行"清乡宣传"。紧接着再进行"清乡特种教育",他们自己的解释是,"特种教育……即是感化特殊区域民众的教育"③。其目的是"宣传和平反共建国之理论,增强人民对于国民政府之信仰"④。加强对青少年的奴化教育,是思想"清乡"又一个重点目标。为此,他们成立了"清乡区青少年队",采用诱骗与强制手段迫使青少年参加,入队者奉汪精卫为"最高领袖",鼓吹学习"武士道精神","奉行领袖之意志",摈弃"共产主义的诱惑","为反共和平建国而奋斗"⑤。

纵观日、汪"清乡"的全过程可以发现,这是日本全面侵华战争进入相持阶段后,在华中、华南占领区的部分地方推行的一种总体性的侵略镇压措施。然而,不管日、汪当局如何煞费苦心,接连不断的"清乡"运动不仅未能巩固其在占领区的统治,相反却使这些地区的抗日烈火越烧越旺。

①　金湛卢:《汪伪政权在浙江省主办的"清乡"》,《浙江文史资料》第五辑。

②　《周佛海日记全编》(下编),1944年2月10日,第850—851页;周佛海:《在行政院清乡会议上的讲话》,《中华日报》,1944年2月10日。

③　轶士:《特种教育与农村运动》,《江苏教育》第3卷,第2期。

④　清乡委员会:《特种教育实施计划纲要》,《清乡日报》,1941年7月27日。

⑤　清乡区党务办事处:《为青少年总队部成立宣言》,《清乡新报》,1942年11月28日。

二 伪满洲国的殖民地政治与文化

伪满洲国是日本发动侵华战争以后在中国占领区建立的第一个伪政权。卢沟桥事变爆发后,日本通过武力大量侵占中国领土,企图把新占领区视作满洲国第二以便实施长久统治。1937 年 10 月 1 日,日本政府在《处理中国事变纲要》中明确提出:"解决华北问题的目标,在于实现日满华三国的共存共荣。"[①]与此同时,它又把伪满洲国作为向中国大陆侵略扩张的重要基地。为在全面侵华战争时期维持伪满洲国的稳定,日本政府通过关东军加紧在该地区实施殖民统治。在政治上,日本顾问对伪满洲国各级机构的控制逐步从幕后走向台前;在思想文化上,日军则进一步贯彻以亲日反共为中心的奴化宣传。

关东军是日本控制中国东北占领区的总代表。"九一八"事变后,它为了欺骗沦陷区内的中国民众和国际舆论,炮制出伪满洲国,让晚清末代废帝溥仪出面当傀儡。日本内阁在溥仪上台之际即制订《支那问题处理方针要纲》、《与满蒙新国家成立相应之对外关系处理要纲》等文件,明确规定伪满洲国"要使日本人成为领导骨干","为了贯彻帝国有关满蒙的政策,必须迅速设置统制机关";"为了在外交上和内政上掌握实权,最初应尽可能使之采用少数日本人作为官吏或顾问,并逐步地加以充实"[②]。关东军对伪满洲国的控制,首先是控制溥仪。按照伪满组织法,皇帝总揽立法、行政、司法三项大权,还能统帅三军,颁布"紧急训令",有权大赦、特赦。实际上,这些权力并不属于溥仪,而是归关东军所有。关东军曾在一篇题为《满洲国的根本理念与协和会的本质》的文件中,这样阐述日满之间的关系:"满洲国皇帝基于天意,即天皇之

---

① 《处理中国事变纲要》,《日本帝国主义对外侵略史料选编》,第 244 页。

② [日]《现代史资料(7)·满洲事变》,みすず书房 1977 年版,第 494—495 页。

圣意而即位,因此,必须为皇道联邦的中心——天皇服务,以天皇之圣意为己心,以此作为即位的条件。""关东军司令官作为天皇的代理人,必须是满洲国皇帝的师傅和监护人。"①

关东军对伪满洲国元首溥仪的控制,主要采用"内部指导"的方式。表面上,溥仪是伪满洲国皇帝,但他的一切活动必须听从关东军的摆布,关东军的意见通过设在皇帝身边的常驻代表转达。陆军中佐吉冈安直曾连任十年代表,直到日本战败为止。他因控制溥仪有功,官阶跃升至陆军中将,但在关东军司令部开始时只挂了参谋头衔。至1940年,才有了一个"帝室御用挂"的专用头衔。从外表看,吉冈对溥仪及其家眷照料甚殷,但遇到重大问题时却骤然变脸,以关东军代表的身份迫使溥仪服从自己的意见。溥仪曾这样说:"我出巡、接见宾客、行礼、训示臣民、举杯祝酒,以至点头微笑,都要在吉冈的指挥下行事。我能见什么人,不能见什么人,见了说什么话,以及我出席什么会,会上讲什么等等,一概听他的吩咐。我要说的话,大都是他事先用日本式的中国话写在纸条上的"②。

伪满洲国政府各部门大权,更完全由日本人操纵。早在1933年8月,日本内阁即制订如下指导方针:"对满洲国的指导,按照现在的体制,在关东军司令官兼帝国驻满大使的内部统辖下,主要通过日籍官吏进行。"③根据此方针,关东军一开始即向伪满政府派遣了大批官吏,控制国务院总务厅等重要部门。国务院各部,原设置总务司,由日本人任司长。1937年实行机构改革,各部撤销总务司,改设官房,同时在各部大臣之下设置日本人次长。从此,日籍次长一手包揽各部重大事务。按照惯例,伪满国务院每周举行一次内阁会议,审议重要国务。实际上,这仅仅是一个摆样子的会议,真正的"国务"全由日本人决定。日籍

---

①　《满洲国的根本理念与协和会的本质》,[日]《现代史资料(11)·满洲事变(续)》,みすず书房1977年版,第908—911页。

②　溥仪:《我的前半生》,群众出版社1983年版,第354页。

③　《满洲国指导方针要纲》(昭和八年八日阁议决定),《现代史资料(7)·满洲事变》,第589页。

总务厅长官于每星期二召开各部日籍次长参加的定期会议，通常被称为"火曜会"，有时关东军参谋部也派员参加。这个会议因反映了关东军的意见，所以各项决定都是伪满洲国的最高决策。会上作出的决定，有的拿到国务会议上过个场，有的则直接交有关部门执行。

对于伪满洲国的地方机构，关东军同样采用委派日本人官吏的办法进行控制。各省设置总务厅，县级设参事官和指导官，这些官员全由日本人担任。从1937年年底开始，各省设次长，县设副县长，以同中央官制的改革相一致。为对中国东北占领区实行长期而有效的统治，关东军还采用分而治之的方针，具体做法是把原有的省分割成几个小省，以削弱地方势力。另外，还把原东北四省境内的蒙古盟旗单独划出，以兴安岭这个山脉为名，分成东、西、南、北四省。至1941年，伪满全境竟设置了18个省、17个都市①。

为维持占领区的统治，关东军还通过伪满政府，不断增强军警宪特的力量，以配合自身对中国民众实施的残酷镇压。伪满洲国建立之初，日本曾在《满洲国陆军指导要纲》中确定，伪满军的总兵力不超过6万人。随着全面侵华战争的不断扩大，日本关东军兵力大量被调用，内部日益空虚，于是大量扩充伪满军队以填补空缺。1940年4月，伪满洲国公布《国兵法》，把原来的募兵制改为征兵制，规定新兵从年满19岁的青年中征集，服役期限三年。从此，伪满军的兵力迅速增加，至1945年日本战败时已达15万人，大大超出原先规定。伪满的宪兵从1934年设立后也迅速扩大，1937年改编成宪兵总团，人数超过2000名。

为对统治区民众实施法西斯高压统治，在关东军直接策划下，伪满洲国设立了庞大的警察机构。伪满民政部设立警务司，各省设警察厅，各县设警务局，基层有警察署和警察分驻所或派出所。这套机构，全部由日本人控制。1937年底，根据日本侵华战争日益扩大的需要，警务

---

① 《地方行政》，满洲国通讯社编：《满洲国现势》，康德八年(1941)日文版，第147—229页。

司划归治安部管辖,警察承担的任务也扩大至配合军队维持地方治安。伪满的警察,根据不同需要,可分为许多种类:如保安警察,以对付抗日游击队的武装反抗为主,配有强大火力;特务警察,以对付中共地下抗日宣传为主,强调研究侦破的策略;经济警察,以保护各种物资和资源为主,会同经济部门,设立各种关卡,查处经济案件①。

日满军警机关除对伪满境内爱国民众实施血腥的武装镇压以外,还在政治上进行各种迫害。随着日本侵华战争形势的恶化,这种迫害也日益加剧。1941年12月,伪满政府颁布《治安维持法》,其中规定:凡以变革国体为目的之团体的组织者、参与者、指挥者,以否定国体或从事可能有损建国神庙及帝室尊严事情为目的之团体的组织者、谋划者、指导者等,都要处以死刑或无期徒刑②。该法规严厉而又空泛,致使大批无辜民众惨遭酷刑或被杀害。1943年又颁布《保安矫正法》和《思想矫正法》两项法规。前者规定,可以把"认为有犯罪危险的人",送进"矫正辅导院",一面进行"精神训练",一面强制服劳役。后者规定,对可能犯有政治罪的人,实行"预防拘禁",同时也施以劳役③。根据这两项"莫须有"的法令,日满军警可以任意给普通民众戴上一顶"有犯罪可能"的帽子,然后把他投入监狱。

除利用国家机器对占领区民众实行高压统治之外,日满当局还将法西斯组织"协和会"当作殖民统治的另一个工具。"协和会"于1932年7月正式宣告成立,由郑孝胥任会长,溥仪任名誉总裁,关东军司令本庄繁任名誉顾问。"协和会"的前身是满洲青年联盟雄峰会。该组织骨干是活跃在东北地区的一小撮日本法西斯分子,其中大部分是满铁成员,他们是网罗汉奸、制造伪满洲国的急先锋。"九·一八"事变后,专门在占领区内拼凑县一级伪政权的所谓自治指导部,主要就由这批

---

① 《警察行政》,《满洲国现势》,第114页。
② 伪满国务院总务厅:《防谍关系法令集》,第173页。
③ 伪满国务院总务厅法制处:《满洲国法令辑览》,第5卷。

人组成。伪满洲国成立后,自治指导部的部分成员进入各级政权机关,另一部分人员则开始筹划建立"统一国民思想,进行思想战的全满统一的国民组织"。几经商议,决定成立满洲国协和会。这是一个御用机构,活动费用全部由伪满洲国政府提供,总部亦设在伪满国务院内。"协和会"的组织机构分为中央事务局、地方事务局和办事处三级。该组织的势力迅速向各地渗透,会员也日益增多,至卢沟桥事变爆发前夕,在县、旗、市所设的本部机关有几百个,分会有 2700 余,会员总数达到 80 万。日本发动全面侵华战争后,该会一面继续扩充势力,同时紧密配合日本国策,大力宣传所谓"圣战之真实意义",发起各种运动①。

关于该会的性质和作用,日本关东军司令植田谦吉曾这样评介:"协和会作为与满洲国同时产生的国家团体,它无限地维护建国精神,训练国民,努力实现其理想,以便成为唯一的进行思想、政治教育的实践组织。……因此,协和会既非政府的附属机构,也非与之对立的机构,而是政府的精神母体。满洲国政府作为以建国精神即协和会精神组成的机关,其官吏应当是协和会精神最高最热烈的体现者。"②关东军将它视作与伪满政府并列的机关,可见"协和会"在辅佐关东军实行殖民统治中所起的作用。

"协和会"的骨干是一批法西斯军国主义分子,他们是协助日伪军警进行大屠杀的别动队。起初它配合关东军围剿抗日武装,以后逐步把反共作为工作重点。"协和会"中央本部专门设立"排共特别委员会",把排除共产党力量作为"国民运动"来进行。它利用一切机会,采用讲演、办讲习所、放电影等各种形式,进行反共和奴化宣传。太平洋战争爆发后,日本国内各类物资紧缺,"协和会"即配合伪满政府加紧对人民的搜括。他们开展所谓"农业增产出荷运动",以对农民进行掠夺;

---

① 《协和会》,《满洲国现势》,第 143 页。

② ［日］植田谦吉:《满洲帝国协和会的根本精神》,《现代史资料(11)·满洲事变(续)》,第 907 页。

开展"矿山增产运动",强迫工人超负荷劳动;开展"国民储蓄运动",以榨取民众的每一分钱财;开展"勤劳奉仕运动",强迫学生与青年从事无偿的劳动。

"协和会"还对占领区内广大青年的思想进行严格控制。1937年初,伪满政府发布《青年训练规定》,并决定由"协和会"具体组织实施。此后,"协和会"在48个县开设了青年训练所,分期对6000余名16至19岁的青少年进行训练。训练内容除军事操练外,还进行有关保甲制度及课税方面的教育。卢沟桥事变之后,根据日本侵华战略的需要,"协和会"又组织他们开展"爱国运动"、"消费节约运动"、"非常时期报国运动"等活动①。显然,该组织的主要目标是培养一批为殖民统治服务的新生力量。

1938年8月,"协和会"本部机关进行大规模改组,增设实践部和辅导部,以对新设立的联合协议会和协和青少年团进行领导和训练。所谓联合协议会,乃是在"协和会"之中设立的由官方与民间各系统代表联合组成的团体,其目标是实行官民一体,"宣德达情",消除双方的对立,超越职业和民族差别,共同商讨协和会自身发展,并对国家和地方的发展提出建设性意见。联合协议会于同年3、4月份开始在部分县、市筹建,以后迅速扩展到全满各地,并在此基础上设立省联合协议会,青少年团也于同时建成②。从此,"协和会"通过这样两个下属组织,尽力把伪满全境的民众都控制在自己手中。

随着侵华战争的不断扩大,日满当局对统治区内广大民众的控制与奴役也日益加深。"协和会"除严密控制民众的思想与行动之外,还策划组织协和奉公队,强迫20至35岁的青壮年发扬"义勇奉公"精神,担任平战两时"国民的警护",强令当地青年承担站岗放哨、维持秩序、劳动服务等无偿工作。这类组织,很快遍布大小城镇,逐步替代当地的自卫

①　满洲国通讯社:《满洲国现势》,康德八年(1941)日文版,第143页。
②　《协和会之组织》,《满洲国现势》,第144页。

团。1941年3月，"协和会"特设义勇奉公队中央总监部，由关东军参谋长和协和会中央本部长任总监，省和县也建立相应的下属机构。从此，全满30多万奉公队员，分别被编入基本组织和特殊组织之中，成为关东军的附属部队和后勤服务队①。以后，"协和会"又进一步设置了"满洲国防妇女会"、"军人后援会"、"满洲红十字会"、"兴农合作社"、"劳务兴国会"、"商工公会"等外围组织，将各行业都纳入自己的控制范围。

大力推行殖民地文化，是日本关东军在中国东北占领区实施殖民统治的又一显著特点。早在伪满洲国刚成立之时，关东军即在伪满政府中专门设立思想统制机构——弘报处，其主要职能有三项：一是"宣传建国并施政之精神"；二是"涵养民力，善导民心"；三是"普及自治思想"②。其后，弘报处改隶国务院总务厅，并大量派遣"宣抚人员"，跟随关东军的讨伐队去各地活动，充当其别动队。"七七"事变爆发后，弘报处进行扩充，其任务也扩展为控制舆论、文艺、宣传资料、新闻机关等七项，实际上已包揽文化宣传的各个方面。1939年与1941年，弘报处又经过两次调整扩充，管辖权限更为扩大。处内设置监理、宣传、情报三科，分别掌理文化机关的监督、文化宣传的审查和各种情报的收集。如宣传审查，即涉及报刊通讯、电影制作和放映、电台广播、对外宣传、旅游观光、文学、美术、音乐、戏剧等各个方面③。至此，弘报处已名副其实地成为伪满文化宣传的核心统制机关。

对统治区内中国民众实施奴化教育，也是日本关东军推行殖民地文化的重要方面。日军侵占东北各地后，先是查封所有公立学校，然后重新组建由日本人任校长、教导主任的"日满学校"。私立学校也必须经过严密审查，符合日方要求后方可开学。根据日满当局发布的"废止三民主义、党义及其他与新国家建国精神相反之教科书或

---

① 《协和会之组织》，《满洲国现势》，第144页。
② 《资政局官制》，《满洲国法令辑览》，1933年伪满国务院法制局编，第81页。
③ 《弘报处》，《满洲国现势》，第92—93页。

教材"的命令①,大批原有的教材被废止或焚毁。同时,日满当局又任命教材编审官,组织人员,重新编写教科书。伪满政府先后出版了供小学和初中中学生使用的"国定教科书"共 22 种 39 册,供各类中等学校使用的"审定教科书"23 种 29 册。这批新教材中,充满了"日满一体"、"王道乐土"等奴化宣传。

1937 年开始,日满当局宣布实行所谓新学制。该学制的小学阶段仍采用四二制,前四年的初小改称"国民学校",后两年的高小改称"国民优级学校"。中学教学则把原来六年缩短为四年,并改称"国民高等学校",这就使中学教育的文化水准大为降低。高等教育也从通常的四年缩短为三年。这样,伪满的学制总共为十三年,比日本国内的学制缩短了五年。不仅如此,这套新学制的最大特点是强调殖民主义思想教育,在政治上对学生进行严格控制:规定所有学生都必须"虔心诚意"地崇拜日本天皇和伪满皇帝;必须赞颂"日满亲善"与五族协和的"王道乐土";必须尽心竭力地拥护"大东亚圣战"。每天早晨上课前,学生必须集体用汉语和日语背诵《国民训》,并向皇宫遥拜。至于伪满皇帝发布的诏书等重要文书,更是强迫学生全文背诵。小学有一门"国民科"的课程,把殖民主义政治和语文混合在一起,占据全部课时的一半。太平洋战争爆发后,又开设了一门"建国精神"课,以取代地理和历史课。所谓"建国精神",主要是宣扬"日满一德一心","大东亚共荣圈"等日本军国主义思想。伪民政部教育司对此解释说:"从低年级起,即选择与亲近日本之感情的材料,渐次趋向至日本之国体精神。"②中学则把进行政治宣传的"国民道德"作为主课,后来改名为"建国精神"。该课程的内容全部是宣扬"日满亲善"等殖民主义理论说教。

在新学制中,日语教学被摆在突出的地位。从小学开始即强迫学生学习日语,其授课时间与汉语文课大致相等。到中学以后,日语课程

---

① 《满洲国法令辑览》,第 2 页。

② 伪满《建国教育》1943 年第 1 期,第 19 页。

不断增加，几乎超过汉语文课一倍。新学制把日语定为"国语"，伪满政府亦把它列为"公用语"，要求人人都会说，一切正式公文都用日语表述。其后又规定了日语"检定制度"，以确定学生的日语等级。伪满教育官员强调："学习日本语的究极目的，当然在于理解日本精神"；因为"在日本语中，是蕴蓄着日本自肇国以来日本的思考和感动的，由此日本的思考和感动作为一体的育成，始能得理解日本精神的真髓。"①这显然是要通过学习日语，培植青少年学生的奴隶意识。

在抓紧推行奴化教育的同时，日满当局对文化艺术界的管制也不断增强。日满当局对新闻出版业一开始即相当重视，对其实行严格"统制"。报纸、杂志必须经弘报处审查才能出版，其他出版物也要经过多道审查手续。1939年伪满政府设立书籍发行公司后，即垄断了图书发行和进出口业务，弘报处对报刊的审查也变本加厉。如1939年度发行的113中报纸中，有16种被勒令停刊，263种杂志中也有28种未通过审查②。同样。电影业也极受当局重视。1937年伪满政府先后发布《满洲电影协会法》和《满洲电影法》，对统治区内的电影制作和放映实行严格管制。为向广大民众灌输奴化思想，日满当局于1939年策划制作长达37卷的新闻系列片，其中主要有"建国史篇"、"协和会篇"、"国军篇"、"警察篇"、"内治篇"、"拓植篇"等等，另外还引进了不少德、意两国法西斯主义教育电影③。对音乐、美术、戏剧方面的统制同样十分严厉。

1941年3月，弘报处提出《文艺指导纲要》，毫不隐讳地道出了推行殖民地文艺的本质："我国艺文以建国精神为基调。故从事八纮一宇之伟大精神的美的显现。并且以移植于这一国土的日本艺文为经，以原住诸民族固有的艺文为纬。吸取世界艺文的精华，织成浑然独自的

---

①　伪满《建国教育》1943年第1期，第35页。

②　《出版》，《满洲国现势》，第500页。

③　《电影》，《满洲国现势》，第513页。

艺文。"①根据此《纲要》，日满当局拼凑适应日本侵略战争需要的文艺组织，同时进一步限制人民的言论自由。各地文艺组织普遍被改组，同时又建立了直接受弘报处控制的"文艺家协会"、"美术家协会"、"剧团协会"、"乐团协会"等团体。太平洋战争爆发后，这类行业性团体更多如牛毛，而且大都由日本人主持，直接为日本侵略战争服务。

三　华北、华中沦陷区的政治与文化

如何对中国占领区实行长久的殖民统治，这是日本侵略者反复思考的重要问题。军事占领之初，它采用扶植傀儡政府出面安抚民众，自己在幕后操纵的办法。汪精卫集团投敌后，为瓦解抗日阵线，引诱抗日营垒中的动摇分子，它又同意建立一个全国性的伪政权，与重庆抗日政府相对抗。表面上看，汪伪国民政府把各派汉奸势力都收归其麾下，实际情况却远非如此。由于各汉奸集团之间充满矛盾，加之日本实施分而治之的策略，汪伪政府的政令仅能在长江流域的狭小区域内施行。其他各地的汉奸集团，则在当地日军的支持下我行我素，根本不买汪精卫的账。以德王为首的蒙疆伪政权，一开始即表示不加入的态度；华北"临时政府"虽被迫改名，但新设立的华北政务委员会依然是个"独立王国"。这种行政管理上的割据状态，导致整个沦陷区在政治统治上具有不一致，其文化上也显现出多样性特征。

华北是卢沟桥事变以来最先沦陷的地区，那里也最早建立起号称为全国性的伪政权。汪精卫在筹组伪中央政府之初，即想方设法要把华北纳入自己的势力范围，这一想法遭到华北日军和以王克敏为首的临时政府的共同抵制。经日本政府调和，双方各作让步：华北"临时政府"同意撤销原政府名称，归入汪伪政府治下；汪精卫方面也

---

① ［日］春山行夫：《满洲文化》，日本大阪屋书店1943年版，第335页。转引《伪满洲国史》，第433页。

承认"华北地方情形特殊",同意设立华北政务委员会以实行"自治"①。所谓自治,其实就是让华北保持原有的政治形态,汪精卫的势力不向华北地区扩展。

伪中央政府成立前夕,汪伪中央政治会议于1940年3月22日通过《华北政务委员会组织条例》,对华北当局拥有的权限作出明确规定。根据此条例,华北政务委员会拥有极大的自治行政权。首先,该机关的地位非常高,直属国民政府主席领导,与行政院相并列。其次,其管辖的地域很大,领有河北、山东、山西三省及北平、天津、青岛三直辖市。第三,拥有广泛权力。政务委员会下设内务、财政、治安、教育、实业、建设六个总署及政务、秘书二厅,负责处理辖区内行政、财政、治安、实业等各方面的事务,而且还拥有一支独立的绥靖军②。这些规定,实际上是汪精卫对华北当局作出的最大让步。

1940年3月30日,汪精卫在南京举行"还都"庆典时,王克敏等"临时政府"首脑于当日上午10时举行末次会议,发布解散"临时政府"宣言,降下五色旗帜,换上加有黄飘带的青天白日旗,接着宣布召开华北政务委员会第一次大会,委员长王克敏及各委员、总署督办宣誓就职,宣告华北政务委员会成立③。经过这样一番形同儿戏的做作之后,华北伪政权也算并入汪伪政府的治下了。

华北伪政权之所以敢与汪精卫分庭抗礼,是因为获得了日本华北方面军的支持。华北方面军在军事行动方面虽受中国派遣军统一指挥,但对于政务方面,则受陆军大臣直接领导。根据日本《战时高等司令部勤务令》第九条规定的行政监察权,方面军司令官可以"统治监督占领区内的行政"④。据此,华北方面军把华北伪政权紧紧控制在自己

---

① 陈东白:《和运的开展与国府还都》,《申报年鉴》1944年度,第34页。

② 《华北政务委员会组织条例》,《中华民国史档案资料汇编》第五辑第二编《附录》(上),第74—75页。

③ 北京《实报》,1940年3月31日。

④ 《政务指导的基本方案》,《华北治安战》(下),第33页。

手里。为对华北伪政权实施有效控制,该方面军参谋部第四科专门承担了相关工作。此外,在华北政务委员会本部及所属各省、各特别市政府内,都设有顾问部,由该军派遣的最高顾问、顾问、顾问辅佐官进行幕后指挥。顾问部名义上协助中国方面开展行政、司法、军事、警察等业务,实际却是凌驾于各级伪政权头上的太上皇。当时,华北政务委员会的最高顾问为预备役陆军中将佐藤三郎。除顾问外,方面军司令官还推荐了一批日本技术人员、教授、教官、教导员进入华北政务委员会的政府机关任职,以进行更为具体的监督控制。

华北方面军除在总体上监督华北全部行政外,还直接担任河北省及北平、天津两个特别市的政务“指导”。山西、山东、河南各省,则分别由第一军、第十二军、第三十五师团担任“指导”,具体业务由派驻各处的特务机关负责。对于道以下政府机关的行政指导,则由各地日军根据具体情况而定。一般是由日本特务机关派遣道、县联络员,对道、县公署进行幕后指挥①。

在华北日军的严密控制下,华北政务委员会的一切活动当然严格按照日本的侵华战略进行。其施政方针是:“遵循兴亚之大道,以努力东亚新秩序之完成,而求华北政治之日臻明朗化。”②为维持华北占领区的稳定,内务总署着手整顿地方行政,确定各级政府施政纲要,调整行政区域,实施保甲制度。治安总署则编组县警备队和警察所,设立各种训练所,开办警官学校,培养警察干部;招收新兵,创设军官学校,充实治安军之实力③。华北伪军早在 1938 年即开始筹建,以齐燮元为总司令,其骨干多为他的老同学、老部下和同乡。1939 年 10 月,“治安军”正式建成,编成三个集团军与两个独立团,额定兵力约 15000 人。华北日军在治安军内设有顾问和教官。治安军从建立之初即同日军混

---

① 《省以下各地方行政指导》,《华北治安战》(下),第 36 页。

② 中华民国新民会中央总会编:《第二届全体联合协议会会议录》,第 34 页。

③ 《新民会报》通卷,第 101 号,1940 年 12 月 28 日。

合部署,以协助日军作战。华北政务委员会成立后,由齐燮元担任治安总署督办兼治安军总司令,统辖华北伪军与警察①。同年 11 月,治安军进行大规模扩充,兵力增加一倍以上。治安军不仅在组织上自成体系,不受南京汪伪政府军事机构管辖,在军队内部建制和服饰等方面也与汪伪军队完全不同。1943 年治安军改名为"绥靖军",服饰也作了更换,但仍在上衣左上口袋盖上戴一枚五色徽章,以示与汪伪军队有所区别②。

为欺骗民众,维持在华北占领区的统治,日伪当局还仿照伪满洲国协和会,成立了一个号称"中华民国新民会"的所谓群众团体。早在平、津两市刚陷落之际,日本即指派伪满洲国外交大臣、"协和会"主要头目张燕卿为筹备委员长,筹建新民会。当"临时政府"于 1937 年 12 月在北平粉墨登场时,新民会的筹建也告完成,并于同月 24 日宣告成立。当天发布的《宣言》称:"本会与新政权表里一体,首先拥护新政权,为反共战线之斗士;进而培养民力,实现友邻之共荣。"③其"行动纲领"第一条也强调:"护持新政权,以图畅达民意。"④"新民会"成立之初仅有 20余人,因其主要任务是为日伪当局摇旗呐喊,故活动经费得到临时政府的全额资助,规模也迅速扩展。1939 年 10 月,"临时政府"首脑王克敏担任会长后,"新民会"更成为华北伪政权手中的得力工具。汪伪政府建立后,"新民会"并未被汪伪国民党替代,其组织反而得到加强。华北日军先是任命安藤纪三郎中将任该会顾问,进而又宣布与军部宣抚班"统合为一",对其机构进行大规模调整,以强化对统治区内部的控制。

---

① 《日军占领区内中国方面武装团体的状况》,《中国近代史资料丛刊·抗日战争》第六卷《日伪政权与沦陷区》,第 297—298 页。

② 陶广仁:《伪华北治安军概述》,《河北文史资料选辑》,第 16 辑。

③ 《中华民国新民会宣言》,《抗日战争》第六卷《中国近代史资料丛刊·日伪政权与沦陷区》,第380 页。

④ 《伪新民会的纲领与会旗》,《抗日战争》第六卷《中国近代史资料丛刊·日伪政权与沦陷区》,第375 页。

各级领导机构中,日方人员约占三分之一,双方的任务是:中方人员立于"第一线,与民众相接,而日系则由内部指导及协力"①。这一事实,充分反映了日本"以华制华"的图谋。

华中沦陷区的政治统治与华北完全不同。早在汪伪政府筹备成立之际,汪精卫一再强调实现和平与实施宪政是新政府的两大目标②。他打着"以党治国"的旗号,沿用原南京国民政府的政治体制,对沦陷区民众实施欺骗。

伪政府在南京登场后,汪精卫等人一方面加紧与日本相勾结,争取尽早得到日本的承认,以提高自己的政治地位;同时又着手整顿地方秩序,扩充自身实力。伪中央政治委员会于1940年4月连续开会,对一系列重大政治问题作出决定:宣布国民政府"还都"以前的法令仍然适用,以消除民间的思想波动;由国民政府下令,各地军队立即停战待命,以实现和平方针;令外交部根据政纲,着手调整外交事务③。此后,伪国民政府各院部委,开始按照各自的职权运作。在财政方面,由财政部长周佛海召集中央银行筹备委员会,决议定名"中央储备银行",于"双十节正式成立",负责募集资金、整理旧币、发行新币等事务④。军事方面,改编维新政府留下的军队,收编陆续来投的新军队,迅速扩充军事实力。与此同时,又新成立一个警卫师,专门负责中央机关的安全保卫。宣传方面,创办中央电报通讯社,统一对内外发表新闻。另外,还创设宣传讲习所,培训宣传干部,派往各地宣传机关服务。经过半年多努力,日本终于同汪政府正式签约。此后,汪伪当局认为和平建国之基

---

①　[日]安藤纪三郎:《对于中央总会所指示者加以补充说明》,《新民报》,第72号,1940年8月20日。

②　《汪主席招待记者会上发表今后施政方针》,《中华日报》,1941年3月23日。

③　汪伪组织档案(十三)1205,藏中国第二历史档案馆。

④　《周佛海日记全编》(上编),1940年5月3日,第288页;《汪伪行政院公布中央银行筹备委员会章程》(1940年4月),《中华民国史档案资料汇编》第五编第二辑《附录》(下),第946页。

础已成,开始把政治活动的重心转到"强化党权"、"确立治安"等方面。

汪精卫集团投敌之初,曾指责蒋介石搞独裁统治,借"以党治国"的名义垄断政治。所以,他在伪国民党六大上做出承诺:"还都"以后将实施宪政,以后又把它写入政纲中,并组织宪政实施委员会,以示能容纳各党各派共同参政。然而,汪精卫决不是一个真正的民主派。当汪伪政府的根基大致稳固后,他立即换了一副面孔,一再强调"强化政治中心领导权的重要性"。他认为,为了培养政治的总力,"我们以为应该以一个党一个主义为中心,而联合其他各党各派,以共同负荷国家社会重任"。还说:"今日的世界,是拼命的世界,而今日的中国,又正在危急存亡系于一发的时候,既需要一种同心协力的精神,更需要一种能适合此精神,运用此精神的政治制度,以一个党,一个主义为中心势力而共同负荷责任,我认为是比较最合理的。"在一次与日本记者论及实施宪政时,他又强调:"真正之宪政,需有强大之中心势力为之推动。"①根据汪精卫的理论,同年12月汪伪国民党召开六届三中全会,决定"结集党的势力,来推动政治上对内对外工作,将人民思想,集中于国民党的三民主义及大亚洲主义"②。在汪伪国民党的压力下,"维新政府"时期成立的大民会、共和党以及兴亚建国运动本部等三个团体宣布解散。从此,在汪精卫集团控制的区域内,只有一个汪伪国民党。

汪伪国民党的"中心"地位确立后,汪精卫等人即致力于增强伪政权实力的各项工作。首先是大肆扩军,除陆军之外还建立海军,同时又成立航空署,计划购买飞机,筹建空军。接着又在苏南等重要地区实施"清乡",以图确保南京、上海等大城市及主要交通干线的安宁。为树立独立政府的形象,汪伪政府于1941年1月创设"中央储备银行",发行"储备券"作为政府的法定货币。

从外表看,汪伪政府比其他伪政权在政治上具有更多独立性,但他

---

① 　孟祺:《国府还都一年》,《政治月刊》第1卷,第3期。

② 　汪伪组织档案(十三)1205,中国第二历史档案馆藏。

们在本质上是完全相同的,即都是日本侵略者手中的傀儡。汪伪政府是在日本一手扶持下,并在日本占领区内建立起来的,因此日本政府决不允许它脱离自己控制而独立存在。日汪《基本关系条约》及一批附属秘密协定,是一根拴在汪伪集团脖子上的大铁链,他们只能在铁链的长度内,围着日本这个中心转。以影佐祯昭为首的日本军事顾问部,严密监视着汪伪政府的一举一动,"汪精卫有时到广州、北平、东京、长春等地方去,军事顾问必定同行"①。

汪精卫集团叛国投敌,在沦陷区建立傀儡政权,一开始就打着继承民国法统的旗号。为对沦陷区民众实施长久欺骗,他们上台以后,更加重视利用各种媒体,有计划地进行欺骗宣传和奴化教育。

报刊、电台等近代媒体,一开始即为汪伪集团所重视。1939 年 7月,当"和平运动"公开发动之际,汪精卫集团即将停刊两年的《中华日报》在上海复刊,作为自己的喉舌。同年 11 月,又在上海设立"中华通讯社"。汪伪政府"还都"后,"中华通讯社"改称"中央电讯社",并在辖区各地设立分社,同时大量创办各类报刊。仅南京地区就有《中报》、《南京新报》、《时代晚报》等十余种报纸,《中央导报》、《现代公论》、《大亚洲主义》等五十余种杂志。在上海则有《新申报》、《日本评论》等报刊二十余种。浙江、安徽、湖北等省及一些大中城市也有数量不等的新办报刊。为统一宣传口径,日伪当局对这些舆论工具实行严格管制,规定所有报刊都必须接受日军报道部和汪伪宣传部的指导,根据其定期发布的宣传要点撰写文章,刊登指定的新闻稿件,接受其新闻检查。1940年 10 月,汪伪政府发布《全国重要都市新闻检查暂行办法》,其中规定:实施新闻检查由各新闻检查所会同当地军警机关一起进行,目的在于"防止破坏和平反共建国国策之一切反动宣传"。凡有"企图倾覆政府危害民国"、"扰乱地方破坏金融破坏邦交"、"破坏公共安宁"等内容,以

---

①　罗君强:《伪廷幽影录》,《伪廷幽影录——对汪伪政权的回忆纪实》,中国文史出版社 1991 年版,第 41 页。

及通令禁止宣传的新闻稿件,一律删除。如有违反规定,轻者"警告",重者"移送法院依法追究"①。

此外,日伪当局还利用图书、画报、电影、戏剧、歌曲等宣传手段,向沦陷区民众进行卖国主义理论宣传。如图书出版方面,汪伪宣传部不仅大量印制汪精卫等人的言论集,还出版通俗读物《大众丛书》等,分篇阐述其基本理论,以适应普通群众阅读。同时还组织人员编写教唱"和平"歌曲,派剧团巡回演出,派人去各地宣讲"为何要和平",等等。

为表示中日友好,伪中央政治委员会于1940年7月成立"中日文化协会"。该会宗旨是:"沟通中日两国之文化,融合双方朝野人士之感情,并发扬东亚文明,以期达到善邻友好之目的。"②对于"中日文化沟通"之涵义,汪精卫在协会成立大会上的演说中讲得很清楚;"中国应将排日思想","从根本上加以廓清","中日两国,必须在文化上,共同努力,使东洋文化,大放光明"③。汪政府的吹鼓手叶钧则更加露骨地称:中国文化"随时有遭遇覆亡的危机","中国民族文化的发达,必须与日本提携","在同一的旗帜下,应紧密团结起来"④。1941年2月,东亚联盟中国总会成立时,"文化沟通"即成为该联盟四大纲领之一,同时也成为汪伪政府文化宣传的基本方针。

教育是文化领域中的重要阵地,汪伪集团对教育非常重视,他们一开始即注意控制教育机构,大力推行奴化教育。早在1939年8月汪伪修订的国民党政纲中,即把教育方针修改为:"保持并发扬民族固有之文化及道德,同时尽量吸收适于国情之外国文化";"铲除狭隘之排外思想,贯彻睦邻政策之精神"。同时还强调要"改订教育制度,重编教材,以适于新中国建设"⑤。次年1月,汪精卫在回答日本记者提问时称,

---

①　汪伪立法院编译处:《中华民国法规汇编》(三)。
②　《中日文化协会章程》,《政治月刊》第1卷,第2期。
③　汪精卫:《在中日文化协会成立大会上的训词》,《政治月刊》第1卷,第2期。
④　叶钧:《中日文化提携论》,《兴建月刊》第2卷,第6号。
⑤　汪伪宣传部编:《和平反共建国文选》第一辑《中国之部》,第47页。

将以确立中日永久和平及善邻友好为教育方针①。此后在"还都"时发布的伪国民政府政纲中更明确规定："以反共和平建国为教育方针。"②

在汪伪政府成立前，华北、华中各沦陷区的大中小学教科书，早被日军强令修改，删除一切抗日、排日内容，改成亲日、媚日文字。但汪伪教育部仍不放心，再三嘱令所属机关对各类教科书严格审查，删除所谓不适用之内容。其删除原则是："教育方针既确定在于反共，则凡各级学校的教科书上含有阶级斗争，或有足以引起阶级斗争的一切思想，皆当全部删除"，"又教育方针既确定在于和平，则凡各级学校教科书上，含有民族国家间仇恨，或足以引起将来的民族国家间的仇恨思想，亦当加以适当修正"③。1940年8月，汪伪教育部公布了从幼稚园开始的各类教科书审查表，并删除了一大批文章。同时，还通令各中小学每周必须对学生进行一小时"精神训话"，以宣扬中日亲善，共存共荣。

强令沦陷区内各学校学生学习日语，是日伪当局推行奴化教育的又一重要手段。1940年7月，日本中国派遣军总司令部致函汪精卫，要求教育部将日语列为中小学必修课程，宣称这是对日本表示亲善与真诚的"主要标志"④。对于日本的指令，汪精卫当然惟命是听，立即批示"照准"。于是汪伪教育部决定在初中以上学校开设日语课，并规定为学生的必修课程。

为扩大奴化教育的影响，汪伪教育机关还将学校教育扩展到社会与家庭。1940年8月，伪江苏教育厅制订《小学指导儿童及家庭推行和平运动办法大纲》，要求各小学组织"和平运动推行委员会"，指定由校长教员和家长代表参加，校长任该会主席。其任务是："规划学校及

---

① 汪精卫：《答记者问》，《中华日报》，1940年1月20日。
② 汪伪宣传部编：《和平反共建国文选》第一辑《中国之部》，第141页。
③ 杨鸿烈：《国民政府还都后的"文化政策"》，《中日文化月刊》第1卷第2期。
④ 《中华日报》，1940年7月7日。

家庭推行和平运动之具体方案"；"讨论学校及家庭推行和平运动之实际问题"。要求家长对学生不合于和平运动之行为，配合学校"予以纠正"，"以身作则，为儿童及各家庭表率"①。伪南京市教育局还要求社会教育机关对学校加强"和平运动"教学，强调各社教机关负责人，要"随时审察校内或馆内全体教职员工、学生之思想，并召集思想善导会议"，"矫正"教职员及学生思想②。显然，日伪沦陷区内各类学校，都已成为控制青少年思想的集中营。

四　日本对沦陷区的经济掠夺

日本发动侵华战争，占领中国大片国土，其主要目的是要把中国变为殖民地，掠夺中国丰富的经济资源。伪满洲国是日本最早实施经济统制政策的地区。"九一八"事变后不久，日本关东军相继制定《满蒙开发方策案》与《满洲国经济建设纲要》，作为掠夺伪满经济的基本方针政策。1934年3月，日本内阁又进一步通过《日满经济统制方策要纲》，声称将"日满经济特别作为同一组织体"加以管理，并对满洲的金融、交通、通讯及其他事业予以适当统制③。抗战全面爆发后，日本对伪满地区各类产业的统制力度不断加大，并为此先后制定《重要产业统制法》与《产业统制法》。与之相呼应的是特殊会社制度的建立，即日本将其认为具有国防或公共公益性质的重要事业，统一由国营或特殊公司经营。1932年成立的伪满中央银行就是最早的特殊公司。至1941年7月，日本在伪满地区的特殊会社数量已达36家，涉及金融、交通、能源、

---

① 伪江苏教育厅：《小学指导儿童及家庭推行和平运动办法大纲》，《中华日报》1940年8月7日。

② 伪南京市教育局：《南京市各级学校暨社教机关实施思想善导办法》，《中华日报》1940年10月5日。

③ 《日满经济统制方策要纲》，《中国近代史资料丛刊·抗日战争》第六卷《日伪政权与沦陷区》，第64页。

矿产、机械、化工等多个产业①。同时随着战争的扩大，日本对煤、铁等资源的掠夺也达到前所未有的高度。为此，他们不惜杀鸡取卵，将一切人力、物力全部集中到采煤、炼钢作业上去，以满足其对资源的需求量。

对于紧邻伪满洲国的华北地区，日本早在卢沟桥事变爆发前就企图使其"迅速成为反共亲日、亲满的特殊地区"，以"获取国防资源"②。日本陆军专门拟订了"由兴中公司经营，其他机关协助"的开发华北经济的计划③。随着侵华战争的日益扩大并转入长期化，日本国内的经济资源逐步枯竭，日本军政当局的这一愿望更为迫切，他们采用各种手段，力图从华北占领区掠夺更多的战争物资及其他各种经济资源。

1937年7月底，北平、天津及周围地区相继沦陷。日军所到之处，中国的纺织、面粉、矿山、制盐、纯碱等民族工业全部被强占。日军将武力抢夺到手的纺织、面粉等工业依托国内的垄断企业经营，煤矿、矿山、电力、钢铁、制盐、纯碱、铸造等部门则依托满铁出资创办的兴中公司经营④。强占中国现有工矿企业是日本对华北沦陷区掠夺的第一步，接着，它又制订所谓"资源开发计划"，以便对华北资源进行系统而长久的掠夺。

1937年9月，华北日军特务机关和日本满铁调查部联合制订《华北产业基本对策纲要草案》和《华北经济开发方策大纲草案》。上述对策纲要的方针是："华北产业对策的根本，是以扩大日本的生产力所必

---

① 《特殊会社一览表（1941年7月调查）》，《中国近代史资料丛刊·抗日战争》第六卷《日伪政权与沦陷区》，第88—91页。

② 《帝国外交方针》，《华北治安战》（上），第13页。

③ 《中央的政策与华北自治运动》，[日]《支那事变战争指导史》，第22页。

④ 日本大藏省管理局编：《关于日本人海外活动的调查》，转引[日]依田熹家：《日本帝国主义的本质及其对中国的侵略》，中国国际广播出版社1993年版，第103页。

要的资源的获得及必要程度的加工为目标,进行综合经营,以弥补日满经济的缺陷为目的。"上述方策大纲的宗旨则是:"依靠日本资本及技术的协助之华北经济开发,作为这次事变的善后处理,是赋予我国的重大使命。"华北经济开发,必须"贯注主要力量,获得日满经济区所缺少的重要矿产资源,确保经济根干的交通机关"。具体方案是,把日本资本参与的产业,分为"统制产业"和"自由产业"。统制产业应纳入日满的产业计划,并作为"国策会社"进行经营监理。统制产业的主要范围是:"重要矿山资源的开发";"以上述资源为原料的加工企业";"盐田的开发及开发指导";"主要发电送电事业"。其他产业原则上为自由企业,但也应进行适当统制①。

　　掠夺方案确定后,华北日军又进一步对可能掠夺的重要资源进行估算。他们先后制订《华北重要资源对日输出可能数量》及《华北资源所需数量设定委员会报告书》,在此基础上,于1938年3月制订出《华北产业开发九年计划》。这些文件坦然承认其动机是:"指出至昭和21年(1946年)的9年期间华北产业综合开发目标,在设想的基础上,制订以日、满、华北为一体的重要资源,特别是铁、煤、液体燃料、矾土页岩、盐及棉花的需给计划。"②《华北产业开发九年计划》详尽地列出了各种重要资源的掠夺数量。其中,钢铁是日本最迫切需要的物资。他们计划把以龙烟铁矿为中心的钢铁产量从1938年的48.3万吨扩大到1946年的270万吨,同时规定每年要向日本出口大量铣铁和铁矿。煤炭亦是华北的重要资源,他们计划在当年产量1400万吨的基础上逐年提高,至1946年达到5000万吨,并向日本出口3000万吨。棉花的上市量,计划从当年的24.8万吨至1946年增加到54万吨,其中要向日

---

　　①　《华北产业基本对策纲要草案》与《华北经济开发方策大纲草案》,《日本帝国主义的本质及其对中国的侵略》,第106—109页。

　　②　《华北产业九年计划》,《日本帝国主义的本质及其对中国的侵略》,第111页。

本输出 25.6 万吨①。由此可见,日本对华北占领区重要资源的开发,是以率先满足日本国内需求为前提的。据统计,日本自 1937 年至 1945 年 8 月经营龙烟铁矿期间,共开采矿砂 374 万吨,冶炼生铁 20695 吨②。这些物资在维持日本侵略战争机器的运转上,发挥了关键作用。

为实施庞大的掠夺计划,华北日军逐步着手设立综合性的管理机构。军特务部与满铁调查机关共同拟订了组建新公司的方案,经反复磋商,最后报请日本政府同意,决定设立一个名为"华北开发株式会社"的国策公司。该公司是日本榨取华北沦陷区各种经济资源的大本营,公司注册资本 3.5 亿日元,由日本政府和日本民间各出一半;必要时,可发行五倍于公司资本的债券,以筹集所需之资金。在总公司之下,根据"一业一社"的形式,设立若干子公司。华北开发株式会社所负之使命,"为促进华北经济之开发,及对各项事业予以投资或融资,并进行综合调整之工作"。其中涉及交通、运输及港湾事业;通信事业;发送配电事业;矿产开发事业;盐之采取及利用事业以及其他促进华北经济开发及统合调整上之必要事业③。该公司拥有的特权主要包括:开业后十年内,免除全部所得税、营业税;五年内政府给予一定金额的补助;民间分红未达年利 6 分时,政府不分红;债券本金及利息受政府保护。因此,华北开发公司实际处于日本"华北经济参谋本部"的特殊地位④,它前后共对 30 余个子公司进行了投资控股。

日本对华北经济的掠夺,除直接设立公司之外,还策动伪政权配

---

① 《华北主要资源对日可能输出量》,《日本帝国主义的本质及其对中国的侵略》,第 112 页。

② 《中国近代史资料丛刊·抗日战争》第六卷《日伪政权与沦陷区》,第 691 页。

③ 《华北开发株式会社概况》,《中华民国史档案资料汇编》第五辑第二编《附录》(下),第 1014 页。

④ 《华北开发株式会社的结构》,《日本帝国主义的本质及其对中国的侵略》,第 141 页。

合。1938年3月，在华北日军的策划下，日方与临时政府合作成立了"日华经济协议会"。该会由中日双方各派五名委员组成，"临时政府"行政委员会委员长王克敏担任会长。据日本同盟通讯社称："日华经济协议会今后在日本军司令部及中国临时政府中间，本其广泛的权能，促进华北产业资源之综合的开发。"其运行方式为："大体上每月举行定期总会一次，审议决定开发华北经济最高方针"；"按照经济产业各部门，置通货金融、商工业、矿业农业、交通等部委，使之拟订各专门事项之企图，交协议会附议"；"审议决定事项，交由日华两国各机关协力提携而实行之"；"临时政府为与该协议会保持联络协力，达到开发经济之目的，由行政委员会新设一实业部，协议会设置一秘书厅"①。其后，协议会的中日委员联合召开会议，确定开发华北的原则，以及"建立日华经济相互依存关系之最高方针"。双方在以下问题上达成一致意见：一、"为谋日华亲善之实效，两国首先共同努力于农业之改良"，"农业改良，则棉花之生产增加，使由此所增加生产之棉花与其他农业资源，成为日本工业原料，向日输出"；二、"依上述同样之目的，为与治水、交通、通讯、港湾之修筑、金融之改善等事业相并进，即地下宝藏之矿产资源及其他各物，亦渐次开发"；三、"对于上举以外之事业，亦须避免日华经济相克"，"务须实现依日华合办组织之两国资本及经营上之提携"②。至此，华北沦陷区经济已完全纳入侵华日军所设置的轨道。之后，日本又通过设立日华贸易公司、东亚经济恳谈会、华北经济协议会等组织，对华北沦陷区实施经济掠夺。

　　日本占领华北后，还扶持伪临时政府设立所谓"中央银行"，即"中

---

① 北京《实报》1938年3月27日。

② 北京《实报》1938年7月2日。

国联合准备银行"，"以安定通货，统制金融为目的"①。"中国联合准备银行"名义上由伪临时政府行政部局长汪时璟任总裁，其实际权力却由日本顾问把持。该银行通过独占货币发行权、实施通货膨胀政策、统制汇兑、控制各类金融机关、榨取民间资本等手段②，对华北沦陷区的金融进行了长时间掠夺。与此同时，日本对华北地区的粮食、棉花及农矿产品亦紧盯不放。以棉业为例，日本除尽一切手段控制华商纱厂、压榨剥削棉农棉商外，还专门组织华北棉花协会，运用资本力量统一收购棉花，强行垄断华北棉业市场③。

　　侵华日军对华中沦陷区的经济掠夺，最初采用了与华北大致相同的方式。汪伪政府成立后，日本军政当局开始采取各种措施，尽可能发挥该政府的作用。日军在巩固占领区统治的同时，又抓紧掠夺各种资源，力争达到"以战养战"之目的，以适应长期战争的需要。

　　汪伪政府成立时，日本已经过近三年的侵华战争，国内各类重要物资几近枯竭，经济形势日益紧迫。德、意、日三国结盟后，日本在国际上越发孤立，美国对日禁运范围不断扩大，这导致日本经济形势进一步恶化。为摆脱困境，日本政府一面在国内加紧推行战时体制，将全体国民绑到对外侵略的战车上，同时又紧盯中国占领区，力图榨取更多的战争资源。1940 年 12 月 7 日，日汪《基本关系条约》刚签订不久，日本内阁即决定了《经济新体制要纲》，其基本方针是："确立以日'满'为一环，包容大东亚的自给自足共荣圈，并基于圈内的资源，确保国防经济自主性，并于官民协力之下，以重要产业为中心，遂行综合的计划经济，以资应付时局的紧急完成国防国家体制，藉谋军备的充实，国民生活的安

---

　　① 《中国联合准备银行条例》，《中华民国史档案资料汇编》第五辑第二编《附录》(下)，第 908 页。

　　② 《中国近代史资料丛刊·抗日战争》第六卷《日伪政权与沦陷区》，第 614—618 页。

　　③ 《敌对华北棉花之夺取(1939 年 11 月 28 日)》，《中华民国重要史料初编》第六编《傀儡政权》(四)，第 1088—1094 页。

定,国民经济恒久的繁荣。"①

　　通过实行新经济体制来巩固与稳定中国占领区统治是关键所在。日本陆军为此特于1941年1月25日制订《对华长期战争策略要领》,作为加强对中国占领区控制与掠夺的总体方案。该文件由三个内容详尽的具体方案所构成,其中第一个方案是《对国民政府的指导纲要》。方案强调要调整对汪政府的指导方针,使之适应长期战争的需要。对汪政府的指导,首先,应采取措施,"使其一心一意地协助加强帝国综合战力","努力向我占领区域内作政治力量的渗透";其次,是确定对汪政府物资上的要求:"日军在当地独立生活的必要物资及属于物资动员的物资,特别是埋藏物资,按帝国对华要求全额、全部取得";获取其他普通物资时,"则避免通过压力","以正常的经济手段,圆满且恰当地取得之","以资收揽民心,且便于我之长期获取";"随着政府财政力量之增强,指导其逐渐用新货币交付帝国的军费";第三,调整对新政府内部指导的部门与范围,"关于国防资源,特别是埋藏资源的开发和利用,通过合办企业直接参与生产"。需要从内部指导的范围大致如下:"关于粮食及棉花生产事项";"关于通货、金融、贸易事项";"财政运用大纲";"关于军事及整备(包括监察)事项";"关于交通、航空、通信事项";"关于外交事项";"关于建设新秩序理想事项";"关于重要人事事项",等等;第四,调整国民政府与华北、蒙疆的关系及承认海南岛、武汉的特殊性②。根据上述指导原则,日本实际上只承认汪伪政府在长江下游地区具有一定统治权,其他占领区的主要权力仍由侵华日军直接控制。

　　策略中的第二个方案是《对华经济措施》。日本当局逐步认识到,为维持长期对华战争,必须采用"以战养战"的政策,在中国占领区内就地榨取各种战略物资,以弥补国内各类物资的严重不足。因此,日本军

---

　　①　《经济新体制要纲全文》,上海市档案馆编:《日本在华中经济掠夺史料(1937—1945)》,上海书店2005年版,第202页。
　　②　《对国民政府的指导纲要》,[日]《支那事变战争指导史》,第529—532页。

方把这个方案作为整个策略的重点,详细罗列如何把中国占领区变成战争物资供应基地的各种策略办法。其基本方针是:"结合日满两国情况,彻底开发和取得国防资源,同时应有助于安定占领区的民心";"提高日军在现地的独立生活能力,同时坚定地发展国民政府的经济力";"摧毁重庆方面的经济力";"采取适当的金融政策,极力防止通货的混乱和膨胀"①。根据上述方针,日军计划并实施了一系列经济对策。

一是获取物资的对策,计划从榨取更多的生活用品、开发重要资源和通过租界获取重要物资等三方面入手。榨取生活用品的目标是使侵华日军的生活用品能够就地取材,"提高派遣军在现地的独立生活能力"。重要资源的开发,按缓急顺序与不同地区有计划实施。"按日满华一贯的增加生产及物资动员计划,当前大体以现占领区的铁和煤矿为第一位,其次为棉花、盐、萤石、钨、石棉、羊皮、云母等。力求逐步增加其取得量"。开发资源的方法,"主要采取华北开发与华中振兴公司的分公司等目前使用的方法,合理利用现有机构,以求提高其效果"。取得上述生活用品与重要资源的限度,"以确保现占领区民众的最低限度生活"为原则,并应"尽量利用中国的习惯、经济机构及地方资本"。利用租界取得物资,主要"利用上海租界的特殊性,以该地为基点,对国内不能取得的主要物资,按物资动员计划中的输入数量,用满洲、华北现有的外汇资金,向第三国订购"②。在华中沦陷区,粮食、棉、丝、蔬、果、肉、蛋、皮革等物资是日军掠夺的重点对象。日军占领上海初期,即在浦东等地强行扣留、没收巨额棉花。并公然拦劫运往上海的菜蔬。日军还组织所谓的"牲畜市场",统制生猪交易③。汪伪政府成立后,日本驻上海特务机关又指使伪上海特别市政府组织粮食管理委员会、粮食联络会等机构,专门负责上海及周边地区的粮食征购工作。

---

① 《对华经济措施》,[日]《支那事变战争指导史》,第533页。
② 《对华经济措施》,[日]《支那事变战争指导史》,第533—534页。
③ 《申报》,1939年4月6日、4月16日、8月23日。

二是货币对策，计划让汪伪政府"中央储备银行"发行的"中储券"成为华中地区的统一货币，日本军费也逐步用它支付。"中央储备银行"成立时，汪伪财政部长周佛海曾发表声明称："为使金融市场不生动摇，人民资产得以保障起见，关于现在流通之各种旧法币，暂准与中央储备银行发行之法币等价流通，然后徐图调整，设法统一……至日本军票，为事变继续中之特殊事态，新法币当与之为相互充分之协力，使得各完成其所负之使命。"①随着"中央储备银行"实力的增强，日伪方面逐步加强了货币管理的力度，但尽可能不使"联银券、蒙银券受到不良影响"。对于日本军票，仍然维持其适当价值，以利于支付军费，同时根据中央银行券地位之增强，"迅速把它掉换成中央银行券"。对于旧法币，则极力阻止"重庆方面通过向第三国出口，华侨汇款及向第三国借款等办法充实外汇资金"，以降低其对外价值。在情况许可时，考虑全面禁止其流通②。

三是贸易管理，目标是"极力使日满华的物资交流综合化，以促进东亚自给经济之确立"。为此，计划把中国对"日元集团"的进出口贸易纳入日本的计划管理之下。对于中国同第三国的贸易，"应促进占领区的物资出口，抑制管理非占领区物资的出口"。对于中国海关，"应加强现正实施的内部改组和增设日籍职员的手段，看准时机，准备把它全部收回"。对于同非占领区的贸易，采用加强封锁、严格控制的措施。凡占领区内不足的必需物资，应"采用各种方法从非占领区取得"，如有必要，"允许从非占领区流入消费物资"；对于为了交换而流出的物资，"应严格选择，不使重庆方面因此增加抗战力量"③。日军占领上海后不久，随即实行物资统制与经济封锁。华中派遣军方面还专门发出通知，

①　《汪伪财政部长发表关于成立中央储备银行发行钞票的声明》(1940 年 12月 19 日)，《中华民国史档案资料汇编》第五辑第二编《附录》(下)，第 959 页。

②　《对华经济措施》，[日]《支那事变战争指导史》，第 535—536 页。

③　《对华经济措施》，[日]《支那事变战争指导史》，第 537 页。

禁止民间所有物品"由军占据地内向军占据地外输送",同时还严格限定了向上海租界方面输送物品的范围①。

策略要领的第三个方案是《对华思想指导纲要》。日本陆军当局认识到,"收揽民心"对维持在中国占领区的长期统治意义重大,因而在《纲要》中明确规定:"适应长期持久作战方略,置重点于占领区,激励国民政府官民建设新国家和大东亚新秩序的热情,在促进和提高其政绩的同时,应开展思想攻势,对反动势力展开积极的斗争,有效地向对方进行渗透,瓦解敌军官兵的抗战意志,以促进事变的解决。"②《纲要》主张从官吏与知识阶层、普通民众及对敌宣传三个方面采取不同对策。

《对华长期战争策略要领》是日本战争指导当局在侵华战争进入长期持久战态势之际确定的一个重要战略方案,它和盘托出了日本企图长期占有中国领土和掠夺中国资源的野心。值得注意的是,为达到长期占领中国领土之目的,日本陆军开始注重对占领区的经营与建设,这在一定程度上实际反映了侵华日军的意见。日本中国派遣军曾一再强调:"全体一致认为,持久作战方略的根本,在于建设新中国","不论为了对综合战力的协力,还是为了政治力量的渗透,都必须加强政府本身实力"③。1941年2月,日本中国派遣军召集所属各军司令官会议,传达中央关于处理事变的各项纲要,同时贯彻派遣军关于本年度作战和政务指导方针。西尾寿造总司令强调:"现在国内外形势都迫切要求把日满及占领区作为一个整体,加强综合战力","政务指导的宗旨是,在建立进行长期作战的基本势态期间,使中国方面广泛地进行工作,谋求占领地区

---

① 《日本华中派遣军参谋长通知》(1939年2月1日),上海市档案馆:《日本帝国主义侵略上海罪行史料汇编》(下编),上海人民出版社1997年版,第110—111页。

② 《对华思想指导纲要》,[日]《支那事变战争指导史》,第542页。

③ 《总军关于对华长期战争施策要领之意见》,[日]《支那事变战争指导史》,第545页。

的富强,逐步培植国民政府,使之成为统治的主体"①。为进一步密切与汪伪政府的联系,总军还决定,每周星期三与该政府要人举行定期会谈。

为稳定汪伪统治区,增强汪伪政府的实力,以获取更多的战略物资,日本总军还与汪伪当局达成如下意见:总军对汪伪政府推行的增加粮食对策,确立财政基础,扩充军事力量,隔离敌对地区,渗透政治势力等项工作,给予全面促进与支持。汪伪政府确定的施政措施从1940年秋季开始逐步付诸实施,汪精卫在1941年元旦献词中也声称:"去年的一年是调整邦交条约之缔结,今年的一年是调整邦交条约之实行。"实行需要力量,本年度的最低限度一是要建军以保和平,二要复兴农村以充裕民食②。

尽管日本中国派遣军给汪伪政府以全力支持,力图促进占领区建设,但汪精卫等人毕竟是一伙"赤手空拳"的汉奸,实在没有什么力量,而且政治上又十分孤立,所以"还都"一年,毫无政绩可言。就连汪精卫自己也承认:"一年以来,政治经济各种情形,不能说没有一点进步。但是全面和平没有实现,战争状态仍然继续,因之随着战争状态而发生之事实,仍然存在,甚且日益扩大。所以在施政上,无论是行政的效率,以及经济生活的改善,都受着限制与束缚,不能有充分的发展。"③日本政府虽然深知汪伪政府面临重重困难,但迫于国际形势与国内情况,仍不断向中国占领区提出以取得各种物资为主的大量要求。这不仅加剧了现地的各种困难,同时也使汪精卫集团感到焦躁不安。

为弥补双方之间的隔阂,日本总军支持汪精卫再度访问日本,直接与日本军政当局首脑交换意见。汪精卫访日前夕,日本总军特务部就

---

① 《中国派遣军总司令部的长期作战方针》,《中国事变陆军作战史》(中译本)第三卷第二分册,第104—105页。

② 汪精卫:《所望于中华民国三十年者》,《和平反共建国文选》第1辑《中国之部》,第200—202页。

③ 汪精卫:《国民政府还都一年》,《中华民国史档案资料汇编》第五辑第二编《附录》(上),第119—120页。

"加强南京政府"、"调整国营商行"、"华北政治"、"物资流通"等问题事先进行了研究,并拟出一套对策方案。方案认为,加强南京政府问题,"是汪这次赴日的主要事项",应支持并指导其"本身树立的建设新国家的方略"。为强化实施各种计划,增加财政收入,"促使其首先准备从三角地带开始确立新政府的基础地盘,以及加强训练以国民党为主的政府人员的素质"①。此外,总军还就与陆军中央意见不完全一致的"持久方略的根本问题"、"政略战略之协调"、"前线隔离"等重大问题进行重新研究,向陆军中央部提出《政略指导上的意见》,希望乘汪精卫去东京访问之机,双方"明确与坚定对于将来处理事变的根本态度","以转变中国方面目前低落消极的情绪,进一步提高其斗志"②。

6月中旬,汪精卫等人在日本总军的安排下赴东京访问,先后同近卫首相及陆、海、外、藏诸大臣进行商谈。为给汪精卫一伙打气,日本政府表示将进一步对汪伪政府提供援助,并在3亿日元武器贷款、交还没收房产及军管工厂、整理国策公司等具体问题上达成谅解,同时又要求汪伪政府"发挥其独立自主的权能"。对此,汪精卫感激万分,表示将克服任何困难,完成全面和平的使命③。汪精卫访日,暂时缓解了日、汪双方的矛盾。在日本政府和日本中国派遣军的指挥下,汪伪国民政府更加卖力地为日本侵华战争效劳。

五　沦陷区民众的反抗斗争

日本军政当局以为凭借武力强占中国大片领土之后,就可以在那里任意掠夺,实施长久统治。然而,这一如意算盘从一开始就被中国人民的强烈反抗所击碎。自日本侵占东北三省后,中国共产党即把反抗

① 《强化南京政府问题》,〔日〕《支那事变战争指导史》,第584页。
② 《政略指导上的意见》,〔日〕《支那事变战争指导史》,第591页。
③ 《重新研究对策》,〔日〕《支那事变战争指导史》,第593页。

日本侵略作为头等大事，不断呼吁建立抗日民族统一战线。卢沟桥事变枪声一响，中共又发出抗战通电，号召"全国同胞、政府与军队，团结起来，筑成民族统一战线的坚固长城，抵抗日寇的侵掠"①。随着日本侵华战争的扩大，中国共产党一面组织八路军、新四军挺进日军占领区，创建抗日根据地，开辟敌后游击战，同时又在沦陷区积极发动民众，开展各种形式的地下抗日斗争。沦陷区民众亦本着一颗赤诚的爱国之心，决不当敌国的顺民，他们有的团结在中国共产党周围，有的自发地同日本侵略者展开顽强斗争。这些看不见硝烟的斗争，使日伪当局寝食难安，胆颤心惊，有力配合了国共统一战线领导下的武装抗日斗争。

华北是卢沟桥事变后最先沦陷的地区，民众反抗斗争率先在那里展开。7月30日与8月1日，日军分别攻占北平、天津。是时城内的各抗日团体仍积极活动，日军不得不派兵四处镇压。此后，日本华北方面军司令交给军特务部的第一项任务是："首先应迅速确立治安，并安定民心，为使日军的后方安全，着重建立并扩充各项制度和设施。"②由此可见，日本侵略军刚攻占中国的领土，即遇到后方不安全的问题。为消解沦陷区人民的敌对情绪，日本内阁于10月1日决定《处理中国事变纲要》，其中特别强调："在事变中，对华北作战的后方地区的措施，应排除占领敌国领土的观念"，"不实行占领区式的行政"，"政治机关由当地居民自主组成"③。然而，这种掩耳盗铃式的策略无法欺骗沦陷区民众，反日浪潮仍不断高涨。

随着日军占领区域的扩大，沦陷区民众的反抗也从城市扩大到农村。至当年年底，中共领导的游击队在当地民众的配合下，开展了灵活多变的游击战。他们主要的斗争方式是："（一）彻底破坏铁道、道路、水路、通信线路等，阻碍日军后方补给，使之因修理而消耗大量人力物力；

---

① 《中国共产党为日军进攻卢沟桥通电》，《解放周刊》第10期，1937年7月。

② 《指示喜多少将》，《华北治安战》（上），第50页。

③ 《处理中国事变纲要》，《日本帝国主义对外侵略史料选编》，第245页。

（二）袭击补给部队或小部队；（三）袭击军用品仓库、飞机场、经济要地等。"①这些斗争使日军损失惨重，被迫抽调兵力以加强后方治安。进入1938年后，日占区内的抗日斗争更为活跃。中共领导的八路军已在日占区内建立起大块根据地，民众的反抗斗争遍布各地。挺进山西南部的日军第二十师团陷入中国抗日军民的重围，被迫后撤，来不及撤退的部队则龟缩在据点内，"弹药、粮食均告缺乏，只能以猫狗及野草充饥"②。这一结果，使日本侵略军开始领略到中国人民强大的反抗力量。处于侵华一线的日本军人也被迫承认，八路军"牢固地掌握了农民阶层"，"处于彼此势力中间地区的居民，朝迎日军，晚通共军，向双方纳税等，这是必须予以重视的事实"③。

由于中国共产党的大力宣传，抗日思想已经深入人心。日军每攻占一地，都会遇到当地民众的反抗。如豫东地区刚陷落时，国民党正规军虽已后撤，但当地原有的自卫团、红枪会、联庄会等武装团体，为保卫家园，纷纷起而扩充实力，添购武器，招收散兵游卒，举起抗日救国的大旗。河南省会开封虽于1938年6月5日陷落，但附近的爱国民众却立即自发行动，在市郊的辛庄大庙集会，筹商组织抗日武装的具体办法。会议决定，以原有之联庄自卫团为基础，逐步扩编，用以阻止日军侵及四郊，以待国军反攻④。尽管最后未遂所愿，但这一行动已充分表达了开封农民的抗日决心。

如果说沦陷区的农村尚是侵华日军势力的薄弱环节，那么城镇地区则是日军重点控制的区域，大城市更是戒备森严。然而，广大爱国民众凭借聪明才智，照样寻找机会给予日军沉重打击，其中使用较多的手段是暗杀。尽管日伪当局为保护政要不惜代价，却仍无法阻挡爱国民

---

① 《占领区的治安状况》，《华北治安战》（上），第65页。

② 《第二十师团的状况》，《华北治安战》（上），第75页。

③ 《田副正信少佐的回忆》，《华北治安战》（上），第82页。

④ 邢汉三:《日伪统治河南见闻录》，河南大学出版社1986年版，第43页。

众的正义行动。1940年11月29日上午9时30分，居住在北平城内中央饭店的两名日本军官，像平时一样骑马去日本华北方面军司令部上班，当他们行至司令部西面约300米时，突然遭到骑自行车的中国人用手枪射击，导致一死一伤。由于事发突然，日方连袭击者是几人也没有搞清楚。无奈之下，华北方面军只得下令撤掉汽车上带有军官阶级的标旗，以防高级军官再遭袭击①。

爱国民众的自发抗日行动，虽予以日本侵略以有力打击，但因力量分散，无法在战略上改变敌强我弱的态势。因此，中国共产党早在卢沟桥事变爆发之际，即提出"全民族实行抗战"的口号。当华北各地相继沦陷，"群情慌急，不知所从时"，中国共产党挺身而出，坚持不离开华北，并向群众作广泛耐心的解释，指出自太原失守后，"所有在华北的中国人，只有三条路走：一是继续同敌人打，二是逃走到别处去，三是投降敌人。这三条路中，只有第一条'打'的路好走，'逃'和'降'都不是出路"②。在稳定民心之后，即组织民众，与敌伪当局展开各种形式的斗争。

中国共产党领导沦陷区民众的抗日斗争，主要是开展敌后游击战争和地下政治斗争。华北沦陷之初，原有的国民党政权已完全崩溃，敌伪傀儡政权还刚刚建立，中国共产党抓住这一有利时机，提出"拿起枪来，保卫家乡，保卫华北，坚持敌后抗战"的口号，带领民众配合八路军的敌后游击战，开辟敌后根据地，建立抗日民主政权③。与此同时，还在日伪力量比较强大，抗日武装力量不能公开活动的地区率领民众开展地下政治斗争。

地下政治斗争，是配合抗日武装力量夺取抗战胜利的重要手段之一。在中共中央的正确领导下，沦陷区的党组织首先抓组织发动工作。

---

① 《长谷川美代次少将的笔记》，《华北治安战》（上），第355页。

② 刘少奇：《六年华北华中工作经验的报告》，《刘少奇选集》上卷，第257页。

③ 刘少奇：《六年华北华中工作经验的报告》，《刘少奇选集》上卷，第260页。

当时华北民众抗日情绪高涨，"到处都有群众寻找和等待共产党与八路军去领导他们，要求党派人去指导他们打游击"。而党组织最大的困难是缺少干部，于是采取如下各种办法：首先举办为期一周的短训班，然后把这些骨干派到各地去工作；其次，把上层领导机关的干部尽可能地分派下去，直接领导工作；第三，大量发展党员，扩大党的各级组织。由于及时解决了思想上、组织上的各种问题，沦陷区的政治斗争取得了显著的成效。城市中的大批工人、学生及抗日积极分子，经过动员，纷纷下乡组织游击队，或回到家乡打游击①。这就为八路军领导的抗日游击战争注入了新鲜血液。

中共地下政治斗争的另一项重要任务是渗透进敌伪组织内部，收集情报并进行策反工作。侵华日军也承认："共军的情报收集、传递，非常巧妙而且迅速。日军的讨伐行动，往往在事前便被侦悉。到处都有彼等安插的密探。就连日本方面的雇佣人员，对他们也必须提高警惕，以防他们通敌。"②对于中共地下人员向日伪机关内部渗透的情况，根据日军情报机关材料显示，山西省祁县的工作颇具代表性。位于太原南面约60公里的祁县城内，自西安事变后即有共产党组织活动，至1938年底，中共祁县县委已经健全了各级组织，并筹建了青年、农民、工人、妇女、儿童等救国会及日军地下工作委员会。日伪势力控制该县后，首任县长即为共产党员，他一面在县公署职员中发展抗日力量，同时又向八路军及抗日政权提供物资。第二任县长更是党的支部书记。他秘密成立"日军地区工作委员会"，自己任主任，政府秘书和各科长任委员，他们为抗日武装在城内收集现金、棉布等物资，提供日伪军的行动情报。共产党员还打入县警备队，逐步发展了30余名党员，成立党支部。他们利用有利条件，收集县内外日伪军的装备、兵力、计划、行动

---

① 刘少奇：《六年华北华中工作经验的报告》，《刘少奇选集》上卷，第257—258页。

② 《中村三郎中佐的叙述》，《华北治安战》（上），第157页。

等情报,同时还设法向日伪当局提供游击队的假情报。另外,学校、火车站、军管棉布厂等都有中共地下组织①。该县表面上仍由日伪控制,实际权力已被中共地下党所掌握。

类似祁县的例子,在整个沦陷区并非个别,几乎各省都有。在河南豫东地区,根据对敌斗争的需要,民权、兰封、商丘等四县党组织成立了联合工作委员会。他们通过关系,打入伪军内部,一次即搞到枪弹四十余箱。总部设在商丘的张岚峰部,是伪军中的王牌,经常协助日军与人民武装为敌,联合委员会派遣一名与张有同乡关系的党员打入该部教导团,争取教导团长入党,以后又发展多名党员,成立了地下党支部。经过党组织的积极活动,这支伪军迅速被瓦解②。

动员沦陷区内广大民众,共同投入反对日伪统治的斗争,也是地下政治工作中极为重要的方面。早在抗战初期,毛泽东即明确指出:"挽救危机的唯一出路,就是实行孙中山先生的遗嘱,即'唤起民众'四个字。孙先生临终时的这个遗嘱,说他是积四十年的经验,深知必须这样做,才能达到革命目的。""单纯的政府和军队的抗战,是决然不能战胜日本帝国主义的。"③根据中共中央指示,沦陷区党组织采用各种方式向群众进行抗日宣传,取得显著成效。1938 年 11 月,华北日军曾发出这样的惊呼:"总之,可以断定,今后华北治安的对象是共军,而共军的核心动力则是政治部。政治部的妙处在于其强大的组织力量及顽强的行动,并有一贯的共产思想。"④于是,华北日伪当局开始重视在思想宣传领域与中共进行较量。他们把反复开展但并无实效的"治安肃正"运动,逐步升级为"治安强化"运动,并把以军事清剿为主的方针改为政治攻势为主,提出"实行三分军事,七分政治,以争取民众"的口号⑤。然

---

①　《中共地下工作的一例》,《华北治安战》(上),第 291-292 页。

②　邢汉三:《日伪统治河南见闻录》,第 240 页。

③　毛泽东:《国共合作成立后的迫切任务》,《毛泽东选集》第 2 卷,第 366 页。

④　《共军的政治工作》,《华北治安战》(上),第 100 页。

⑤　《剿共指南》,《华北治安战》(上),第 408 页。

而，中共的抗日宣传已经深入人心，不管日伪当局如何变换策略，结果仍是劳而无功。

为隔断共产党与沦陷区民众的联系，日伪当局又在华北占领区内推行"新国民运动"，并以河北的高阳县和任丘县为"突击示范区"。具体办法是召开"反共誓约会"，强制推行"反共誓约六条"，要求每个村民背熟并执行。遭到民众的抵制后，又强行把各村 18 至 45 岁的男子 7400 多人驱赶到县城内，要他们背诵反共誓约，交代抗日行动，交出武器文件。村民以沉默表示反抗，结果有 100 多人惨遭毒打。日伪军把这 7000 余人当作人质，派人向各村要武器、文件和干部名单，但这一阴谋仍未得逞。于是不让人质吃饭，一直饿了 6 天，有 35 人因冻饿而死，尽管如此，被扣群众仍顽强抵制。为让群众能吃到饭，党组织让各村送去一些坏枪、旧书、废报等充数。在半个月时间里，被扣群众只报了冒名的抗日干部，或自己承认是游击组的成员，而真正的抗日干部一个也没有供出来①。其他地区的群众同样如此，他们面对敌人的拷打和屠杀，毫不畏惧，宁愿牺牲自己也不向敌人屈服。

由于沦陷区人民的坚决抵抗，日伪的各项运动均以失败告终。在总结三次治安强化运动时，日伪当局自己承认有许多"不充分之点"。首先是"治安强化重点工作不彻底"，"对敌经济封锁最主要的物资为食粮……当局屡次说过，要使华北粮食一粒也不使流入敌区。然而实际上一到登场期便发生种种遗憾"。其次，"各地区警务警防诸机关，缺乏精神融和"。另外还有"指导能力不够"、"各机关内部防共防谍的措施不彻底"、"过于重经济封锁的宣传，遂致轻视剿共自卫"，等等②。这种种"不彻底"，足以说明在爱国民众的反对下，日伪当局无法维持华北占

---

① 《新国民运动在高阳》，《中国近代史资料丛刊·抗日战争》第六卷《日伪政权与沦陷区》，第 459－460 页。

② 《华北"治强运动"总本部第三次"治运"成果检讨》，《中国近代史资料丛刊·抗日战争》第六卷《日伪政权与沦陷区》，第 519－521 页。

领区的安定。

日伪当局在华中沦陷区的统治方式与华北有所差异，因而人民群众的反抗形式也有所不同。华中地区原先是国民党统治的中心，日军进攻时曾遭遇顽强抵抗，至武汉失守时，华北敌后抗日根据地建设已取得显著成效。国民党看到敌后抗战的可行性，已抢先在日军力量薄弱的沦陷区内建立起抗日武装。随着战略相持阶段的到来，日军对国民党政府的军事进攻逐步转为政治诱降。汪精卫集团的投敌，使国民党留在华中地区的抗日军政人员也动摇不定。在此关键时刻，中共中央指示华中地区党组织要揭露日本的诱降阴谋，"动员并联合一切抗日的党派、阶层和人民，反对汪精卫，反对亲日派、反共派的投降、倒退、分裂活动，为坚持抗日、团结和进步而奋斗"[1]。根据中央指示，新四军挺进江南，在汪精卫集团的活动中心发动民众，开展敌后游击战。

以南京和上海为中心的长江三角洲地区是日汪统治的中心，也是日伪军事力量相对集中的区域。新四军一进入紧邻南京的镇江地区后，日伪军即采取攻守并用的姿态，密布"梅花桩"，企图聚歼或迫使新四军退出该地。新四军洞悉敌人阴谋，坚持在南京、镇江、句容这一狭窄的三角地带活动不撤退，在数月时间内打破了敌人 23 次围攻，这大大提高了江南沦陷区人民对新四军的信任及开展游击战的信心[2]。新四军在南京附近的抗日活动，犹如在日伪胸口插上了一把尖刀，使他们寝食不安。从 1941 年开始，日汪双方经密谋策划，推出了比华北治安强化运动更厉害的"清乡"运动。于是，反"清乡"斗争就成为新四军和华中抗日民众的共同使命。这是十分艰巨的任务，抗日军民除面对强大的敌伪势力之外，还要提防国民党顽固派制造的内部"摩擦"。新四军首先向沦陷区民众作抗日形势宣传，提高人民的抗战信心，同时组织民间救济救难，争取得到民众的同情与支持。对于非共产党系的游

---

① 刘少奇：《六年华北华中工作经验的报告》，《刘少奇选集》上卷，第 277 页。
② 陈毅：《茅山一年》，《陈毅军事文选》，第 86 页。

击队,以民族大义为重,采用"杯酒言欢,化敌为友"的办法,消除隔阂,调停各方,"以中国人为本位,集中一切力量对付日本"①。这些言行,获得了人民的信赖,同时也感动了不少士绅,得到了他们的支持。

日伪以军事与政治并重的"清乡"运动,手段十分毒辣,尽管如此,得到民众广泛支持的中共抗日武装仍能进退自如。在吸取前几次反"清乡"斗争的经验后,新四军的反"清乡"策略越来越灵活。每当日伪军集结兵力,对"清乡"区实行合围清剿时,新四军主力早已跳到外线作战,而地下党组织则留在区内带领人民展开积极的反"清乡"斗争,他们一面利用合法手段,对日伪的"清乡"措施予以拖延和抵制,同时又领导武工队打击"清乡"骨干,镇压汉奸,制服伪军。1943年4月,日伪开始在苏北实施"清乡",企图破坏新四军的苏中根据地。4月1日,南通、如皋、海门、启东境内各据点的日伪军倾巢出动,向苏中四分区分进合击。抗日军民内外线紧密配合,沉重打击了敌人的嚣张气焰。6月初,日伪开始政治"清乡",妄图"六月强化启东,七月强化海门,八月强化南通,九月强化如皋"。新四军采用以武装斗争为主,结合群众性隐蔽斗争和合法斗争的方针,发动全民开展反对编组保甲和封锁的斗争。7月初,新四军主力之一部挺进南通地区,开展大规模破击战。迫使集中启东、海门之敌回援,其分区实行政治"清乡"的计划完全被打乱。苏中四分区群众,乘敌混乱之际,一个夜里即破坏封锁竹篱200余里。遭此打击后,日伪被迫改行所谓"机动清乡"。至10月份,又实行"延期清乡"三个月。然而,日伪的这些行动最后仍被抗日军民挫败②。其他地区的"清乡",同样遭到抗日军民的坚决反击而归于失败。

华中沦陷区的爱国民众,还利用汪伪集团标榜继承民国法统的幌子,采用向政府上书的合法形式,揭露日汪的黑暗统治。汪伪政府出台

---

①　陈毅:《茅山一年》,《陈毅军事文选》,第91页。

②　余子道:《汪伪国民政府的"清乡"运动》,《汪精卫汉奸政权的兴亡》,第325—326页。

后,向沦陷区民众加捐加税,横征暴敛,使民众无法生存,于是他们冒着遭受迫害的危险,联名向汪伪中央政府上书,揭露汪伪地方当局的苛政,呼吁减轻民众负担。这类上书遍及汪伪统治的各省市,如安徽滁县公民上书控诉县政府假借民意,征收警团捐;江苏盐城乡民呈报苏北税务黑暗情形,呼吁统一税务;江苏常熟乡民控诉当地乡长土豪苛征捐税,敲诈勒索;浙江萧山民众多次上书,控诉县乡政府苛征田赋,欺压农民;上海沪北区大场镇各商号联名呼吁,区署设卡征税,不堪负担,请求勒令停止征收;上海市民控诉日本人率领华工铲除田里豆苗,并强迫缴纳土地登记费。这些呈文,均是摆事实、讲道理,既揭露了日伪统治的黑暗,又使汪伪当局无把柄可抓。江苏崇明居民施静庵等联名向汪精卫提交的呈文,一开头即强调:"呈为苛捐杂税纷至沓来。上违国策,下迫民生,公恳迅予纠正制止,以苏民困而重政体事。"接着,抓住汪伪政府出台时曾作过的许诺,"国府还都,与民更始,首重安定民生,解除痛苦,定为国策,昭示遐迩,涸辙之鱼待救正殷"。而实际情况如何?沦陷后的崇明海岛,"生产不足于自赡,青黄不接之际,贫穷者恒食糠秕"。"而自上月开始举办清乡后,四周封锁,有天然之环海,益以人工之竹篱,耗全县数千百万支之竹竿,糜千万之币值,将以求全民众之安居乐业。墙壁标语朱墨巍然,讵料安业之境未得,剥括之税频出,多似过江之鲫,犹如雨后春笋。某税冠以财政部,某税冠以财政局,名称虽异,性质类同,纸张税与箔类税已相冲突,再加之以迷信捐,一纸之微,须完三种税捐"。"他如保甲捐。则按户征收,牙税则肩挑贸易必交税领证,所得税外再有营业税,统税之外复有附加税,屈计税捐名称达十余种之多。近又开征住房捐,闻以十万有奇之比额转辗承包,最后承包者以达五六十万元之包价"①。如此厉害的苛捐杂税,确实令人咋舌。各地民众发出的公开呈文,实际上也是对日伪统治的有力打击。

----

① 《江苏崇明施静庵等请制苛捐杂税的呈文》,《汪精卫国民政府的"清乡"运动》,第330页。

第十一章　太平洋战争爆发前的中外关系

第一节　中德关系的曲折反复和断交宣战

抗日战争爆发前,中德之间在军事和经贸领域有着密切的合作,在政治关系方面也有着良好的互动。直到抗战爆发前夕,1937 年 6 月国民政府行政院副院长兼财政部长孔祥熙正式访问德国五日,迭与德方军政最高当局会晤,希特勒还邀请孔祥熙赴慕尼黑纵谈二小时,"对我作诚恳好意表示"①。1937 年"七七"事变爆发后,受各种因素的影响,中德关系不时出现大的曲折反复,虽然中方采取种种措施力图加以修补,但是仍然无法挽回,中国最终不得不对德断交乃至宣战。

一　德国承认伪满洲国

1937 年抗日战争爆发之后,由于德国政府在意识形态领域的反共、国别关系中的亲日反苏取向,中德之间原先的良好关系受到了负面影响。

当时,国民政府在着力推进对苏关系的同时,力图避免损及中德关系。1937 年 7 月 27 日,蒋介石向德国驻华大使陶德曼指出,日本如继续入侵,必将使整个东亚被拖入战争旋涡。他向陶德曼保证,中国尚未

---

①　孔祥熙致蒋介石电(1937 年 6 月 17 日),台北"国史馆"藏蒋中正总统档案－特交档案－外交－对英国外交,057－2。

与苏联缔结任何条约，但如果形势发生变化，他仍拥有回旋余地①。8
月中旬，德经济部长沙赫特、国防部长布隆堡（Werner von Blomberg，
亦译作白龙培）均向再度访德的孔祥熙指出：对于中日战事，"德国必须
保持绝对的中立。惟如范围扩大，苏联卷入漩涡，则形势复杂，恐将影
响欧洲"，对中苏接近可能影响中德关系，表示了担忧和警告②。当年
8 月 21 日中国与苏联签订了互不侵犯条约后，中国驻德大使程天放曾
向德国经济部长沙赫特说明中苏订约理由，盼德政府谅解，维持中德友
谊及实行进一步之经济合作。沙赫特表示：本人对中国之立场深表同
情，自当尽力，但如苏俄对远东有含政治性质之行动出现，则德国因处
反共立场，以后地位将极困难③。稍后，程天放还向德国外长牛赖特
（Constantin Baron von Neurath）解释了中苏互不侵犯条约的订立经
过及中方立场，牛赖特则对苏联在中国的活动以及中苏关系演变趋势
表示疑虑④。双方的地缘政治分歧逐渐凸现。

　　与此同时，德国政府的国际战略取向日益明确。1937 年 11 月 6
日，德、日、意订立反共产国际协定，这实际上是法西斯三国轴心的雏
形。1937 年 11 月底意大利承认伪满洲国之后，国民政府非常担心德
国政府也效仿意大利，当机立断，撤回了驻意大利大使刘文岛，希望"使
德知有所警戒，而不致承认伪满"⑤。但 1938 年 1 月"陶德曼调停"中
止后，1938 年 2 月德国政府改组，被认为具有亲华倾向的国防部长布隆
堡和外交部长牛赖特被解职，由希特勒本人总揽陆海空指挥权，戈林

---

　　①　转引自陈仁霞：《中德日三角关系研究》，三联书店 2003 年版，第 174 页。
　　②　《柏林程天放来电》（1937 年 8 月 11 日），《中日外交史料丛编》四《卢沟桥事
变前后的中日外交关系》，中国国民党党史委员会 1995 年 8 月发行，第 506—507 页。
　　③　《程天放致军事委员会电》（1937 年 8 月 31 日），蒋中正档案－特交文电（领
袖事功）－革命外交（对英法德义关系），第 1 卷上，26015209。
　　④　《柏林程大使来电》（1937 年 9 月 13 日），《中日外交史料丛编》四《卢沟桥事
变前后的中日外交关系》，第 506—507 页。
　　⑤　蒋介石致孔祥熙王宠惠电（1937 年 12 月 7 日），蒋中正档案－特交文电（领
袖事功）－革命外交（对英法德义关系），第 1 卷上，26500897。

（Hermann Goring）升为元帅，里宾特洛甫（Joachim von Ribbentrop）出任外交部长。戈林和里宾特洛甫都是强硬的反共亲日派。经过这一人事改组后的德国政府奉行反苏、亲日、疏华的政策，在远东视日本为其最主要的盟国，逐步抛弃在中日之间维持平衡的政策，为了迎合日本的一系列要求，首先是正式承认伪满洲国。

希特勒政府与伪满当局早已开始了勾结，1936 年 4 月 30 日，德国政府外汇局就曾与伪满当局的代表在日本东京签订过贸易协定，当时国民政府向德方提出过交涉，在德方保证不会公开承认伪满之后，中方没有把有关交涉的文件公布。待到 1938 年 1 月德国对中日冲突的调停破产后，德国驻日大使狄克逊（Herbert von Dirksen）便向德国政府提议承认伪满洲国，以示对日本友好。1938 年 2 月 5 日，日本外相广田向狄克逊提出，希望德国继意大利之后，正式承认伪满洲国①。这同德国政府亲日疏华的政策一拍即合。而国民政府对德国政府将承认伪满一事也有所知晓，但到了 2 月 19 日即德国宣布承认伪满的前一天，中国最高当局依然对德国政府会否走出这一步持有幻想②。外交部长王宠惠在汉口向德国大使陶德曼（Oskar Trautmann）指出，蒋介石和中国政府都希望，有关德国政府将承认"满洲国"之传闻完全无稽，"中国政府并愿中、德之特殊友谊将继续发展进至更密切之合作。在德方似应保持其现今中立态度，俾将来对于中日问题之解决，有一贡献之机会"。陶德曼对德国政府是否将承认伪满没有直接回答，但承认日本正要求德国方面在对华政策上与日本一致。王宠惠要求德国在与日本接近时，"幸勿以中国与中德间之友谊为牺牲"③。

---

①　*Documents on German Foreign Policy*（即《德国外交政策文件》，以下简为 *DGFP*）Series D，Volume1，London：Her Majesty's Stationery Office，1949，pp. 829 - 830、832.

②　"德国承认伪满消息，以理度之，当不至如此也。"蒋介石日记 1938 年 2 月 19 日，胡佛研究所藏蒋介石日记手稿影印件。

③　《中华民国重要史料初编》第六编《傀儡政权》（一），第 154—155 页。

事实上,在王宠惠向陶德曼进行交涉的两天之前即 2 月 17 日,希特勒已经作出了正式承认伪满洲国的决定。2 月 20 日,希特勒对国会演讲中,公开宣布德国政府决定承认"满洲国"。驻德大使程天放建议中方应采取强硬态度,包括召回大使、向德方严重抗议、将中国的坚决立场通知其他各国,认为"德政府既已决定亲日,政策无再变更之可能,我方再事敷衍,恐亦无效果可言"①。次日,程天放在会晤里宾特洛甫时,驳斥了德方关于承认满洲国只是"承认事实"的辩解,指出:所谓"满洲国",世人皆知系日本军阀武力造成之傀儡,绝对不能认为由人民自由意旨组织之合法国家;近年来中、德邦交甚形敦睦,德国政府以前曾一再声称对中日纠纷取中立态度,今竟不顾对华友谊,承认伪国,实使中国政府和人民异常不满而予中德关系一大打击②。24 日,程天放向德国外交部递交了国民政府的书面抗议照会,并且强调:承认伪满洲国是对中国极不友好的和完全错误的举措,德国前外长牛赖特多次承诺将不会承认满洲国,去年孔祥熙访问柏林时,德国政府其他高级官员也作过同样的保证,现在对伪满的承认,只能被认为新外长改变了德国的外交政策。接待程天放的德国外交部国务秘书麦根逊(Hans Georg von Mackensen)一方面辩解说德国对华政策没有任何改变;另一方面推托说,希特勒本人是最后的决策者③。

当时中国方面对德国承认伪满一事持克制态度。国民政府指示各报刊:"(一)不对希氏个人作人身攻击;(二)对德国人民在不作伤

---

① 《程天放致外交部电》(1938 年 2 月 20 日),《中华民国重要史料初编》第六编《傀儡政权》(一),第 155—156 页。

② 《程天放致蒋介石电》(1938 年 2 月 21 日),《中华民国重要史料初编》第六编《傀儡政权》(一),第 157 页。

③ 《麦根逊所作会谈纪要》(1938 年 2 月 24 日),*DGFP*, Ser. D, Vol. 1, pp. 843—844.

感情之激烈论调范围以内,予以指责。"①王宠惠2月22日也向陶德曼表示对德国承认伪满感到"甚深之失望与遗憾",但又说:"深信德国对于中国仍将维持过去之态度。"②24日,王宠惠向陶德曼提交了书面抗议照会,内称:"德国政府现已承认中华民国东北四省内之伪组织所谓'满洲国'者,中国政府闻悉之余,深感遗憾。该非法组织原系出自日本之侵略,其产生之者、统制之者、维持之者皆为日本之军阀,事实昭然,无待指明。世界各国对于不承认伪组织之原则,及全体坚持遵行。且该伪组织之成立,完全由于日方之武力一层,即德国自身,亦尝与其他各国正式确认。中、德邦交素称敦睦,因是中国人民对于德国政府此次公布之行动,倍感失望,中国人民对于德国一年来之发展,则怀关切与了解之意。方谓德国政府与人民对于中国发生之事态,亦必以同样情绪予以观察,乃德国政府对于东亚现有之痛心事态,似有误认或误解之处。对于所谓既成事实过分注重,而未经正确之透视。凡承认主观方面以为真正之事实,而对于该项事实之如何发生,与最有关系方面之权利,未偿详加研究,则其推演结果,国际间进行其正当有秩序之国交,势必受其影响而趋凌乱。"③这是国民政府对德国与伪满勾结问题,第一次向德方正式提出的书面抗议,但对德方损害中国领土完整和行政主权的行径,未加以严厉的驳斥,表现出对德方的迁就和退让。此外,国民政府没有采取其他外交行动,亦未召回驻德大使程天放。虽然中方一再克制,德国却一再孤行。1938年5月12日,所谓的《德"满"修好条约》在柏林签署,除了宣称"应即开始两国间之外交及领事关系"外,还表示"应从速开始关于缔结一般通商航海条约之交涉"④。

国民政府为什么未对德国承认伪满作出强烈反应呢?当时德国

①　《王世杰日记》(手稿本)第一册,1938年2月21日,第185—186页。
②　《中华民国重要史料初编》第六编《傀儡政权》(一),第158页。
③　《中华民国重要史料初编》第六编《傀儡政权》(一),第158—159页。
④　《中华民国重要史料初编》第六编《傀儡政权》(一),第161页。

军事顾问仍在参与中国军队的对日作战部署规划,而且德国仍然是中国海外军火主要来源之一。既然有求于德国方面,国民政府认为就必须维持与德国的关系。只是国民政府方面的迁就和妥协,既未能遏止德国与伪满之间的进一步勾结,也无法阻止德国继续恶化对华关系。

二　德国政府执意召回在华军事顾问

早在20年代的广州时期,国民政府便聘有退役德国军官为军事顾问。在南京国民政府时期,先后有过包尔(Max Bauer)、魏采尔(Georg Wetzell)、塞克特(Hans von Seeckt)和法肯豪森(Alexander von Falk-enhausen)各任总顾问,经双方的努力,那些以个人名义受聘于国民政府的德国军事顾问,已经在中、德两国军事合作、购料易货乃至政治关系领域,都起着十分特殊的重要作用。而在抗战初期,中、德关系走向倒退的过程中,双方围绕在华德国军事顾问应否被召回,有过不少的交涉。

1937年中日战争爆发之初,国民政府军事委员会曾密令各军事机关和有关部队,对于德国顾问可能将中国军事秘密供给日本之可能,注意加以防范,但旋撤销该密令。蒋介石亲颁谕令,应对德国军事顾问照常信用[1]。德国军事顾问团总顾问法肯豪森曾北上保定,与中方指挥官共同研究华北对日作战的方案;在"八一三"战役期间,他又赴上海前线,协助指挥德式装备的第八十七、第八十八师作战。1938年台儿庄战役结束后,法肯豪森又偕其他顾问前往战地参观,并与白崇禧一起分析战况。另外,同年2月国民政府军事委员会在武昌设立战时将官研

---

[1]　军政部长何应钦1937年8月25日密令、军政部军务司长王文宣1937年9月3日签呈,《中德外交密档1927—1947》,广西师范大学出版社1994年版,第132—133页。

究班,德国军事顾问担任了主讲①。当然,在国民政府看来,德国军事顾问所起的作用不仅是军事方面的,还具有维持对德关系的重要象征意义。

德国政府之所以召回在华军事顾问,最初主要是来自日本的压力。1937 年 9 月,日本就向德方提出交涉,称德国军事顾问介入了华北和上海两个战场中国军队对日军的战事,而法肯豪森本人则在上海指挥作战,要求德国政府召回在华顾问。当时德国方面抵制了日本的压力,驻华大使陶德曼便对日方的指责予以否认,称在华德国军事顾问只是从事教学和训练,并没有担任军队指挥或高级参谋,无论上海还是华北前线都没有德国顾问参与。陶德曼并向德国政府指出,如果召回在华顾问,就会导致两国关系的严重后果②。同年 10 月 15 日,德国外交部长牛赖特还当面向中国大使程天放否认德国政府有召回在华顾问的打算,称只是要求在华顾问不要介入前线战事③。

待到 1938 年 1 月德国调停中日关系失败后,2 月初日本政府就正式要求德方召回在华顾问。希特勒当局见承认伪满洲国并没有导致国民政府的强烈反应,便在亲日疏华的道路上越走越远。1938 年 3 月初,德国单方面宣布中止双方在军官培养和训练方面的合作协议。4 月下旬,德国政府又以对中日冲突保持中立政策为由,照知中方将召回在华德国军事顾问。当时包括法肯豪森在内,在华德国军事顾问有 24

---

① 《万耀煌将军日记》下册,台北湖北文献社 1978 年版,第 56－69 页。

② 驻日本大使狄克逊致外交部电(1937 年 9 月 21 日)、驻华大使陶德曼致外交部电(1937 年 9 月 23 日),*DGFP*, Ser. D, Vol. 1, pp. 759, 761‐762.

③ 外交部长牛赖特备忘录(1937 年 10 月 15 日),DGFP, Ser. D, Vol. 1, pp. 766‐767.

人，另有若干名军械、军辅事务方面的顾问①。当时意大利吞并阿比西尼亚，德国公开对捷克进行军事威胁，英、法试图加以反制。欧洲局势趋紧，使得德国进一步联日，中、德之间的交涉沟通更为困难。

德国政府继承认伪满洲国之后不久就提出召回在华军事顾问，这使得国民政府对中、德关系的认识有了较清醒的认识。1938 年 5 月 4 日，蒋介石在国防最高会议全体会议上明确提出：德意不可恃，应倾向英、美、法、苏②。但是，为阻止中、德关系的进一步恶化，中方还是尽了较大的外交努力。4 月下旬德方提出召回军事顾问之后，中国驻德大使程天放奉命立即向德国外交部交涉，指出德国军事顾问经中国政府聘用已久，他们在华服务只是私人行为，与德国政府的中立政策并不抵触，德方完全没有必要召回在华顾问。程天放进而指出，最近德国承认伪满政权，已对中德关系造成不良影响，如再召回在华顾问，必对两国

① 　*DGFP*，Ser. D，Vol. 1，PP. 854－855. 根据德国外交部档案，当时在华德国顾问姓名、来华及合同到期日期为如下：法肯豪森上将（von Falkenhausen，1934－?），施太修斯中将（Streccius，1934－1940），史达开少将（Starke，1933－1939），诺尔特上校（Nolte，1931－1939），魏尔克上校（Wilck，1932－1940），鲁希维中校（Voigt—Ruschenweyh，1933－1939），纳维格中校（Newiger，1935－1939），阿德霍尔德中校（Aderholdt，1936－1940），包姆巴赫少校（Baumbach，1933－?），布伦德尔少校（Brundel，1933－1938），海因利希斯少校（Heinrichs，1934－1939），林德曼少校（Lindemann，1934－?），克鲁马赫上尉（Krummacher，1929－1939），马约上尉（Meyer，1929－1939），斯坦因上尉（Baron von Stein，1931－1941），斯特纳斯上尉（Stennes，1933－1939），阿纳德上尉（Arnade，1936－1939），伯迪恩骑兵上尉（von Boddien，1931－1938），包尔中尉（Bauer，1930－1939），毕格尔中尉（Boegel，1932－1938），胡默尔少尉（Humemel，1928－1939），史脱茨纳少尉（Stolzner，1928－1939），狄林斯豪芬少尉（von Schmeling‐Diringshofen，1934－1939），波洽德少尉（Borchardt，1935－1939），军械师包兹（Bautz，? －1939），骑兵保养官本哈特（Bernhardt，? －1939），军械士官海恩利希（Heinrich，? －1939），工兵领班库必克（Kubik，? －?），预备役少尉、工程师劳曼（Lohmann，? － 1939），军械师马丁（Martin，? －?），士官伯尔（Pohle，? －?），检验官森泽克（Senczek，? －1939），伙食士官舒尔茨（Scholz，? －1939），预备役中校莱布桑夫特（Lebsanft，1937－?，作为合步楼公司代表，不隶属于法肯豪森）。

② 　姚崧龄编：《张公权先生年谱初稿》，传记文学出版社 1982 年，第 205 页。

邦交更为不利①。4月底,在华德国顾问团总顾问法肯豪森通过陶德曼向德国政府提出不同意见,称:所有在汉口的以及在内地的德国顾问都只是在军校担任教官,没有任何顾问派往前线;依据个人合同,顾问在华服务要到1939年或1940年才满期限,如果单方面不履行合同,在法律上要承担责任,并且损失相应的薪金和回国的旅费;大部分顾问现在回国后都难以找到工作职位,而他们在华财产将蒙受损失;顾问团总部聘请的德籍女秘书也将无法筹得回国的旅费;因此,德国政府必须保证在华顾问以及眷属和女秘书的回国旅费,保证担负因毁弃合同所引起的所有损失②。陶德曼本人也并不赞成立即撤回顾问团,担心德中关系更趋紧张。

但是,德国政府已经决心召回在华顾问。5月13日,德国外交部通过驻华使馆命令法肯豪森:在华军事顾问必须尽早回国,德国政府打算支付他们的旅费和其他相关开支;但是如果在华德籍顾问拒绝回国,德国政府将予以严厉处置③。5月21日,陶德曼又奉令向王宠惠提出,召回军事顾问是希特勒的命令,希中国政府解除与德国军事顾问间的契约,并尽快安排他们回国。王宠惠指出以下各点:中国国民必以为德国此举无异间接支持日本;从法律上言之,中日之间并没有宣战,并不适用于中立法;德国顾问系以私人资格在华服务,同法国、意大利和美国在华顾问一样,对各该本国政府并不承任何义务;也不介入实际军事行动。王宠惠希望德国政府予以慎重考虑④。事实上,当时包括法

---

① 《程天放致外交部电》(1938年4月27日),《中华民国重要史料初编》第三编《战时外交》(二),台北文物供应社1981年版,第684—685页;DGFP, Ser. D, Vol. 1, pp. 855 - 856.

② 陶德曼致德国外交部电(1938年4月30日),DGFP, Ser. D, Vol. 1, pp. 856 - 857.

③ 《德国外交政策文件》D辑第1卷,第861—862页。

④ 《陶德曼致德国外交部电》(1938年5月21日),DGFP, Ser. D, Vol. 1, pp. 863;《中华民国重要史料初编》第三编《战时外交》(二),第686页。

肯豪森在内的一些德国顾问确曾向中方表示愿继续留在中国服务①。5月底,王世杰也向陶德曼郑重提出,在召回军事顾问问题上,德国政府"应重视十数年来中德间之友感"②。

德国政府并不因为中方的再三要求而作罢。6月10日,德国外交部电令陶德曼,限中方在6月13日之前就德国顾问离华日期作出明确的答复。到了13日,德国外交部甚至要求陶德曼照知中方,如果不同意德国顾问回国,德国政府将召回驻华大使③。6月14日,蒋介石在会见陶德曼时,同意大部分德国顾问将尽快离华返德,"告其解除顾问契约,我不愿其国民为中国关系而违反其政府命令也";但提出有四五名顾问须暂不回国,以免泄露中方的军事秘密。陶德曼"因惧本国政府之谴责,仍以全体返国为请"④。蒋介石一度仍不打算让步,"决令德顾问不得余命令不得离开职务"⑤,但德方继续一意孤行。21日,陶德曼转达了德国外交部命令在华德籍顾问尽速回国的电文,如不遵命办理,"即认为公然叛国,国内当即予以取销国籍及没收财产处分"。这对在华德国顾问造成了极大的压力。同日陶德曼还偕同法肯豪森向国民政府外交部次长徐谟声明:"如于六月二十三日(星期四)以前,中国国民政府对于全体德国顾问之即时离华不予明白表示同意,并担保该顾问等之离华(安全回国之意),则本大使奉令立即将所有职务移交于代办,离华返国。本大使又奉令表示下开意见:中德外交关系之是否继续维

---

① 时任军令部长徐世昌1938年5月25日的日记:"十一时总顾问来表示,德国政府虽有调彼回国之电,只要中国政府不令其走,彼等决不顾及其政府命令云云,语颇诚笃(且自有其理由)。"引自《徐永昌日记》第4册,台北中研院近代史研究所1991年版,第310页。

② 《王世杰日记》(手稿本)第一册,1938年5月29日,第269页。

③ 《德国外交部致驻华大使馆电》(1938年6月13日)《德国外交政策文件》D辑第1卷,第872—873页。

④ 蒋介石日记1938年6月14日,胡佛研究所藏蒋介石日记手稿影印件;《王世杰日记》(手稿本)第一册,1938年6月14日,第283—284页。

⑤ 蒋介石日记1938年6月17日,胡佛研究所藏蒋介石日记手稿影印件。

持或由我方（德方）予以断绝，须视关于顾问问题之以后发展而定。"①
这等于是借召回顾问问题向中方下达最后通牒。国民政府外交部于6
月23日仍按照蒋介石的意见照会德国大使馆，即同意解除与德国顾问
的聘用合同，允许这些顾问回国，但有五六位德国顾问须在了结未尽事
务后，再离华回国②。陶德曼即表示他将不得不离华回国。6月24
日，里宾特洛甫借口中方没有在规定期限内明确同意让所有德国顾
问回国，于是下令召回陶德曼。6月26日，陶德曼便仓促离开汉口
返德。6月28日，国民政府终于同意全部德国军事顾问离华。但
是，中方的最终让步没有能够使得陶德曼重返中国。陶德曼原为驻
华公使，1935年中德关系升格至大使级后，陶德曼为德国首任驻华
大使，但也是最后一位德国大使。1938年10月汉口失陷前夕，国民
党和国民政府主要机构均迁往重庆。当时美国、英国、苏联、法国等
驻华使馆都相应迁至重庆，但德国使馆却安置于上海，在重庆仅设使
馆的下属机构。然而，德国政府意欲借召回军事顾问一事，继续恶化与
中国的关系。

　　在华德国军事顾问虽以退役军官和个人名义受聘于国民政府，但
却是中德军事合作的一大标志，其中不少人与德国大军火商甚至政府
军工部门都有着密切的关系，对德国政府的相关政策有着不小的影响
力，还直接帮助中方在德订货和运华。"德国军火在华所以能够找到这
么大的市场，与德国军事顾问的存在有密切的关联"。"所以德国商人
明瞭，如果仍然打算与中国进行军火贸易，就不可能撤回军事顾问"③。
德国军事顾问被强行召回，既说明了德国政府远东政策亲日疏华的大
势已定，更意味着两国军事和经贸合作关系将出现大的倒退。

---

① 《中华民国重要史料初编》第三编《战时外交》（二），第687—688页。

② 陶德曼致德国外交部电（1938年6月23日），*DGFP*, Ser. D, Vol. 1, pp. 881-882.

③ 周惠民：《德国对华政策研究》，台湾三民书局1995年版，第199页。

三　购料易货关系的勉力维持和中止

　　较长时期以来,中方向德国采购军工械料、工业设备,同时向德方提供农矿产品,德方为此提供1亿马克的滚动信贷,以作为维系这种购料易货关系的财政保证。德国固然可以得到钨、锑、锡等重要矿品和多种农产品,对中方而言,则是获得武器和其他军事装备的重要渠道。从涉及战时两国易货事务的机构来看,德国政府方面主要是外交部、国防部、经济部,以及与政府和军方关系密切的军工重工企业合步楼公司,其驻华代表为克兰。中国政府直接负责对德易货事务的是行政院副院长、财政部长兼中央银行总裁孔祥熙,1938年初至1939年12月孔祥熙还是行政院长;负责与合步楼公司接洽德国工业品订货和控制输德矿产品的是资源委员会,该委员会原隶属于军事委员会,秘书长翁文灏。1938年后资源委员会改属经济部,翁以经济部长的身份继续兼任资源委员会秘书长,在对德易货事务方面,资源委员会往往直接听命于蒋介石,而对于行政院保持一定的独立性;至于德国所需农矿产品的采购和运德事宜,则由中央信托局负责。在德国,驻德大使馆(大使先后为程天放、陈介)亦为推进易货事宜发挥了重要作用,而使馆的商务专员(1933年3月起为谭伯羽)承担着军工品的订货督运等具体工作。

　　抗战爆发初期,德国政府对军品输华并无限制。据德国外交部的统计,1936年和1937年达成的输华军火合同金额分别是6458.1万马克与6098.3万马克,实际输华军火总价额1936年为2374.8万马克,1937年就增加到了8278.86万马克,种类有:步枪、冲锋枪、2公分口径机关枪及子弹,15.5公分口径大炮、高射炮、反坦克炮及炮弹,坦克,飞机,海军舰艇,探照灯,火炮牵引车等①。据德国国防部国防经济署署

---

　　①　备忘录:运往中国的军事物资(1938年4月23日),*DGFP*,Ser. D,Vole.1,pp. 852 - 853.

长妥玛斯1937年6月9日致蒋介石的电文:当年6月德国对华起运步枪枪弹1000万发,摩托车39辆,防空炮60门,装甲侦察车18辆,海防炮2门,鱼雷24支;7月将起运有:步枪枪弹1000万发,防空炮60门,海防炮2门,快艇若干;8至10月均将有机械化防空炮装备起运①。又据1937年12月初克兰对翁文灏所言,价值1100万马克的步枪子弹即将运抵中国,当月初将起运的还有105公厘大炮36门附炮弹36000发,150公厘海防重炮4门附炮弹400发以及炮测仪2件,轻迫击炮弹25000发,高射炮及30.7公厘高射炮弹72000发,探照灯2套,防毒气罩10万具,燃烧弹25000枚,10公斤飞机炸弹20000枚,50公斤飞机炸弹2500枚,步枪子弹3000万等,约共值1900万马克。12月15日起运有30.7公厘高射炮弹54000发,30.7公厘防战车炮弹50000发,70.5公厘高射炮24门附炮弹92000发,探照灯2种共63架,听音机18架,燃烧弹75000枚,10公斤炸弹30000枚,50公斤炸弹8500枚,约共值2500万马克②。当然,为了避免引起日方的反对,中国在德订购军火和起运,尽可能加以保密。

抗日战争爆发后,国民政府力图加快德国军火的输入。1937年8月行政院副院长兼财政部长孔祥熙访问德国期间,即"订购德机百架,其中八六号重轰炸机25架,下月初即可起运"③。另外,抗战初期中德技术合作也在进行中。1937年6月25日,资源委员会代表翁文灏在柏林与德国合步楼公司订立合办湘潭中央钢铁厂的合同,决定由克房伯公司为首的德国厂商提供设备,并于1939年下半年安装完毕和开始运用④。1937年8月1日,资源委员会代表钱昌照、恽震,与德国西门

---

① 蒋中正档案—特交档案—外交(对德国外交),061—7。

② 《翁文灏致蒋介石电》(1937年12月3日),《民国档案》1995年第2期,第31页。

③ 《孔祥熙致蒋介石电》(1937年8月26日),蒋中正档案—特交文电(领袖事功)—革命外交(对英法德义关系),第1卷上,26018410。

④ 《中德合办湘潭中央钢铁厂契约(1937年6月25日)》,《中德外交密档1927—1947》,428—434页。

子霍尔斯克股份公司签订了电话厂协助合同,在中国中部设立工厂,德方提供各项电话器材料、厂房和机器设计、制造、安装,中方派遣工程师和学生。除安装工具款之外,资源委员会同意支付酬金营业净额3.5%,不少于第一年 8 万元,第二年 9 万元,以后八年每年 10 万元①。此外,1937 年由中德双方的技术专家拟订了《中德经济合作计划》,提出 20 年内,中德双方交换货物至少达 9 亿 5 千万瑞士金法郎。德方要求中国提供的有:锑、钨、金、银、铝、锡、锌、铜、锰铁和生铁、桐油、丝、茶、大豆、其他;德国对华提供有:农业工具及轻机器,农产加工设备,制造肥料设备,铁道建筑及修理材料,电车等轻便材料,公路建筑之机械设备,载重汽车,耕种机,商用飞机,桥梁及其他钢铁建材,采矿设备,选矿设备,强电、电信,轮船,码头,挖土机,自来水厂,灌溉,抽水,水泥厂,卫生,炼油,等等②。

　　抗战爆发前,中国方面总体上能够积极履行易货合同,组织出口往德国的货物。至 1937 年 2 月份止,中央信托局在对德易货案下,订购并已向德国运出货物共 16700 吨,其中钨砂 1250 吨,锑砂 600 吨,锡砂50 吨,芝麻 7100 吨,豆油 850 吨,桐油 200 吨,以及蚕豆 370 吨、蛋 330吨、茧 120 吨、棉籽油 975 吨、花生仁 4000 吨、花生油 925 吨,货款达8,825,120.25 元。待运德国的货物有:钨砂 1250 吨、锡砂 110 吨、花生9500 吨、花生油 6430 吨、芝麻 6350 吨、桐油 400 吨、棉籽油 2450 吨、蛋 70 吨、蚕茧 70 吨、猪油 450 吨,共约 27080 吨,11,619,845.55 元③。抗战爆发后,中方加速运送货品往德国。至 1937 年 10 月止,中央信托局订购输德农矿品货价共 4074 万余元,其中业已运往德国的部分为

---

①　蒋中正档案－特交档案－外交(对德国外交),061－9。又《中德外交密档1927－1947》收入的翁文灏 1939 年 10 月 13 日致孔祥熙函稿,仅提到资源委员会中央电讯器材厂 1937 年 8 月间曾于西门子订立购买制造军用电话特种工具合同。

②　蒋中正档案－特交档案－外交(对德国外交),061－10。

③　孔祥熙致蒋介石节略(1937 年 3 月 2 日),蒋中正档案－特交档案－外交(对德国外交),061－4。

2886万余元。到次年1月,尽管受战事影响,采办货物已经比较困难,中央信托局仍然订购了运德农矿品约650余万元。不过,中方已经感觉到德方态度的变化,在运输、价格等问题上种种挑剔,为难中方①。在处理相关交涉时,中方不同机构之间也会出现分歧。1938年6月,掌管钨砂产销大权的资源委员会决定,钨砂售价改国币定价为英镑标准,如以国币偿付货款,须以市面汇率折算。由于法币汇价的下跌,按照这一折算办法,钨砂报价增加不少,引起德方不满。而负责购运输德货物的中央信托局,则以财政部关于所有运德货物均以国币购买、再以中央银行汇率折合的规定,向资源委员会提出异议。当时,如中央信托局理事孔令侃曾指出:"惟目下所感困难者,即为资源委员会之多方留难,要求照英镑售给,若不给予英镑,即须照市价予以法币,事实即换汤不换药,无形中使货价抬高,致未能接受,如不予照办,恐资源委员会或将以矿产品销尽为推辞。"②孔祥熙甚至蒋介石都向资源委员会提出,不应以货价问题影响履行对德易货。但是资源委员会坚持钨砂产销成本居高不下,对外应参照伦敦行市以外币报价,对内则另定国币价格。最后,孔祥熙只好同意按资源委员会的报价办理③。

随着德国政府正式承认伪满政权、召回在华军事顾问和驻华大使等举措,中、德政治关系急剧下降;但是双方间的易货购料关系,却在特殊的条件下维系着,尽管经历了不少曲折。

1938年5月初,德国政府一度决定禁止对华出口军火。这意味着

---

　　① 《叶琢堂致蒋介石电》(1937年11月10日、1938年2月8日),蒋中正档案－特交文电－外交(对英法德义关系),第1卷上,26015247。

　　② 《孔令侃致孔祥熙电》(1938年7月2日),蒋中正档案－特交档案－外交(对德国外交),061－13。

　　③ 参见《孔祥熙致翁文灏函》(1938年6月24日)、《蒋介石致翁文灏代电》(1938年7月5日)、《蒋介石致翁文灏孔祥熙电》(1938年8月25日),《民国档案》1995年第2期;《翁文灏致孔祥熙函》(1938年9月1日、9月27日)、《翁文灏致蒋介石电》(1938年9月1日、9月15日)、《孔祥熙复翁文灏函》(1938年10月10日),《民国档案》1995年第4期。

单方面中止两国间的易货关系,停止履行业已订立的向中方供货的合同。当时德国政府军火出口运输处向中国驻德商务专员谭伯羽密称,军火仍可照常起运,但避免日方侦探,以后运货不能用客轮,均须改装货船①。

当时中国在德国订购有大批军火,包括枪炮、弹药、车辆等,有的装运出厂后受检遭拦截,还有的根本不准装运出厂。为使此事有转圜余地,中国方面没有公开提出抗议,但向德方进行了必要的交涉。5月9日,蒋介石便对陶德曼指出:尽管中国和意大利的关系并不融洽,但意大利也没有停止交付业已订购的军事物资,中德易货协定实施已有多年,如果德方停止履行供货合同,而其他国家仍然继续向中国供应军火,将引起中国人民极大的不满,中德关系将受到严重影响②。中国驻德国商务专员谭伯羽也奉命频频进行游说,从德国政府军工署负责人、合步楼公司经理到军火厂商。这些人对于德国政府针对中国的军火出口禁令,也有所不满,他们认为一旦实行对华军火及有关物资的禁运,受打击的将不仅仅是中国的国防力量,德国本身的军火工业以及运输等行业,也都将直接蒙受严重损失。在德国政府内部,经济部和军工署都不赞成断绝对华输出军火,认为这将使中国的军火订单落入他国之手。合步楼、克虏伯等大公司厂商的代表数度出面,要求德国政府允许继续按已订立的合同向中国交付武器和其他军用物资,否则各厂商将难以承受因违反合同造成的经济损失。

于是,德国政府同意按已订立之合同继续向中方交付军火,但须以第三国的名义把军火运出德国国境,然后再转交中方。结果,中方假借芬兰、卢森堡等国的厂商名义,把所订购的军火运出德境,再辗转运往中国。可是,这种间接交运军火的方式,对中国甚为不利,一旦军火运

---

　　① 《谭伯羽电孔祥熙》(1938年5月4日),蒋中正档案-特交档案-外交(对德国外交),061-14。

　　② 《陶德曼致德国外交部电》(1938年5月9日),*DGFP*,Ser. D,Vol. 1,p. 860.

华途中发生损失,中方无从向德国方面交涉。至于在德国达成新的军火合同,其难度则更大了。

另一方面,德国政府经济部、军工署的部分官员仍主张维持对华经济往来,他们绕过了希特勒、戈林、里宾特洛甫等人,采取主动措施推进对华经济关系。1938年夏,德国合步楼公司的代表佛德博士秘密抵达汉口,受到国民政府军事委员会办公厅主任张群、经济部长翁文灏等人的接见。佛德向中方表示系代表德国政府来华,洽商以军事装备换取以矿砂为主的原料,并称这一合作对两国间的经济、政治关系裨益匪浅。国民政府方面对佛德的来访颇为重视,至1938年10月,佛德与中方在重庆达成如下各点谅解:1. 明确规定《中德易货协定》及信贷合同继续有效,其有效期暂定为一年;2. 在合同范围内,中国若付以现款时,德国则按国际市场价格及出口货物价格计算,向中国提供军械及弹药除外的各军工厂所用的一切材料、半成品、汽车等;3. 中国可在不需提供担保的情况下,在德国订购2000万马克的货物,德国另向中国提供一万万马克的滚动贷款,年利率仅为5厘;4. 中方每月供给德方800万元法币的原料(依正式汇率计算,如按普通汇率合1200万元法币),即1年内供给约合7000万马克的原料,其中须有50%为矿物,即每月须向德方提供钨、锡各500吨,锑300吨;5. 今后各项货品采购,买主与卖主可直接进行,合步楼公司和中央信托局仅作为会计、统计暨顾问机构;6. 中国政府组成中央采购统制委员会,负责审核中国对德各项货品的订购申请,并监督其采购范围及预算情况,订购方面应派技术专家来华协助该委员会工作。此外,双方还对以往合同的交付情况作出处理意见,德方同意在最近4个月内交付总额为720万美元的军火,包括2.2亿发子弹、数万发炮弹;同期内中方交付钨砂和锡各3000至4000吨、锑3000吨,充抵军火价款;德方同意中方撤销价额达2亿马克的不急需的订货合同,但中国在德国的潜艇订货合同仍然有效;中国海军仍可派军官学员赴德学习训练①。1938 年 10 月 19 日，以上述谅解为主要内容的"中德新易货协定"在重庆签署，把双方每月的易货额提高到1000 万元法币（合 750 万马克）②。

应当指出，当时中德经贸关系得以在非常特殊的情况下有所改善，与《苏德互不侵犯条约》的谈判交涉和签约，有着不可忽视的联系。1939 年 8 月 26 日，即《苏德互不侵犯条约》签署后的第三天，中国驻德大使陈介便向德国外交部次长魏茨泽克表示了中国政府的祝贺，希望中德经济和政治关系由此获得更好的发展。魏茨泽克则谈到，以往几年因为德苏矛盾和中苏友好，德中关系出现困难，德苏签约后，妨碍德中关系的障碍已经去除③。此后德国军火和其他工业品一度又大批运抵香港，由在港合步楼公司和中方代表合作，将其运至中国后方各地。通过佛德访华及双方签署的协议，中德易货关系和新的计划得到了两国政府的确认，自德国军事顾问和陶德曼大使被召回之后，中国政府的担忧和疑虑，暂时得到了缓解。

1939 年 9 月欧战爆发后，中方避免公开谴责德国，同时希望双方易货购料关系出现新的突破，向德方提议签订扩大德国军火与中国矿砂交换额的合同，为期五年。孔祥熙甚至向在重庆的德国外交官提出：只要德方同意，中方愿保证在今后 50 年里向德国提供矿砂④。在德国政府内部，亦有维持对华经济关系的主张，连戈林一度也表示对中国的

---

①　《齐峻呈蒋介石报告》（1938 年 10 月 10 日），《中华民国重要史料初编》第三编《战时外交》（二），第 714—716 页；参见蒋档：特交档案－外交（对德国外交），061－15。有关佛德访华更多史实和相应的评述，可见黄翠芳、马振犊：《1938 年德国特使佛德秘密访华述评》，《民国档案》1997 年第 4 期。

②　［美］柯伟林：《蒋介石政府与纳粹德国》，中国青年出版社 1994 年中译本，第294 页。

③　《魏茨泽克所作会谈纪要》（1939 年 8 月 26 日），*DGFP*, Ser. D, Vol. 7, Washington 1956, p. 333.

④　《德国驻华大使馆致德国外交部电报》（1939 年 11 月 11 日），*DGFP*, Ser. D, Vol. 7, p. 397.

"交易仍愿照常",条件是中国提供金属矿砂并有合适的运输途径①。但是,德国外交部长里宾特洛甫只同意扩大武器之外的德国工业品同中国的易货额,急需获得国外军火接济的国民政府方面当然非常不满,遂使这一合同未能达成。不过,德国合步楼公司仍数度向中国方面秘密接洽,表示愿维持双边贸易,将设法使德国货物运至中立国,再转运来华,希望中国方面以大量钨、锡接济德方。合步楼公司还直接致函孔祥熙,商洽双方具体交付办法。这一动向引起国民政府各有关方面的注意。行政院秘书长蒋廷黻认为:"德方既有此表示,我国似应趁机善为运用,使德国对远东之和平作有利于我之努力。"但是,具体负责矿产品采购和售运的资源委员会主任翁文灏则认为,在欧洲战争爆发之后,中国须慎重考虑德方的建议,英法在加紧对德国经济封锁,如果中方与德方实行易货,以重要矿产品运往德国,万一被英法探悉,会被认为中国在援助德国;且矿产品及其他货物须由越南或香港出口,英法如果为难,中国将得不偿失。蒋介石得悉翁文灏的意见后,于12月3日指示对德方虚与应付:"关于对德供给锡产一节,自以暂缓为宜,但亦不必拒绝,只言筹划可也。"②1940年1月5日,德方再度致函于孔祥熙,称将把德方所制柴油汽车100辆、电话制造厂材料等列入易货范围,供给中方,深望中国亦能以钨、锑数百吨运德,并于短期内准备就绪。当时中方根据蒋介石的指示,"以不即不离态度周旋应付"③。在处理与德国的贸易关系时,中方不得不慎重考虑英法的因素。

---

① 《陈介致外交部电》(1939年9月19日),蒋中正档案一革命文献(抗战时期)第44册,对德外交,文件54。

② 《王宠惠致孔祥熙电》(1939年9月16日)、《蒋廷黻签呈》(1939年9月19日)、《翁文灏致蒋介石孔祥熙代电》(1939年9月24日)、《蒋介石复翁文灏电》(1939年12月3日),《中华民国史档案资料汇编》第五辑第二编《外交》,江苏古籍出版社1997年版,第664—665页。

③ 《翁文灏致孔祥熙函》(1940年1月6日)、《孔祥熙复翁文灏函》(1940年1月12日),《中华民国史档案资料汇编》第五辑第二编《外交》,第666页。

从 1937 年起,中德之间贸易额逐年下降。1937 年中国自德国输入货物总价额 6440 万海关两,1938 年下降为 4938.5 万海关两,1939 年再度减少到 3353.3 万海关两,1940 年已跌至 2033 万海关两。相应年份,中国对德国输出货物总价额也连年下降,分别为 3185.5 万海关两、2449.7 万海关两、1862 万海关两、151.4 万海关两。另外,中、德贸易在中国整个对外贸易中的地位也急剧下降。1937 年中、德间贸易额占中国对外贸易总额的 11.5％,1938 年尚占 10.2％,1939 年下降至5.15％,1940 年就只占 1.48％了[①]。

中德经贸关系的下降,既与德国政府日趋消极的远东政策密切有关,还与欧战的爆发有着直接的联系。当时,无论是德国军工品、重工业品输华,还是中国农矿产品起运供应德国,都受到过来自英、法和其他欧洲国家的阻扰。如孔祥熙前向合步楼公司购枪弹 6960 万余发,1938 年 5 月德政府密令禁止军火运华,合步楼委托芬兰一家公司(Dahlberg & Hilbert Co.),呈孔祥熙核准,定金 17.5％,前后运出 5500 万发;其余 1460 万发,原定 1939 年 9 月初装载德国利克茂公司轮船运华,欧战爆发停止行驶,德官方不给出口许可,余货堆在不来梅港驳船中,最后只好请芬兰公司设法出售。又如,1939 年 4 月 1 日驻德商务专员处曾代兵工署经芬兰公司转向莱茵厂订购 37 炮料 156 门。定金 50％已由合步楼公司于合同签署后交芬兰。欧战爆发后,德方要求中方交全部款,后商请芬兰公司转运瑞典堆存全部炮料,但未运出[②]。可以看出,欧战爆发后,中国直接与德国方面交涉经贸纠纷愈益困难了。

欧战爆发后,英方封锁输运德货物,包括载有中方输德农矿产品的货船,均在禁止之列。中方曾屡屡向英方交涉,指出系执行欧战爆发前

---

① 《中德关系密档(1927－1947)》,第 225－226 页。

② 《谭伯羽呈蒋介石驻德大使馆商务专员处报告》(1942 年 10 月 10 日),蒋中正档案－特交档案－外交(对德国外交),060－9。

的对德易货协定,英方不能没收①。后来,英国甚至对中国运往苏联的货船也予以扣留,怀疑这些货物将被辗转运往德国,虽经交涉仍无结果②。至于英国本国的货物,更是严禁运德。欧战爆发前,驻德中国商务专员处曾请德商 Isola‐Werke 公司由英国转运云母片 9 万片,货款已付清,原定 1939 年 9 月在汉堡交货,欧战爆发后,该批云母片无法运出转交中方,不得已之下,中方遂向德国公司交涉退款,德方称已付与英国,无法退回③。当然,这种情况中方也不可能从英国得到补偿。

　　法国方面,原先对经过法属越南的运德货物并无限定。欧战爆发后,法国不允许中国矿品经越运德,要求收购在越被扣留的中国矿品。即便是在越的运德农产品,也要求中方提出证据,如在 1939 年 9 月 3 日以前订立买卖契约的,可以通过输出,否则也不许通过。只是在中方反复交涉后,经越南的运德货物才获得暂时解决④。

　　驻德国商务专员还曾把向卷入欧战各国所订而未运出的共 240 余吨货物存意大利,1940 年 12 月后又设法转运存瑞典。1941 年 6 月下旬,恐德国承认汪伪后,中国政府在德国存款被德方没收,驻德商务专员谭伯羽把不能外汇之合步楼公司枪弹余款 538,625.08 马克,以及兵工署结余合步楼公司货款 180,207 马克,改以谭伯羽私人名义,分别汇存交三殷实德商公司,改订货物,备作运保费等⑤。这些不得不为之的措施,风险也是很大的。

---

　　①　《王宠惠外交报告》(1940 年 1 月 15 日),《中央委员谈话会纪录(二十九年份)》,中国国民党党史馆藏档 5.5—1。

　　②　《王宠惠外交报告》(1940 年 4 月 8 日、4 月 22 日),《中央委员谈话会纪录(二十九年份)》,中国国民党党史馆藏档 5.5—1。

　　③　《谭伯羽呈蒋介石驻德大使馆商务专员处报告》(1942 年 10 月 10 日),蒋中正档案‐特交档案‐外交(对德国外交),060—9。

　　④　《王宠惠外交报告》(1940 年 1 月 15 日),《中央委员谈话会纪录(二十九年份)》,中国国民党党史馆藏档 5.5—1。

　　⑤　《谭伯羽呈蒋介石驻德大使馆商务专员处报告》(1942 年 10 月 10 日),蒋中正档案‐特交档案‐外交(对德国外交),060—9。

在上述复杂、困难的环境下,中德易货关系的维系诚属不易,遑论进一步发展了。

待到1940年9月德、意、日三国同盟条约签订后,中德间政治关系日趋冷淡。1941年7月,因德国政府公开承认汪伪政权,国民政府宣布中断双方外交关系。1941年12月太平洋战争爆发后,国民政府于12月9日分别对日本及德国、意大利宣战。中国对德国断交、宣战后,不仅完全中止了两国之间的政治关系,并且也彻底停止了向德国出口钨砂等物品。这标志着国民政府主导下的战时对德军事和经贸合作得以存在的基础,已经不复存在了,而战前便开始的中国政府有关机构主持的自德购械购料,以及采办运送输德农矿品等方面的事业,也最终划上了句号。

四　中国对德断交与宣战

1937年抗战爆发之初,国民政府曾希望德国因其与日本的特殊关系,出面劝止日本侵华。当年7月27日,蒋介石以行政院长的身份会见德国驻华大使陶德曼时,告以日本积极行动危害东亚和平,请陶大使转电德国政府,"速以德日防共协定签字国之地位,劝告日本停止在华行动。"陶德曼当即表示:"该项协定实与现在中日形势无关。"三天后,陶德曼向中国外交部次长徐谟表述了德国政府的正式答复:"德政府认为不能以该协定为根据,请求日方停止在华行动,反之日方亦不能以该协定为根据,请求德方为任何协助,但德政府业已再向日政府劝取和缓态度云云。"[①]德国既要从反苏防共的战略利益出发,确立与扩大与日本的同盟关系,但也希望多年来与中国之间的良好关系得以维持下去,因而对于日益扩大的中日冲突,德国政府大体上持中立立场,同时择机

---

①　《中日外交史料丛书》(四)《卢沟桥事变前后的中日外交关系》,第495—496页。

进行调处。

从 1937 年 10 月起到 1938 年 1 月，由德国驻华大使陶德曼出面，多次向国民政府决策层传递经由驻日本大使狄克逊得来的日本议和条件，试图促成中日之间议和。

1938 年 10 月 22 日，陶德曼在上海从日本参谋本部军官马奈木敬信那里得到了一份停战备忘录，日方希望由陶德曼或法肯豪森把日方的条件转告蒋介石。当时，陶德曼曾经指责日本的军事行动严重损害了德国在中国、特别是在上海地区的商业利益①。同时，根据德国外交部的正式指示，1937 年 10 月底，陶德曼向国民政府外交部次长徐谟传递了德方愿意为中日之间居中联系的意愿，希望中方做好相应准备。11 月 5 日，陶德曼在南京向蒋介石告知了日本的议和条件：内蒙古实现自治；华北与"满洲国"之间建立非军事区，由中方维持秩序；在上海建立非军事区，由国际警察来管制；停止反日政策；共同防共；减低日货关税。陶德曼还表示，希望中国不应失去议和的机会。对此蒋介石予以拒绝，并且表示，假如日本不愿意恢复战前状态，他不能接受日本的任何要求；蒋还希望德国政府知道：假如他同意那些条件，中国政府会被舆论的浪潮冲倒；中国不能正式承认日本的要求，因为这个现在正是"布鲁塞尔会议"列强关注的对象，而列强是有意要在"华盛顿条约"的基础上觅致和平的②。这实际上是拒绝了日方的"议和"条件。

待到 1937 年 11 月下旬，中国军队弃守上海、日军沿着京沪铁路向南京紧逼之际，陶德曼又向行政院副院长孔祥熙、外交部长王宠惠、次长徐谟等人提出，日方的条件并不苛刻，希特勒也希望中国考虑与日方

---

① 　John P. Fox，*Germany and the Far Eastern Crisis 1931 - 1938* ，Oxford University Press，1982，pp. 261 - 262.

② 　陶德曼给德外交部密电（1937 年 11 月 15 日），复旦大学历史系编：《中国近代对外关系史资料选辑》下卷第二分册，上海人民出版社 1977 年版，第 36—37 页；另据蒋介石日记 1937 年 11 月 5 日记载："敌托德国传达媾和条件，试探防共协定为主，余严辞拒绝。"（胡佛研究所藏蒋介石日记手稿影印件）。

议和。另外，德国外长牛赖特也向中国驻德国大使程天放提出，希望中国政府不要不加考虑便拒绝日本的议和建议，还是尽速议和为好；中国方面就是尽最大的努力，也不可能扭转日本在军事上的胜局，"中国政府迟延议和的时间越久，中国国家解体的危险也越大"。可见，德国政府是劝说中方接受日本的议和条件的。

1937 年 12 月 2 日，蒋介石在南京向陶德曼表示，中方愿意与日本进行和谈，但是华北的主权完整和行政独立不得侵犯，和谈始终由德国担任中介人，且和谈不得涉及中国与第三国之间的协议。陶德曼则指出：中国必须宣布愿意讨论日本的条件；华北的中方负责人应是对日本友善的；德国愿意在力所能及的范围里在幕后帮助中国，但不参与直接谈判；中国应当注意到日本的反共要求。陶德曼还提到，中日停止敌对行动的步骤，即在蒋介石的声明交给日本，而且日本的同意的答复也已经收到之后，由希特勒向中日双方政府建议停止敌对行动。蒋介石表示同意，但要求日本政府对于初步的谈判，特别是条件，保守秘密。陶德曼建议德国政府应尽量支持蒋的这个要求，否则蒋介石的地位将会大大动摇以至于下台，而使亲苏的人掌握中国政府；他还提出，日本应对蒋介石愿意和谈的态度给予便利，以使蒋得以完成和谈①。此时，德方对于能够促成中日停战议和颇为乐观。

12 月 5 日，外交部次长徐谟把蒋介石的谈话以书面照会的方式交与德方，并且重申：中国在华北的主权和行政权不得改变，日本必须停止敌对行动，日方所提条件可以作为谈判的基础，但在任何情况下都不该被认为是不可改变的最后通牒。12 月 7 日，德国驻日大使狄克逊把中方的答复转给了日方。

然而 12 月 13 日日军占领南京之后，次日日本政府发表声明称："国民政府毫无反省之意，日本决心提携亲日政权，彻底惩罚抗日政权，

---

① 《陶德曼给德外交部电》(1937 年 12 月 3 日)，《中国近代对外关系史资料选辑》下卷第二分册，第 37—39 页。

从而根本解决日华间的问题。"12月21日,日本内阁会议通过了要求德方向中方转达的基本条件:1.中国应放弃容共和反抗日、满的政策,对日满两国的防共政策予以协助;2.在必要地区设置非武装区,并在该地区内各地设置特殊机构;3.日、满、华三国签订密切的经济协定;4.中国对日本赔款。另外,日方还要求德国方面向中方强调:中国政府的代表需到日本指定的时间和地点进行谈判,谈判期间日军不承诺停止军事行动。于是,12月26日陶德曼在汉口向孔祥熙转达了日本的最新议和条件,并要求中国不要向苏联做任何进一步的亲善。

当时国民政府高层也有接受议和条件的主张,但也有反对议和的意见指出:"目前言和者,无非以为和则国民政府之生命可以延长,实则目前言和,必须变更政府一切立场,自行撕碎九国公约与中苏不侵犯协约。和议成后,内受国人之攻击,外受日方之继续压迫,不出一二个月,政府必不能维持。"①当天蒋介石没有出面,仅由孔祥熙代为会见陶德曼。但在得悉陶德曼转达的日方新提出的条件后,蒋认为:"以其条件与方式苛刻至此,我国无从考虑亦无以接受,决置之不理,而我内部亦不至纠纷矣。"②经过第二天国防最高会议常务会议的讨论之后,蒋介石"乃即决定不理敌之条件"③。国民政府其他要员也向德方表示了对日方的不满,如孔祥熙便向陶德曼谈到,日方的新条件实际上是要求在中国为所欲为,日本将使中国绝望并倒向布尔什维主义。12月28日,铁道部长张嘉璈也向陶德曼指出:日本的条件不仅意味着中国必须承认"满洲国",而且中国其他地区也将被视作第二个"满洲国",中国在政治、经济、财政上的独立都将不复存在。陶德曼认为中方的解释过于悲观,但也感到可以理解,他把中国政府的反应报告给了德国外交部。在德国方面看来,中国眼下接受日本的条件符合中国的最大利益,但也认

① 《王世杰日记》(手稿本)第1册,第158页。
② 蒋介石日记1937年12月26日,胡佛研究所藏蒋介石日记手稿影印件。
③ 蒋介石日记1937年12月28日,胡佛研究所藏蒋介石日记手稿影印件。

为日本应当适可而止，并且由狄克逊转告日本政府：德日在反对共产国际方面的共同利益，需要中国尽快地恢复正常秩序，即使这意味着不能全部满足日本的条件①。

对于中方的疑虑和不满，1938 年 1 月 1 日，陶德曼向王宠惠、徐谟转达了德国驻日大使狄克逊个人对日方所提四项条件的理解：第一条，首为承认"满洲国"，至加入反国际共产协定及废除中苏互不侵犯协定一节，日本虽认为适宜，但并不要求，又中国须以积极证据表示排共之诚意。第二条非武装区域一点，日方意欲有三处，即内蒙、华北、上海附近；第二条特殊政权，内蒙须自治，华北须有权力甚为广大之特殊政权但仍属于中国主权之下，上海公共租界与法租界外于并不十分广大之地域内，设立特殊政权。第三条经济合作一节，日方指关税与商务而言。关于第四条之赔款，一部分为战费之赔偿，一部分为日本财产损失之赔偿，又占领费用亦须由中国负担②。当时中方请陶德曼继续了解日本的意思。日本政府却透过德方逼迫中方作出最后答复。1 月 13日，陶德曼向中方转达了日本政府的要求：中国方面须于 1 月 15 日前作出答复，否则日本保留自由行动的权利。当天，中国外长王宠惠向陶德曼递交了正式答复："经过适当的考虑后，我们觉得，改变了的条件，范围是太广泛了。因此中国政府希望知道这些新提出的条件的性质和内容，以便加以仔细的研究，作出确切的决定。"陶德曼提出，中方的答复没有表示希望和解的意愿，会被日本认为是在搪塞。王宠惠答称：除非知道了日本的要求的详细内容，中国政府不能作出决定，也不能表示意见③。1 月 15 日，孔祥熙在会晤陶德曼时再次说明了中国政府的立

①　John P. Fox, *Germany and the Far Eastern Crisis 1931 - 1938*, pp. 279 -281.

②　《德使陶德曼访晤王部长》(1938 年 1 月 1 日)，《中日外交史料丛书(四)：卢沟桥事变前后的中日外交关系》，第 497—498 页。

③　《陶德曼给德外交部电》(1938 年 1 月 13 日)，《中国近代对外关系史资料选辑》下卷第二分册，第 47—48 页。

场：中国政府绝不是想采取搪塞的态度，政府中曾经多次讨论，因为关于这个问题的决定对于国家和国际都有很重大的关系；中国已经遭受了很大的损失，愿意同日本实现真正的谅解，以保证持久的和平；中国诚恳地希望寻觅每一条可能的和平的途径。孔要求陶德曼向日方转达如下声明："中国和日本竟会从事目前的武装冲突，使两国都蒙受灾害的后果，这是极为不幸的。中国仍然抱着与日本达成真正谅解的愿望，俾东亚的持久和平得以保持。""我们已经表示了诚恳的愿望，希望知道日本所提出的'基本条件'的性质和内容，因为我们愿意尽每一分努力来寻求恢复两国之间的和平迹象。有了补充的说明，我们就更好表示我们对于日本所提出的条件的意见。"①蒋介石并指示外交当局"对德大使明言，如倭再提苛刻原则，则拒绝其转达"②。这就使得德国方面当时无法继续在中日之间充当调停者的角色了。

另外，由于国民政府始终没有正式接受日方的迫降条件，日本政府遂于1938年1月16日发表声明："帝国政府今后不以国民政府为对手，而期望真能与帝国合作的中国新政权的建立与发展，并将与此新政权调整两国邦交，协助建设复兴的中国。"③决定中止中日之间的交涉，战时德国对中日战争的第一次调停也收场了。

如前所述，1938年2月德国政府承认伪满洲国，已经在相当程度上损害了中国的主权和领土完整，给中德关系蒙上了阴影。同年6月下旬德国撤回在华顾问和驻华大使陶德曼，且不再派出新大使，对华政策明显趋于消极。但是，国民政府依然重视德国在中国整个对外关系中的地位，并采取种种措施以冀改善对德关系。继陶德曼回国后，国民政府也召回了驻德大使程天放，但很快委派陈介为新任驻德大使。陈

---

① 《陶德曼给德外交部电》(1938年1月15日)，《中国近代对外关系史资料选辑》下卷第二分册，第50页。

② 蒋介石日记1938年1月16日，胡佛研究所藏蒋介石日记手稿影印件。

③ 《日本帝国主义对外侵略史料选编》，上海人民出版社1983年，第261—262页。

介于 1938 年 9 月 22 日抵达柏林后，就向德方表示希望尽快向德国元首希特勒递交国书。可是，德国政府却一次次地借故推迟。11 月 16 日，德方曾向陈介约定递交国书的日期，但又数度被取消。与此同时，希特勒却接受了新任日本大使和伪满"大使"的国书。这使陈介在柏林的处境极为尴尬。在国民党当局看来，德国政府仍在有意恶化双边关系，蒋介石一度考虑让陈介离开柏林一段时间，甚至要孔祥熙调陈介为军事委员会外事局长，即日召回中国[①]。直到 1938 年 12 月 16 日，陈介才最终得以向希特勒递交了国书，国民政府对于中德关系进一步逆转的担忧稍有缓解。

陶德曼调停失败之后，德国方面并未放弃过再度充当中日战争调停者的想法。1938 年 11 月，继狄克逊之后出任驻日本大使的奥特（Eugen Ott），在东京与驻南京的德国代办费舍尔（Martin Fischer 亦译作飞师尔）讨论过中日冲突的前景，认为日本坚持要蒋介石下台，中日间达成和谈的条件不成熟[②]。1939 年 9 月初欧洲战争爆发，在德国和与之交战的英法之间，中国政府如何应对，是一个难题。当时蒋介石曾经考虑对德宣战："以期先发制人，遏止日本对英之妥协"。但是，蒋的重要幕僚、军事委员会参事室主任王世杰提醒蒋应考虑到不久前达成的苏德条约的规定："苏俄不得援助与德国交战之国家，则中国对德宣战后，苏联对华之物资援助，是否受影响，颇成问题。"最后，蒋介石接受了王世杰的意见，对德宣战之议作罢，而是"要求国联制裁侵略，藉以表明我之立场"。同时决定召回驻德大使陈介。稍后，外交部长王宠惠对欧战"不作明显表示"的意见得到确认，业已发出的召回陈介的电令，

---

①　《蒋介石致陈介电（1938 年 11 月 16 日）》、《中华民国重要史料初编》第三编《战时外交》（二），第 689－690 页；《蒋介石致孔祥熙电》（1938 年 11 月敬日）、《蒋介石致王宠惠电》（1938 年 12 月 3 江），蒋中正档案－革命文献－抗战时期第 44 册，文件 38、40，2020.30/4450.38、40。

②　《奥特致德国外交部电》（1938 年 11 月 26 日），*DGFP*，Ser. D，Vol. 4，p. 693.

也被取消了①。与此同时,中国驻德使馆参赞丁某曾以个人名义,探询德方出面调停中日关系的可能性。德国方面认为,日本是否愿意与蒋介石和谈,苏联是否打算继续支持蒋介石,在这两个基本问题都不是很明确的情况下,德国出面调停是不适宜的②。

就在这个时候,发生了汪精卫集团自重庆出逃的风波,成为影响中德关系的新的变数。尽管此前伪满傀儡政权得到了德国政府的正式承认,但毕竟不可能威胁到国民政府作为整个中华民国中央政府的合法性与权威性。另外,自1937年"七七"事变后,日本在中国其他地区扶持了一些傀儡政权,如伪蒙古联盟自治政府、北平的伪华北临时政府、伪上海特别市政府、南京的伪维新政府,这些傀儡政权都有着明显的地区性,其头面人物又都为声名狼藉的民族分裂分子、汉奸或北洋余孽,同样不能威胁到国民政府的正统地位,而且不存在其他主权国家与之建立正式外交关系的问题。然而,汪精卫集团的出逃引起了国内政治局势的极大震动。1939年,汪精卫集团公开投靠日本,召开伪国民党六大,否定重庆国民党中央的合法地位,另行选举"国民党中央执监委员"和设立"中央党部",由汪精卫本人出任"国民党中央主席"。该年9月起,汪伪集团又大张旗鼓地开始筹备成立"中央政府"的活动。这引起了重庆国民党当局的严重关注,特别是担心其他国家对汪伪政权的外交承认。

根据德国方面公布的档案,早在1939年2月初,汪精卫就曾派员与德国驻河内领事进行过接洽,当时德方对汪精卫集团并不怎么看重③。1939年10月10日,国民政府发表宣言称:"中华民国惟国民政府依法总揽治权,对内公布法令,对外缔结条约,主权完整,不容破坏,

①　《王世杰日记》(手稿本)第二册,1939年9月2日至9月8日,台北中研院近代史研究所1990年影印,第143—147页。

②　*DGFP*,Ser. D,Vol. 8,pp. 220 - 221、243.

③　*DGFP*,Ser. D,Vol. 4,p. 700.

倘有汉奸集团傀儡组织僭窃名义，擅发文告，或竟与任何国家订立文件，任在何时，概不承认。"13日，国民政府外交部把上述声明照知各国在华使馆的同时，又进一步指出："此项伪组织为虎作伥，实为中国全国人民所共弃，如有任何国家，予以承认，中国政府及人民，即不得不视为非友好行为。"①待到1940年1月8日，意大利政府宣布将考虑承认汪精卫领导下的"新政权"，国民政府担心德国政府也将采取同样行动，即令驻德使馆向德国外交部探询，德方称对此尚未作出决定，且汪精卫的新政府还没有成立，在近期内也不一定能够成立②。这一答复虽然没有向中方作出任何承诺，但在重庆当局看来，德国至少没有承认汪伪政权的打算。

　　1940年3月30日，汪伪政权在南京正式粉墨登场，在重庆的国民政府外交部即照会德国和其他各国使节，要求对日本扶持的傀儡组织，"决不予以法律上或事实上之承认。无论任何行为涉及任何方式之承认，既属违背国际公法与条约，自应视为对中国民族之最不友谊之行为，而承认者应负因是所发生结果之全责"③。由于连日本政府本身也没有立即予以汪伪政权正式的外交承认，德国政府在相当一段时期内也没有加以相应的考虑。甚至到了1940年的9月初，德国驻上海领事馆的官员还在致希特勒当局的报告中指出：1. 日本所谓的东亚新秩序毫无成就；2. 中国人民和军队服从、忠于蒋介石；3. 蒋介石对德国不念旧恶，希望以钨、锑等换取军火；4. 汪精卫为日本傀儡，毫无人格力量，且受日本钳制甚严，德国政府千万不要上当予以承认；5. 日本牵制英美力量甚微；6. 蒋介石决不会与苏俄结盟④。

　　汪伪政权出笼后，重庆方面一度仍希望改善与德国的关系。1940

　　①　《中华民国重要史料初编》第六编《傀儡政权》(三)，第415页。

　　②　*DGFP*, Ser. D, Vol. 8, p. 689.

　　③　《中华民国重要史料初编》第六编《傀儡政权》(三)，第416页。

　　④　《桂永清致蒋介石电(1940年9月9日)》，《中华民国重要史料初编》第六编《傀儡政权》(二)，第418页。

年 6 月 7 日,中德文化协会第五届年会在重庆召开,重庆各报刊作了显著报导,体现出国民党当局刻意营造两国间关系融洽的氛围。1940 年 7 月 7 日,国民党中央组织部长朱家骅致函德国元帅、武装部队总司令凯特尔(Wilhelm Keitel),对德国军队在欧洲战场的"胜利"表示"贺意",同时指出:"国民党战后之各项建设,必多借助于贵国之处,而中国之复兴,在任何方面有助于贵国者亦匪可想像……余深信贵国人士高瞻远瞩,将来必能促成此伟大计划之实现,以解决此次战后之需要,其有裨益于贵我两国及世界和平者,实非浅鲜也。"①蒋介石甚至打算派出一个高级代表团前往柏林。然而,中德之间不但在政治关系方面没有取得明显进展,反而产生了新的分歧。

另外,1940 年初起,德国加紧与意大利和日本确立起正式的军事同盟,在此过程中,亦数次试图调停中日关系。如 1940 年 2 月 8 日,德国外交部次长魏茨泽克(Ernst von Wizsacker,亦译为魏萨克)曾面询中国大使陈介"中国与日本有无直接言和可能",陈介答称:如条件合理,想无不可谈,倘如最近所传日本与汪所订条件,则任何中国人不能接受。由于涉及到这一敏感问题,魏氏只好表示:德在欧适有战事,对远东无法置喙,但德政府仍持观望态度②。

同年夏,原在华军事总顾问法肯豪森的副官克鲁马赫(Krum-macher)向中国驻德商务专员谭伯羽密告:德方渐注意中日问题,德外交部有出面调停之可能,意谓英无力调和,美以对日关系,亦不便调停,德出调和最相宜,亦于德有利。当时谭伯羽向蒋介石建议,可以答复德方以日本退兵为议和前提。当时蒋介石指示谭伯羽查明这一议和建议是否出自日方,并可顺势要求德国外交部能派大使来华,"以便随时商

---

① 《朱家骅先生言论集》(史料丛刊三),台北中研院近代史研究所 1977 年,第 657—659 页。

② 《陈介致外交部电》(1940 年 2 月 8 日),蒋中正档案—革命文献(抗战时期)第 44 册对德外交,文件 57。

讨中德经济合作等一切问题也"①。中方要求重派大使赴华,这显然又使德方感到为难,不了了之。

　　1940年夏,德国曾提议让重庆国民党政权参加事实上已经形成的德、意、日三国轴心同盟,这也带有调停中日关系的含义,但遭到日本的反对。同年9月27日,德、意、日三国在柏林签署了同盟条约,宣称:"德意志和意大利承认并尊重日本在大东亚建立新秩序的领导权";"三国并承允如果三缔约国中之一受到目前不在欧洲战争或中日冲突中的一国攻击时,应以一切政治、经济和军事手段相援助"②。重庆当局对三国同盟条约的内容极其震惊,认为它标志着德国和意大利公然宣布支持日本对华侵略战争,遂不得不作出强烈反应。9月29日,重庆国民政府分别向德国、意大利递交了抗议书,指出日本所谓的"大东亚新秩序",实际上"乃欲破坏在亚细亚洲及其附近基于法律与正义之国际秩序而行武力征服他国领土之谓","德意二国竟承认并尊重日本建立此种新秩序之领导地位,其蔑视国际法律与国家平等原则及助其侵略,莫此为甚";并指出中国政府保留将来适当行动之权③。

　　但是,待到1940年9月德、意、日签署三国同盟条约之后,德国认为出面调停中日关系的时机已经成熟,日本也希望德国一并向重庆方面施加政治压力。10月初,中国驻德商务专员谭伯羽已经探悉到了德国可能提出的调停中日关系的条件:日本承认蒋介石政权并撤兵;中国承认伪满洲国及日本在华北的特权,并以上海、青岛、福州、香港、汕头为日本海军基地④。当时驻德武官桂永清也转达了戈林关于中日间应实现和平的谈话,但是重庆当局对三国军事同盟之下接受德国调停一

---

　　①　《谭伯羽致蒋中正电》(1940年7月24日),蒋中正档案－革命文献(抗战时期)第44册对德外交,文件65。

　　②　《中国近代对外关系史资料选辑》下卷第二分册,第165—166页。

　　③　《中华民国重要史料初编》第三编《战时外交》(二),第697页。

　　④　《国民政府驻德国商务专员谭伯羽致蒋介石电》(1940年10月3日),《中华民国史档案资料汇编》第五辑第二编《外交》,第671页。

事非常慎重,指示桂永清:对戈林谈话最好暂不直接表示态度,如其不再来问询更不必直接答复。但可间接使戈知我国之意,如领土主权行政不能完整,则无和平可谈①。

　　接着,日本又利用对汪伪政权的正式承认,要德方传递有意与重庆方面"议和"的信息。1940年10月30日,驻柏林的日本大使馆参赞告知德国外交部,日本外相打算与蒋介石达成解决中日冲突的谅解。11月7日,日本副外相向驻东京的德国大使奥特明确提出:日本将承认汪精卫政府,德国与意大利根据三国同盟条约的规定也将采取同样的承认,希望德国出面劝说蒋介石与日本就结束两国间的冲突达成谅解②。11月11日,德国外长里宾特洛甫约见中国大使陈介密谈,吹嘘德国所处的外交和军事地位,称德国与苏联订立互不侵犯条约以来,"交谊已密"并且益图巩固,可使德国统一欧洲志愿易于完成,英、美联俄将难以完成;德国已对英国完成包围,英国在军事上必将失败,最终胜利终属德国;德国与意大利、日本缔约,是为了促成建设欧洲新秩序,并得到了苏联的赞成,"绝对可望有把握"。里宾特洛甫在提及德国对华政策时辩称,德国政府对中国尤其在经济关系上始终保持友谊,未取敌对地位,"无如大势所趋,惟强是重,不得不侧重亲日"。他进而提出,日本很可能不久将承认南京(汪精卫)政府,德国与意大利也必继而承认,因此,现在是中日和好的"最后时机"。陈介则答称,中国"为生存与主权而抗战,非达此目的,恐难言和平";正如此前陶德曼大使调停时蒋介石委员长所表示的,和平须以日军完全退出为先决条件,现在仍持这一立场,如果日军未能放弃所占领的中国领土,和平最终不能实现。里宾特洛甫立即表示,很难把日本从中国撤军作为和平方案的基础,尽管他对

　　① 《蒋介石致陈介电》(1940年10月真日),蒋中正档案—革命文献(抗战时期)第44册对德外交,文件68。

　　② 《奥特致德国外交部电》(1940年11月7日),*DGFP*, Ser. D, Vol. 11, pp. 491-493.

中国局势并无详细了解。值得注意的是，里宾特洛甫声称仅作为"个人意见"，未受中日政府委托，亦非德国政府自愿调停；而如果中日双方不提出要求的话，他是不会出面调停的①。里宾特洛甫故意隐瞒了日本方面请德国出面调停的事实，同时向中方施压和诱骗，以冀使中国向日本妥协退让。

在得悉德国政府再度调停中日关系的上述立场后，蒋介石即于11月21日电示陈介答复德方：必须以日本撤出全部侵华军队为议和前提，"德方当知日本控制中国后，对德终属无利而且有害；反之，中国之独立与主权仍能维持，则将来德国对华之经济发展，自属无可限量"，希望德国政府在关键时刻"审慎考虑"其远东政策。对于中方是否接受他国承认汪伪政权问题，则非常明确地照知德国政府："汪逆早为国人共弃，绝无任何效能，其伪组织如果被他国承认，更使中日战争永无解决之期而已。"②根据在华德国外交官的分析，当时国民政府内部确实有人主张与日本达成有利于中方的和平，这些人担心苏联与日本达成谅解而以牺牲中国利益为前提；但是亲美派和亲英派反对与日本妥协，由于日本近期在广西战事的失利以及滇缅路所重开，日本的力量被削弱，而美国则可能增加对中国的援助③。不管这一分析在多大程度上与事实相符，可以肯定的是，国民政府当时确实没有接受德方的调停。

到1940年12月2日，德国政府发言人向外国记者指出：日本虽承认汪精卫"政府"，而德国则并无必须步其后尘之必要，德国此时决不至发生承认"汪政权"之问题，虽三国同盟各签字国彼此有密切关系，但关

---

①　《陈介致蒋介石电》(1940年11月11日)，《中华民国史档案资料汇编》第五辑第二编《外交》，第672—673页；《里宾特洛甫与陈介会谈记录》(1940年11月11日)，*DGFP*，Ser. D，Vol. 11，pp. 515-517.

②　《蒋介石致陈介电》(1940年11月21日)，《中华民国重要史料初编》第三编《战时外交》(二)，第700—701页。

③　《驻华使馆致德国外交部电》(1940年11月15日)，*DGFP*，Ser. D，Vol. 11，pp. 576-577.

于对别国之关系,彼此意见上仍有若干不同,德国完全了解日本之承认"南京政权"为一种外交手段,此种手段,在日人观之,系属有利于远东局势之解决者①。1940 年 12 月 10 日,德国新任驻华使馆参赞濮雷森抵达重庆,这表明中、德关系仍得以维持在一定的层次上。

1941 年 1 月,德方又向中国驻德武官桂永清谈到:日本自知不能以兵力结束中日战争,德国非常希望东亚实现和平,中国此时与日本谈判和平,日本必无过分要求,实为最好机会;德国进攻英国势在必行,如果中日冲突延至英国被占领之后,则时过境迁,德国想帮助中国,也将非常困难了②。但是,重庆国民政府最终没有接受德国的调停。

至于国民政府最为担心的德国政府对汪伪政权的承认,则是该阶段中、德交涉中的重要内容。据陈介掌握的情况,在 1941 年 2 月初德方已在酝酿走出这一步。但直到 5 月,德国驻重庆的外交官仍然否认德国政府有承认汪伪政权之考虑。同年 6 月德国发动对苏联的战争后,决定在承认伪满问题上作出让步,以换得日本的支持。6 月 27 日,德国正式通知日本方面:经与意大利协商,希特勒已经决定在 7 月 1 日承认汪精卫政府③。德国政府对这一决定高度保密,连驻重庆的德国使团也是在 6 月 30 日才收到德国政府的正式通知。

另一方面,1941 年 6 月下旬,中国驻德使馆已获悉德国政府即将正式承认南京汪伪政权。6 月 28 日,陈介在柏林就此事询问德国外交部次长魏茨泽克的态度,重申中国外长王宠惠 1940 年 11 月 30 日宣言中的主张,希望德国以两国间以往友好历史和未来关系为重,并且明确指出:中国政府立场现唯日本为敌,余均认为友,数年来中国对德已万分容忍,希望德国政府不要承认汪伪傀儡政权,迫使中国对德绝交。魏

---

① 秦孝仪:《总统蒋公大事长编初稿》第 4 卷下册,台北 1978 年,第 606 页。

② 《桂永清来电》(1941 年 1 月 23 日),《中华民国史档案资料汇编》第五辑第二编《外交》,第 674 页。

③ 魏茨泽克致驻日使馆电(1941 年 6 月 27 日),*DGFP*,Ser. D,Vol. 13,p. 35.

茨泽克谈到，日本多次要求德国承认汪精卫政府，如果发生这样的事情，中国政府当然可以自行决定所采取的措施；德国已经在战场上取得了重大胜利，中国如果追随英国将导致不幸后果①。另外，德方还向中国驻德国使馆武官桂永清表白，德国为了满足日本的要求，以使日本撕毁与苏联的中立条约，将于7月初承认汪精卫政权，希望中国理解德国不得不利用日本的苦衷，在德国承认汪精卫政府后，中国不要与德国绝交，至少维持暗中联系②。

1941年7月1日，德国宣布承认南京汪伪政权。同日，意大利政府也宣布承认汪伪政权。这就极其严重地损害了中国领土完整与行政主权，直接威胁到以蒋介石为代表的国民政府的法统地位。此外，德国的这一决定也是对"七•七"事变以来日本侵华罪行的最公开的支持，国民政府如果不作出强硬的应对，势必遭到中国全体抗日军民的唾弃。7月2日，国民政府在重庆发表了与德国和意大利断交的宣言，内称："德意两国政府竟已承认南京伪组织，是其侵略政策显已推及远东，且又充分证明纳粹德国与法西斯意大利已与中国之敌人同恶相济。该两国政府明知南京伪组织为日本军阀一手造成，乃竟加以承认，实为加于中国之重大侮辱，且不惜自弃其所享中国政府与人民之一切友谊。……中国政府对于任何国家承认伪组织之举，早经一再声明态度，兹特正式宣告，中国与德意二国断绝外交关系。"③7月3日，驻德大使陈介把中国对德断交的决定正式照知德国外交部，驻德国使馆和各领事馆的全体人员将奉命撤离。

当时蒋介石在重庆的一次演讲中谈到："最近二三年来，虽然德国政府屡次对我国采取种种不友谊的行动，如承认伪满，撤回大使与顾

①　《陈介致蒋介石电》(1941年6月28日)，《中华民国史档案资料汇编》第五辑第二编外交，第676页；《魏茨克致驻重庆德国使团电》(1941年6月30日)，*DGFP*，Ser. D，Vol. 13，pp. 53—54.

②　《桂永清致蒋介石电》(1941年6月27日)，《中德外交密档1927—1947》，第68页。

③　《中华民国重要史料初编》第三编《战时外交》(二)，第703—704页。

问,对于我陈大使呈递国书时种种轻蔑的情形,都是给予我们国家以很大的侮辱,依理我们早应该与他断绝邦交,但我们因为认定这是他们国社党少数人之所为,而并非德国国民真正的公意,所以不愿为了他国内少数人不当行动的缘故,就将中德两民族传统友好的邦交,一旦断绝。……但是我们这种态度,是有一定的限度的,我们对德外交更是有一定的方针与决心的。就是等到德国承认‘汪逆伪组织’的时候,我们就立刻与他断交。现在他既已承认‘汪逆伪组织’,乃是他对于我们中国极大的侮辱,我们如仍一味隐忍,不采取适当的步骤,那我们国家就要失了国格,就不能革命。”①国民政府忍无可忍,最终决定对德绝交,实在是抗战爆发几年来德国亲日疏华、一意孤行的结果。

对德绝交后,德国驻华使馆人员及部分侨民陆续撤离回国。国民政府外交部电知各地政府,对所有在华德侨妥为保护,勿使有任何不当行为,但对行动确有可疑者加以监视②。如德华汉沙公司的驻华代表和职员,在结算完竣账目之后,离境回国。对于原中德合办的欧亚航空公司,国民政府颁令自1941年8月1日起由本国人独办,所有德方资产由交通部接收保管,德方股东代表、德籍工作人员连同眷属,分批离华回国。一些在华多年的德国传教士,也不得不离华回德。德国合步楼公司希望维持与国民政府的往来,即便中国不便与合步楼保持正式关系,亦请中国政府准许该公司驻渝代表韦尔纳(L. Werner)以商人名义继续留在重庆,以便将来万一交涉之用。蒋介石接受了齐峻的建议,同意由国民政府方面予以韦尔纳维持经费,并保护其安全③。

重庆国民政府与德国断交后,希特勒政府与汪伪政权进一步勾结。在德、意、日的“邀请”下,汪伪政权于1941年11月25日加入了《反共

①　蒋介石:《出席中央纪念周演讲》(1941年7月7日),《总统蒋公思想言论总集》第18卷,中国国民党中央委员会党史委员会1984年,第256－257页。

②　《中德外交密档1927－1947》,第76页。

③　《齐峻致翁文灏呈转蒋介石》(1941年12月21日),《蒋介石复翁文灏代电》(1942年1月12日),《中德外交密档1927－1947》,第87－88、91页。

产国际协定》,当天希特勒与汪精卫、里宾特洛甫与汪伪"外交部长"褚民谊还互致贺电。

7月3日,陈介在向魏茨泽克宣布中国对德断交时,曾表示中国政府的这一决定并不意味着两国处于战争状态。但是国际局势的迅速演变使得中国不得不再度对德宣战。1941年12月7日太平洋战争爆发后,经与美国政府紧急磋商,重庆国民政府于12月9日分别对日本及德国、意大利宣战。对德意的宣战布告称:"自去年九月德、意与日本订立三国同盟以来,三国显然成一侵略集团,德意两国始则承认伪满,继复承认南京伪组织,中国政府业经正式宣布与该两国断绝外交关系。最近德、意与日本竟扩大其侵略行动,破坏全太平洋之和平,此实为国际正义之蟊贼,人类文明之公敌,中国政府与人民对此碍难再予容忍,兹正式宣布自中华民国三十年十二月九日十二时起,中国对德意志、意大利两国立于战争地位,所有一切条约、协定、合同有涉及中德或中意间之关系者,一律废止。特此布告。"①这样,中德之间由战前友好邦交国,双方关系经历了中日战争爆发后四年多的曲折反复和倒退,由于德国固执其认同甚至公开支持日本的侵华政策,中国最终对德断然绝交和宣战。

抗战爆发后,德国的亲日疏华政策和在军事经贸领域停止对华合作,也促使国民政府把寻求国际援助与合作的重点转向苏联、英国、美国等大国,采取了一系列措施,打开了战时外交的新局面。

第二节　　对法国的交涉和中法关系的倒退

一　寻求法国援华和中、法军事合作

卢沟桥事变爆发后,法国的远东政策大体上与英、美一致,对日本

---

① 《中华民国重要史料初编》第三编《战时外交》(二),第704页。

的侵略行径有所谴责,对中国抗战表示一定的同情,并且也表示愿意根据商业往来的原则,提供若干财政与军事装备方面的援助。在国民政府看来,法国是欧洲的大国之一,在法属印度支那即越南又有着相当的军事力量,因而把寻求法方的经济和军事援助,进而实行双方的军事合作,视作对法关系中的重要方面。

1937年6月和8月,国民政府行政院副院长兼财政部长孔祥熙曾两度访问法国,代表中央银行与法国银行团达成金融借款2亿法郎,拟用于稳定中国法币的汇率;另代表军事委员会与法方签订1.2亿法郎信用借款合同,用于购买法国制造的飞机。法国空军部长甚至表示,愿向中方提供"最合用最精锐之新机"①。只是由于中日战事的扩大,法国政府不愿提供相应的担保,这两项借款未能付诸实施。此外,国民政府委员李石曾、立法院长孙科、驻苏联大使杨杰,都被蒋介石委以特使的名义,相继赴法国接洽援华事宜。中国驻法国大使顾维钧,更进行了多方面的活动。国民政府有关部门也与法国方面保持着密切的联系,关注业已订立之经济合同的履行情况,并寻求新的合作项目。

战前法方就对投资中国内地铁路建设颇感兴趣,1936年12月法国银行团与中国建设银公司、川黔铁路公司达成的成渝铁路借款合同,在抗战爆发后继续得以履行。与此同时,中法之间积极探寻新的合作项目。1938年1月,国民政府交通部长张嘉璈赴河内,与法国银行团的代表夏第(L. Chardy)及中国建设银公司的代表商谈修建湘桂铁路南宁至镇南关段工程借款事宜。张嘉璈还就该工程项目与越南总督府秘书长和工务部长、东京省行政长官等法越行政官员进行了会谈。法方从连接中国西南地区、发展越南商务考虑,对兴筑南镇铁路颇为关注。中方则需在打通西南国际交通方面得到法方进一步的合作,因而

---

① 《孔祥熙致蒋介石电》(1937年6月17日),蒋中正档案-特交档案-外交-对英国外交,第057-2;并参见《国民党五届五中全会财政部报告》,《民国档案》1986年第2期,第70页。

在借款合同谈判过程中,作出多处让步。如法方要求在广西获得采矿业务经营权,张嘉璈出面商得广西政府允准同意。

1938年4月22日,由国民政府财政部长孔祥熙、交通部长张嘉璈,同法国银行团的代表和中国建设银公司的代表,在汉口签订了借款合同,法方提供材料借款1.2亿法郎,另提供现金借款3000万法郎,并与中国建设银公司共同认购铁路公司股本2.4万英镑,向该公司垫款12万英镑,借款年利息率7厘,期限15年,由法国银行团负责代购筑路材料,收取手续费1.5%及经费5.5%;合同还规定,总工程师及总会计师由法籍人员担任①。后因购买车辆需要,双方经磋商后,复于1939年3月31日和10月21日分别签订附约,使法金借款部分的总额增至1.8亿法郎。南镇铁路开工后,日本方面就不断向法方施加压力,作为承包工程的法商建筑公司因而时有耽误迟延情况发生,中方提出过交涉。后因欧洲战争爆发,以及日军攻占南宁,法国方面担心向中方交运的铁路器材将落入日方,遂于1939年11月底起停止交运。至1940年,随着法国在欧洲战场的失利和越南局势日趋严峻,法方实际上已经完全不可能继续履行合同,10月1日,国民政府宣布暂行中止该合同。

在达成南镇铁路借款后,中方就考虑举借法国和英国借款,以筑成川滇－滇越铁路。当时中方估计修筑该两条铁路购料和工款将近900万英镑,希望法、英银行团共同承借,1939年1月起中方曾与法、英银行团接洽,但最终未能达成。

抗战时期中法间达成的第二项铁路借款,是自四川叙府经由贵州至云南昆明的铁路工程借款。战前国民政府就开始与法方接洽该项借款,但未能成议。1938年4月南镇铁路借款达成之后,自当年6月起,中方进行了积极的活动,包括张嘉璈与法国大使那齐亚的会谈,顾维钧在巴黎向法国外交部的游说。中方原先希望英商中英银公司参与该项

---

① 《民国外债档案史料》第11卷,档案出版社1991年版,第76－88页;《张公权先生年谱初稿》,传记文学出版社1982年版,第193－197页。

目,但英方最终退出。中法之间在讨论借款合同具体内容时,国民政府行政院有关部门反对由法方独占铁路沿线矿产开发权,后决定允许法方参与开发,中方另由交通部和中国银行设立专门基金,议购矿产品出口。叙昆铁路借款于1939年12月11日在重庆正式达成,由孔祥熙、张嘉璈、中国建设银公司和法国银行团的代表签字。合同规定:法国银行团向中方提供材料借款4.8亿法郎,中国建设银公司垫借工款3000万元,借款年利息率7%,期限15年;中方同意,法国银行团取得叙昆铁路沿线100公里范围以内共同探矿与经营的参与权①。借款达成后,因核准手续问题,合同延至1940年3月1日始生效。后因法国和越南情势均趋恶化,法方无力履行合同,国民政府交通部宣布自1940年7月1日起暂行中止合同。

至于法国对华军事装备援华和双方军事合作问题,1938年春中德关系出现逆转之时,中国方面转向谋求法国的援助。国民政府特使孙科也赴法洽商,与法国总理兼国防部长达拉第以及殖民部长孟戴尔等法方高级官员会晤。孙科提出中法在远东有共同利害关系,在政治、军事、经济方面均应合作,中国特别需要大量军事接济以增强抗战,希望法方分期提供30至50个师所需最新之武器装备,派遣军事顾问来华,两国可签订互不侵犯条约,保障越南与中国领土之完整,一旦欧洲发生战事,中国可以派遣华工和兵士赴法助战②。在此前后,中国驻法大使顾维钧也就法国派遣军事顾问来华及军事合作问题,与法国当局进行了多次接洽。

关于中方所希望的30至50个师的军事装备,法方表示难以直接大批提供,但原则上同意法国兵工厂接受中方的订货。达拉第本人就曾经

---

① 《民国外债档案史料》第11卷,第225－238页;《张公权先生年谱初稿》,第231－232页。

② 《孙科与达拉第会谈备忘录》(1938年6月21日),《民国档案》1998年第4期,第16页。

批准向中国提供 20 架飞机。经双方谅解，拟在巴黎设立名为"中法公司"的商业公司，作为法方向中国提供军事装备的中介机构，中方出资1000 万法郎（约合国币 100 万元），法方人士出面主办，专门经理输华军械事宜。在法国政府有关部门的允准下，里昂兵器制造厂、马赛南方企业公司、达尔白企业公司、施乃德公司等军工公司，愿意为中方生产各种轻重军械[1]。当时中方以现款订购的军械，法方陆续向中方交付，但毕竟数额较小。由于外汇储备拮据，中方迫切希望法方提供大笔贷款，专门用于在法订购，中方偿付方式以提供矿产品等为主。这也是当时中国方面向苏联、英国和美国接洽购办械料时所采取的基本偿付方式。

国民政府还希望法国能够参与中国维持法币汇率的平准基金。在1939 年 3 月初第一次中英平准基金协定达成后，国民政府就向法方提出为中国平准基金提供帮助。中方先由李石曾以及中国建设银公司的法国代表德尼（Denys），向法国财政部进行接洽。在进行了半官方的洽商之后，顾维钧代表中国政府向法国外交部正式提出了口头和书面的要求，明确要求法方为中国货币的稳定提供贷款。另一方面，中国财政部长孔祥熙在重庆向法国大使戈思默（Henry Cosme，亦译作高思默）也提出同样的要求[2]。此外，英国方面曾多次探寻与美国、法国共同出面维持中国法币汇率。法国方面一度考虑由法国银行向中国法币平准基金投入总额为 2 亿法郎的资金，法国政府将对法方银行的投资予以担保，并提出法方在平准基金委员会中占两个席位。英国欢迎法国资本的加入，但对法方提出在平准基金委员会中占两个席位的要求颇不以为然[3]。由于英国明显对法国方面加入平准基金管理持排

---

① 《筹设中法公司情形报告书》（1938 年 11 月 7 日），《民国档案》1998 年第 4 期，第 19 页。

② 《顾维钧回忆录》第 3 分册，第 407—410、541—542 页。

③ 《哈利法克斯致驻香港商务秘书电》（1939 年 6 月 13 日），*Documents on British Foreign Policy 1919 - 1939*（即《英国外交政策文件》1919—1939，以下简为 *DBFP*，1919—1939）Series 3，Volume 9，London 1955，p. 167.

斥立场,也因为中英平准基金的设立未能阻止中国货币的继续贬值,加上后来欧洲局势的变化,法国最终没有向国民政府提供平准基金借款。

中法之间的军事借款交涉,参与的方面较多,持续时间也较长。

在中国国内,国务委员、中国银行董事长宋子文较早与在华法国银行团进行了接洽,1938年8月,法方原则同意借贷①。法国军火代理商欧迪南(Audinet 亦译作奥迪内、奥丁勒)不仅活跃于法国政府、军火公司和中国驻法使馆之间,还数度前往中国接洽。如1939年9月间,他便与孔祥熙签订了一个总额为6亿法郎的合同,法方投资在云南和越南建立军事工业和化学工业的各类工厂,以供应中国军队②。至1940年初,法方对中国矿产品的需求十分迫切,中方则坚持以矿产品交换军事物资。到2月底,法国政府正式同意以军用品换取中国存于越南之钨、锑等矿产品。3月,欧迪南以法国军需部和公共工程部代表的身份秘密访问重庆,进行具体交涉,并与孔祥熙达成协议③。

在法国本土进行的军事借款交涉,进行得最为曲折。最初,在法国的中法公司筹备处进行了有关活动,法国财界和政府有意提供总额为1750万英镑的借款,由中方用于在法之购械,中方以矿产品及毛皮等偿付④。至1938年11月中国特使杨杰抵达巴黎后,一度由他主持有关的交涉。至1939年1月底,杨杰向国内报告已与法方达成借款原则,2月下旬进一步报告了所达成的要目:借款总额4000万英镑,均用于购买军械,一年内分批运华,年息5厘半,6年偿清;中方以金属原料

① 《宋子文致蒋介石电》(1938年8月14日),《中华民国重要史料初编》第三编《战时外交》(二),第748—749页。

② 《顾维钧回忆录》第4分册,第110页。

③ 《中华民国重要史料初编》三编(二),第767—769页;《顾维钧回忆录》第4分册,第249、第349页。

④ 《筹设中法公司情形报告书》(1938年11月7日),《民国档案》1998年第4期,第19—20页。

及商品抵偿,由苏联出面担保①。杨杰一度十分乐观,认为可以再接洽借款 4000 万英镑。实际上,几经周折之后,杨杰在法国主要是同荷兰商人阿鲁福(D. Wolf 亦译作沃尔夫)打交道,阿鲁福代表了荷兰、比利时和法国的几家银行,且提出了要由苏联银行作担保的条件。但是,苏联政府表示不愿与外国银行直接打交道,杨又请宋子文向英美方面大银行接洽担保,宋借故推托②。结果,由杨杰负责联系的所谓巨额军械借款不了了之。后来,中国驻法大使顾维钧又在巴黎接洽以中国之钨砂向法方抵借巨款,到 1940 年 3 月底法方已经原则上予以同意③。但是待到同年 6 月法国与德国接洽停战后,法国对中国战略物资已不复有迫切需要,对华巨额借款也无从谈起了。

至于中方起初提出的军事顾问,经交涉后法国同意派遣来华。1938 年 6 月孙科、顾维钧提出要求时,当时法国外交部担心引起日本的不满,表示对于向中国派遣军事专家,"必须用最审慎之方式行之"。法国殖民部虽然认为不便派遣现役军官赴华,但提议用半官方的方式处理,由非现役军官个人自由受聘前往④。次年 1、2 月间,驻苏大使杨杰专程赴法国洽商军械借款,期间也与法方讨论了赴华军事顾问的待遇问题,包括月薪、津贴、特别费等⑤。此外,国民党元老李石曾也在法国为促成军事顾问赴华,开展多方工作。

最后,在法国总理达拉第的首肯下,1939 年 2 月下旬中法间达成

---

① 《杨杰致孔祥熙电》(1939 年 2 月 25 日),《中华民国重要史料初编》第三编《战时外交》(二),第 753 页。

② 详见 1939 年 3、4 月间杨杰与蒋介石、孔祥熙、宋子文往来电函,《民国档案》1999 年第一期,第 12—14 页;参见《顾维钧回忆录》第 4 分册,第 24—25 页。

③ 《顾维钧致孔祥熙电》(1940 年 3 月 29 日),《中华民国重要史料初编》第三编《战时外交》(二),第 769 页。

④ 《顾维钧致孔祥熙电》(1938 年 6 月 2、3 日),《中华民国重要史料初编》第三编《战时外交》(二),第 741—742 页;《顾维钧回忆录》第 4 分册,第 199—200 页。

⑤ 《杨杰致孔祥熙电》(1939 年 2 月 25 日),《中华民国重要史料初编》第三编《战时外交》(二),第 753 页。

了法国派遣军事顾问赴华的协议。顾问团共九人,均为退役军官,总顾问白尔瑞中将(Berger,亦译作伯奇、白奇)系圣日耳曼军校陆军大学战略专科毕业,曾任法国高级军官训练处主任。其余八名军事顾问也毕业于法国著名军事学校。根据双方达成的协议,法国顾问来华后,可按中方的需要,"或任参谋担任作战计划,或任军队训练,或任陆大教官,或派遣至各战场指导作战",悉由蒋介石调遣安排①。但最后实际抵华为七人。

1939年5月,法国军事顾问团抵达重庆后,曾观察地形,研究和拟具重庆地区的防空计划。6月起,法国顾问开始分别在中央军校和陆军大学任教官,后来还安排至航空学校授课。欧洲大战爆发后,至9月下旬法国政府便提出召回在华顾问②。中方当时一方面表示不会强留,但也向法方提出,如果军事顾问全部离华,日本不仅会认为法国行将放弃在中国之权益,并将放弃在越南之地位;在远东局势十分复杂的情况下,"欲保持中法两国之合作,并维护安南之安全,顾问团实有暂缓回国之必要"③。但是,法国政府仍要求全体在华顾问迅即撤回。离华以前,法国顾问先后赴第四、五、九战区视察。在华期间,法国军事顾问参与作战的策划部署,提出一些关于训练与作战乃至建军方面的建议,受到中方重视,蒋介石曾通令采纳改进④。到当年10月,白尔瑞率法国军事顾问团离开中国。

蒋介石曾请白尔瑞返法后为促进中法关系而活动。白尔瑞确实也

---

① 《杨杰致蒋介石函》(1939年3月2日),《中华民国重要史料初编》第三编《战时外交》(二),第753—754页。

② 蒋介石日记1939年9月23日,胡佛研究所藏蒋介石日记手稿影印件。

③ 《蒋介石致顾维钧电》(1939年9月23日),《中华民国重要史料初编》第三编《战时外交》(二),第759页。

④ 《军事委员会办公厅顾问事务处民国二十八年全年工作报告扼要》,中国国民党中央委员会党史馆藏档,档号501—205。另参见陈晋文:《法国军事顾问团来华与抗战前期中法关系》,《民国档案》1998年第2期,第80页。

作了一些努力,特别是在以中国矿砂换取法国军火方面,发挥了积极的
作用。

中国方面还希望与法方进行军事领域的合作。双方较早就开始交
换有关日军在远东调动的情报,中国驻法使馆武官通过法国殖民部,得
以与法国殖民地军的总参谋部合作。中方数度把关于日本在越南活动
和计划的情报传递给法国,法方也向中方传递过有关华南日军调动的
重要情报①。另外,早在 1938 年 4 月,驻越南的法国军官格莱尔中校
便主动前来,与驻守广州湾的中国第六十二军代表接洽,提议双方合
作,防御日军进占海南。此事上报后,经蒋介石批示允准,中方与法越
军方继续商洽联络。以后,国民政府两广外交特派员甘介侯与法国驻
远东特务机关负责人茂莱就中法军事合作问题多次交换意见,初步拟
出了《中法军事合作计划》、《中国与安南合作对抗日本之计划》,主要内
容有:中国选送人员前往越南进行训练、组织与武装,中国同时供给劳
工,分往法国、越南或其他地方工作;法国供给中国抗战所需之军火、机
器及材料;兴筑中国通往越南的铁路以利运输;中国参谋部的该军事计
划负责人与越南参谋部成立协定,以便采取共同防御步骤,并取得中国
与越南双方军队的合作②。当时越南总督和驻越南法军陆军司令马丹
(Martin)对双方军事合作都持积极态度。

1939 年春,随着欧洲战争风云的日益迫近,国民政府向法国提出
了在远东进行军事合作的提议。3 月 21 日,外交部长王宠惠在重庆会
见法国大使戈思默时,代表蒋介石提出:中国政府愿意同法国政府签署
协定,当越南遭到日本侵略时,中法联合进行军事抵抗。戈思默对中方
的建议表示感谢,并称法国政府将十分重视这一提议③。同时,根据国

---

① 《顾维钧回忆录》第 4 分册,第 201 页。

② 《中华民国重要史料初编》第三编《战时外交》(二),第 785－788 页。

③ 《戈思默致博内电》(1939 年 3 月 21 日),《法国外交文件 1932—1939》第 2
辑第 15 卷,第 137－138 页。

民政府外交部的指示,顾维钧于3月底向法国外交部提出了关于中、法、英在远东实行军事和经济合作的四项意见:1. 中法英在远东的军事和经济合作,适当时候邀请苏联和美国参加;2. 在对日战争中,三方不得单方面与日本缔结停战协定或进行和谈;3. 在军事方面,中国承诺尽力提供作战人力和物资,英法承诺尽可能多派海军和空军在远东联合作战,各方应派出全权军事代表,就详细计划及实行方法进行磋商;4. 在经济方面,各方承诺在货币和贸易方面相互支持,并联合制裁共同的敌人。法国外交部秘书长莱热(Alexis Leger)称,法国政府对这个问题也已考虑,在原则上完全同意中国的意见,但法国需优先处理欧洲问题,尚未制订处理远东问题的具体计划①。

另一方面,蒋介石派驻苏联大使杨杰以特使身份再度前往法国促成上述设想。杨杰经与法国军方磋商后,拟出中法军事协定草案,于1939年5月间报告蒋介石②。草案把协定生效时间定于越南遭到侵略之后,而待到协定生效后,法方才承诺对经由越南运往中国的军用品不加限制。换言之,这一规定等于使中方承认了当时法越当局的禁运决定。这一限定使蒋介石感到十分不满,它表明法国当局认为只有当日本进攻越南之后,中法之间才有必要进行公开的军事合作。此外,草案对法方向中方赴越南军队提供军火没有明确的规定,也没有规定战争结束后中法军队开回本国,维持战前中法两国原有领土状态。为此,蒋介石将该协定草案压下,没有继续洽商下去。

二　中国输出入货品过境越南的交涉

抗战爆发前,中国在欧洲(主要是德国)所购军火及其他货物,便有

---

① 《顾维钧回忆录》第3分册,第413—417页。
② 《杨杰致蒋介石电》(1939年5月16日),《中华民国重要史料初编》第三编《战时外交》(二),第794—795页。

不少部分由海路运至越南北部的港口城市海防，然后经滇越铁路（昆明
－蒙自－河口－海防）运入内地；中国输出往海外的货物，包括运往美
国和德国、苏联的货物，也有相当部分需假道越南。法国一般允予中方
货物过境运输，且免征过境税。当时中国也有经由缅甸仰光的假道运
输，不仅路线长，且被征收较高的过境税。抗战爆发后，中国沿海大部
分口岸因遭战火或被日军占领，经由越南的过境运输更显重要。法国
政府处在中方合法、合理的要求与日本的外交及军事压力之间，对中国
过境运输军事物资和其他货物时禁时放，成为战时中、法间的重大交涉
之一。

　　1937年8月初，国民政府特使孔祥熙访问巴黎期间，便向法国当
局提出，希望法方如以往一样，允准中国过境运货。法方当时就担心战
事爆发后，运送军用品将涉及中立问题，引起与日本的纠纷。同年8月
25日、9月5日，日本两度宣布封锁中国沿海，当时中国除了自德国有
大批军火输入外，又开始从苏联获得军事装备，而国外输入军火货价之
偿付，主要通过输出农矿产品，因而中方更关注法国政府在越南过境运
输问题上的态度。

　　1937年10月17日，法国政府决定，禁止中国方面假道越南运送
军火，法方并以担心越南的交通设施遭日本轰炸为理由，答复中方的
质询，建议中方改运香港，然后运往内地。当时中国驻法大使馆曾照
会法国外交部，指出："中国抵抗违约及不法之侵略，实为维护国际和
平安全及条约之神圣，法国亦素来重视盟约、非战公约、九国公约之
义务，现继续供给军火，实为抵抗成功之要素。"照会并历引中法滇越
铁路合同和中越专条有关条款，证明中国假道运输军火为成约所规
定，并符合当年国联所通过的有关决议，因此希望法国政府重加考虑
中方假道越南问题①。经交涉后，法方在不改变禁运决议的前提下，

---

　　①　《顾维钧致蒋介石电》（1037年10月18日），《中华民国重要史料初编》第三
编《战时外交》（二），第734页。

勉强同意中方在途中之货物通过越南，但希望中方慎密处事，勿致泄漏。

此后，法国政局一度动荡不定。1938年1月中旬，以肖唐（Camiile Chautemps）为总理的新内阁成立后，仍然执行前政府的禁止军火假道越南的决议，当时在巴黎进行交涉的顾维钧、李石曾都感到："法政府慑于日方威焰，对于禁运军火事，不易挽回。"①而国民政府交通部长张嘉璈于1月赴河内，与越南总督、东京省行政长官等进行交涉，法越当局把实施禁运的责任归于中方办事人员未能保密，要求中方尽快把此前到达越南的余货尽快转运香港，以免日本的抗议②。3月中旬，勃鲁姆（Leon Blum）组成了新的政府，但不到一个月不得不辞职。4月份由达拉第（Daladier）任总理的新内阁成立后，法国政坛大体上稳定下来，中方加紧了有关的交涉。直至同年7月，法国殖民部长孟戴尔（Geoger Mandel）向国民政府特使孙科承诺：运输军械，可经过安南，经过虽多误会，将来可设法补救③。待到1938年11月杨杰抵法国谈判后，法方再次作出承诺，中方一度认为"假道事全妥"④。1939年1月初，法方表示在越境内代运货物当无问题，凡到海防之援华物资，即可视作法国货物，运至大笼后交付中方。但中方另外所希望的将援华物资在马赛交法方包办海运，为法方所拒绝⑤。

待到日军攻占武汉和广州之后，日本政府开始加大对法方的压力，指责法方违背以往的承诺，使越南成为向中国输入武器和其他军事物

①　《张公权先生年谱初稿》，第196页。

②　《张公权先生年谱初稿》，第195—196页。

③　《孙科与孟戴尔谈话要点》（1938年7月21日），《民国档案》1998年第4期，第17页。

④　《杨杰致孙科电》（1938年11月18日），《民国档案》1998年第4期，第21页。

⑤　《杨杰致孔祥熙电》（1939年1月7日），《中华民国重要史料初编》，第三编《战时外交》（二），第750—751页。

资的主要通道,要求法方切实禁止①。驻河内的日本总领事甚至向法越当局提出,要求对假道越南运输的中国货物进行检查。法方一方面向日方解释说,除了 1937 年 7 月 15 日以前向法国的订货,自 1937 年 10 月之后,已经停止中国假道越南运输军事物资;另一方面拒绝日方在越南行使货物检查权,称在法国主权管辖的土地上,不能允准外国有这一检查权②。1938 年 12 月 1 日,顾维钧照会法国外交部,要求法方修改 1937 年 10 月的禁运令。12 月 24 日,法方复照顾维钧,允准中方于 1937 年 10 月之前所订购之军事物资,假道越南运往中国;至于民用物资之假道运输,则不加限制③。这样,中方对于假道越南的运输问题的担忧,有所缓解,并试图通过进一步的交涉,从根本上解决这一问题。

　　1939 年 2 月初日本攻占海南岛,这引起了法国政府的不满和不安。中国大使顾维钧又向法方提出,对日本最简单的报复行动是撤销对中国军用物资假道越南运输的限制。法方也认为,日本在占领海南岛问题上的食言,使法国在中国假道越南运输军事物资问题上有理由采取自由行动。于是,法国政府决定,重新解释 1937 年 10 月法国内阁通过的禁运令的范围,即不再按 1935 年 9 月法国政府发布的禁止出口武器弹药和军用物资法令所附之清单,而是以范围较小的 1925 年《日内瓦公约》第一章所列之清单为依据④。这就对中国所运物资的限制就要小得多,法越当局一度对包括火炮在内的各种假道运输货物一律放行。

---

　　①　《日本大使致法国外交部照会》(1938 年 10 月 26 日),《法国外交文件 1932—1939》第 2 辑第 12 卷,第 386—387 页。

　　②　《博内致法国驻日本大使电》(1938 年 11 月 4 日)、《法国外交部备忘录》(1938 年 11 月 15 日),《法国外交文件 1932—1939》第 2 辑第 12 卷,第 457—458 页、第 566—567 页。

　　③　《法国外交文件 1932—1939》第 2 辑第 13 卷,第 401—403 页。

　　④　《博内致驻中国代办诺贝电》(1939 年 2 月 20 日),《法国外交文件 1932—1939》第 2 辑第 14 卷,第 256—257 页。

当时，滇越铁路每月运货量约 12000 吨，而 1939 年下半年在海防待运往中国国内的积压货物为 30 万吨。中方曾采取若干措施，以冀提高运量，如商请法越当局增购车辆及机车，利用自海防至云南边境的富良江水道、至镇南关的公路等，但是滇越铁路仍是主要的运输手段。为了能从根本上解决假道越南的运输能力问题，提高货运量，中国方面还积极与法越当局接洽海防自由港建设事宜。早在一年前的 1938 年 1月，国民政府交通部长张嘉璈在河内就向越南总督府秘书长和东京省行政长官提出过有关建议，法方当时以需要经过立法程序以及考虑投资收益，没有接受。欧洲战争爆发后，假道越南运输日益困难，中方遂重提海防自由港建议。待到 1939 年 11 月底，张嘉璈向法国大使戈思默面交节略，主要内容为：海防辟作自由港；中国政府与川滇铁路公司得在自由港埠区域内建置公事房、堆栈，与改装打包设备及加工厂；滇越铁路在自由港埠区域内应予中国以一切设备便利，凡中国政府之物资出入，须完全自由，不受一切限制；川滇铁路公司于自由港埠之开辟，如得法国政府之同意，可酌量投资；中法两政府应会同组织一委员会，讨论节略所提各点①。但是法方在假道运输问题上的立场更消极，所以没有接受中方关于辟海防为自由港的建议。

1939 年 9 月初欧洲战争爆发后，中国经由越南的过境运输遇到了更大的麻烦。法越当局根据巴黎颁布的战时措施，不准中国方面经由越南运送军火、汽车、汽油，禁止所有已在途中的这类货物进入越南，并限期清理中国在越之相关进出口货物。经中方交涉后，法越方面暂时允准汽油、汽车通过，但对一般货物入口仍实行开箱检查。当时法国与德国处于交战地位；与苏联虽然没有交战，但由于苏芬战争、苏德条约等问题的存在，法苏政治关系冷淡。这样，中国经越南的进出口运输，不仅有来自日本的干扰，还有着德国和苏联的复杂因素。在进口货物上，法越当局的禁运令，尤其是针对中国购自德国的货物，即以 1939 年

---

① 《张公权先生年谱初稿》，第 230 页。

9月3日法国对德宣战之日为界,凡中国所购而暂存于越南待运的德国货物,如能证明货款已在9月3日前付清的,可以准许运出越南,但须在1939年10月25日前清理出境;尚未付款及付款日期在9月3日之后的德国货物,将予以没收。以后,经中方多次交涉,法越当局对于不能提供付款证明的货物,可在中国官方机构提供担保的情况下,予以放行;并放宽了关于德货付款证书和清理出境期限的规定。对于经越南出口的中国货物,如许多矿产、农产品,在1939年9月3日以前订立买卖契约的,可以通过输出,否则也不许通过。法方表示反对中方向德、苏运销,要求强制收买,这类交涉在当时中、法关系中颇为突出。另外,法方还限制在越南通商的中国商民人数目。只是在进行上述交涉时,法国表示对中国的政策不变①。

对于中美借款项下之美国货物内属于所公布为禁运者,法越方面曾准予无限期往中国内运;非中美借款之货物内属于禁运品,如确为中国政府所有,经法越总督许可,亦准无限期内运。法越方面曾提出,自1939年11月1日起对经越南过境的中国货物恢复征收通过税。经过中方的力争,法越方面取消了对中国政府所有之过境货物征收通过税。

与此同时,对法方提出的相关要求,中方尽可能予以满足。1939年10月10日,法越当局向中方提出,希望大量获得中国所产之钨、锑、锡和猪鬃。国民政府外交部认为:"查自抗战军兴,我方物资假道越南,法越政府尚能应我方要求,予我便利,欧战发生后,法国颁布战时法令,对我物资假道亦能于法外设法通融,查核上述要求,既非苛刻,其最近对我态度,又极重要,似宜允其所请,以示互助之意。"国民政府经济部于10月3日即令资源委员会:对钨、锑、锡、猪鬃等出产,"法国如有需

---

① 《王宠惠在中央委员谈话会上所作的外交报告》(1940年1月15日和1月22日),引自《中央委员谈话会纪录·二十九年份》,中国国民党党史馆藏档,档号5.5—1。

要按价收购,中国自当充分供给"①。可见,当时在维持越南假道运输问题上,中方确实受制于法方,有求于法方。

嗣后,又发生了法方要求征用中方在越所储存的矿砂问题。1939年11月至12月初,法越当局扣压了中方4000吨钨砂和3000吨锑矿砂,提出优先购买,并称对于今后到达的矿砂也将同样扣留封存。重庆当局向法国大使戈思默提出交涉,另由顾维钧在巴黎向法方说明:这些矿砂原本是中方经由越南出口,以履行与美、英、苏签订的易货合同,以及为了出口换汇的,对中方极为重要,其中仅有极少的部分是准备运往法国的。法方答复称,除了运往英国和美国的部分外,法国将购买余下全部的矿砂。中方再度告知法方,发往苏联的矿砂,苏联当局已向中方保证,将完全用于苏联国内,因此要求法国政府撤销已宣布的先买权。中国政府还把这一纠纷告知美国方面,希望美方劝说法国当局收回成议。

在日方的压力和中方的交涉之间,法方的态度十分暧昧,但总的趋势是加大了对中方的限制。如1940年6月法国与德国停战议和之后,法国对中国矿砂已不再有紧迫需求,也不再担心矿砂辗转流入德国,于是一度解除了对假道运输中国矿砂的禁令。当时中国驻河内总领事许念曾向法越当局商谈过境运输问题时,法方表示至少还有3个月的安全时间,已下令把滇越铁路80%的车皮交中国政府货运。许念曾即提出应尽量利用该段时间,为中方货物过境运输提供便利②。然而不久,法越当局便屈服于来自日本方面的压力,重新禁止中国假道越南运输货物。6月20日起所有对华运输均停顿,凡中国货物,不论为官方还是商人所有,均不准经该路运往中国内地。当时中国在越积压待运汽

---

① 《中华民国史档案资料汇编》第五辑第二编《外交》,第612—613页。

② 《驻河内总领事许念曾呈外交部文》(1940年6月11日),《中日外交史料丛编(六):抗战时期封锁与禁运事件》,中国国民党中央党史委员会1995年版,第102—103页。

油便有 3 万余吨,其他物品约 6 万吨①。当时中国政府最高当局对于法国禁运可能带来的严重后果有如下评估:"安南对我运输一切停止,法国之受倭威胁乃意中事,此或甚于倭寇强占安南攫我于安南一切物资也。"②蒋介石甚至谈到:"今后我因国外接济受影响,作战方略或须放弃一切阵地战。"③当时,媒体也十分担心越南对华禁运可能带来的严重后果:法越当局允准日方派员在越南各仓库检查有无中国货物。这样,不仅中国积存越南之货物无法起运,而且直接影响了中国与苏联之间的易货合同的履行,包括中国所输出的矿产、茶叶和畜产品,以交换苏联的军械、汽油、飞机等④。总之,这一局面是中国方面难以接受的,因而立即向法方作出明确反应。

6 月 21 日,许念曾继续向法越当局交涉,得到的答复是:目前只是暂停一切运输,以应付日方的压力,请中方放心,并称如果日本对越发动进攻,法国方面必予抵抗⑤。另一方面,6 月 21 日国民政府外交部向在重庆的法国驻华大使馆提出了严重抗议。23 日,国民政府外交部长王宠惠发表声明,指出:根据 1930 年 5 月 16 日达成的《中法规定越南及中国边省关系专约》,"法国允许各种货物通过越南,军械及炮火包括在内,中国政府鉴于法国所负上述之特定义务,自有要求其履行义务及维持越南国际通商路线之权;惟年来中国政府对于军械与军火均未要求通过越南,实已尽可能之范围,体谅友邦处境之困难。不幸日本军阀政府,得步进步,近日竟更乘人之危,对于法国政府,肆为公开及非公开之威胁,逼迫其停止中越间之一切运输。法国政府未能坚决拒绝,中

---

① 《王世杰日记》(手稿本)第二册,1940 年 6 月 20 日,第 294 页。

② 蒋介石日记 1940 年 6 月 21 日,胡佛研究所藏蒋介石日记手稿影印件。

③ 《王世杰日记》(手稿本)第二册,1940 年 6 月 22 日,第 295 页。

④ 《东方杂志》第 37 卷第 14 号(1940 年 7 月 15 日),现代史料第 43 页;香港《大公报》,1940 年 6 月 22 日。

⑤ 《驻河内总领事馆致外交部电》(1940 年 6 月 21 日),《中日外交史料丛编(六):抗战时期封锁与禁运事件》,第 105 页。

国政府实不能不引为深憾。盖日本之要求,在使法国对于亲善之友邦,施以封锁,此种封锁,无论中法条约上或国际法上,均属毫无理由也。法国既未能毅然拒绝日本之要求,其结果必更鼓励日本军阀破坏远东和平之行为。中国政府于此,自不能不有最大之关切。中国政府确信日本在亚洲或太平洋上任何区域,如有军事侵略行为,无论出以何种方式,无非欲藉其侵略所得,完成其征服中国之根本目的。尤属显然者,日本如侵占越南,其目的将不仅夺取法国属地,势必更取道越南以攻华,故日本如在越南等地有武力侵犯行为,中国政府为维持其生存独立与遂行其一贯之反侵略主义计,不能不因日本之逼迫而采取此种局势下一切必要之自卫措施,特此声明"[1]。6月24日,外交部又一次向法国驻华大使馆表示抗议。但是,中国方面的迭次强烈反应,最终未能阻止法越当局对日本的妥协,中国经越南的国际通道亦彻底中断了。

1940年6月下旬,日本大本营向越南派出了以陆军少将西原一策为首、海军大佐柳泽藏之助为副的禁运监视团,一行数十名人员前往越南,在河内日本总领事馆内设置了所谓"检查本部",在海防、老开、谅山等地实施检查,以彻底切断滇越铁路运输物资进入中国[2]。监视团入越一个月后,法越当局仍未对货运开禁问题作出任何决定。于是,许念曾总领事直接面见新任越督德古(Jean Decoux),对以下问题进行了交涉:日方仅要求对军用品禁运,而法越当局为何对华停止一切货品的运输,包括中方急需进口的食米、药品、邮政包裹;对中国之货既不准内运,又不准退运,久屯仓库,甚至使租金超过物价;中方存越货品遭越方自行搬去;中方在西贡有大批钞券急需待用,越方既不准中方直接内运,又不准转经马尼拉或仰光运入国内。德古对许念曾的质询虚与委

① 重庆《大公报》,1940年6月24日;《中华民国史档案资料汇编》第五辑第二编《外交》,第632页。
② 香港《大公报》,1940年6月26日。

蛇,不置可否①。

1940 年 9 月,法越当局与日方达成日军进驻越南的协定后,在日本的压力下,法越当局宣布自 10 月 23 日起,扣压在越南的所有中国官、商货物。中国在越货物约有 4 万吨,多为军用品,约值国币 1 亿元,合美金 600 万元②。中方又进行了多次交涉。法越当局原拟将所扣之中国官商货品予以拍卖,中国外交部向法国大使戈思默提出强烈抗议,称如果法国政府不予以制止的话,中方将把在中国自由区的法方财产封存作抵。戈思默承诺改采以下原则:1. 越南当局照价征用;2. 物主就地自由出售;3. 不能销售之货物,存入仓库由越方负责保管。至于中方提出的转口要求,戈思默未予承诺③。但是,法越当局却仍然拒绝中方自行出售,坚持要对中方之商货强行拍卖,虽经中国领事馆严重抗议交涉亦无果。中方最担心的是这些货物最终遭到日本的劫持,要求法越当局在扣压货物之后,应承担保全之责任,蒋介石就曾明确向戈思默提出:“予认为海防商货之保全问题,系法国之责任问题,法国应该设法保全。”④为了尽可能减少损失,中方由西南运输处出面,将大部分来不及内运的官有存越物资转售当地的美商信臣洋行(Far Eastern Trading Corporation),同意由该洋行将无关军用者酌量出售于法方指定之商业机构,但其他可以资敌者绝对不售,要求信臣洋行将凡被法越当局或日方攫夺之物资,向美国政府备案,以待战后清算⑤。一直到

---

① 《许念曾和越督谈话纪录》(1940 年 7 月 29 日),《中日外交史料丛编(六):抗战时期封锁与禁运事件》,第 112—116 页。

② 《侍从室情报 44612 号》(1941 年 7 月 1 日),台北“国史馆”藏国民政府外交部档172—1—0582(1)。

③ 《王宠惠与戈思默谈话纪录》(1940 年 12 月 24 日),《中日外交史料丛编(六):抗战时期封锁与禁运事件》,第 125—126 页。

④ 《蒋介石与戈思默谈话纪录》(1940 年 12 月 21 日),《中日外交史料丛编(六):抗战时期封锁与禁运事件》,第 119—120 页。

⑤ 《行政院长蒋中正致外交部训令》(1941 年 4 月 7 日),台北“国史馆”藏国民政府外交部档 172—1—0582(1)。

1941 年 4 月初,中国驻法大使顾维钧还就制止日方攫夺存海防物资、允准华商出售存货、同意中方将存西贡物资转口他运等事项,数度向法国外交部进行交涉,但均不得要领①。待到 1941 年 5 月下旬,积存于海防之中国货物几近悉数被日人武力所劫夺,法越政府却无动于衷,在中方交涉时,竟以"日本既用强力,法方亦无可奈何"相推诿②。法国外交部则搪塞中方称,已经向日本政府交涉将货物运回,但没有得到日方的答复③。由于被截货物名义上已经移转美商,中国的交涉未能引起法方的重视,已在预料之中。至于滞留在海防不准外运的华商行号货物,据越南东京中华商会不完全的统计,就有益昌、国际等 20 多家的48534 件,时值 86,553,696 法郎④。国民政府外交部于 6 月 4 日曾向法国大使馆郑重声明:对于滞越官、商货物所遭受之一切损失,中国政府保留要求赔偿及采取适当弥补办法之权。具体而言,就是由驻美使馆出面,要求美国政府抵扣法方在美公款。中方还曾考虑直接扣抵法国在华权益,只是考虑到"我在越侨胞众多,侨产为数可观",担心法方采取报复手段中方将得不偿失,没有马上采取这一措施⑤。

　　鉴于法方始则停止对中国货物之运输,继而允许日军利用越南领土及铁路设施攻击中国,为了保证该路调度执行圆满、施行军事措施,中方遂于 1940 年 9 月对滇越铁路施行管理权,即命令该公司所有的法籍、越籍职员服从中国政府管理。待到 1943 年 8 月 1 日国民政府对维

　　① 《顾维钧致重庆外交部电》(1941 年 4 月 2 日),台北"国史馆"藏国民政府外交部档 172－1－0582(1)。

　　② 《中日外交史料丛编》(六)《抗战时期封锁与禁运事件》,第 128 页。

　　③ 《驻法国大使馆致重庆外交部电》(1941 年 5 月 29 日),台北"国史馆"藏国民政府外交部档 172－1－0582(1)。

　　④ 《华商存防商货一览》(1941 年 5 月 27 日),台北"国史馆"藏国民政府外交部档 172－1－0582(1)。

　　⑤ 《军事委员会委员长蒋介石致外交部长郭泰祺电》(1941 年 7 月 1 日),《外交部长郭泰祺致军事委员会委员长蒋介石真电》(1941 年 7 月 9 日),台北"国史馆"藏国民政府外交部档 172－1－0582(1)。

希政权断交后,同时宣布接收滇越铁路。

三　法方对日妥协和中、法政治关系的倒退

在抗日战争时期,中、法间不少交涉关系到是否真正尊重中国领土完整和主权,如何看待日本侵华政策的重大原则。

1938年5月当英日订立关于中国海关协定之后,中方希望法国对这种有损中国主权的行为发表公正的看法。5月7日,中国驻法大使顾维钧将5月2日郭泰祺致英国外交部节略予法外交部亚洲司长,法答:中国之立场甚强,但不可不兼顾事实,幸英日关税协定系一种临时办法,且主其事者仍为总税务司,中国一方面保留主权,一方面任凭处分,实为最妥之政策①。1938年8月上旬,法国政府获悉,英国准备与国际联盟以及法国出面调停中日冲突;中国方面也在向伦敦和华盛顿进行这方面的接触。当时正值武汉会战期间,法方了解到,尽管形势严峻,中国政府将继续抵抗日本的侵略,因此法国政府认为,出面调停中日冲突是不现实的②。而当1938年底汪精卫出逃、次年投靠日本之后,国民政府抗日、反汪的立场更为鲜明,法国方面也没有考虑出面调停中日关系。

1939年8月23日苏联与德国签订互不侵犯条约后,法国与英国即考虑与日本妥协,出面调停中日议和,以牵制苏联。8月26日,法国外交部亚洲司官员吉立脱向中国大使顾维钧谈到,鉴于国际局势的变化,日本已间接表示将放弃南进政策,法方认为宜由法国发起、英美为后盾,实现日本与中国中央政府的议和,因此希望中方早日将媾和条件

---

① 顾维钧1938年5月7日致外交部电,蒋中正档案－特交档案－外交－对英国外交,第057－3。

② 《那齐亚致外交部长博内电》(1938年8月9日)、《博内致驻东京、伦敦、华盛顿的法国使节电》(1938年8月14日),《法国外交文件1932—1939》第2辑第10卷,第614—615、667—669页。

告知①。8月29日中国最高当局从顾维钧来电中得悉上述动向后十分关注,甚至考虑通过中国西南地区与越南的密切关系,来对法方进行反制②。同年9月欧洲战争爆发后,法方进而要求国民政府与日伪组织合流,当时法国外交部辗转向顾维钧提出,在欧洲战争期间,法国与英国对远东问题无能为力,为了维护在华利益,法国将不得不与日本在中国沦陷区扶持的伪组织往来,因此建议国民政府自动设法组成一个包括中国全境政权之总机关,"一致对外"。得悉法方这一提议后,蒋介石认为:"倭寇自知其组织伪中央无效,而乃借法国之力,转来恫吓,使中央与其伪组织合流,法国不察,受愚至此,其言无异有意侮辱我国家万分也。"他即指示顾维钧明确答复法方:"即使中国灭亡,亦决不出此。……须知今日安定远东之力,实非日本,而不可轻侮蔑视中国至此也。"③悉知中方的明确表态后,法国达拉第和雷诺两届内阁都不敢再向中方提及与伪组织合流之事。法国殖民部长还向中方解释说:欧战初起时,法国政府得知希特勒将出面调解中日关系,与其让德国、还不如让法国充当中日之间调解人,所以法国外交部方面有所酝酿;如果中国抵抗到底,法绝不作中日妥协运动,亦不赞助汪精卫的卖国行为④。只是中国政府对于法方的这些承诺,并不敢轻信,并密切关注着有关动向。

　　1940年3月底汪伪政权正式出笼后,中国驻法大使顾维钧便多次

　　①　《顾维钧致外交部电》(1939年8月26日),《中华民国重要史料初编》第三编《战时外交》(二),第755—757页。
　　②　"(8月)廿九日接顾电,知法国已向我示意,其英法将与倭妥协,而欲劝我与倭言和,于此痛恨已极。乃忽思到英法在远东属地之印度与安南,全受我西南力量之控制,特托美间接转告英法此意,使其知所戒惧。"蒋介石日记1939年8月29日,胡佛研究所藏蒋介石日记手稿影印件。
　　③　《顾维钧致蒋介石电(1939年9月21日)》、《蒋介石致顾维钧电》(1939年9月22日),《中华民国重要史料初编》第三编《战时外交》(二),第757—758页。
　　④　《李石曾致蒋介石电》(1939年10月21日),《中华民国重要史料初编》第三编《战时外交》(二),第762页。

访晤法国新任总理雷诺（Paul Reynaud），以及法国外交部、殖民部、国务会议和国民议会的官员，指出汪伪政权只是日本军方的一个工具，中国政府将继续抵抗日本的侵略，希望法国政府对重庆国民政府的政策保持不变，不以任何形式承认南京傀儡政权。顾维钧还代表中国政府，要求法国政府就上述立场公开发表声明。法方虽然当面向中方表示无意承认汪精卫政权，将继续执行其同情国民政府的政策，但以种种借口搪塞中方的要求，迟迟没有公开表明态度①。而此前美国、英国都已明确声明拒绝承认汪伪政权。相比之下，法方的含糊态度使得国民政府颇为不满。

在对德战事战场败局已定的情况下，法国国内政局再度动荡，1940年6月16日由主张投降的贝当（Henri philippe Pétain）继雷诺之后组成新内阁，并向德国提出停战要求。6月22日，法国向德国签署了降书。7月法国政府迁至维希，实际上成为德国的傀儡政权。在奉行亲日疏华政策的德国政府的影响下，加上日本在远东对法方屡屡施加压力，法国在远东政策上日趋消极，中法政治关系发生逆转。

贝当政府成立之初，便与日本签订协定，确认所谓中国的现状，承认日本在中国的"特殊需要"。此后，在涉及中国领土和主权等重大问题上，中方向法方进行过多次交涉。

1940年8月8日，就日方向法要求假道越南进攻中国，国民政府外交部发表声明，内称："中国于抵抗日本侵略中，如日本不利用外国国土攻击中国时，原无派遣军队进入外国之意，故现在越南边境附近驻扎之中国军队，苟日军一日不入越南，当一日留住中国领土，而不令其开入越境。乃得确实消息，日本必欲派军队在越南登陆，并在越南境内采取他种军事行动，藉以攻击中国领土，中国政府于此特郑重声明：日本武装果侵入越南时，不论其用何种藉口，并不论其在何种情形之下，中国政府认为此举系对中国领土安全直接与急迫的威胁，当立即同样派

① 《顾维钧回忆录》第4分册，第235—239页。

遣武装队伍进入越南,俾得采取自卫措置,以应付此种局势。所有因采取此种必要措置而发生之结果,中国政府自不负责任。而法国当局如在越南准许或容忍日方任何军事行动,则所有因是发生之结果,包括越南中国侨民所受身体及财产之一切损失,法国政府自不能避免责任。"①8月18日,重庆当局接到顾维钧来电,进一步印证了日本已向法国要求假道越南进攻中国。于是,外交部长王宠惠8月28日再度发表声明:日军如侵入越南时,不论其用何种借口,不论其在何种情形之下,中国政府将认为此举系对中国领土安全之直接与急迫的威胁,当立即派遣武装队伍进入越南,俾得采取自卫措施,所有因采取此种必要措置而发生之结果,中国政府自不负任何责任;而法国当局如在越南准许或容忍日方任何军事行动,则所有因是发生之结果,包括在越南之中国侨民所受身体及财产上之一切损失,法国政府自不能避免其责任②。另外,从8月到9月,中国驻法大使顾维钧向法国政府外交部、殖民部官员多次交涉,要求法方不要与日本签订允准日军进驻越南的协定。中国方面还及时采取了应对措施。8月21日,蒋介石电何应钦及昆明行营主任龙云,令在军事上及早筹防日军假道越南进攻中国③。重庆《大公报》8月29日发表了题为《日若犯越我必自卫》社评,以表示中国方面已经作好了迎击日军的准备。

　　中国方面的担心决非杞人忧天。就在王宠惠发表声明的两天之后,法国驻日大使亨理(Charles A. Henry)与日本外相松冈洋右换文,法方原则上同意日军进驻越南,并向日军提供情报和其他军事上的便利④。根据这一换文,驻越南的法军司令官马丹(Martin)与日军代表西原一策少将,于9月4日签署了关于日军进驻越南北部并使用机场

---

① 《中华民国史档案资料汇编》第五辑第二编《外交》,第633页。

② 《中央日报》,1940年8月29日。

③ 《蒋中正总统档案·事略稿本》第44册,台北"国史馆"2010年版,第181—182页。

④ 日本外务省:《日本外交年表和主要文书1840—1945》下册,第446—448页。

的协定。9月22日,马丹与西原签署日军进驻越南北部协定细则,主要内容包括:日方得使用东京(即河内)区的三个空军基地;日军得以6000人进驻越南北部;日军司令部及部队得驻于河内市;日军可在海防登陆,可在海防港区内停泊军舰;日军得根据划定的路线,假道向越南北部国境发动陆上攻击作战(即进攻中国)①。当天,法越总督德古发表声明,称上述协定细则"一面对于关系两国间之利益,同样兼及,一面则可以作为法日永久友谊之第一次真诚表现,使在作战中之日军,可以享受其便利。此种由一国可以给予另一国最大的信任的表记,已建立越日双方真诚协调之基础"②。事实上,在该协定细则尚未签订的情况下,9月6日日军便迫不及待地开入越南。23日起,日军大批进入越南,25日占领了海防与谅山。进入越南的日军还与法军发生过冲突。这样,中国自云南、广西经越南的对外交通便被彻底切断了。由于日军的侵入,驻河内的中国总领事馆只得南迁至西贡,另委托美国领事馆照管河内华侨的权益。

对于法日间签订关于日军进驻越南的协定,9月下旬中国方面向法方提出了严重抗议,指出该协定已"构成严重违反国际法及国际睦邻关系之基本准则,实系敌视中国之行动","中国政府对日军出现于印支边境附近及利用印支作为对中国作战的军事基地一事,保留采取一切必要自卫措施的全部行动自由,并声明由此产生之一切后果,均应由法国政府负责"③。10月26日,法国大使戈思默在重庆当面向蒋介石作了辩解,称法国在远东的兵力不足,无法拒绝日本对越南的要求,希望中国政府能够谅解法国政府现时的艰难处境;据法方军事专家之推测,日方并无假道越南进攻中国之意,日法协定对中国实亦无真正危险,日本现在并无超出协定范围,似不致再有进一步之要求;万一日方再有其

---

① 日本外务省:《日本外交年表和主要文书1840—1945》下册,第454—456页。
② 《中华民国史事纪要》1940年,9月22日。
③ 《顾维钧回忆录》第4分册,第456—457页。

他企图,自当先行奉达中方。蒋介石询问了中方最为关注的问题,如河内以北有无被日军所占领地区、海防要塞是否仍在法方掌握之中,然后表示中国素重信义,对法方处境困难极为了解,中法友谊也决不因此受到影响①。

另外,在获悉日军实际上已开始在越南登陆后,中方于 9 月 10 日自行炸毁中越边界的河口铁桥,拆除滇越铁路河口至芷村百余公里一段路轨;并对昆明至河口段施行管理权,委任原铁道部次长曾养甫为滇越铁路昆明河口段督办,命令滇越铁路公司所有的法籍、越籍职员服从中国政府管理,同时国民政府外交部发表声明,说明中国处置之正当。但法国大使馆即于 9 月 21 日照会国民政府外交部,提出严重抗议,要求中方收回成命。外交部于 24 日驳回了法方的照会,并且严正指出:"查法方徇日方要求,始则停止对中国之运输,继而又与日本订立协定,允许日军利用越南领土及铁路设施攻击中国。中国政府在此种情形之下,根据中法滇越铁路公司章程第二十四条之规定调度。为使调度圆满执行起见,施行军事措施,实为必要之步骤,所有该公司职员均应一体遵从。乃法国大使馆于法国政府破坏中法条约,违背国际公法,不顾中法善良邻谊之余,竟复反对中国政府对于滇越铁路施行管理,此种态度,殊不可解。所提抗议,外交部碍难接受。"②但法方仍不甘心交出滇越铁路的管理权,复由戈思默大使当面向蒋介石提出三点:1. 对滇越铁路材料之毁坏损失,保留要求赔偿之权;2. 中方不应对铁路桥梁及其他重要土木工程一律予以破坏;3. 中方铁路管理当局布告称,滇越铁路法籍人员不能享受领事裁判权,而须受中国军事法令之约束,法方对此点极为注意,中方应设法纠正。戈思默进一步强调:"滇越铁路为法国政府所经营,而非法国人民私有之企业,该路且为法国政府在远东

---

① 《蒋介石与戈思默谈话纪录》(1940 年 10 月 26 日),《中华民国重要史料初编》第三编《战时外交》(二),第 770—772 页。

② 《中日外交史料丛编》(六):《抗战时期封锁与禁运事件》,第 121 页。

之主要产业,故法政府非常注意。"①然而,当时对于滇越铁路包括法、越籍职员在内的管理,已经直接关系到中国领土安全和行政主权,中方没有因法方的屡屡交涉而让步。待到 1943 年 8 月 1 日国民政府对维希政权断交后,同时宣布接收滇越铁路。

1941 年 7 月 25 日,因日本占领越南南部的海、陆、空军基地,中国外交部长郭泰祺发表声明,指出这一行动表明日本实际上已对法属越南全境实现了军事占领,此种发展不仅继续威胁中国西南边境,抑且危及西太平洋其他诸国之权益与领土;中国政府必以全力尽其本职,厉行反抗侵略之国策,以促日本冒险行动之失败;中国政府与人民深信,其他有关各国亦必不至纵容日本扩大其侵略,而使整个西太平洋局势日益恶化,甚或陷于不可收拾之境地②。26 日,外交部发言人对记者谈话时称,中国为自卫计,当采取必要措施。此后,中国政府曾多次向法方交涉,希望允准中国方面在必要的情况下可以派遣军队进入越南,以驱逐日军,但均遭拒绝。待到 1941 年 12 月 9 日,中国对日本和德意正式宣战后,中方再度向法方提出派军队入越的要求,12 月 15 日法国使馆参赞博德答复中国外交部次长傅秉常时称:1. 法国政府决定对此次远东战事严守中立;2. 法日所订协定纯系防御性质,后新订之协定内容和性质均未改变;3. 越南不愿参加任何攻势行动,因此交战各国应避免采取任何足以使战事扩大至越南领土以内的行动;4. 中国政府之要求与法政府在停战协定下所规定之义务相冲突,鉴于目前的困难处境,法国仍愿维持中立③。1942 年 1 月 1 日《联合国家共同宣言》签署之后,傅秉常再度向博德提出该问题,博德辩解说法国政府欲在太平洋战争中保持中立,仍无意参与远东军事行动,且在越日军人数受到法日

---

① 《蒋介石与戈思默谈话纪录》(1940 年 12 月 21 日),《中日外交史料丛编(六):抗战时期封锁与禁运事件》,第 116—117 页。

② 《大公报》1941 年 7 月 26 日。

③ 《中华民国重要史料初编》第三编《战时外交》(二),第 773—774 页。

协定限制,日军在越南绝非预备对华采取任何侵略行动,因此法国政府反对中国政府任何有侵略性的策动,否则战事扩大的责任将全部归于中国政府①。但在中方看来,法越当局允准大量日军驻扎越南且使用军事基地,时时威胁着中国国土,这种所谓的中立实在是虚伪透顶,中法关系的改善完全无从谈起。

另外,在对待汪伪政权问题上,重庆国民政府与法国维希政府之间发生了严重的交涉。由于法国方面在损害中国主权的道路上越走越远,国民政府最终与维希政府断交。

1940年9月,上海法租界曾发生法越士兵开枪打死打伤被拘禁的中国抗日孤军的事件。对此,中方曾向法国大使馆提出强烈抗议。同年11月7日,上海法租界当局与日伪达成协定,擅行宣布把上海法租界的中国法院移交于汪伪政权。8日,在上海法租界的江苏高等法院第三分院及上海第二特区地方法院,在法国巡捕房出面戒备及日本宪兵支持下,被汪伪政权接收。法国方面的这一做法完全违反了中法之间于1931年7月订立的有关协定。对此,重庆国民政府外交部发言人发表谈话,提出严重抗议:"对于上海法租界内自称为中国法院之任何机关当然认为非法,其所有裁判及其他任何行动一律无效。"②国民政府11月16日颁令,暂行停止上述两法院行使职务③。通过上述事件,重庆当局已经意识到,在日本的压力之下,法国维希政府很可能进一步损害中国的行政主权,乃至直接与汪伪政权合流。为此,1940年11月30日即日本与汪伪政权签订《基本关系条约》的同一天,顾维钧奉命向法国外交部秘书罗夏提出,根据南京的消息,日本将承认汪精卫政权,柏林和罗马可能继日本之后也予以承认,这种承认影响不了中国的局

---

① 《中华民国重要史料初编》第三编《战时外交》(二),第775—776页。

② 《中华民国史档案资料汇编》第五辑第二编《外交》,第633页。《申报》1940年11月9日;《东方杂志》第37卷第24号,《现代史料》,第51—52页。

③ 《国民政府公报》渝字第310号,11月16日。

势,中国将继续抵抗日本的侵略,但希望了解法国政府的态度,特别是考虑到广泛流传的所谓法国奉行与日本合作的政策。当时罗夏说,法国政府不仅没有设想承认"南京政权",而且这个问题本身并不存在,法国政府根本没有考虑过这个问题①。

　　1943年1月,日本与汪伪政权演出了所谓"交还租界"、"撤废治外法权"的闹剧后,法国维希政府居然效仿之,于同年2月宣布,将"放弃"在华所享司法特权及其在北平使馆区、上海公共租界、厦门鼓浪屿以及上海、天津、汉口、广州四市法租界之行政权。同年2月,日军占领了广州湾法国租借地,广州湾法国租借地行政长官还与日本方面非法订立了所谓《法日联防协定》,使日军对广州湾的占领"合法化"。国民政府即提出抗议,并声明中法1899年广州湾租借条约失效。此后,维希政权又不顾重庆国民政府的数度反对,于1943年5月18日与汪伪政权签订了所谓交还在华法租界的协定。5月19日,国民政府外交部向法国代办彭固尔提出抗议照会,内称:"查国民政府为中华民国唯一之政府,现在南京伪组织,乃日本军事占领区内之傀儡。迭经国民政府通告各国,并正式声明,该傀儡组织如与各国签订任何协定,均为无效。最近本部亦曾向贵大使馆一再声明,法政府不得将法租界交于南京傀儡组织。现查贵国代表,竟与伪组织签订关于归还北平使馆界、上海公共租界、厦门公共租界行政权及各处法租界等协定,显属违背国际公法之行为,兹特提出最严重之抗议。除保留一切权利外,并郑重声明,所有法国依照中法间不平等条约取得之租界、北平使馆区、上海公共租界、厦门公共租界行政权,领事裁判权及其他特权,已因法国政府之非法行为,归于消灭,中国政府不再受其拘束。"②

　　基于法方一系列严重损害中国领土完整与行政主权的行径,重庆

---

① 《顾维钧回忆录》第4分册,中华书局1986年版,第488—489页。
② 《中华民国史档案资料汇编》第五辑第二编《外交》,第644页。

国民政府于1943年8月1日发表了与法国维希政权断绝外交关系的声明,指出:查自法国政府迁都维希以后,中国政府为保持中法两国传统友谊及维护两国间彼此利益起见,对之始终予以尊重,并继续维持正常关系,法国在华一切正当利益亦无一不继续获得保护,无如维希政府对于中国之不友谊行动,层出不穷,近且变本加厉,与南京傀儡组织一再签订协定,对于中国政府迭次声明该傀儡组织与任何国家签订任何协定均为无效一节,加以漠视,中国政府对于维希政府此种行为不能再予容忍,兹特郑重宣告,自即日起,中国与法国维希政府之外交关系,即行断绝。声明并重申,由于法国政府单方面采取了非法行为,法国根据不平等条约在中国所取得的各项特权及租界、租借地,均已归于无效①。不仅如此,由于汪伪政权作为日本侵华战争帮凶和傀儡的性质,中方的立场还意味着已经把法国维希政府置于反法西斯战争的敌对营垒。

在抗日战争的中后期,重庆国民政府还与戴高乐领导的法国海外抵抗运动组织—"自由法国",建立了联系。1941年12月,中国外交部长郭泰祺、国民党中宣部长、军事委员会参事室主任王世杰,分别在重庆与"自由法国"的代表爱司加拉进行了会谈。爱司加拉代表戴高乐提出,"自由法国"希望得到中国政府的正式承认,并向重庆派出常驻代表。1942年1月,蒋介石在重庆会见了爱司加拉,双方就如何在越南共同对日本作战交换了意见。同年8月,"自由法国"在重庆设立了代表处,另在昆明设立了办事处。1943年6月,戴高乐在"自由法国"的基础上组织了法国民族解放委员会。8月1日重庆当局宣布与维希政权断交后,顺理成章地于8月27日正式承认了法国民族解放委员会。1944年8月法国解放后,10月中国政府承认了法国临时政府,双方之间的关系得到了全面恢复和发展,经济合作、科技与文化交流活动常有进行。1945年8月,中法签订了《关于交收广州湾租借地专约》。至

---

① 《中华民国重要史料初编》第三编《战时外交》(二),第779—780页。

1946年2月,中法签署了平等新约,法国放弃了在华治外法权和一切特权。

第三节　苏联援华与中苏关系的发展与波折

一　中苏互不侵犯条约的签订

1935年华北事变后,国民政府加快了谋求改善对苏联关系的步伐,双方开始秘密接触,交换对时局和合作方式的看法。1936年,国民党中央执行委员陈立夫在南京曾向苏联驻华大使鲍格莫洛夫提出,希望中苏缔结军事同盟,藉此阻遏日本。鲍氏认为与中国订立军事同盟会给苏联带来风险,主张先商谈互不侵犯条约①。当年10月,国民政府驻苏大使蒋廷黻在莫斯科与苏方商讨双方缔结互不侵犯条约和互助条约的问题。1937年2月,蒋廷黻与鲍格莫洛夫在莫斯科会谈时,再提中苏政治与军事合作问题。当时苏联方面对签署互助协定持保留意见,但已经在考虑签署互不侵犯协定、采用易货和派出军事教官等方式支持中国抵抗日本的威胁②。鲍格莫洛夫回到中国后,先后与蒋介石、王宠惠、孔祥熙、陈立夫、张冲、孙科等会谈多次。特别是在与中国外长王宠惠会谈时,鲍格莫洛夫提出与中国共同防御外患的三方面步骤:1.以中国政府名义发起太平洋地区有关国家举行国际会议,商订互助协定;2.中苏订立互不侵犯协定;3.中苏订立互助协定。当时中国方面主张先订中苏互助条约,苏方则以为须先试召集太平洋会议,如果不成

---

① 陈立夫著,卜大中译:《拨云雾而见青天——陈立夫英文回忆录》,近代中国出版社2005年版,第232页。
② 苏联副外交人民委员致苏联驻华临时代办斯皮瓦涅克(1937年2月11日)注2,《苏联外交档案中有关中苏关系史料选译(1937年)》,见于《档案史料与研究》1994年第4期。

再订立中苏互不侵犯条约,方可减少德、意等国之疑忌反抗①。

　　1937 年 7 月卢沟桥事变发生后,中日战事趋于扩大化,国民政府加速谋求改善与苏联的关系。当时驻苏大使蒋廷黻向苏联政府递交了关于卢沟桥事变的书面照会,内称:"中国必须使用它所能支配的一切手段来保卫其领土、民族的荣誉和生存时,它准备采取为国际法所公认的和平方式来解决同日本的争端"②。中方并草拟了中苏互助协定的草案,重点写明一旦中国和苏联远东地区受到第三国直接或间接侵犯的威胁时,两国应立即商定办法,实施国联盟约第十条;中华民国或苏联领土受第三者之直接或间接侵犯时,两国应进行相互的军事和其他援助;为履行上述义务,规定经双方同意,一方的军队可调至对方领土等③。1937 年 7 月 19 日,陈立夫向鲍格莫洛夫指出,他受蒋介石委托向苏方表示,国民政府准备随时与苏方签订互助协定,另外蒋介石希望把苏联对华借款的总数扩大到 1.5 或 2 亿中国元,武器转交期限应缩短到一年内,借款偿还(用商品)期限应在五年后开始并经十年还清,以及中国政府希望获得的武器,如飞机、坦克、口径为 37 毫米的反坦克炮和高射炮、口径为 20 毫米的同类炮、75 毫米的高射炮。鲍氏认为,中方再次提出互助条约问题,是迫于日本的压力。因此,苏方可以考虑中方对武器的要求,但坚持应签订互不侵犯条约,"其理由是我们应有保障,我们的武器不会用来反对我们"④。7 月 26 日,国民党中央执行委

---

　　① 《王宠惠呈蒋介石意见书》(1937 年 7 月 8 日),《中华民国重要史料初编》第三编《战时外交》(二),第 325－326 页;《王世杰日记》(手稿本)第一册,1937 年 8 月 31 日,台北中研院近代史研究所 1990 年。

　　② 《苏联外交人民委员会致苏联驻华、英、法、美全权代表电》(1937 年 7 月 16 日),《苏联外交档案中有关中苏关系史料选译(1937 年)》,《档案史料与研究》1994 年第 4 期。

　　③ 《中华民国重要史料初编》第三编《战时外交》(二),第 327 页。

　　④ 《苏联驻华全权代表致苏联外交人民委员会急电》(1937 年 7 月 19 日),《苏联外交档案中有关中苏关系史料选译》(1937 年),《档案史料与研究》1994 年第 4 期。

员张冲会见鲍格莫洛夫，向其转达蒋介石的意见，促使苏联尽快提供军事援助，以应付事态的迅速恶化。中国的局势和国民政府的坚持一度使鲍格莫洛夫改变了原来的看法，致电苏联政府建议先从商务方面入手，使中国获得军事物资。但至7月底，苏方明确把签署互不侵犯条约作为向中国提供军事物的先决条件①。至于中苏间互助条约之订立，苏方认为则尚须继续磋商。

于是，蒋介石与鲍格莫洛夫就中苏签订互不侵犯条约一节，进行了会谈。鲍氏坚持，如果不在互不侵犯条约中做出起码的保证，苏联不会向中国提供武器，苏联政府要确保苏联的武器不会被用来对付自己。蒋介石指出，苏联不必担心中国会用苏联提供的武器来进攻苏联，在中日谈判中，日本的基本要求正是缔结反苏军事联盟，并准备为实现这一要求准备作出更大让步，但中国政府坚决拒绝了这一要求，并准备在任何时候不会去迎合这一要求。但最终蒋介石同意在没有任何有损于中国主权的条件下，与苏方立即开始互不侵犯条约的谈判②。双方在此次会谈中还商定，双方各自准备谈判草案，然后由鲍格莫洛夫与王宠惠进行下一步的谈判。

8月8日，陈立夫代表中国政府向鲍氏递交了中方草案③。8月12日，鲍格莫洛夫与王宠惠商定，中苏互不侵犯条约签订后立即生效。中方原先曾担心，签约将意味"苏俄赤化宣传与外蒙古主权独立之默认"，

---

①　"苏俄允接济武器，但以订不侵犯条约为交换条件。"蒋介石日记1937年8月1日，胡佛研究所藏蒋介石日记手稿影印件。

②　《苏联驻华全权代表致苏联外交人民委员会电》(1937年8月2日)，《苏联外交档案中有关中苏关系史料选译(1937年)》，见《档案史料与研究》1994年第4期。蒋介石本人有如下记载："苏俄允接济武器，但以订不侵犯条约为交换条件。余斥驳之，俄之外交狡诈无比也。"蒋介石日记1937年8月1日。

③　《苏联驻华全权代表致苏联外交人民委员会电》(1937年8月21日)，《苏联外交档案中有关中苏关系史料选译(1937年)》，《档案史料与研究》1995年第1期。

但最后确定的文本澄清了中方的上述疑虑①。8月21日晚,王宠惠与鲍格莫洛夫在南京签署了《中苏互不侵犯条约》。该《条约》全文共四条,其主要内容为:中苏双方约定不得单独或联合其他一国或多数国家,对于彼此为任何侵略;两缔约国之一方,受一个或数个第三国侵略时,彼缔约国约定在冲突全部期间内,对于该第三国不得直接或间接予以任何协助,并不得为任何行动或签订任何协定,致该侵略国得用以施行不利于受侵略之缔约国;本条约之条款,不得解释为对于在本条约生效以前,两缔约国已经签订之任何双面或多边条约,对于两缔约国所发生权利与义务,有何影响或变更;本条约自签字之日起发生效力②。双方还口头约定,苏联承诺不与日本缔结互不侵犯条约,中国则承诺不与第三国签订共同防共协定。

　　在中苏进行互不侵犯条约的交涉过程中,中方高层也有反对意见,但在蒋介石的决断下,排除了这方面的异议③。另外,在公布《中苏互不侵犯条约》之前,中方还专门向英国、德国政府作了说明。8月30日,《中苏互不侵犯条约》同时在南京和莫斯科正式公布。蒋介石认为:"对俄外交应促其加入战争。"他曾在国防最高会议上乐观地宣布,《中苏互不侵犯条约》的订立,意味着"苏俄终将加入对日战争"④,从而对于制止日本侵华战争将产生直接效果,可是中方的这一期望落空了,苏联一直到1945年8月才对日宣战。

---

① 《王世杰日记》(手稿本)第一册,1937年8月31日;蒋介石日记1937年8月6日,胡佛研究所藏蒋介石日记手稿影印件。

② 《中华民国重要史料初编》第三编《战时外交》(二),第328—329页。

③ "汪对中俄协定怀疑",蒋介石日记1937年8月12日,胡佛研究所藏蒋介石日记手稿影印件。

④ 《王世杰日记》(手稿本)第一册,1937年9月1日。

二　围绕对华军事援助的交涉

《中苏互不侵犯条约》签订之后不久，中国便在获得苏联军事援助方面，取得了重大进展。如前所述，在1937年"七七"事变前后，中国方面就已经与苏方讨论过获得苏联制造的武器和军事装备问题。"八一三"抗战爆发不久，国民政府曾派航空署军务处处长沈德燮秘密赴苏联，与苏联政府接洽购买军用飞机，当时中方的要求是：驱逐机200架，重轰炸机100架，并聘飞行员二三十人，把运至新疆的苏联飞机驾驶至兰州①。这可以视作以后杨杰使苏正式接洽军援的先声。

同年8月21日签订的《中苏互不侵犯条约》本身并没有直接规定双方有"互助"的义务，但无疑意味着苏联在援华问题上将持积极态度。条约签署之后，鲍格莫洛夫就对华提供军事物资与中方进一步交换意见。8月27日，双方就军火供应问题达成原则协议，由苏联向中国提供价值1亿元法币的贷款，该贷款用以从苏联获得中国所需的军火物资，苏方承诺向中国提供200架飞机和200辆坦克，关于飞机、坦克和其他武器的购买问题将由中国派出的代表团在苏联与苏方谈判解决；苏方同意在协定生效的第一年中国可不偿付贷款，从第二年开始五年内付清；在协定中苏方坚持以全部贷款的三分之四得到中国的金属，四分之一得到茶叶和其他消费品；条约以英镑形式缔结②。

为了落实上述交涉的成果，中方立即派出了以军事委员会参谋本部次长杨杰为团长、国民党中央执行委员张冲为副团长的代表团前往莫斯科。这个代表团的名义是"考察实业"，但从其实际使命而言完全

①　《蒋介石致蒋廷黼电（1937年8月20日）》，《中华民国重要史料初编》第三编《战时外交》（二），第465页。

②　《苏联驻华全权代表致苏联外交人民委员会电》（1937年8月27日），《苏联外交档案中有关中苏关系史料选译（1937年）》，《档案史料与研究》1995年第1期。

是一个军事代表团。在莫斯科,杨杰一开始就向苏联国防人民委员伏罗希洛夫提出了购买军械的要求。当时苏方在原则上表示了积极的态度。如11月18日,在张冲回国前,伏罗希洛夫要求其向蒋介石转告苏联对中国抗战的支持,并表示一旦中国抗战到生死关头,苏联将出兵。同时,苏联希望中国作长期抗战的准备,苏联将继续尽量接济维持中国所需飞机、重炮、汽油、坦克等装备①。但是,中方各项具体的要求,都需要双方之间经过多次交换意见才能达成谅解。

　　受伏罗希洛夫的委托,自9月9日到10月4日,苏联炮兵委员拨也夫、空军委员拉宁与中方进行了多次会谈,讨论中方拟购军械的品种、数量、式样和运华途径等问题②。杨杰等提出,希望苏方让售的飞机数增加至350架,即重、轻型轰炸机各100架,驱逐机150架。会谈中,杨杰特别强调:"余等来贵国时,蒋委员长曾命购超重轰炸机,作为空袭日本内地之用,若此项超重轰炸机未能购成,则余等此次来苏任务即不能全部完成,务请贵方允诺。至于机数,并不求多,有五十架即够。"③这一购买超重轰炸机的要求虽转至伏罗希洛夫,但起初苏方仅同意拨与中方6架。后经磋商,苏方同意提供重轰炸机70架,驱逐机165架④。另提供约合飞机数10%的备用发动机即23个;飞机炸弹78200枚,共1900吨;飞机机关枪子弹共1500万发,约合飞机总价额10%的附件,并派飞行教练及技师89人赴华。至9月中旬,苏方已经承诺让购的其他军械有:坦克82辆及为坦克总值10%的附件,外加修理车5辆,坦克炮弹12.3万发;45公厘口径反坦克炮50门,高射炮20

---

① 《中华民国重要史料初编》第三编《战时外交》(二),第338页。

② 中国军事代表团与苏联商谈援华抗日械弹记录稿,《民国档案》1987年第3期,第32—43页。

③ 《商谈购买苏联武器第一次会议记录整理稿》(1937年9月9日),《民国档案》1987年第3期,第32—34页。

④ 杨杰1937年9月12日的日记,转引自李嘉谷:《合作与冲突:1931—1945年的中苏关系》,广西师范大学出版社1996年版,第83页。

门及 4 万发炮弹,机关枪 1000 挺,子弹 1000 万发。在会谈期间,双方还着重讨论了飞机等军械起运的时间、方式等问题。应苏方的要求,中方对自新疆到兰州途中各机场加以修整扩建,储备汽油及其他必要设备;修整公路,以备数以百计的卡车运送所购物料;并规划取道法属越南的海运路线①。上述洽商军事援助的初步进展,对于抗战爆发伊始迫切需要国际援助的中国而言,是极大的鼓舞。

当时国民政府对获取苏联军援抱很大的期望,蒋介石数度致电杨杰、张冲,要求争取更多的军援。根据蒋的指示,杨杰向苏方提出获得 20 个师的武器装备的要求。经磋商,苏方同意,除步枪由中方自备外,苏方共提供 115 公厘重炮 80 门,炮弹 8 万发;76 公厘野炮 160 门,炮弹 16 万发;37 公厘反坦克炮 80 门,炮弹 12 万发;重机枪 300 挺,轻机枪 600 挺,枪弹共 1000 万发;双翼驱逐机 62 架,附全副武器弹药。上述兵器总数量少于中方提出的要求,苏方的理由是,师之编制,应以灵活性和精于火力运用,而不必过于扩大编制。中方则强调日军装备十分精良,希望日后继续提供军援。但是,即便是按照苏方承诺的数量,上述装备中的飞机和轻武器弹药之一部分自陆路运华,中方就须组织 16 吨的货车 1000 余辆在边界接运,其余的则由海路运抵越南,再转运中国内地②。1938 年 3 月起,上述 20 师装备及 60 架飞机开始起运③。

但是,经过华北战场、淞沪战场几个月的激战,中方械弹消耗极大,蒋介石不甚满意杨杰在 20 个师装备问题上与苏方初步达成的结果,认

---

① 《杨杰致蒋介石电》(1937 年 9 月 14 日、9 月 20 日),《中华民国重要史料初编》第三编《战时外交》(二),第 465—466、468 页;商谈购买苏联武器第四次会议记录整理稿(1937 年 9 月 17 日),《民国档案》1987 年第 3 期第 39—41 页。

② 《杨杰致蒋介石密函稿》(1937 年 12 月 21 日),《民国档案》1985 年第 1 期,第 44 页。按:据《中华民国重要史料初编》第三编(二),第 472—474 页所载同一内容之函稿,所注日期为 1938 年 1 月 5 日。

③ 《杨杰致蒋介石电》(1938 年 3 月 29 日),《中华民国重要史料初编》第三编《战时外交》(二),第 483 页。

为苏方提供的数量与中国实际的编制和需要相差甚远。1938 年 1 月初,蒋介石指示杨杰在苏联继续交涉,具体目标是:105 公厘重炮 80 门,76 公厘野炮 160 门,37 公厘反坦克炮 80 门,重机枪 300 挺,轻机枪 600 挺。并强调轻、重机枪需用最急,务请速运①。同年 2 月初,蒋介石还指示杨杰向苏方接洽反坦克炮 500 门,手枪 5 万枝,重机枪 2000 挺,迫击炮 300 门,以及大量的弹药②。但是,直到 3 月中旬,苏方还是坚持原先答应的军援数量。

这样,从 1937 年 9 月起的约半年时间里,经杨杰在莫斯科交涉而获得的军械主要是以下三种账单③:

甲账单,飞机共 232 架(其中轻轰炸机 62 架,重轰炸机 6 架,驱逐机 156 架,教练机 8 架)以及若干附属器材;坦克 82 辆及附属器材;76 公厘高射炮 20 门,45 公厘反坦克炮 50 门,配件若干。

乙账单,即 20 个师的装备:76 公厘野炮 160 门,115 公厘榴弹炮 80 门,炮弹共 24 万发;37 公厘反坦克炮 80 门,炮弹 12 万发;马克西姆机枪 800 挺,德克恰辽夫机枪 1100 挺,枪弹共 2000 万发。

丙账单,双翼驱逐机 60 架,其他飞机 5 架,飞机配件若干;汽车 400 辆。

上述三种账单的军械及相关物资,从 1937 年 10 月 24 日至 1938 年 2 月 14 日期间,陆续为国民政府代表所接收。所有物资加上运费等,总计 48,557,436 美元,按当时的汇率,约合中国法币 16000 余万元。总之,经过杨杰等人的交涉,苏方提供的轻型飞机和轻型武器的数量方面有所增加,但重型飞机和重型武器方面则远不能满足中方的要求。对此,苏方也给出了解释,如 1939 年 7 月 10 日伏罗希洛夫答复杨

---

① 《蒋介石致杨杰电》(1938 年 1 月 5 日),《中华民国重要史料初编》第三编《战时外交》(二),第 473 页。

② 《蒋介石致杨杰电》(1938 年 2 月 6 日),《中华民国重要史料初编》第三编《战时外交》(二),第 477—478 页。

③ 《中华民国重要史料初编》第三编《战时外交》(二),第 486—491 页。

杰时称:目前决定运华武器,已超过第一次借款数额,以后能力所及,随时均可办理。不过苏联敌人过多,东西两方,皆须兼顾,尤以蒙伪边境,日在不宣而战之状态中,苏联不能不积极备战,助华程度,只能以无伤国防为限①。对此,中国方面也颇为无奈。

由于向苏联订购军事物资的交付、输华及中方的偿付办法,均涉及中方的财政收支状况,1938 年春曾由宋子文与苏联驻华大使卢干滋商洽具体事宜。中国所需军事物资价款巨大,当时中方无法在易货农矿产品方面满足苏方要求,但又拿不出现汇,这一难题使得中方十分为难②。后来通过谈判,由苏方提供新的大额贷款方式予以解决,详见下文。

基于寻求后续军事援助谈判的需要,1938 年 5 月起,杨杰正式出任驻苏联大使,并以这一身份开始了新一轮的接洽。当时正值武汉会战开始,中方迫切希望尽快达成订货并启运,蒋介石本人就多次电催杨杰,指示急需的飞机、大炮种类和数量,甚至直接致电伏罗希洛夫转斯大林,恳切陈词:"唯目前需要驱逐机及重轰炸机之增加补充,异常迫切,各种俄炮弹亦不足用,如能迅得此项充切接济,则抵抗力量立可增厚,务请速予提前借给,即日起运,以应急需。飞机应用更急,如能早到一日,则我方战事胜利之成分即多增加一分。"③但是,直到 8 月初,"苏俄对购械合同托辞不肯签约",蒋介石担心苏方对武汉战况持观望态

---

①　《杨杰致蒋介石电》(1939 年 7 月 11 日),《中华民国重要史料初编》第三编《战时外交》(二),第 518—519 页。

②　宋子文 1938 年 4 月 29 日、30 日致蒋介石电,蒋介石曾分别批示:"决无现款可汇,如此则苏俄无异与我有意为难也。""付给外汇决难办到,此无异强中国为难,未知兄可设法解决否?"见《中华民国重要史料初编》第三编《战时外交》(二),第493—494 页。

③　《蒋介石致伏罗希洛夫电》(1938 年 7 月 14 日),《中华民国重要史料初编》第三编《战时外交》(二),第 499 页。

度,曾向苏方表示:"无论其对倭战与不战,中国必与苏俄始终一致也。"①中方的努力收到了回报,8 月 11 日双方达成了价值达 12000 万元的军械订单,主要包括轻轰炸机 120 架、重轰炸机 10 架、驱逐机 220 架、教练机 100 架、小高射炮 100 门,以及备用发动机 120 台、其他飞机配件、飞机厂设备和航校设备等②。8 月 17 日,蒋介石再度致电苏联当局,称武汉会战之需,请苏方尽速将中方所订之军火起运来华③。8 月 23 日,由军事委员会侍从室第一处主任钱大钧与苏联大使卢干滋(Ivan Lugants Orelsky)商谈借款购械事宜④。除杨杰之外,国民政府还先后派遣孙科、贺耀组以特使身份赴苏联,他们对于达成军械订单和与军援直接相关的贷款协定、催运安排重要物资,起了重要作用。

　　1939 年以后,国民政府方面先后四次向苏联洽购军械,第一次系于 1939 年 6 月 26 日,由蒋介石致电当时在苏联的立法院院长孙科转交苏方。第二次于 1939 年 9 月 30 日,由在华苏联总顾问崔可夫在衡阳用无线电向苏联元帅伏罗希洛夫提出。第三次由国民政府特使贺耀组于 1940 年 1 月 20 日面呈伏罗希洛夫四类拟购军械表,共 11800 余万美元,并于同年 3 月中旬向苏方提出修正,即将所列购买兵工材料之美金 3000 万元,改购步枪 8 万枝及 15 公分榴弹炮 96 门。第四次系于 1940 年 8 月末由军事委员会将贺耀组所提方案再度加以修改,交新任驻苏联大使邵力子携苏交涉⑤。在国际局势复杂、交通条件困难以及

---

　　①　蒋介石日记 1938 年 8 月 3 日、8 月 4 日,胡佛研究所藏蒋介石日记手稿影印件。

　　②　《钱大钧呈蒋介石报告》(1938 年 8 月 12 日),《中华民国重要史料初编》第三编《战时外交》(二),第 501 页。

　　③　《中华民国重要史料初编》第三编《战时外交》(二),第 501 页。

　　④　《中华民国重要史料初编》第三编《战时外交》(二),第 504－505 页。

　　⑤　《中华民国重要史料初编》第三编《战时外交》(二),第 368 页、第 530－533 页。

中苏关系出现反复的情况下,那些达成协定的军械的启运、运输和最终向中方交付,也还有很长的过程。根据苏联学者的统计,战时苏联向中国提供的军械有:1235 架飞机,1600 门大炮,14000 挺机枪,大量卡车,航空汽油,弹药等;5000 多辆由苏方人员驾驶的载重卡车沿着 2700 多公里的运输线,把军用物资运到中国。到 1939 年 1 月中旬,在中国有3665 位苏联军事专家,帮助中国的抗日战争①。

除了提供武器和其他军事装备之外,派遣军事顾问赴华,是当时苏联军事援华的重要方面。

继德国撤走军事顾问、广州武汉失陷,以及日苏之间发生张鼓峰、诺门坎事件后,中苏之间一度酝酿进行较全面的合作。蒋介石向斯大林提出,希望苏联派遣党务、政治、军事顾问来华。至 1939 年 7 月初,斯大林表示原则上同意,先派遣军事顾问,续派党政顾问②。7 月 9日,斯大林与伏罗希洛夫还联名致电蒋介石,称苏联将在力所能及之情况下,帮助中国完成解放事业,并指责日本对英国和苏联、外蒙古的攻击③。

实际上,至迟到 1938 年,苏联军事顾问就开始在国民政府有关军事部门服务。1939 年 1 至 12 月,在华苏联军事顾问的总人数分别是 46、45、51、47、47、56、55、60、75、85、95。苏联顾问涉及的兵种有:炮兵、一般军事、通信、技术员、工兵、辎重、军医、化学、炮科技师、防空、高射炮、战车炮、战车、战车防御炮、公路工程、汽车机械、机械化。这些军事顾问分配的机构和部队分别是:总顾问室 8 人、军令部7 人、军训部 4 人、军政部军医署 1 人、军政部兵役署 1 人、军政部兵工署 2 人、一战区长官部 4 人、二战区 3 人、三战区 4 人、四战区 4

---

　①　齐赫文斯基:《1937—1939 年蒋介石同斯大林、伏罗希洛夫的通信》,《民国档案》1996 年第 1 期,第 59 页。

　②　《孙科致蒋介石电》(1939 年 7 月 1 日),《中华民国重要史料初编》第三编《战时外交》(二),第 423 页。

　③　《总统蒋公大事长编初稿》第 4 卷上册,第 379—380 页。

人、五战区 7 人（12 月）、八战区 1 人、九战区 7 人（11 月）、十战区 2
人、通信兵学校 2 人、炮兵学校 2 人、炮 7 旅司令部 1 人、步兵学校 2
人、机械化学校 5 人、战车防御炮教导总队 2 人、桂林参谋训练班 2
人、桂林行营 5 人、第五军 5 人（均战车）、桂林防空司令部 1 人、后方
勤务部 4 人、长江上游江防司令部 3 人、天水行营 7 人（其中 1 至 2
人兼十战区顾问）。另外，1939 年 6 月起一些集团军也开始配置俄
顾问，分别是第二、五、十二、十五、十九、二十、二十二、二十三、二十
九、三十一、三十二、三十三集团军，以及工兵学校、陆军大学、第十三
军、炮兵十一团、炮兵二旅二十团等①。自 1938 年德国军事顾问撤回
之后一直到太平洋战争爆发，在中国军队和军事部门中，虽然也先后聘
任过少数法国军事顾问，但苏联军事顾问无疑人数最多，时间最长，起
的作用也最大。

三　中苏三次信用借款协定及其实施

　　抗战时期与寻求苏联军事援助相应，中、苏之间先后三次达成信用
借款协定，并因实施这些协定两国之间的易货往来延续了数年。
　　如前所述，中苏在抗战爆发前夕接洽中，双方就已经提到过苏方将
向中国提供信用贷款帮助中国获得军事物资，中国可以苏方所需的农
矿产品偿付。待到抗战爆发，杨杰、张冲赴苏联进行具体交涉时，苏方
曾要求中方全部或部分支付现金，中方则反复申述确实无法以现汇支
付所定购的军品，苏方表示谅解，但希望中方尽量提供金属原料，并以
农畜产品补充②。双方很快确定，以信用借款的方式解决中国在获得

---

　　①　"军事委员会办公厅顾问事务处民国二十八年全年工作报告扼要"，中国国
民党中央委员会党史馆藏档，档号 501—205
　　②　《杨杰致蒋介石函》（1938 年 1 月 5 日），《中华民国重要史料初编》第三编
《战时外交》（二），第 472—473 页。

苏联军事物资过程中的现金困难①。

第一次信用借款系于 1938 年 3 月 1 日达成，借款额为 5000 万美元，年利息率为 3％，自 1937 年 10 月 31 日起计息，即按苏联开始向中国提供军用品的日期计算，但还本期是从 1938 年 10 月 1 日起开始还本，五年还清②。这样，从动用到清偿的实际年限为六年。

鉴于中方需定购的军事物资价款巨大，遂于同年 7 月 1 日即第一次信用借款协定达成仅四个月后，双方又达成了第二次信用借款协定，借款额也是 5000 万美元，利息率 3％，自 7 月 1 日起计息，还本则是自两年后的 1940 年 7 月 1 日起的五年③。借款的实际期限等于七年。

然而，这两次信用借款达成之时，双方并没有在协定上正式签字。首先是对于借款协定的具体条款文字，双方都有一个审核认定过程，直到 1938 年 7 月 11 日，苏方才通知中方对于两次借款协定草案审查完毕，待中方认可后便可签字生效④。到 8 月初，苏方又要求国民政府为在莫斯科的中方代表出具专门的全权证书。为了节省时间尽快完成两份借款协定的签字，经苏方同意，中方采取了权衡办法，即国民政府方面把两次借款的两份全权证书送至在华苏联大使馆，再由苏联大使馆

---

① 1938 年 5 月 30 日斯大林在致蒋介石的电文中称："吾人完全理解中国金融财政之困难情形并亦已顾虑及之，因此吾人对于武器之偿价并不要求中国付偿现金及外币，吾人愿得中国之商品，如茶羊毛生皮锡锑等。吾人诚知此类商品中国能供给苏联而对中国之国民经济及国防无若何妨害，因之希望中国供给此类商品。……关于给予中国以新信用贷款问题，将付苏联最高机关讨论，吾人希望能底于成。"见于国史馆藏蒋中正档案－革命文献－抗战时期，第 43 册，对苏外交(2)军火货物交换，文件 44。

② 财政部财政科学研究所、中国第二历史档案馆编：《民国外债档案史料》第 11 卷，档案出版社 1991 年，第 19 页。

③ 《民国外债档案史料》第 11 卷，第 23 页。

④ 《杨杰致蒋介石电(1938 年 7 月 11 日)》，《中华民国重要史料初编》第三编《战时外交》(二)，第 499 页。

转报苏联政府①。得到苏方同意后,中苏第一、二次信用借款遂于1938年8月11日签署,代表国民政府在协定上签字的是业已成为新任驻苏大使的杨杰,代表苏方签字的是对外贸易部长米高扬②。一年之内达成的这两次信用借款总额达到1亿美元,对于缓解当时中国获取苏联军需物资的支付压力,有较大的作用。

　　1938年10月广州、武汉失陷后,抗日战争进入相持阶段,中国政府必须从苏联获得更多的外来军需装备,这也就意味着在支付方面中国必须与苏方达成新的安排。1939年4月,立法院长孙科以国民政府特使的身份再次抵达莫斯科,谋求进行第三次信用借款。蒋介石十分重视孙科这次使命,希望从苏方新获得1.5亿美元的借款总额③。5月13日,孙科分别会晤了斯大林、莫洛托夫和伏罗希洛夫,苏方原则同意按照中方的要求提供第三次信用借款,数额为1.5亿美元④。5月15日,孙科与米高扬就借款协定的各项条款,包括数额、动用期限、利息率、偿付期、偿付方式等,达成基本的谅解⑤。此后,双方进一步具体落实各项问题。1939年6月13日,中、苏之间在莫斯科正式达成了第

---

　　①　《杨杰致蒋介石电(1938年8月2日)》,《中华民国重要史料初编》第三编《战时外交》(二),第500—501页。

　　②　《钱大钧致蒋介石报告(1938年8月12日)》,《中华民国重要史料初编》第三编《战时外交》(二),第501页。根据台北"国史馆"藏外交部档《修正中苏第一二次借款合约草案原文(提要)》(档号172—1/3180),中方在第一、二次借款协定上签字的均为杨杰。

　　③　孙科携带的蒋介石致斯大林函(1939年4月)称:"前向贵国两次军械信用借款,计共美金一万万元,原只备一年之用耳。今入第二期战事,预计一年半间,尚需一万五千万美金之购备,始能补充缺乏,加强力量,以达到胜敌之目的。……故特由中华民国国民政府派孙哲生同志为全权特使,同时代表中正趋前聆教。"蒋中正档案—革命文献(抗战时期),第43册,对苏外交2军火货物交换,文件73。

　　④　《孙科致蒋介石电》(1939年5月14日),《中华民国重要史料初编》第三编《战时外交》(二),第514页。

　　⑤　《孙科致孔祥熙电》(1939年5月15日),《中华民国重要史料初编》第三编《战时外交》(二),第514页。

三次信用借款协定,由当时正在苏联访问的国民政府特使、立法院长孙科代表中国政府签字,代表苏联政府签字的仍为米高扬。这次借款数额达 1.5 亿美元,年利率 3％,自 1939 年 7 月 1 日起计息,自 1942 年 7 月 1 日起的 10 年内还本①。借款实际期限为 13 年。

这三次信用借款总额达 2.5 亿美元,均由孙科、米高扬分别代表两国政府签署。根据借款合同的规定,三次借款均用于向苏联"购买工业品及设备之用";中方以向苏方出售农矿产品的方式抵偿债款。这意味着中国在获得已经签约的苏联军事物资的支付压力,得到了较大缓解。

然而,上述三次信用借款的动用情况不尽相同。1939 年底爆发的苏芬战争,1941 年《苏日中立协定》的签署,都使中苏关系蒙上了阴影;1941 年 6 月又爆发了苏德战争。在新的局势下,苏方中止履行业已达成的借款协定,遑论提供新的借款了。

战时苏联向中国提供的三次信用借款共 2 亿 5000 万美元,按照结算日期,中方实际动支共九批,历次实际动用概况如下:

批次	结算日期	动支额 (美元)	要　　目
一	1938 年 6 月 10 日	30,321,164	飞机 232 架,坦克 82 辆,高射炮 20 门,反坦克炮,飞机附件零件、炮弹
二	1938 年 6 月 20 日	8,379,293	机枪 2000 挺,76 公厘野炮 160 门,115 公厘野战重炮,反坦克炮 80 门,机枪和步枪子弹各 1000 万发,炮弹 36 万发
三	1938 年 6 月 27 日	9,856,979	飞机 65 架,汽车 400 辆,备用飞机发动机及其他零件,232 架飞机的整套武器设备,各种运输费

① 《民国外债档案史料》第 11 卷,第 26 页。

（续）

批次	结算日期	动支额 （美元）	要　　　目
四	1938 年 9 月 28 日	29,601,215	飞机 180 架,备用发动机 106 套,机枪 2000 挺,汽车 300 辆,37 公厘炮 500 门及附件零件,炮弹 70 余万发,步枪子弹 2036 万发,700 辆汽车之零件,各种运输费
五	1939 年 9 月 1 日	21,841,349	飞机 120 架,发动机 83 台,飞机其他附件若干,机枪子弹 510 万发
六	1939 年 9 月 1 日	18,622,024	大炮 250 门,机枪 4400 挺,步枪 5 万枝,卡车 500 辆,炮弹 50 余万发,航空炸弹 16500 枚,子弹 1 万发,运费
七	1939 年 11 月 1 日	3,909,725	飞机 53 架,发动机 11 台,汽车 30 辆,飞机零件
八	1941 年 6 月 1 日	49,520,828	飞机 250 架,机枪 1300 挺,高射炮 250 门,汽车 320 辆,高射炮弹 30 万发,炮弹 18000 发,炸弹 14600 枚,子弹 3700 发,飞机装备 23 套,石油产品
九	1941 年 6 月 1 日	1,123,232	飞机 4 架,发动机 21 台,机枪子弹 16700 发。石油产品

　　资料来源:中央银行 1948 年编《中苏信用借款节略》,见于《民国外债档案史料》第 11 卷,第 61 页。各年动支要目见于李嘉谷:《抗战时期苏联援华飞机等军火物资数量问题的探讨》,《近代史研究》1988 年第 6 期,第 128—141 页。

　　进一步分析可看出,第一次和第二次信用借款,苏方均全额供货,中方全额动支;第三次信用借款合同定额为 1.5 亿美元,1941 年苏德战争爆发前苏方交货 73,175,809 美元,战争爆发后停止交货。这样,至 1941 年 6 月,三次借款中方共动用 173,175,809 美元。所动支的款额均由国民政府军事委员会向苏方购买军火和军用品。

中国对于苏联三次信用借款的实际动用总额，其相应利息总额为28,603,897.13美元，中方以苏方所需的农矿产品抵偿借款本息，自1938年到1945年11月底，已向苏方交付农矿产品价额达131,016,271.11美元，尚欠本息70,763,626.02美元，实际上已经清偿了第一、二次借款的本息，第三次借款则正在清偿中[①]。

根据苏方的要求，每年应偿债额中，农矿产品各半分摊。其各年具体偿付情况如下（单位美元）：

偿付年度	应偿付本息额	实偿农产品	实偿矿产品
1938—1939	6,796,320.57	10,059,687.61	7,536,703.93
1939—1940	8,354,480.00	8,424,414.89	7,937,089.74
1940—1941	11,487,980.00	8,919,416.73	11,554,269.85
1941—1942	11,563,480.00	6,215,904.53	11,487,731.79
1942—1943	12,003,215.00	8,330,073.67	11,939,950.13
1943—1944	6,669,420.00	6,285,389.88	10,356,336.41
1944—1945	16,805,373.00	5,876,950.75	9,276,000.61
1945—1946	4,390,469.50	11,443,697.85	8,077,546.77

资料来源：中央银行编《中苏信用借款节略》(1948年)，《民国外债档案史料》第11卷，第60—67页。

中方原由财政部所属之贸易委员会统筹办理以农矿产品偿付苏联贷款，后矿产品易货偿债事宜改由资源委员会主办，农产品则由贸易委员会交所属之复兴公司具体办理。至战后，农矿产品易货偿债统由中央信托局接办。历年交货地主要有猩猩峡、昆明和宜宾等地。虽然战时中国运输条件非常困难，中方仍尽力设法运交苏联方面。应当指出，

---

① 《财政部贸易委员会对苏易货偿债部分报告》(1945年)，《民国外债档案史料》第11卷，第31页。

战时中方每年向苏方交付农矿产品价额的计算标准,原订以纽约市价为准,但实际上战时各国均统制物价,并无自由市价之存在,只能参酌成本及过去价格决定,中、苏双方时常发生争执。从各年偿付情况来看,似乎中方在农产品的交付上多有拖欠。实际上其中涉及诸多因素。中方运苏之同一种类农产品,往往产之于不同地区,部分产品的规格与样品不尽相同,苏方动辄严厉挑剔,拒绝签收;部分农产品因未能提供卫生检验注明书(有些产地根本没有卫生机构)而遭苏方拒绝签收;战时中国内地交通条件落后、困难,农产品产地又较为分散,及时交付货物的确不易;另外,在苏方挑剔拒收的情况下,中方考虑到运回国内往返运费损失过巨,往往只能降级折价交付,从而使得已交付农产品的总价额显得低下①。

四　欧战爆发后中苏政治关系的波折

在 1937 年 8 月达成的《中苏互不侵犯条约》的基础上,抗战初期国民政府的对苏外交中以谋求军援和贷款为重点,虽然在一些具体问题上双方不无分歧,但总体发展趋势还是令中方较满意的。

与此同时,鉴于抗战爆发后德国逐渐转为亲日疏华,召回军事顾问和驻华大使,使得中国的战略地位受到损害,中方非常注意维护中苏之间的政治关系,关心苏联对中日战争的基本态度。

随着《苏德互不侵犯条约》的签署和欧洲大战的爆发,中方十分担心苏联与日本签订互不侵犯条约,从而使日本得以自满、蒙抽调兵力,向中国战场施以更大的压力,因而密切关注着苏日关系的演变,进一步明确把防止苏日妥协作为对苏交涉的重点。1939 年 9 月上旬,蒋介石连日约见孔祥熙、王宠惠、张群、朱家骅等,指示外交方针:"欧战如果扩

---

① 财政部编《中苏信用借款节略》(1947 年),《民国外债档案史料》第 11 卷,第 46—49 页。

大,我国外交方针应注意两原则:一、不使日寇加入欧战为第一义,二、不使俄日妥协为第二义。……我国参加欧战后,俄日如果妥协,对我亦不能加重困难,以我已固守西南,能自主也。……我国对欧战政策之惟一主旨,端在参加民主阵线,以为他日媾和时,必使中日战争与欧战问题同时联带解决也。"①鉴于当时路透社等媒体报道称,德国和意大利正在诱使日本向苏联提议订立互不侵犯条约,国民政府遂由驻苏大使杨杰在莫斯科向苏联外交部探寻真相。尽管苏方称"尚无所闻",但杨杰亲耳听到莫洛托夫在最高苏维埃非常会议上所作外交报告中谈到:苏联对外政策之要旨在于"减少敌人,今日为敌,明日亦可为友",凡对苏友好之国家,苏联都可与之订立互不侵犯条约②。对此,重庆方面非常紧张,即由张冲向苏联驻华大使潘友新表示,中国人民对传说中的苏日互不侵犯条约持反对态度,另向在重庆的苏联军事顾问及塔斯社记者表明了同样的观点③。同时指示杨杰向苏方表明,根据1937年签订的《中苏互不侵犯条约》,苏联不得与日本签订该一条约。9月7日,苏联大使潘友新在重庆向蒋介石转达斯大林复电:一、(俄)未与倭谈妥协;二、(俄)与英、法、波(兰)(关系)如常;三、远东有事,当先通知于我④。但重庆方面并不放心,接连电示杨杰了解日苏是否仍在继续谈判边界纠纷以外之问题,尤其是日苏停战不侵犯条约。苏方则向杨杰表示,日苏之间悬案颇多,如承租权、煤区暨渔业各项问题,"如日方继续请求谈判,苏联亦可讨论,惟决不能违反中国之利益及危害中国之抗

①　《总统蒋公大事长编初稿》第四卷上册,第405—406页。

②　《杨杰致蒋介石报告》(1939年9月2日),《中华民国重要史料初编》第三编《战时外交》(二),第345—346页。

③　《张冲致蒋介石报告》(1939年9月5日),《中华民国重要史料初编》第三编《战时外交》(二),第346页。

④　蒋介石日记1939年9月7日,胡佛研究所藏蒋介石日记手稿影印件。

战。至不侵犯条约,目前日方并未提出"①。除了杨杰之外,国民政府还在9月6日致电在莫斯科的中国特使孙科:"传苏日将订不侵犯条约,盼注意查示。"由于当时英国报纸称系德国驻苏大使在居间拉拢,孙科向驻莫斯科的德国、意大利使馆探询消息,德、意方面均予以否认,"此间德义使馆,均否认,德参赞言绝无其事,义大使谓德欲拉日对英,当或希望苏日和缓,但彼意苏援华政策不易改变,故对日妥协,实不可能"。而在莫斯科的美、法使馆亦对苏日妥协的说法不以为然②。这样,国民政府稍稍松了口气。

以后,国民政府明确了对欧洲持中立态度,但依然警惕着苏联与日本之间实行妥协的动向。1939年9月15日,苏、日在莫斯科签署了关于诺门坎冲突的停战协定后,国民政府对苏、日之间谋求妥协的疑虑进一步加剧了。同年11月,蒋介石在与潘友新会谈时提出,希望澄清有关苏联将与德、日联合瓜分中国的传说,并探询苏日通商谈判的情况。潘友新虽然否定了联合瓜分中国的说法,但却表示苏联与日本通商"无何妨碍"。蒋介石即对苏方的态度极表忧虑,指出日本在实现打击国民政府以结束中国事件之后,日本将以全力对付苏联,从而对中国抗战与远东前途极为不利,同时希望苏联在远东政策上能与美国一致③。

1939年底苏芬战争爆发后,国际联盟迅速介入,因苏联拒绝国联调停,进而引发了国联会议给予苏联开除会籍之处罚。当时中国既要表达对苏芬冲突的基本观点,又要维护与苏联的良好关系,这在英法控

①　《杨杰致蒋介石电》(1939年9月23日),《中华民国重要史料初编》第三编《战时外交》(二),第348—349页。

②　孙科致重庆外交部电(1939年9月9日),台北"国史馆"藏国民政府缩微档400—1980。

③　《蒋介石与潘友新谈话纪录》(1939年11月8日),《中华民国重要史料初编》第三编《战时外交》(二),第350—354页。

制下的国联会议上,颇为难办①。12 月 7 日,国防最高委员会讨论中国对于苏芬战争应取态度时,军政部长何应钦便提出:苏联助我抗战,贷款三次共达 25000 万美金,我不可在国联投票,反对苏联②。由于中国代表没有在国联有关会议上为苏联辩护,且在国联行政院关于开除苏联会籍的表决中投的是弃权票而不是反对票,苏联对中国极为不满,对华军援转转消极态度。虽然当时蒋介石亲自会见苏联大使,竭力说明中方的立场③,试图减少这一事件对双边关系可能带来的负面影响,但苏方的反应非常强烈。苏联外交部次长拉代夫斯基便在会见国民政府代表、军事委员会办公厅主任贺耀组时,故意向中方表示有与日本在满蒙划界、苏日商约等方面与日本"逐渐接近可能"④。旋即,苏联外长莫洛托夫更向即将回国述职的驻苏大使杨杰提到,苏联援华之前景当"视中国之态度如何","苏联对华政策,仍是一贯,但国联开除苏联会员籍时,如中国代表反对,决不致有此结果,此次中国出席国联代表之举动,无异帮助英、法打击苏联,是何用意,令人难解,截至今日止,中国方面未见有任何人向苏解释此次用意之所在,希望贵使报告贵国政府"。莫洛托夫也向杨杰承认苏、日之间正在进行商约的谈判⑤。接着,莫洛托夫在会见因杨杰回国暂时主持驻苏使馆工作的贺耀组时,更为直接地质问道:"此次国际联盟开除苏联会员国,中国出席代表未援助,是否

---

① "国联九日召集会议讨论俄芬纠纷问题,此又为新发生之难题,颇费思索。"蒋介石日记 1939 年 12 月 6 日;"苏芬开战,—此时应注重苏俄关系,若我因此反对苏俄,则英法对我之态度更冷酷无忌矣。"蒋介石日记 1939 年 12 月 9 日,胡佛研究所藏蒋介石日记手稿影印件。

② 《王世杰日记》(手稿本)第二册,1939 年 12 月 7 日,第 194 页。

③ "见俄大使慰问其国联除籍之意,并提议远东外交形势与俄国之利害。"蒋介石日记 1939 年 12 月 16 日,胡佛研究所藏蒋介石日记手稿影印件。

④ 《贺耀组致蒋介石电》(1939 年 12 月 19 日),《中华民国重要史料初编》第三编《战时外交》(二),第 360 页。

⑤ 《杨杰致蒋介石电》(1940 年 1 月 9 日),《中华民国重要史料初编》第三编《战时外交》(二),第 362-363 页。

中国改变政策之先兆？中国政府对中国出席代表究作何训令？"莫氏认为,中国政府事先不可能不知道国联将有开除苏联会员国之表决,甚至认为国联会议上的风波是英、法、美策划的结果,且三国以援助中国抗战为条件对中国代表进行过活动;莫洛托夫不接受贺耀组的解释,同时拒绝谈军援事①。与此同时,苏联元帅伏罗希洛夫也两次改变会见贺耀组的约期②。

鉴于苏联方面反响之激烈,蒋介石一方面向苏联驻华大使潘友新做了说明,并指示贺耀组向苏方正式表示:"此项国联开除苏俄会籍,为我所意不及料,如事先预知,我政府必电令我代表反对此举,惜乎事先毫无人知悉,即在会前我顾(维钧)代表与日内瓦之俄代表连续接见三四次,而俄代表亦未谈及于此,并未对此作何准备也。以后关于外交关系,只要苏俄能与我事先开诚协商,则中国无不乐于尽力,以中国外交方针与苏俄一致,决不为中国自利打算也。"③此外,蒋介石还就莫洛托夫对中方的责难,于1940年1月21日向在重庆的苏联总顾问郑重声明:"鄙人敢负责声明,如当时敝国政府,事前知英、法有开除苏联之举动,当然投反对票,如贵国政府或驻国联代表,事前有所通知,亦必投反对票,今事前不通知,不协商,事后委责,实为抱憾。至于莫氏所称事后无何表示一层,更非事实……同时中国外交部长,正式通知潘使,谓中国仍将协助苏联,中国为国联非常任理事之一,如国联此后有制裁苏联之行动,中国必尽力打消之,使不成立,凡此皆系事后善意之表示,不能抹杀。"蒋介石还对苏方在对华交涉中一系列的冷淡举措表示异议:"数月来敝国当局,无论其在莫斯科代表,或在日内瓦代表,甚至中正本人,

---

①　《贺耀组致蒋介石电》(1940年1月12日),《中华民国重要史料初编》第三编《战时外交》(二),第364—365页。

②　《贺耀组致蒋介石电》(1940年1月19日),《中华民国重要史料初编》第三编《战时外交》(二),第367页。

③　《蒋介石致贺耀组电》(1940年1月13日),《中华民国重要史料初编》第三编《战时外交》(二),第365页。

屡向贵国政府及驻外代表商讨中苏一致对外之外交政策，曾提出种种意见，请贵国政府参酌答复，皆无复音。此种表示，是否以中国无共同讨论政策之资格，不配作朋友，亦无从知悉。但中国方面，事事与苏联商洽，已确尽其朋友之义务与责任矣。"①后来，随着苏联与芬兰之间达成了解决冲突的协定，中国也改派邵力子出任驻苏联大使，做进一步的修复关系努力，这一风波才逐渐平息。

虽然中国方面非常重视维系对苏友好关系，但对于苏日关系接近十分敏感。必要时甚至力图加以反制。如 1940 年 1 月，中方得悉苏联在与日本"商谈商约与其他交涉"，作为反制举措，决定对于业已签署的"中俄商约应暂不批准与发表"，同时决定："俄国态度虽恶化，但我应以镇静处之，当操之在我也。"②待到 1940 年 9 月德、意、日三国达成军事同盟后，轴心国势力十分嚣张，关于苏、日之间将实现妥协的动向再度引起国民政府的关注。而当时美国表示愿意提供专门的贷款、由苏联提供相应的武器装备支持中国的建议，遭到苏联明确的拒绝③。10 月 5 日，中国大使邵力子希望苏联外交部次长拉代夫斯基澄清关于苏日将达成互不侵犯条约的传闻时，拉氏闪烁其词，"但谓传说与推测不能作为事实讨论"④。而旋即邵力子从美国驻苏大使处获悉："苏日不侵犯条约，已为时间问题。"⑤这更加深了中方的担心。在此背景下，斯大林 1940 年 10 月 16 日致函蒋介石，答复蒋 9 月 29 日关于德、意、日三国同盟之后中苏关系的提问时，仅称中国的主要任务在于加强军力，回

①　《蒋介石与苏联总顾问谈话纪录》（1940 年 1 月 22 日），《中华民国重要史料初编》第三编《战时外交》（二），第 369—370 页。

②　蒋介石日记 1940 年 1 月 12 日，胡佛研究所藏蒋介石日记手稿影印件。

③　《宋子文致蒋介石电》（1940 年 10 月 4 日），《中华民国重要史料初编》第三编《战时外交》（二），第 380 页。

④　《邵力子致蒋介石电》（1940 年 10 月 5 日），《中华民国重要史料初编》第三编《战时外交》（二），第 381 页。

⑤　《邵力子致蒋介石电》（1940 年 10 月 12 日），台北"国史馆"藏蒋中正档案，特交档案（外交），对苏俄外交 062—7。

避是否继续援华;同时谈到:"现在关于对日议和及和平之可能性,谈写颇多,余未知此种传说,与事实有何符合。但无论如何,余认为无疑者,祗须中国国民军坚固强壮,则中国可克服任何困难。"①当时,中方判断"日苏间订立互不侵犯条约事渐有可能"②,并且考虑过对于"俄国与倭订立互不侵犯条约限制策略"③,任由舆论界公开批评此事。但在苏日正式签约之前,中方还是比较克制,因此蒋介石在对斯大林10月16日来函的回复中,没有直接点出中方的担忧与不满,只是强调"日本无论如何必为中苏两国共同之敌人"④,希望牵制苏联走向对日本的妥协。

此后,中国方面非常关注苏、日之间关系的发展进程。待到1941年3月,日本外相松冈洋右访问德国途经莫斯科,受到斯大林和外长莫洛托夫的接见。中国大使邵力子即向苏联外交部方面探询事实真相,苏方答称仅系礼仪性会见。邵力子即提请苏方注意日本"尽力造谣"、"离间中苏"关系的阴谋,指出"苏联不仅不能与日本商谈任何不利于中国之事,且并未与日本谈及中国问题,此在中苏友谊与苏联独立自由之外交政策,均应如此看法"⑤。4月上旬,莫洛托夫与结束德国之行再度访苏的松冈洋右会谈,这进一步引起中方的关注。4月11日,国民党中央执行委员张冲在重庆向苏联大使潘友新询问此事,潘友新表示:苏联对外政策不变,苏联决不为自己牺牲人家的利益,"松冈过苏,因苏、日并未绝交,照例予以接待"。即便如此,张冲仍表示了中方的担

---

①　《斯大林致蒋介石电》(1940年10月16日),《中华民国重要史料初编》第三编《战时外交》(二),第382页。

②　《王世杰日记》(手稿本)第二册,1940年10月17日,第363页。

③　蒋介石日记1940年10月16日,胡佛研究所藏蒋介石日记手稿影印件。

④　《蒋介石致斯大林电》(1940年10月22日),《中华民国重要史料初编》第三编《战时外交》(二),第383-384页。

⑤　《邵力子致蒋介石电》(1941年3月26日),《中华民国重要史料初编》第三编《战时外交》(二),第388页。

心："苏联之一举一动影响中日战局甚大，个人及全国社会人士，切盼苏联慎重，有以克服日本之欺骗外交。"[1]

事实很快证明，中方的担忧不是多余的。4月13日，莫洛托夫同日本外相松冈洋右、日本驻苏大使建川美次，在莫斯科签署了"中立条约"，其主要内容为："第一条：缔约国双方保证维持相互间之和平与友好邦交，互相尊重对方领土完整与神圣不可侵犯性。第二条：倘缔约国之一方成为一个或数个第三国敌对行动之对象时，则缔约国之他方在冲突期间即应始终遵守中立。"更有甚者，双方签署的共同宣言称："苏联誓当尊重'满洲国'之领土完整与神圣不可侵犯性，日本誓当尊重'蒙古人民共和国'之领土完整与神圣不可侵犯性。"[2]如果说协定文本的指向并不专门针对某一国家，这一宣言则明白无误地涉及中国的领土主权。对中国而言，苏日中立协定是"最主要的朋友"与"最不共戴天的敌人"之间的缔约，这一事实本身便是国民政府难以接受的。更何况协定不仅意味着苏联在军事上将不再援助中国的抗日战争，而且严重损害了中国对东北和外蒙古的主权，对此国民政府无法再保持沉默，"对俄倭协定与声明，我政府立即否认，毫不顾虑与思索，以示我自主自强之决心与国格，而不与俄国以丝毫之空隙与试探机会"[3]。4月14日中国外交部长王宠惠发表声明，称苏日关于中立协定之宣言妨害中国主权，中国政府决不承认："本月十三日苏联与日本签订中立协定时所发表之共同宣言，内称日本尊重所谓'蒙古人民共和国'领土之完整与不可侵犯性，苏联尊重所谓'满洲国'领土之完整与不可侵犯性。查东北四省及外蒙古为中华民国之一部，而为中华民国之领土，无待赘言。中国政府与人民对于第三国间所为妨害中国领土与行政完整之任何约

---

① 《张冲呈蒋介石报告》(1941年4月11日)，《中华民国重要史料初编》第三编《战时外交》(二)，第389页。

② 《中华民国重要史料初编》第三编《战时外交》(二)，第390－391页。

③ 蒋介石日记1941年4月14日，胡佛研究所藏蒋介石日记手稿影印件。

定,决不能承认,并郑重声明:苏日两国公布之共同宣言,对于中国绝对无效。"①4 月 15 日,重庆出版的《中央日报》发表社论,指出:"按照中苏互不侵犯条约的规定,在中日战事未终了之前,苏联似不应与侵略的暴日,缔结任何协定,致于中国抗战,有不利的影响,乃苏日协定竟成立于中国正在抗战的途中,而且在苏联累次声明反对侵略行动之后,这不免予中国国民以奇异的感想。"社论更批评苏联在外蒙古和伪满问题上,违背以往中苏之间的协约和苏联以往的声明,"向暴日索取对外蒙的保证"和"予暴日以这种(承认伪满)保证",指出:"这种侵犯中国领土主权的第三国相互间的声明,当然无效。"②另外,重庆《大公报》等报纸也发表了措辞甚为激烈的社论。

　　在中方朝野的反响之下,4 月 19 日苏联大使潘友新在重庆访晤蒋介石,为苏日中立协定辩解,称"对华政策不变,仍照常援华抗倭"③,并指责《大公报》发表的社论"殊觉言之过激"。蒋介石则指出:苏日缔结此约,自表面上观之,苏联已与日本妥协矣,此在余个人则固能了解,惟一般民众与前方军队,则不免受其影响。吾人对于斯大林先生个人之崇敬,绝不因此次之条约而减少也,惟大公报所言,亦足见我国一般知识分子,与许多民众对于该项条约之心理。他并且希望:"往事不须多论,余希望斯大林与莫洛托夫两先生,于今后讨论苏日关系之时,能于事前与敝政府开诚磋商,则敝政府亦可预为布置。苏联最高领导人今后与日本讨论涉及与中国有关问题时,能于事前与中国政府开诚磋商。……余相信贵我两国之邦交,一如往日之亲密,往事可不必怀忆,吾人权当苏日协定未曾缔结,亦不必认此约存在于今日也。"④

---

①　《中华民国史档案资料汇编》第五辑第二编《外交》,第 219 页。

②　《论苏日协定》,《中央日报》,1941 年 4 月 15 日。

③　蒋介石日记 1941 年 4 月 19 日,胡佛研究所藏蒋介石日记手稿影印件。

④　《委座与苏联潘大使谈话记略》(1941 年 4 月 19 日),蒋中正档案－革命文献－抗战时期第 42 册,对苏外交,文件 87。

至于苏日中立协定对中国抗战可能产生的影响,以及中方应持的态度,可见于蒋介石1941年4月24日给各地军政当局的密电,内有五方面的分析:一、是苏联对日计划之成功,日本将失去其最有力之盟友德国;二、将使英、美对日备战益亟,敌视益深;三、苏联对我国不免失其在道义邦交上及条约信义上之立场,而于我国固毫无损伤,且可使我军民知立国于今日,所有外交政策,固均以本国利害为首位,正足以警觉自悟,策励自强,此项苏日中立条约订立于今日,只有增加我国在太平洋上地位之重要,而绝无妨害我国抗战之全局也;四、日本在东北所能抽调之兵力仅六个师团,在军事上任采取何种途径,均不能与我以抗战全局若何之妨害;五、苏日中立条约签订后,日军之动向有南进、北进和先解决中国三种可能。蒋介石的结论是:"苏日条约之订立,一方面决不影响我国之抗战,他方面又只足增敌国所已造成之危机……我国抗战之国策,认定只有在世界整个局势发展中,方能求得我最后之胜利,故联合太平洋上各国以制裁寇敌而澄清远东之局势,乃为我国一贯不变之方针耳。"[1]国民党当局政府当时一方面通知各驻外使馆,告知"除由外部就满蒙问题声明立场外,我将不对苏作其他批评,以免造成反苏印象,为敌利用"[2]。另一方面由军事委员会政治部颁发宣传要点,要求国内各言论机关在论及苏日中立协定时遵行,对苏应力避攻击口吻,以免损伤苏联之感情,造成反苏之印象,且不必连篇累牍评述此事[3]。虽然国民政府低调处理苏日签署中立协定一事,尽量持克制的态度,苏方也一再表白不会损害对华关系,两国关系毕竟蒙上了难以抹去的阴影。

---

① 《中华民国史档案资料汇编》第五辑第二编《外交》,第220—227页。
② 《王世杰致胡适电》(1941年4月15日),中国社科院近代史研究所民国史组编:《胡适任驻美大使期间往来电稿》,中华书局1978年版,第101页。
③ 《中华民国史档案资料汇编》第五辑第二编《外交》,第228—229页。

第四节　围绕英国对日妥协的交涉和
寻求财经援助

一　关于英日在中国海关问题协定的交涉

抗战爆发之前,国民政府便颇为担心英日之间关于中国问题可能达成妥协,认为这种妥协无疑将以中国的权益为筹码。对于中方的疑虑,英国方面也在不少场合作出过澄清。1937年5月23日,英国驻华大使许阁森便致函中国外长王宠惠,称英、日关系范围广泛,"凡谈判发展有涉及他国关系者,将竭力使该关系国预闻,美、法、俄、华同样在此预闻之列"①。

战前,英国方面占据中国海关总税务司及上海、天津等重要口岸税务司的职位。抗战爆发后,有关中国海关主权的完整和相应的利益问题上,中英之间发生交涉达两年之久。随着日本侵略势力在华北步步进逼,天津海关英籍税务司梅维亮(W. R. Myers)已经向总税务司梅乐和(F. Maze)谈到:"(天津)海关问题终必发生。……将来如果发生此项问题,惟一挽救办法,惟有由我方允许津、秦两关因其关税系专为担保内外债而征收,保证两关税款余数扣留,作为此项用途。"②也就是说,英方打算以停止向国民政府汇解津、秦关余的办法,来应对日本可能对海关行政权的攫夺。这种办法究其实质,仍然是以中国的海关权益来与日方妥协。

1937年7月底天津失陷后,天津日本总领事崛内就向梅维亮提出了这个问题。8月10日,梅维亮致电海关总税务司梅乐和,称日本迟

---

① 《许阁森致王宠惠函》(1937年5月23日),《中华民国重要史料初编》第三编《战时外交》(二),第94页。

② 陈诗启:《中国近代海关史》(民国时期),人民出版社1999年版,第413页。

早将提出海关问题,建议:"将来如果发生此项问题,惟一挽救办法,惟有由我方允许津、秦两关系专为以关税为担保之内外债办理征税,并担保两关税全数扣留,作为此用途。此种办法或有成功可能,因日方态度对于各种有关国际事务,似尚无意干涉。"8 月 30 日,天津日本总领事对于天津和秦皇岛中国海关向梅维亮提出三项要求:1. 海关税收除应摊付外债部分可照常汇解外,其余税款应存于日方认可之银行保管;2. 不准放行中国政府进口之军火;3. 关余暂存横滨正金银行保管,否则应另筹日方认可之方法,担保该项余款不移作不正当之用途。梅维亮提出应接受日方前两项要求,梅乐和亦表示赞成,并认为可以维持中国对外债信和中央政府在当地之主权,遂转呈关务署①。9 月 7 日,梅乐和又致电关务署,催促尽早答复;答应将就拨付内债基金一节向日方交涉,但如果日方不同意,仅准备声明保留②。

在得悉日方的要求后,以中国金融界工商界人士为主体的国债基金管理委员会便及时作出了反应,于 1937 年 9 月 4 日致函梅乐和,要求向日方鼎力交涉,对于内债基金务必照前拨付③。关务署则于 9 月 15 日致电梅乐和,认为日本提出的三项要求"碍及国家主权",且日本已在占领区干涉海关行政,因而拒绝接受;并明确指示:"关税收入,关系担保偿还内外债务及赔款,该总税务司责任重大,自应于不妨碍国家主权及关政统一范围之下,力为维护。如遇有某关不能执行职务时,应即将该关宣告封闭,立于附近相当地点,另行设关征税。同时并应预筹由他关代收该关税款办法,以图补救。"④对此,梅乐和一方面电告梅维亮对日交涉范围:(一)所有税收,应由非日籍之中立银行收解存储;

---

①　《梅乐和致关务署代电》(1937 年 8 月 11 日)、《梅乐和致关务署呈文》(1937 年 8 月 30 日),《1938 年英日关于中国海关的非法协定》(以下简为《海关协定》),中华书局 1983 年,第 2—4 页。

②　《海关协定》,第 5—6 页。

③　《海关协定》,第 4—5 页。

④　《海关协定》,第 6 页。

（二）扣解征收费用；（三）扣解津、秦两关应摊付赔款及内外债基金；（四）扣除以上各项外，余款暂存第一条所指之中立银行，以待战事结束。同时，就当时国民政府方面的态度，梅乐和又向梅维亮交底："政府继续摇摆不定，过去和现在，意见都有分歧，'面子'始终是重要因素。"在他看来，国民政府"对于外国反对劫夺海关的抗议，未免估价太高"，因为"这种抗议对于独断专行的日本军方是不起什么作用的"。梅乐和曾试图说服中国银行董事长宋子文、财政部次长徐堪等人接受日本的条件，但遭到拒绝。最为关键的是，梅乐和以表达其个人意见的方式向梅维亮谈到："我过去认为，现在仍然认为，这些条件是合理的。"①这实际上是默许梅维亮在对日交涉时可以接受日方的条件。

与此同时，天津海关问题也成为中、英两国正式交涉的重要内容。中国外长王宠惠与英国代办贺武（R. G. Howe）商谈之后，中方仍不愿作出让步，确定了对日交涉海关问题的六项条件，令梅乐和转饬梅维亮遵行："（一）海关全部收入向系存放于中央银行，现由政府自动令中央银行委托第三国银行暂时存放，其手续由中央银行与受托之第三国银行订定；（二）委托存放之款，为海关全部税款，包括津、秦两关在内；（三）委托存放之时效，以自卫抗战结束时为止；（四）受委托之第三国银行，对于委托之中央银行，负保管其存放之海关全部税款之责，但津、秦两关税款，可允许其转存于其他银行；（五）受委托银行在受托有效时期内，海关按月拨付各款，仍照现行办法办理。但津、秦两关税款暂存其他银行者，得按期提拨外债摊额及经费部分；（六）受委托银行限于保管海关税款，不得干预其他事项。"②上述六项办法，是当时国民政府打算让步的底线。

不过，据梅乐和9月19日致梅维亮电，国民政府财政部长孔祥熙

①　《梅乐和致梅维亮电》（1938年9月23日）、《梅乐和致梅维亮密函》（1938年9月27日）、《海关协定》，第7、9—10页。

②　《梅乐和致梅维亮电》（1937年10月13日），《海关协定》，第11—12页。

"非正式特准该税务司得自由斟酌，将津、秦两关税款存于当地有相当地位殷实可靠之银行，以作最后之让步。但所有该两关所需经费及应摊付内外债赔各款，并就地应拨款项，如治河及检疫经费等，应照常如期拨付"。这意味着在津、秦关税存入正金银行一事上，中方实际上打算作出更大的让步。梅维亮即以梅乐和该电文为"授权"依据，迫不及待地于10月22日在天津正金银行设立账户，将津、秦两关征收的全部关税均存于该行。但梅维亮在对日让步方面走得更远，他在当日照会驻天津日本总领事，擅自承诺："至于指定摊付债务的款项，因目前战事而发生的问题未解决以前，我不拟提取，因此并不发生任何问题。"①这意味着存于日本正金银行的津、秦两关所征关税之中，不仅内债基金，而且外债基金也不会提拨。于是，中国对天津、秦皇岛海关的主权，只剩下英籍海关税务司这一形式了。

日本在攫得了华北海关税收款的保管权之后，又以华北伪政权派往天津海关监督温世珍的名义，提出了减免关税税率的无理要求。在这一问题上，无论梅维亮、梅乐和还是驻华英国使节，都压国民政府方面作出让步。对此，国民政府财政部于1938年1月7日电示梅乐和转饬华北各关税务司："（一）不得接受伪政府命令及与商订任何条件；（二）海关现行章制及办事手续不得变更；（三）现行税则不得擅行变动。以上各点，系维持海关行政权之最低立场，无论在何种情形下，不得稍有迁就。"梅乐和则在1月12日复电称："为维护中国主权……并为减少敌方参与关务之机会起见，将来在其他敌方占据口岸，对于非关重要事项，恐不得不因暴力威胁而从权应付，藉维现状。再因战事关系，贸易衰落，民生困苦，为振兴对外贸易恢复国内经济计，职或于最近将来对于某种税率，呈请准予修改。"②1月22日，华北伪政府正式宣布降

---

① 《梅维亮致天津日本总领事崛内函》(1937年10月22日)，《海关协定》，第16页。

② 《海关协定》，第33页。

低多种货品的进口税率。次日,国民政府财政部再度电示梅乐和,令饬津、秦各海关税务司,"对于该项非法税则,拒绝施行,仍照现行税则征税,不得违误"。梅乐和一方面要求梅维亮不得在未经国民政府批准之下实施修改税则,但又提议对1931年税则稍作修改后在各海关实施,其实质是在更大的范围内减税。英国政府也电令驻华使馆代办贺武劝告孔祥熙接受梅乐和的上述建议①。

对于实施伪税则,国民政府方面不愿轻易作出让步。2月中旬,孔祥熙电令各关:"不能容许海关人员继续实施伪税则。如果无法实施合法税则,全体关员也应当拒绝实施伪税则。……税务司应该通告公众,凡按伪税则缴纳的关税,中国政府概不承认。"但是,贺武却以英国政府的名义,反对孔祥熙对各关税务司的这一电令,称:"任何这一类的指示都将使税务司要末违抗命令,要末使海关分裂。"②2月25日,孔祥熙致函答复驻汉口的英国使团:按照条约和各项协定的规定,中国政府有义务在全国实施统一税则,以关税收入偿付债务并保持海关机构的现状。日本当局和它的傀儡正在严重地阻扰中国政府履行这些义务。中国政府认为应当把日本的种种暴行揭露出来,不应当让它在合法的外衣下活动。对日方暴行采取默许政策,就是为沦陷区海关落入日本手中铺平道路,并使日方的阴谋得逞。孔祥熙进而要求梅乐和命令各关税务司:"伪税则实施范围不得扩大,已实施伪税则的各关应尽可能恢复合法税则,除偿付中国各项债务的税款外,其余税款应设法全部发放。"③这实际上是对英方作出让步,默许按伪税则征税了。

日本在华北实际上控制了中国海关收入后,便打算进而攫夺其他占领区的中国海关。1937年11月11日中国军队撤出上海之后,日本

---

①　《海关协定》,第34、37页。

②　《梅乐和致梅维亮电》(1938年2月16日)、《贺武致汉口英国使团电》(1938年2月20日),《海关协定》,第43—44页。

③　《卡尔致梅乐和电》(1938年3月2日),《海关协定》,第44页。

军方便扬言，要按照天津海关的前例控制江海关。11月下旬，上海日本总领事冈本季正向江海关税务司罗福德(L. H. Lawford)提出：1. 在江海关任用日籍监视员；2. 江海关税收以税务司名义存入正金银行，可提取税务署署经费；3. 拨付外债赔款问题，在有关各国与日方谈判后再决定。日方并以"接管"江海关压英方接受①。江海关的关税收入约占全国关税总额的一半，英国政府自然不甘心轻易落入日本手中，担心江海关税务司作出太大的让步，遂提出几种折衷方案，如：把江海关收入存入汇丰银行，分存于四国银行团成员银行，由国民政府授权梅乐和按照英、美、法三国政府的意见与日方达成临时协议，但中日双方都不同意，英日谈判没有取得实际进展。

然而，随着日本接二连三地施压，英国准备牺牲中国的主权和利益，向日方作出让步，以换得英方得以继续在名义上控制海关，按期拨付赔款与外债。从1938年2月26日起，英日之间关于中国海关问题的会谈在东京开始举行。27日，日本外务次官堀内谦介便向英国大使克莱琪(R. Craigie)提出了五个方面的要求，其核心内容就是日占区内各海关之所有收入，均需存于日本横滨正金银行②。尽管在日后的谈判中英方也提出不少意见，但在攫夺各海关收入保管权这一问题上日方始终没有松口。中国完全被排斥在这一轮英日会谈之外，颇为担心权益进一步遭受损害。同年4月下旬，蒋介石在汉口向英国驻华大使卡尔(Sir A. Clark Kerr，亦译作寇尔、克尔)明确指出：现阶段英、日间就中国海关问题的谈判达成任何协议，都将是对中国的伤害，因为日方将把该协议说成是对他们的道义上的支持以及对伪政权某种意义上的承认，中国部分口岸已经沦陷，落入日伪当局的控制；蒋并且说，如果英

---

① 《梅乐和致孔祥熙电》(1937年12月1日)，《海关协定》，第54—56页。

② 《克莱琪致哈利法克斯电》(1938年2月27日)，*Documents on British Foreign Policy, 1919 - 1939*(即英国外交政策文件，以下略为 *DBFP*)，Ser. 2, Vol. 21, p. 710.

国不能向中国提供积极的援助，但至少应停止与中国的敌人达成协议来表示对中国消极的支持①。同时，郭泰祺从英国外交部获得的说法是："在我方未表示意见前，英方自不贸然签订。"②然而，在日方的压力之下，5月1日英国财政部就通过外交部授权克莱琪签字，甚至来不及等待驻华大使卡尔的最后意见，也没有与英国政府其他部门商议，遑论考虑中国政府的反应了③。5月2日下午，克莱琪和日本外相广田弘毅以换文的方式达成了关于中国海关的协定④。根据这个协定，沦陷区各海关的一切收入及其支配都将置于日本的直接控制之下，尽管这

---

① 卡尔从香港致哈利法克斯电（1938年4月28日），*DBFP*, Ser. 2, Vol. 21, p. 744.

② 《郭泰祺致外交部电》（1938年4月29日），《中华民国重要史料初编》第三编《战时外交》（二），第96页。

③ 哈利法克斯致克莱琪电（1938年5月1日），*DBFP*, Ser. 2, Vol. 21, p. 750.

④ 英日关于中国海关协定各条款为："1. 日本占领区各海关所征一切关税、附加税及其他税捐，应以税务司名义存入正金银行，在该行未设立分行的地区，应存入双方同意的其他银行。2. 所有进口税、出口税、转口税及救灾附加税按前项规定存入后，每若干日，最多不超过十日，应将应摊外债额解存正金银行总税务司税款帐内，以便在1937年7月尚未还清的以关税为担保的各项外债赔款到期时，如数偿还。3. 偿还以关税为担保的各项外债和赔款，应作为全国各关所征关税的第一项开支，但经总税务司证明的海关经费（包括由各关分担的总税务司署经费）以及其他照例拨付的款项（过去一向在偿付外债以前从总税收中拨付的）应尽先付。4.（甲）各关应摊外债额应照本关税收在上月份全国税收总额所占比例逐月核定。（乙）应摊外债份额以中国海关的进口税、出口税和转口税的总数为计算的依据，摊付份额按照上列（甲）项规定，由总税务司署征得日本及其他有关各国同意后议定。（丙）华北和华中日本占领区某关税收不足应摊额时，应由各该区内其他海关的税收补足。5.（甲）自1937年9月起停付的日本部分庚子赔款，现存于汇丰银行暂付帐内，应即付给日本政府。（乙）日本部分庚子赔款和1913年善后借款，以后应照以关税为担保的各项外债赔款偿还办法同样办理。（丙）1938年1月和2月应摊外债赔款（计3966576.32元）现存于上海汇丰银行，应即发还，以归还以该款作担保的透支款项。（丁）日本占领区各口岸汇丰银行海关税款帐内，如有余款，应改存当地正金银行分行海关税务司帐内，以便将来用于支付应摊外债份额。上述办法应自1938年5月3日起生效，并适用于自1938年3月起征收的关税。"（《海关协定》，第98—99页。）

些收入名义上列在总税务司账户上,其他债权国的有关利益也将受制于日本,而中国对海关的主权受到严重侵害,国内债权人的有关利益被剥夺。

英国方面是在5月2日才由卡尔把上述协定的内容正式函知蒋介石,称协定在三方面有利于中国:1.日方承认拨付关税担保外债之相当部分,藉以维持国际上中国之信用;2.以中国法币而不以任何新行之伪币付税,藉以维持法币对伪币之地位;3.海关行政人员得以保留。并且要求中方不要采取致使协定不能实行的任何举动,否则将导致海关行政完全破坏,使日方为所欲为①。但是中方仍表示了对英日协定的不满。5月3日,孔祥熙在汉口向英国领馆官员表示非常遗憾,指出:一个友好大国与日本达成的协定,有助于加强日本军国主义和日本的兵力,却没有中国参加,也没有与中国政府协商。孔祥熙质问英方,关于协定的最后条款,究竟在多大程度与美国和法国协商过②。

5月4日,国民政府发言人发表谈话,对英日签订中国海关协定表示遗憾,称该协定"对于海关担保之债务,仅提一部分,予以优惠待遇,而对于其他债务,如内债之类,则不提及,是将担保此项债务税款之用途,听其转移,殊为失当。又该协定将现存中立银行之税款,转存于敌国之银行,虽此项税款,系由被占领区域之上海及其他进口商埠所征收,然实际系为我全国各地消费民众所缴纳,存于敌国银行,势将益助长其侵略之行为,尤无疑义"③。5月6日,外交部长王宠惠正式照会英国大使卡尔:"中国政府兹悉英国与日本政府业已订立关于中国海关的某种办法。不论英国政府订立此项办法具有若何动机,而两国间未经中国之同意,将中国行政上的重要部分即海关问题,作为协定之标

①　《卡尔致蒋介石函》(1938年5月2日),《中华民国重要史料初编》第三编《战时外交》(二),第97页。

②　《卡尔致哈利法克斯电》(1938年5月4日),*DBFP*,Ser.2,Vol.21,p.756.

③　《大公报》,1938年5月6日。

的,殊为遗憾。中国政府于此愿向英国政府提醒其作为之正式约言,即不与其他国家订立损害中国主权及行政完整之任何条约与办法。现中国政府不得不声明:英国与日本政府订立之关于中国海关的办法,中国绝不受其拘束,并保留对于海关的一切权利与行动之自由。"①

　　除了发表谈话和照会之外,中方确实也采取了某些相应措施。在日本驻上海领事的压力下,经梅乐和的同意,江海关英籍税务司安迈斯在正金银行开立账户,把原存在汇丰银行的江海关税款约1600万元转存正金银行。中方当即表示反对。5月4日,孔祥熙向安迈斯指出,无论总税务司还是任何中国官员,都不能把已存入外国银行的税款转存日本银行。孔祥熙并指示关务署长郑莱,立即把江海关存于汇丰银行的税款2500万元拨交中央银行②。财政部重新核定海关税款汇解补充办法,规定自6月1日起,各关收入中,除将所摊算应付外债赔款、总税务司署经费及其他例拨各款,汇存上海汇丰银行总税务司账户之外,余款均应径汇汉口中央银行总行,存总税务司账户已备拨付内债基金。财政部并且不同意梅乐和的建议,即向汇丰银行借款以偿付积欠的日本部分庚子赔款。

　　英国在中国海关主权问题上对日本的让步,其后果是十分严重的,中国方面除了由财政部向海关总税务司梅乐和及相关英籍税务司发出指示外,又通过外交途径向英方表明立场。如5月6日外交部照会卡尔大使,对于英日两国间未经中国之同意,将中国行政上的重要部分即海关问题,作为协定之标的,表示遗憾,并声明:英国与日本政府订立之关于中国海关的办法,中国绝不受其拘束,并保留对于海关的一切权利与行动之自由,同时将该照会抄送美、法、比、荷等国驻华大使公使馆,

　　① 《中日外交史料丛编》六《抗战时期封锁与禁运事件》,第180—181页。
　　② 《梅乐和致卡尔函》(1938年5月3日、5月17日),《海关协定》,第103、第107页。

表明严正之态度①。6月6日,外交部照会重庆英国使馆,称英方"如果对于实施伪税则不加反对,中国政府对于偿还外债的办法将不得不重新考虑"②。7月7日,行政院长孔祥熙又向英国驻华大使馆表示了中国政府在海关问题上的立场:(1)对日本夺取海关,不予承认,按照现行国际条约基本上维持去年秋天日本非法干涉以前的海关原状;(2)维护所有战前未还清的以关税为担保的内外债持票人的权利;(3)继续停付日本部分的庚子赔款,以免在中日战事期间用于对华侵略③。鉴于中方对英日签署关于中国海关协定的明显不满,7月9日卡尔大使向孔祥熙提出,希望中方采取措施帮助实施该协定。对此,孔祥熙则答复称:中国政府面临很大的难处,包括来自舆论的压力和国民参政会的质询,公众质疑英国的动机,这是中国政府不愿看到的。虽然卡尔本人以及中央银行的英籍顾问霍尔巴志(Hall‑Patch)都竭力向孔祥熙进行解释,中方依然对协助实施英日关于中国海关协定持保留态度④。

　　应当指出,日方对中国海关收入的攫夺由来已久,在财政上给国民政府带来了很大的压力。自1937年卢沟桥事变以来,日本侵占中国各海关,即以武力胁迫将税款收入存于日商银行,不准海关当局自由支配,对于应由关税摊付内外债赔各款,均未汇解总税务司。国民政府为维持债信,只得由中央银行透支垫付日占区各海关应摊未解之款,以保持按期支付外债本息。据统计,至1937年年底,以关税为第一担保的

　　①　《中国国民党五届五中全会外交报告》(1939年1月20日),中国国民党党史馆藏档5.2—34。

　　②　《海关协定》,第116页;《江海关被攫与英日协定》,《东方杂志》第35卷第10号,1938年5月16日。

　　③　《孔祥熙致英国大使备忘录》(1938年7月7日),《海关协定》,第125－126页。

　　④　Interview between H. H. Kong anf Sir Archibald Clark Kerr, July 9, 1938, *Arthur N. Young Papers*, Box 75, Hoover Institution Archives。

外债总额为 25,877,475 英镑、28,800,130 美元①。从 1937 年 9 月至 1938 年底 的 16 个月里,中央银行为支付关税担保债赔各款,累计垫付 1.75 亿元,占 1937 年度财政实收总额的 42.4%②。由于英国方面的妥协,日本对中国海关主权和利益的侵害,便披上"合法"外衣,中国收回海关权益的前景更趋遥远。为应对这一严峻局面,1939 年 1 月 15 日,国民政府财政部正式宣布,停止支付以关税担保内外各债本息③。具体地说,就是把每月海关担保各项债务之数额,按照各关所在地划分为战区(即日占区)及非战区(即国统区)两部分,各以上个月本区收入数目比照全国关税收入总数为各该区本月份应摊债额之标准;国民政府停止支付海关担保外债的本息,但把国统区各关应承担的份额存入中央银行备付,恢复支付的条件,是日占区各关将其以前欠缴之款补齐并每月向总税务司照旧解款。

为了取得以英国为首的各债权国的谅解,国民政府当时曾多次声明,采用摊存办法是"不得已而出此,而我努力维持债信之苦心,早为中外所共见";同时把停付外债本息归咎于日本侵华、劫夺中国财政收入,称:"倘日人仍执迷不悟,毁约失信,则一切责任,应由日人负之也。"④在某种程度上,国民政府停付外债本息,既是直接规避日本的侵害,也是对英国在中国海关主权问题上的错误举措所作出的一种外交反应。但是,英国在以中国海关主权与日本作交易的同时,却对中国暂停支付以关税担保的外债的决定表示不满,甚至向中方建议实行英日所拟之海关办法,以增加关税收入,恢复支付外债本息的能力⑤。这一

---

①　*Finance and Commerce*,1938 年 1 月 19 日,第 41—42 页。

②　《民国外债档案史料》第二卷,第 272 页,并参照第 232 页之 1937 年度中央收支报告表计算。

③　《民国外债档案史料》第二卷,第 272—273 页。

④　《民国外债档案史料》第二卷,第 274 页。

⑤　《宋子文致蒋介石电》(1939年1月17日),蒋中正档案-特交档案-外交-对英国外交,057—4。

要求遭到中国的拒绝,而英国的妥协,反而助长了日本攫夺中国海关和其他财经权益的野心,英国本身的在华权益也受到越来越大的威胁。

二　关于天津租界和白银问题的交涉

随着侵华战争的进展,日本试图控制其他国家在华租界的活动。当时在天津英租界问题上,日本提出了镇压抗日活动和引渡中国抗日志士,交出中国政府银行存银等要求。

从1938年7月下旬起,英日双方便不断进行交涉,侵占天津的日军甚至在英租界周围设置过路障,但谈判未获有结果。至1939年春夏之际,日本又利用伪政权人员被刺事件,先后提出直接插手上海公共租界和厦门公共租界行政管理权的要求,国民政府曾向英国明确表示反对①。英方联合美国和法国,向日本示以较强硬的立场,日本在上海和厦门两地的租界问题上暂时未能得逞。

1939年4月9日,北平伪临时政府委派的天津海关监督、天津伪联合准备银行经理程锡庚在英租界遇刺毙命,英国租界当局拘捕了四名中国嫌犯。日本乘机在天津租界问题上施加了更大的压力,以迫使英方让步。

英、日之间为应否引渡刺程嫌犯进行了较长时间的交涉。国民政府当然坚决反对英租界当局向日方引渡四名中国人。4月30日,蒋介石在重庆向卡尔大使强调指出:在类似情况下的中国人都是爱国者,把他们交给日本人将产生严重的后果②。6月6日,中国大使郭泰祺又向英国外交大臣哈利法克斯(Viscount Halifax)转达了蒋介石的请求,

---

①　《卡尔致哈利法克斯电》(1939年5月16日),*DBFP*,1919‐1939,Ser. 3,Vol. 9,p. 78.

②　《卡尔致哈利法克斯电》(1939年5月1日),*DBFP*,Ser. 3,Vol. 9,p. 33.

即不要把拘押在天津英租界的中国爱国者引渡与日本方面,同时保证今后不会给英租界带来新的麻烦①。

在日方的压力下,驻天津的英国总领事贾米森(Edgar G. Jamieson)一开始主张向日方引渡嫌犯。但驻华大使卡尔不赞成轻易向日本妥协,他先是向英国外交部提议,由英方自行把四名嫌犯驱逐出英租界;到6月10日,他又建议由英、日及中立国各一名代表组成委员会,就该四名嫌犯是否有罪进行调查,根据调查的结果来决定是否向日方引渡②。待到英国外交部同意并向日方提出组成罪行调查委员会的建议后,日军却于6月14日起正式封锁了英租界,对进出租界的人士进行严格的检查,侮辱英国侨民的事情不断发生,英租界食物和其他必需品的供应也基本被中断了。

在天津租界危机发生之初,英国政府一度考虑作出较强硬的反应,如禁止日本船只停靠新加坡、槟榔屿和香港,中止英日商约。英国还试图获得法国和美国的支持,但未果。在权衡了欧洲和远东的局势后,英国政府最终认为无法单独与日本对峙,决定通过与日本谈判来解决危机。

1939年7月15日起,英国驻日大使克莱琪在东京与日本外相有田八郎商谈有关天津问题。此时,日方提出的要求已经超出了引渡嫌犯,进而要求英方在镇压和防范中国抗日运动方面与日方合作,制止法币在华北的流通,交出中国政府银行在天津的存银。英方则只同意就政治方面的问题进行谈判。7月22日,克莱琪与有田达成协定,24日双方发表声明:英国政府完全承认正在大规模战争状态下之中国之实际局势,在此种局势继续存在之时,英国知悉在华日军为保障其自身之安全与维持其侵占区内公安之目的计,应有特殊之要求。同时知悉凡有阻止日军或有利于日军之敌人之行为与因素,日军均不得不予制止

---

①　《哈利法克斯致卡尔电》(1939年6月7日),*DBFP*, Ser. 3, Vol. 9, p. 144.

②　*DBFP*, Ser. 3, Vol. 9, pp. 72, 156.

或消灭之。凡有妨害日军达到上述目的之行动,英政府均无意加以赞助。英国政府将趁此时机对在华之英当局及英侨说明此点,令其勿采取此项行动与措置,以证实英国在此方面所采取之政策①。

应当指出,1938年5月英国背着中国与日本达成关于中国海关的协定后,国民政府对英、日进一步的妥协开始警觉。同年夏,中方知悉英国与日本将就中国问题进行新的会谈后,曾由驻英大使郭泰祺发表声明,称中国政府不接受英、日间任何损害中国主权之协定②。同年9月13日,英国驻华代办贺武在武昌向蒋介石探询中方是否接受将汉口设立为安全区,并代表卡尔大使向蒋介石转陈日方之条件,遭到蒋介石当面拒绝:"一、从事实上言,凡有华军驻守之处,乃为安全区。二、汉口问题为中国问题之一部分,中国问题又为远东问题之一部分,不可分割。三、除非中国境内,日军全部撤退,决无安全之道。四、中国之抗战,自卫亦为卫(国联)盟约,英法既同为会员国,应彻底与中国合作,驱逐此人类公敌。五、日军从未信守诺言,即使设立安全区,亦不过助益日军之暴行。六、此种无理条款,英方根本不应为之转递。"③贺武则辩称法国大使那齐亚亦同意日本此项要求,在蒋介石看来,这意味着"英、法帝国主义毫无公理与公义,而惟以势利是尚也,痛恶之至!"④如果说在英、法提出在汉口设"安全区"无法被中国政府接受的话,那么1939年7月克莱琪与有田就天津英租界危机在东京达成的协定,已经远远超出了天津英租界的范围,完全可以被视作对日本全面侵华合法性的承认,从而严重损害了中国的主权,也违背了自抗战爆发以来英国

---

①　复旦大学历史系:《中国近代对外关系史资料选辑》下卷第二分册,上海人民出版社1977年版,第143页。

②　《大公报》1938年8月21日。参阅《东方杂志》第35卷第18号,1938年9月16日。

③　《陈布雷致外交部电》(1938年9月13日),《中日外交史料丛编》(4)《卢沟桥事变前后的中日外交关系》,第479页。

④　蒋介石日记1938年9月14日,胡佛研究所藏蒋介石日记手稿影印件。

政府在历次国际会议和其他公开场合对中国的道义承诺。对此,中国方面当然更为不满。

中国大使郭泰祺于7月24日向英国外交大臣哈利法克斯指出,英日协定所涉及的不仅仅是天津地方问题,也是关系到对日本侵略的基本立场,英国与其他有关国家对此均所负有义务①。中方并向英国驻华使馆代办裨德本(Prideaux Brune)提出,英国政府必须就英日协定问题向中国政府作出明确说明。7月25日,裨德本向中方表示:英国愿向中国政府保证,英日所商定之原则丝毫不变更以前情形,对于贵国事件仍照一贯政策②。同日,国民政府外交部正式发表声明:"中国当局对于英国政府在此次东京会谈所采取之态度,不能不引为失望,日军之对华侵略,业经英国自身与其他国联会员国予以公认,而英国政府对于在华日军之所谓特殊需要,竟声明知悉,是不能不深引为憾。英国政府又担任使在华英国当局及英国侨民明悉彼等应避免任何阻碍达到日本军队目的之行动或办法,尤堪讶异。"不过,外交部的声明也表示:"中国政府差认为满意者,则英国首相张伯伦曾在下议院宣称英政府之政策,决不容许任何他国之指挥而使变更,昨又保证英政府现在发表之声明,绝未包含变更其对华政策之意,而英政府之对华政策,向系根据条约与正义及其自身之权益,且始终一贯遵行,未偿稍渝,吾人故不必重向英政府提示其在历届国联决议案下所为之确保即避免采取足以减弱中国抵抗力量,以致增加其在此次冲突中之困难之任何行动,并对于援助中国之各种办法,尽量使其有效。英方所发表之声明,虽已引为若干疑虑,但中国政府深信英国政府对于所谓天津局部问题之讨论,必将采取一种态度,符合其法律上及道德上对华之责任,并以行动表明其对于

---

① 《哈利法克斯致卡尔电》(1939年7月25日),*DBFP*,Ser. 3,Vol. 9,p. 332.

② 《杭立武1939年7月24日报告和7月25日致蒋介石密呈稿》,《中华民国史档案资料汇编》第五辑第二编《外交》,第567—568页。

日本在华侵略造成之局势,决不变更其固有之政策。"①

当时,国民政府正在谋求英国方面为法币平准基金提供进一步的支持,对有田—克莱琪协定作出的反应还是比较温和的。但是7月27日英国驻华使馆代办裨德本向国民政府中国外交部所作的口头声明中,竟把英国对日本所作之妥协归之于"中国人在租界内之活动",指责"此项活动妨碍租界之不偏袒,并使租界当局与日本军人之关系趋于恶化",辩称英日达成协定之后,"现有困难之解决,实无妨碍中国利益之处"。同日,蒋介石在演讲中指出:"任何对于日本之让步,将必妨害中国,将必违背九国公约之规定。如此无异于帮助日本侵略,亦无异于帮助日本撕毁九国公约,英国何能背信蔑义,甘与侵略国相附而放弃其对华久远之友谊? 吾人不仅信任友邦之政府,同时更相信世界各国正义舆论之力量。何况任何协定如不得中国政府之承诺,无论在法律上、在事实上均丝毫不能生效。"次日,蒋介石致电英国伦敦《新闻纪事报》,重申了上述观点,并希望英国朝野忠于诺言,尊重国际法律与条约,立即停止与日本之谈判②。当时蒋介石一度把英国在东京会谈中对日本的妥协,与当时上海外汇金融风潮难以平息,看作是"时局最为严重"的重大标志③;可见,英日协定的签署被国民政府视为关系全局的重大事件,它给中英关系带来了很大的负面影响。

但是,为了尽可能避免在中国问题上与日本冲突,英国政府不顾中方的反对,于8月11日公开宣布将把涉及刺杀锡庚的四名中国嫌犯移交天津日伪当局。蒋介石认为,英方的决定严重损害中国的主权,中国政府无法容忍坐视④。这就引发了国民政府新的抗议交涉。根据蒋介石的电示,驻英大使郭泰祺8月12日向哈利法克斯递交书面照会以

①　重庆各报1939年7月26、27日联合版。

②　《中华民国重要史料初编》第三编《战时外交》(二),第102—104页。

③　蒋介石日记1939年7月29日,胡佛研究所藏蒋介石日记手稿影印件。

④　"英国竟正式引渡津同志,可痛之至。人贵自强,国贵自立,于人何尤?"蒋介石日记1939年8月12日,胡佛研究所藏蒋介石日记手稿影印件。

示抗议,指出:所谓天津"地方当局"的合法地位是英国政府和中国政府都不予承认的,因而所发出的引渡要求也是不合法的,因此在当前情况下移交嫌犯有悖法律之公正,也不可能有公正之审讯,与英国的司法原则背道而驰;中国政府强烈要求英国政府在实施引渡决定之前再度慎重考虑,以维持执法之公正和中英两国现有之友好关系①。8月13日,国民政府又通过驻渝英国使馆办事处致电卡尔大使:"委座对贵国政府决定引渡中国嫌犯引为憾事,盼对我之抗议即有迅速答复,声明此种举动在事实上或情理上决无承认天津伪组织之意。"②在英方未作出答复的情况下,8月21日蒋介石在重庆会见英国代办禅德本,要求转告卡尔大使:蒋本人对英方的决定表示遗憾,要求英方对中国政府的抗议作出正式答复,并声明此种引渡措施并不构成对傀儡政权事实上或法律上的承认③。同一天,国民政府外交部也通过禅德本向英国政府正式提出抗议照会,强调英方向天津傀儡当局法院移交嫌犯是非法的。尽管围绕引渡嫌犯一案,中方已经数度向英方进行交涉,但是这一次国民政府的强烈反响,仍颇使英方感到意外④。迟至8月25日,英国才由外交大臣哈利法克斯对郭泰祺8月12日的照会作出书面答复,解释说英方之所以没有在天津地方法院提出引渡要求时马上移交嫌犯,是因为当时掌握的证据尚不充分;但在7月24日的东京会谈上,日本方面以及法律顾问提供了证据,嫌犯中两人被指控谋杀,另外两人被指控

① *DBFP*, Ser. 3, Vol. 9, p. 455.

② 《中华民国史档案资料汇编》第五辑第二编《外交》,第571—572页。

③ 《禅德本致英国大使馆(1939年8月21日)》,《抗日战争》第四卷《外交》(上),第664页。

④ 杭立武1939年8月18日致蒋介石报告中谈到:"英使馆驻渝代表相告,中国此次对英决定引渡嫌犯一事所引起之注意及反响,实为英外交部初料所不及,故料想对于钧座去电请英国答复抗议并保证不承认伪组织一节,暨对我外交部以前请于白银及法币两点不再让步加以保证一节,均极慎重考虑,至对保证不承认伪组织一节,原可照办,但因我外交部抗议中提出法律问题,故或略有延搁。"引自蒋中正档案-特交档案-外交-对英国外交,057—7。

加入非法恐怖组织,在此情况下,已经无法拒绝天津地方当局的引渡要求,因而英国政府已向天津英租界工部局发出相应的指示。另外,哈利法克斯在复函中还辩称,英国政府一贯维持天津英租界的中立地位①。8月31日,郭泰祺再度照会英国外交部,要求勿将刺程涉嫌华人移交日方,英方此项行动不仅违反司法惯例,而且违反了英国对华条约义务,指出:"本案之症结,并非在于四华人之有罪与否,主要问题即英方是否有权将华籍人民移交与伪法院,即英内阁总检察官于半月前在伦敦审理人身保护状申请案时,亦称天津法院为傀儡法院。"②

应当指出,在天津租界危机期间,英国驻华大使卡尔一直不赞成轻易对日本让步。直到8月28日,卡尔还急电哈利法克斯,希望加强在远东的海军力量,重新确立英国业已受到损害的威信,并且指出:英国政府在天津危机中站在日本一边,无疑损害了英国的威信;近来发生的许多事情,如引渡四名嫌犯,使得中国人对我们产生了疑虑,他们希望我们重新保证英国仍将在远东起重要作用③。但是,在欧洲大战爆发前后,对日绥靖已成为英国远东政策的主导面,在日方的屡屡施压之下,英方最终于9月5日把涉及"程案"的四名中国人自租界监狱引渡至伪天津地方法院,该四人旋被交与天津日军当局。

然而英国的退让换得的是日本的步步进逼,也使国民政府方面愈益不满,英国远东政策周旋的余地越来越小。

至于天津存银问题,则由来已久,所引起的英、日之间以及中、英之间相应的交涉也颇为复杂。战前1935年11月国民政府实施法币政策,收兑流通中的白银,另集中各行作为发行准备的白银。但在华北地区收回的白银,却因日方无理阻扰未能南运,大部分留存于天津和北平的中国、交通两行。待到抗日战争爆发,日本占领平津之后不久,即试

---

① 　　*DBFP*,Ser. 3,Vol. 9,pp. 498 - 500.

② 　　《中央日报》,1939年9月2日。

③ 　　*DBFP*,Ser. 3,Vol. 9,pp. 504 - 505.

图攫夺在租界的白银。

1938年春伪"中国联合准备银行"出笼后,日本便要求英租界当局交出中方存银,以作为发行伪"联银券"的准备,英方没有同意。当年底日方加速了对天津租界存银的图谋。12月6日,外交部照会法国大使馆:"查中国政府在天津法租界内存有白银,日方屡谋攫取。以天津法租界当局向持严正态度,予以维护,日方未达目的。中国政府对于法方援助,深为感荷!近据报告:日方对于该项存银,图谋益亟。外交部应请法国大使馆转行天津法租界当局,仍本向来维护之精神,将该项存银妥密封存,代为保管,勿任日方或任何非法组织攫取或占有。至纫睦谊。合即略达。"①另在1939年1月21日照会英国大使馆:"查中国政府在天津英租界内存有白银,日方屡谋攫取。以天津英租界当局向持严正态度,予以维护,日方未达目的。中国政府对于英方援助深为感荷。近据报告:日方对于该项存银,仍在图谋攫取。外交部应请英国大使馆转行天津英租界当局,仍本向来维护之精神,将该项存银妥密封存,代为保管,勿任日方或任何非法组织攫取或占有。至纫睦谊。天津有关系各银行已经中国当局知照悉。合即略达。"②

为了防止日方的纠缠,英法方面希望封存这批白银时日本总领事在场,但日方却提出,必须有日本军方和"联合准备银行"的代表在场,这一无理要求遭到英方的拒绝③。1939年1月21日,外交部再度书面照会英国大使馆:中国政府有银锭存于天津英租界,日人曾几番意欲劫夺,终因天津英租界当局明确所持之维护立场而未能得逞。中国政府对英方之相助,谨致谢忱。然而近日有报告称,日人仍在谋划截得此银储备,中国外交部希望英国大使馆直接指示天津租界当局,一本原先之

①　《外交部致法国大使馆节略》(1938年12月8日),台北"国史馆"藏外交部档172-1/2639-1。

②　《外交部致英国大使馆节略》(1939年1月21日),台北"国史馆"藏外交部档172-1/2639-1。

③　*DBFP*,Ser. 3,Vol. 8,pp. 327-328、388-389.

维护立场,封存此批白银并妥加保护,勿使日人或任何非法组织截夺①。

待到1939年夏初日本军队封锁天津英租界后,日方即要求天津租界内中国各银行之存银(约为法币4800万元)交付日方。当时,日华北方面军总司令杉山元公开宣称:英国若不将英租界中的白银移交伪华北临时政府,并禁止法币流通,则天津问题无从解决;英国若拒绝与日方合作,则日军在必要时准备增强对华北英侨之限制,英国并须对华北局势恶化负责②。有鉴于此,7月5日中国外交部照会英国大使馆:"关于日伪谋取中国政府在天津英法租界存银事,外交部曾于二十八年一月廿一日略请英大使馆转行天津租界当局,将该项存银妥为封存,代为保管,勿任日伪攫取或占有在案。现据报:英当局现拟允敌接收该项存银等情。查此项消息如果属实,不啻有显于中国政府不利,且与英国政府向来采取之政策不符。除分达外,相应略请英大使馆查照,特予严重注意,转达英国政府本一贯之精神,坚予维护保存,切勿接受日方该项要求,以敦睦谊,并盼见复为荷。合即略达。"同日,外交部还向法国大使馆致送了仅改动国别称谓而内容相同的节略。而在致美国大使馆的节略中,要求转达美国政府"予以注意,提醒英法两国政府切勿接受日方该项要求"③。

1939年7月克莱琪与有田达成协定后,日方再次要求英方交出天津英租界之中方存银。8月底,英国政府表示,该项白银分别寄存于英、法两国银行,在未商得法国同意前,不能单独解决白银问题。这样,天津存银问题实际上已经国际化了。起初,英、法建议两项解决方案:一、交由国际委员会管理;二、用作赈济华北之用。但中国政府不愿接

---

① *DBFP*, Ser. 3, Vol. 8, p. 440.

② 《中华民国大事记》第4册,第449页。

③ 《外交部分致驻华英、法、美大使馆节略》(1939年7月5日),台北"国史馆"藏外交部档172-1/2639-1。

受以该两项建议作为解决之基础,坚持中国应有权自行处理该款之主权。

由于日方一开始就把攫夺天津存银的目标公开化了,中方十分关注英方的相应态度。1939 年 7 月 18 日即克莱琪与有田达成协定公布前夕,中方曾向重庆英国使馆代办裨德本表示,天津存银问题至关重大,英国不能向日本让步①。

1939 年 9 月初欧战爆发后,日本再度要求天津英租界当局交出中国之白银。直到当年 12 月 9 日,英国才向中国政府提出与日方商议后的解决方案:天津白银问题为日方取消封锁英租界之惟一阻碍,现与日商议结果,拟将白银(是否包括英、法二租界之存银未据说明)存储于中立银行,提出 10 万镑,组织包括英、日在内的国际救济委员会,办理救济事宜,奉令征求中方同意②。同一天,已得悉英日新方案的蒋介石指示外交部:"查该项存银主权在我,英方何能擅自处理,如此种企划实现,我方损失极巨。希即迅筹对策,设法阻止为要。"③但在中方尚未拿出对案时,1940 年 1 月上旬,英国驻华大使卡尔进而向王宠惠提出两点:第一,白银改存中立银行;第二,英方提 10 万镑移作救济事业之用,法国方面要提 20 万镑,合计 30 万镑。中方接受了第一点,但不同意第二点,因为白银是法币准备金,且赈灾不能与白银问题混为一谈。另外,中国、中央、交通、农民四行方面亦和英、法大使进行沟通,说明天津白银是各有关银行发行法币的准备金,属于在租界的私人产权,租界当

---

① 《杭立武 1939 年 7 月 24 日报告》,《中华民国史档案资料汇编》第五辑第二编《外交》,第 567 页。

② 《英国大使馆秘书海特致王宠惠》(1939 年 12 月 9 日),台北"国史馆"藏外交部档 172-1/2639-2。

③ 《蒋介石致王宠惠电》(1939 年 12 月 9 日),台北"国史馆"藏外交部档 172-1/2639-2。

局应该加以保护①。由于没有得到英方积极的回应,蒋介石本人于
1940 年 2 月 17 日当面向卡尔大使提出警告:如果英国不顾中国政府
的立场而欲以天津白银与日本妥协,"余必声明英已破坏九国公约与放
弃在华所有条约权益,并协助倭寇侵略我国之罪也"②。待到 2 月 21
日,外交部方面又向英方提出:一、与十万镑价值相等之白银提出后,由
有关各中国银行所有,其余部分之白银应以汇丰及美法银行名义存放
于一中立国银行,并以汇丰及美法银行为有关各中国银行之信托人。
二、英国政府应取得日方有关此事将来不能发生其他困难之书面保证,
以代前次所提英国政府本身应供给之担保。三、如以十万镑款项全数
用于购买赈济所需之食粮,中国政府准备予以同意③。到了 3 月 5 日
英方提出修改意见:将白银以英国及日本领事馆名义存于天津,或将正
金银行加入,作为存户之一。中方表示,此实为最后之让步,恐无再让
之可能④。

但是,在中、英尚未达成一致的情况下,4 月 12 日卡尔大使却向王
宠惠面交英日商定之对案,规定:(1)现存于天津交通银行之银元及银
块,应由英国及日本驻该市总领事共同加封,继续存放于该银行内。
(2)除下列第三节所规定者外,该项白银应继续封存,直至联合王国(即
英国)及日本两国政府商定其他保管办法之时为止。该项白银加封时,
驻天津英国及日本两总领事均应在场。(3)该项白银于封存前,应提出
等于十万英镑之数额,作为华北某数地区水灾及其他地区旱灾所直接

---

①　《孔祥熙致蒋介石电》(1940 年 1 月 9 日),《中华民国重要史料初编》第三编
《战时外交》(二),第 107 页;《王宠惠在中央委员谈话会所作外交报告及孔祥熙的补
充报告》(1940 年 1 月 15 日),引自《中央委员谈话会纪录(二十九年份)》,中国国民
党党史馆藏档 5.5－1。

②　蒋介石日记 1940 年 2 月 17 日,胡佛研究所藏蒋介石日记手稿影印件。

③　台北"国史馆"藏外交部档 172－1/2639－2。行政院会议通过建议中,原只
提汇丰银行,后奉蒋介石面谕改为汇丰与美法银行。

④　《部长会晤英国卡尔大使谈话纪录》(1940 年 3 月 5 日),台北"国史馆"藏外
交部档 172－1/2639－2。

酿成饥荒状态之救济经费。该项救济应包括某种机器之置备,该种机器系急需购自国外,以疏排水灾区域之水量,俾减少疫症之危险。(4)英国主管当局准备供给各种可能之便利,使该项提出之白银得分配于救济工作,以之出卖,及购买救济所需之食粮及其他物品。(5)驻天津之英国及日本两总领事,应指派若干专家在该两总领事之监督下,协助其管理此项经费,并指导现在北平之救济委员会分配救济所需之食物及其他物品。除该日本及英国顾问外,并应邀请中国及法国国籍之专家及其他国籍之专家一人,协助该项工作之进行①。由于这个方案与中方新对案出入之处甚多,中方当然无法接受。蒋介石当即认为:英、倭天津存银问题之妥协办法,"此事如果实现,即认为英倭对华共同宣战,我亦必以此应之",决定"即以严厉态度对英警告"②。4 月 26 日,王宠惠向卡尔大使指出:"英日所定方案,我国政府自蒋委员长以下均表示反对。兹为迅求解决起见,拟由中英两方换文,声明白银之所有权属于中国之银行,将来非经中国政府及该银行等等同意,不得移动。"对此,卡尔表示满意,认为系解决当前可能之合理与公允办法,并希望愈速愈妙③。这样,起草一个能够为中、英双方都接受的换文稿,便成为此后交涉的主要内容。中方还准备了甲、乙两个换文方案。

1940 年 6 月 11 日,中英双方在重庆就天津存银问题换文。外交部长王宠惠致卡尔大使的照会称:"关于天津英租界存银问题之最近谈话,本部长谨向贵大使声述,中国政府对于英国政府之建议经缜密考虑后愿提出解决本案之下列各点:(一)现存于天津交通银行所有银币及银块,应仍继续存于该行,并由驻天津英国总领事代表该行总管理处及中国政府加封。(二)除下列一节所规定者外,该项白银应继续予以封

① 英方五项意见稿,附于 1940 年 4 月 12 日王宠惠与卡尔谈话纪录之后,台北"国史馆"藏外交部档 172－1/2639－2。

② 蒋介石日记 1940 年 4 月 14 日,胡佛研究所藏蒋介石日记手稿影印件。

③ 《部长会晤英国卡尔大使谈话纪录》(1940 年 4 月 26 日),台北"国史馆"藏外交部档 172－1/2639－2。

存，非与交通银行总管理处及中国政府商议，不得移动其全部或一部。
（三）在该项白银未经封存以前，中国政府及交通银行总管理处授权天津交通银行提出等于英金十万镑之数额，作为华北某数地区水灾及其他地区旱灾所直接酿成饥荒状态之救济经费。（四）该项经费交与包含中国籍委员之国际救济机关，由该机关会同驻天津英国总领事，受托使用于华北救济目的。中国政府希望联合王国政府表示愿意依照上述方案实行而不背理。"卡尔大使致王宠惠的复照称："本大使兹奉本国外交部长之训令，向贵部长表示，联合王国政府原意依照来照内所包含之方案实行而不背离，相应照复查照为荷。本大使顺向贵部长重表敬意。"除了上述照会之外，卡尔还与王宠惠有往来函，卡尔在来函中承诺："联合王国政府对于上述方案所规定之办法加以任何变更以前，先征求中国政府之同意。"①根据上述换文、往来函，中国对于天津存银的主权、支配权基本得到尊重。

但是，中方即便经过种种努力，依然无法阻止英、日之间的妥协。1940年6月19日，英、日之间在东京达成天津英租界问题协定，互相换文。其中关于英租界存银问题的解决方法为：1. 现存于天津交通银行之银元及银块，应由天津英日两总领事共同加封，继续存放于该银行内。2. 除下列第三节所规定者外，该项白银应继续封存，直至英国及日本两国政府商定其他保管办法之时为止，该项白银加封时，驻天津英国及日本两总领事均应在场。3. 该项白银于封存之前，应提出等于十万英镑之数额，作为华北某数地区水灾及其他旱灾所直接酿成饥荒状态之救济经费，该项救济应包括某种机器之置备，该种机器系急需购自国外以疏排水灾区域之水量，俾减少疫症之危险。4. 英国主管当局准备供给各种可能之便利，使该项提出之白银得分配于救济工作，以之出卖，及购买救济所需之食粮及其他物品。5. 驻天津之英国及日本两总

---

① 《中英换文和卡尔王宠惠往来函稿》，均见于台北"国史馆"藏外交部档172—1/2639—2。

领事,应指派若干专家,在该两总领事之监督下,协助其管理此项经费,并指导现在北平之救济委员会分配救济所需之食物及其他物品,除该日本及英国顾问外,并应邀请中国及法国国籍之专家及其他国籍之专家一人协助该项工作之进行。英方并保证,英工部局不得妨碍"联合准备银行"钞票在英界内之流通。英日协定还规定,在维持天津英租界治安方面仍维持双方此前达成的协定①。这五项内容与当年 4 月 12 日英方提出的方案并无二致,英国不仅同意了日本方面对天津租界的中国存银实施控制,还进一步坐视日伪金融势力排挤法币的流通。

对于英国当局以牺牲中国权益与日本妥协,国民政府当然不能保持沉默。1940 年 6 月 21 日,国民政府外交部发言人表示,中国政府并未参与该方案之签订,英日换文内关于白银问题之各项规定,苟未经中国政府同意,不能予以变更:"在中国政府提出等于英金十万镑之数额充作华北救济经费后,英国政府对于其余全部白银为交通银行及中国政府之信托人,故现在所议定之封存该项白银办法,对于该项白银之原来状况,并无变更。""关于英日警务协定之公告,中国政府虽深知天津英租界捕房当局所经历之困难,然依照该协定之规定,日方对于英租界之行政,可予以干涉,且协定之内容与中英两国政府关于该租界之现行协定,亦有未符,殊觉遗憾。依照英日关于币制问题之方案,英国政府业已允许伪币在天津英租界内流通,此举显然有损中国利益,并与英国政府迭次声明愿予坚定保持之远东政策,不能贯彻。"②《大公报》并且发表社评《天津问题如此解决》,指出:"天津问题的如此解决,真令人遗憾万千! 这不但损害中国的主权以及利益,尤其大违国际交与之道! ……英国年前曾与日本成立中国关税协定,把我们的关税送了礼! 那一件事的结果,是我们每年每月负担沦陷区入超贸易的差额,而使日本坐享关税之利,给我们的经济金融以极大的恶影响。那次事情,中国人

---

①　《中华民国重要史料初编》第三编《战时外交》(二),第 111 页。
②　《大公报》1940 年 6 月 22 日。

尚未忘怀,而英法又来断送天津租界内中国人的生命自由及所存的白
银了。英法尽管是我们的好友,我们也要明白宣言——绝对抗议!"①
由此,中国政府和社会舆论对于抗战以来日趋明显的英日妥协倾向,持
有更高的警觉。

三　关于封闭滇缅路的交涉

　　1940 年 6 月中旬法国战败向德国求降,欧洲战局逆转,日本认为
可乘机驱逐英、法在远东的势力,进而解决中国问题。日本在迫使法国
确认中止中国假道印度支那运输的同时,于 6 月 24 日由外务次官谷正
之向英国大使克莱琪正式提出,要求英国禁止经由缅甸和香港向中国
输入军火和其他物资②。

　　滇缅路自昆明到缅甸的腊戍,全长 1146 公里,每月运输量达数千
吨,在滇越铁路被切断的情况下,已成为中国后方地区最主要的国际通
道。中方非常担心的是,前此英国已在中国海关和天津租界和白银问
题上接连对日本让步,在欧洲和远东局势趋于恶化的情势下,难保英国
不向日本作出更大的妥协,因此向英方进行了一系列交涉。如郭泰祺
在 6 月 28 日访晤英国外交大臣哈利法克斯,7 月 1 日又访晤英国外交
部次官巴勒特,询问英国政府对日本要求封锁滇缅路之态度,表明中国
政府对该问题的关注。英方称即将进行讨论,最后之决定可使中方满
意。郭泰祺表示:滇缅路运输对于中国抗战及英国自身利益均关系重
大,在道义及现实政治方面而论,万不可不维持③。7 月 8 日,英方答
复郭泰祺,称仅答复日方不能停止运输之理由,如所运各货系美、苏产
品,且印、缅与中国地理上关系亦须维持;但向中方指出:英国处境极端

---

①　社评《天津问题如此解决》,《大公报》1940 年 6 月 22 日。
②　《日本外交年表和主要文书 1840—1945》(下卷),第 136 页。
③　《中华民国重要史料初编》第三编《战时外交》(二),第 113 页。

困难,不愿与日正面冲突,其他有关之国,应分负责任①。英国政府起初并不同意日方关于封闭滇缅路的无理要求,直到1940年7月8日还由驻日克莱琪答复日方,称单方面切断对中国的物资供应有违中立原则,也无助于中日间达成公正的和平,但遭到日方拒绝,日方并以日英两国关系将受到严重影响相威胁。鉴于欧洲政局日趋严峻,美国又不可能出面遏制日本②,英十分担心与日本直接发生战争,但又不想过于丢面子,于是决定采取"暂时关闭"滇缅路三个月的方案。7月12日,克来琪向日本外相有田通报了上述方案,得到日方允可。1940年7月17日,英国与日本在东京签订协定,宣布自7月18日起的三个月内,禁止通过缅甸向中国输入军械、弹药、汽油、载重汽车、铁路材料;有关经由香港的货物亦予禁运。

英方决定关闭滇缅路,正值7月初宜昌失守之后。此前中国尚可由宁波经过长沙、沙市、宜昌,以水路把部分国外物资运入后方,日军占领宜昌后,宁波海口随时会遭日方彻底控制,形势顿形严峻。至于西北国际交通路线,其运输能力一直有限,加上当时苏联对华实际提供的物资也很有限。所以,在中方看来,滇缅路被关闭后如何"撑持战事,确是难事"③。7月13日,国民政府从驻英大使郭泰祺来电,得知"英政府关于缅甸交通事拟对日妥协,限制若干货物之运输";来自日方的消息也印证了这一说法。于是,当日王世杰便以国民政府发言人的名义发表谈话,对英国发出警告④。同一天,张伯苓等30名参政员联名致电

---

① 《郭泰祺致外交部报告》(1940年7月8日),《中华民国重要史料初编》第三编《战时外交》(二),第114页。

② 1940年6月中旬至7月上旬,英国驻美国大使罗西恩(Lord Lothian)就英日交涉问题多次吁请美国政府出面相助,但遭到拒绝。只是在英已经达成关闭滇缅路的协定后,美国国务院才于1940年7月16日声明,认为此举将成为干扰国际贸易的障碍。参见 Retreat from Chian, pp. 142 - 143。

③ 《王世杰日记》(手稿本)第二册,1940年7月11日,第304—305页。

④ 《王世杰日记》(手稿本)第二册,1940年7月13日,第307页。

英国国会议员,要求英国勿对日妥协,以保证中国抗战交通①。令中方更难以接受的是,英国竟然劝中国与日本言和,并将此与英国维持滇缅路交通相联系。

7月16日蒋介石就英国封锁滇缅路发表声明:"余深信守法重信之英国,决不至有此违背公法条约丧失国家信誉之举,如果以滇缅路运输问题与中日和平并为一谈,即无异英国协助日本迫我中国对日屈服,其结果必牺牲中国之友谊,且必牺牲英国在远东之地位。须知中国抗战三年,屹立不动,决非任何第三国威胁所能摇撼,如英国果有此种行动,余可断言英国必获极端相反之结果,其本身必遭无穷不测之祸害;如英国认为停止我滇缅路运输,可以缩短远东战事者,余复断言,其结果必更助长远东之战祸,而扩大远东之战局。"同一天,国民政府外交部也发表了声明:"中国政府对于英国政府所作之决定,不得不表示最严重之关切,并认为此种举动不独极不友谊,且属违法。缅甸运输之继续维持,对于中国之抵抗侵略至关重要,自不待言。英国接受日本之要求,已给予侵略者以巨大利益,故英国之举动无疑帮助中国之敌人,英国政府曾再三宣称对华政策决不变更,而现在所采步骤,无论如何,断难认为与其所称之政策相符合。"该项声明还指出,根据自19世纪末叶以来中、英两国所订涉及中缅通商之各项条约,中英双方对于中缅间通商线路,"不论平时或战时,均无权封闭";另外,"根据国联历次关于中日冲突所通过之议决案,全体会员国均应避免采取足以削弱中国抵抗力量之任何行动,致增加其在目前纠纷中之困难","故英国政府接受日方要求停止滇缅路运输之决定,实已违反国际公法之原则,中英各项条约及国联之历届议决案"②。另外,驻英大使郭泰祺7月15日就关闭

① 《中华民国史档案资料汇编》第五辑第二编《外交》,第575页。
② 《中日外交史料丛编》(六)《抗战时期封锁与禁运事件》,第133—134页。蒋介石在1940年7月16日的日记中写到:"对英提倡缅甸停运促进中倭和平之宣传,应有严格之声明。"见于胡佛研究所藏蒋介石日记手稿影印件。

滇缅路问题向英国外交部次官巴勒特递交书面抗议，表示中国此时决不与日本言和。英方辩称实出不获已，但仅为迁延待时办法，不妨害其将来之行动自由①。

国民政府还通过驻外使节的游说，希望美国、苏联出面反对英国的决定。美国国务院于7月16日声明反对封闭世界贸易通道，苏联政府未予表态。

另外，在重庆的国民外交学会于7月18日呼吁英国人民劝英国政府迅速取消停止缅甸运输之决定。同日，中国国际联盟同志会致电国联同志总会，请劝英国政府考虑停止缅甸入华运输之得失。在重庆出版的《中央日报》、《大公报》和《新华日报》也发表社论、社评，强烈抗议英国关闭滇缅路、封锁中国国际交通线。一时间，关闭滇缅路事件成为中英关系的焦点所在。

关闭滇缅路，是英国继在中国海关和天津租界等问题上与日本达成协定之后，对日本作出的又一大妥协，并且是对中国军队对日作战的最严重最直接的损害，也给国民政府的统治带来了很大的威胁。正因为如此，中方在对英交涉过程中的态度也愈益强硬。正如7月18日张群在国防最高委员会第三十六次常务会议所指出的："现英日妥协，停止缅甸运输，我对英态度应重新考虑。"②但这并不意味着国民政府外交政策发生根本改变，而是在对英交涉中将明确坚持"抗战国策"、"多求国际友谊合作之方策"、"拥护九国公约态度"三个不变，决不承认（包括默认）英日妥协的结果，促使英国认清对日绥靖的危害，尽早重新开放滇缅路。

英国首相丘吉尔7月18日曾在英国国会谈到，关闭滇缅路期间，

① 《郭泰祺致外交部电》（1940年7月15日），《中华民国重要史料初编》第三编《战时外交》（二），第115页。
② 《中央日报》1940年7月19日。

将寻求在中日之间达成公平的为双方所接受的和平①。然而，为了应付中方的交涉，丘吉尔又在7月20日致蒋介石电中称："余（英国首相自称）确信执事（委员长）对于缅运问题之我方困难，极为了解，余永不强请执事接受违反贵国利益或贵国政策之和平。"蒋介石7月28日复电丘吉尔指出："余非不知贵方之困难，但和缓日本之政策必将危及贵国自身，此余所已屡次声言者也。惟有中国战胜并保持其独立，英国远东利益方能保存。故余切迫的声请阁下，为贵我两方利益计，从速恢复缅甸运输路线。"②中方并以救护车辆、药品等非禁运品及须备车辆往返所需汽油为理由，在英国和缅甸同时进行交涉③，力争局部打破禁运令。

　　9月13日，郭泰祺再访英国外交部次官巴勒特，交涉重开滇缅路问题。英方称目前局势困难，待三四星期后，局势当较明朗，易于应付④。随着日军大批进入越南，尤其是9月下旬德、意、日三国签署同盟条约，英国对日本侵略扩张的危害性有了较清醒的认识，开始走出对日绥靖的阴影，远东政策趋于积极。而在关闭滇缅路期间，日本继续扩大对华战事，为英国不再延长与日方的协定提供了借口。9月30日，郭泰祺又向英方交涉重开滇缅路。10月3日，丘吉尔向郭泰祺谈到，三国同盟使国际局势明朗化，英国的处境已远胜于三个月前，当时对滇缅路若不对日本让步，恐日将宣战，故暂为关闭，现决期满开放⑤。10月8日，克莱琪向日本外相松冈表示，英方将不再延长关于滇缅路的协

---

　　①　*Retreat from Chian*，pp. 145 - 146.

　　②　《中华民国重要史料初编》第三编《战时外交》（二），第116页。

　　③　《郭大使伦敦来电》（1940年8月2日、8月13日）、《曾镕浦仰光来电》（1940年8月6日）、《中日外交史料丛编》（六）《抗战时期封锁与禁运事件》，第136—138页。

　　④　《郭泰祺致蒋介石电》（1940年9月13日），《中华民国重要史料初编》第三编《战时外交》（二），第117页。

　　⑤　《郭泰祺致蒋介石电》（1940年10月4日），《中华民国重要史料初编》第三编《战时外交》（二），第118页。

定。同日,丘吉尔在国会宣布自 10 月 17 日起,重新开放滇缅路:"三月之前,吾人被请封闭滇缅路线,当时吾人尤其所请,盖吾人愿以机会给予中日两国政府,藉使两国对其长期而残忍之斗争获得公正而平等之解决。不幸此目的并未达成,反之日本征服中国民族之长期战争,仍在进行之中,且更因而引起种种祸患,此种机会之被弃置,殊堪遗憾。但在此种情形下,英帝国政府仍履行此项协定至期满之日为止,十月十七日以后,英政府则认为此约已无续订之必要。"①

对于滇缅路的重新开放,蒋介石予以高度评价,认为:"此不仅对我抗战之成败攸关,而且远东之祸福安危亦系于此也。"②中方立即向英方作出积极回应。10 月 9 日,蒋介石致电丘吉尔,对英国政府决定重开滇缅路表示感佩,内称:"顷读阁下在国会演词,指斥三月以来日本对华暴行有增无已,中国民族痛苦日深,因而决定恢复滇缅路之一切运输,中正闻之,欣慰无量,尤其阁下演词中提及日本对华和平已无希望,尤佩卓见。"③10 月 14 日,蒋介石在重庆与英国大使卡尔进行会谈,主要议题是中、英、美合作,特别是军事方面的合作。卡尔明确表示,英国国策今已改变,目前形势已将两国合作问题提上议程,并询问在中、英、美联合对日作战的情况下,中国是否将对德国宣战。蒋介石则作了肯定的答复④。10 月 17 日,蒋介石又宴请英国大使卡尔与美国大使詹森(Nelson T. Johnson),请两国政府对滇缅路开放后,沿线运输物资之保护,予以援助。

于是,1940 年 10 月 16 日,在缅甸腊戌的英海关关员正式开始验货,18 日,滇缅路在关闭三个月后正式开放。这标志着中英关系摆脱了日本的阴影,开始了新的发展历程。

①　《大公报》1940 年 10 月 2 日。
②　蒋介石日记 1940 年 10 月 19 日,胡佛研究所藏蒋介石日记手稿影印件。
③　《中华民国重要史料初编》第三编《战时外交》(二),第 119 页。
④　《中华民国重要史料初编》第三编《战时外交》(二),第 38—42 页。

四 关于财经援助和平准基金借款的交涉

鉴于长期以来英国在华的重大经济利益和影响，抗战爆发前后，英国是中国寻求财经援助的主要对象。1937年春夏，国民政府特使、行政院副院长兼财政部长孔祥熙利用参加英王加冕典礼之际，向英国各方面寻求援华。英方最初态度消极，如中方希望英方帮助发行债券，但英方称根据英国现行法规，他国不得在英市场发售债券；且四国银行团尚未取消，英方难以单独对华贷款，又借口英国正积极充实国防，市面甚紧，须至当年秋冬方有余力对华投资①。当时中国政府并没有放弃努力。

同年7月卢沟桥事变爆发后，中方继续向英国交涉财政经济援助，英方一度也持积极态度，双方曾达成不少协议。（一）广梅铁路（自广九铁路之石滩到梅县）借款300万英镑，由国民政府财政部和铁道部的代表，同中英银公司及中国建设银公司的代表，于7月30日在伦敦签署；（二）浦（口）襄（阳）铁路借款400万英镑，由国民政府财政部和铁道部的代表，同英华中铁路公司及中国建设银公司的代表，于8月4日在伦敦签署②。这两项铁路借款的条件，与战前中、英之间的其他铁路借款并无原则的区别，如英方要求中方必须以盐税收入为担保。（三）金融借款2000万英镑，由孔祥熙同汇丰银行的代表，于7月30日和8月3

---

① 《孔祥熙致蒋介石电》(1937年5月22日，伦敦)，蒋中正档案－特交档案－外交－对英国外交，057－2。

② 广梅铁路借款和浦襄铁路借款协定的内容，见于《民国外债档案史料》第11卷，第877－878页。关于两项借款的数额，《民国档案》1986年第2期所载《国民党五届五中全会财政部财政报告》记作"广梅铁路四百万镑及浦襄铁路借款三百万镑"(该期第77页)，有误。《美国对外关系文件》，1937年第4卷，第620页(美国驻英大使1937年8月12日致国务卿电)，亦作广梅铁路借款300万镑，浦襄为400万镑。

日在伦敦达成,用于维持中国货币的外汇汇率和整理中国的内债①。在进行这一借款的谈判过程中,英方提出了较多的条件,如中国在最短期内改组中央银行为中央储备银行,并聘用英籍顾问一人;中国以关税为偿付本息担保,借款未偿清前仍由英人担任总税务司,并继续酌用英人为关员;中国应实行收支平衡。中方权衡再三,决定接受英方的条件②。可见,当时中方在谋求援助的同时,还不得不接受英方对中国财经事务的控制。上述借款,中、英双方仅达成了草约,未及订立正式协定,旋因中日战事扩大,在英国政府未出面为贷款风险作出担保的情况下,英方相关金融机构没有出面为中方发行债票。中日战事的进展,以及英国远东政策的演变,直接影响着中英财经交涉的过程和结果。

随着德国政府明显采取了亲日疏华政策,中德经贸往来关系急速下降,国民政府方面十分重视获得英国的援助,自 1938 年起,蒋介石以及外交部长王宠惠都曾向英国驻华大使卡尔进行过交涉,要求英方从双方的政治关系以及维持其在远东的地位出发,在援华问题上采取积极态度③。驻英大使郭泰祺、中国银行董事长宋子文,则分别在伦敦和香港进行具体接洽。当年 5 月中方提出了若干方案:英方承受中方所发行 1000 万英金公债之全部或一部;中方清偿毕 1908 年的英法借款后,根据原合同条件对华续借款 500 万至 1000 万英镑;英国政府为 1937 年的 2000 万英镑金融借款提供担保;切实商定购货信

---

① 《美国驻英国大使致国务卿电》(1937 年 8 月 12 日发自伦敦),《美国对外关系文件》1937 年第 4 卷,第 620－621 页;国民党五届五中全会财政部财政报告,《民国档案》1986 年第 4 期,第 70 页。

② 孔祥熙致蒋介石电(1937 年 6 月 6 日,巴黎);孔祥熙致蒋介石电(1937 年 6 月 8 日,比京),均引自蒋中正档案－特交档案－外交－对英国外交,057－2。

③ 《卡尔致哈利法克斯电》(1938 年 11 月 11 日),*DBFP*, Ser. 3, Vol. 8, pp. 216 - 219;《王宠惠致蒋介石电》(1938 年 11 月 19 日),《中华民国重要史料初编》第三编《战时外交》(二),第 30 页。

贷1000万英镑①。英方没有同意前两种方案,但双方就购货信贷和金融借款进行了后续谈判。中英之间虽历经曲折,但最终在英国对华提供购货信贷和平准基金借款问题上达成了协定。

在购货信贷方面,直到1938年12月,英国政府明确答应的只有购买客货汽车信贷50万英镑。当月中方获悉,英国政府授权商务部可在1000万镑的范围内确定对外信贷。中国驻英大使郭泰祺便数度向英方交涉,希望将此1000万镑全数或大部分归中国运用,英方称要求得到该款的国家甚多,中国至多只能得到200万至300万英镑。郭泰祺向英方提交了包括汽车、铁路、电信、材料、颜料、造纸、机器、军用电话等方面的货单,总价额约达400余万镑,提出中国至少应得到500万镑。在中方看来,英国在对华贷款问题上的犹豫态度,表明“仍无政治决心”,即担心来自日本的反对,“故我方尚难期其痛快援助也”②。至1939年2月下旬,英方决定对华信贷总额为300万英镑。双方先于3月份达成滇缅路购车信贷14.1万英镑,后为中方担保机构及债券发行等问题往返磋商,直到1939年8月18日才签订购料信用借款285.9万英镑,因英方的坚持,中方同意由国民政府及中国银行出面担保,这意味着英方将在获得商业利益的同时,风险由中方承担。

第一次英国对华300万英镑的信贷总额,大大少于同期美国对华信贷额,更无法与苏联的贷款额相比。合同原规定在1939年内完成购料,但因欧战爆发,英国对货物出口实行限制,中方在英购料进展迟缓。当年底,双方商定把贷款使用期限延长半年,以后又多次延长。至1941年底,中方动用该项信贷在英购料的有兵工署、军政部、交通部、

①　《孔祥熙致郭泰祺电》(1938年5月25日),《中华民国重要史料初编》第三编《战时外交》(二),第197—198页。

②　《中日外交史料丛编》(4)《卢沟桥事变前后的中日外交关系》,第480—481页。

中央广播事业管理处、资源委员会、工矿调整处、陆军机械化学校、中国毛纺织厂、卫生部、中央银行等机构,动用总额约 1,482,018 英镑①。一直到抗战结束后,该项信贷仍在运用。另外 1941 年 6 月 5 日陈维城与艾登在伦敦又一次达成英镑区购料信用借款 500 万英镑②。这次信贷的利息率为 3.5%,与第一次信贷相比(购车部分 5.5%,购料部分 5%),显然较为优惠。

在太平洋战争爆发之前,中英之间在对华提供商业信贷方面没有取得更多的结果③,但在国民政府最看重的金融借款即平准基金借款问题上,历经多轮谈判交涉,终于有了结果。国民政府自 1935 年 11 月 4 日开始实行的法币政策,实际上为外汇汇兑本位,维持法币汇率的稳定必须有相当数额的专项平准基金。当时国民政府必须为稳定法币汇率而设立外汇平准基金。至 1937 年 6 月 30 日,国民政府持有的外汇资产总共约合 37,890 万美元④。但这对于实际需要相差甚大。当年 7、8 月间孔祥熙在伦敦与汇丰银行达成的金融借款 2000 万英镑草约,其中相当部分就是用于平准基金的。1938 年 1 月 5 日,英国财政部次长李滋罗斯(Fredrick W. Leith‐Ross)曾明确告诉中国驻英大使郭泰

---

① 《民国外债档案史料》第 11 卷,第 214—215 页。至 1945 年底,该项信贷动用总额约为 2,857,924 英镑。

② 《民国外债档案史料》第 11 卷,第 378—380 页。该借款亦被称作战时英国第二次对华信贷。

③ 1940 年中英之间曾达成钨砂借款 1000 万镑之草案,年息 3 厘半至 4 厘,期限 10 年,担保品每年运钨砂 7000 吨,在海防或仰光交付,由英商福公司经销,所得价款悉数存储伦敦中国银行,备付借款本息,如有剩余由中国政府自由支用。(见于蒋中正档案‐特交档案‐外交‐对英国外交,057‐6。)但该易货信贷未能实施。又 1941 年 3 月 28 日,国民政府航空委员会向印度航空公司购入飞机 50 架,价款由汇丰银行转付,其中三分之一中方付现;其余三分之二以及银行手续费欠付(共 298741.16 美元),自 1941 年 7 月 4 日起,中方每月偿付一次(24893.43 美元),分 12 期偿清。(见于《民国外债档案史料》第 11 卷,第 347 页。)

④ 《中华民国货币史资料》第二辑,第 238 页。

祺,英方无法正式履行原对华 2000 万英镑草约,除非英国政府出面担保,银行方面不会提供贷款。3 月 31 日,国民政府立法院院长孙科在英国洽谈"维持金融外汇借款"时,英国财政大臣西门(Sir John Simon)提出的方案是:(一)中国向英方出售白银或以白银或抵押借款;(二)以金属矿产抵借①。也就是说,英国政府虽然愿意重新考虑向中国提供维持法币汇率所需的英镑,但仅仅定位于一般商业行为。英方所担心的,一是中国方面在对日作战上的进一步失利会使整个局势继续恶化,二是新的援华行动"恐激怒日本攻香港及增强日德合作"②。中方对借款的期望和要求,却是政治和经济援助性质,即由英国政府出面,为英方银行对华贷款提供担保。

在援华问题上,当时英国驻华大使卡尔的态度较为积极。在英国政府内,当时外交大臣哈利法克斯也倾向于援助中国,他向内阁会议提出:无论基于荣誉还是自身利益的任何考虑,都促使我们尽可能地援助中国;用一笔较少数额的款项,我们就可以维护在远东的基本利益③。时任中央银行顾问的英国人罗杰士(Cyril Rogers)也认为:向中国提供 2000 万英镑的借款或信贷,将使局势得以维持相当时期,如一年,从而使日本受到极大的损耗,不得不在合理条件之下接受和平④。但是,财政大臣西门却强调了欧战的危险局势,担心对华援助并不能保证中国在一年内取得对日本的胜利,反而会导致英国在欧洲和远东两面受敌⑤。这一消极主张在政府中占了上风。1938 年 7 月 13 日,英国政府

①　《郭泰祺致孔祥熙电》(1938 年 1 月 5 日)、(1938 年 4 月 1 日),《中华民国重要史料初编》第三编《战时外交》(二),第 195、196 页 。

②　《郭泰祺致外交部电》(1938 年 6 月 29 日),《中华民国重要史料初编》第三编《战时外交》(二),第 201 页。

③　《关于中国援华要求的备忘录》(1938 年 5 月 31 日),*DBFP*,Ser. 3,Vol. 21,p. 793.

④　*DBFP*,Ser. 2,Vol. 21,p. 805.

⑤　《西门关于援华问题的备忘录》(1938 年 7 月 1 日),*DBFP*,Ser. 3,Vol. 21,pp. 810‐812.

内阁会议正式否决了对华金融借款案。

待到1938年10月,宋子文以中国银行董事长的身份在香港向英方银行接洽,希望加入中国平准基金以支持中国的币制。12月初,中国方面建议设立中英联合平准基金,即英方银行至少向基金投入300万英镑,中方银行将投入相同数额;由中英银行代表组成的小型委员会来控制和运作基金。中方并且强调:如果来自外国的支持达到500万镑或者1000万镑,中国货币的汇率将能维持较长的时间①。

英国政府在11月下旬考虑向国会提出的方案是:由汇丰银行向中国平准基金认款250万英镑,英国政府对汇丰银行的这一认款额提供担保。到12月初,英国政府还只是考虑把提供担保的借款额稍作增加到300万英镑。到1938年底,英国政府的态度转趋积极。促使这一转变的因素,除了英国商界包括在华英商对稳定英镑与中国法币比价的迫切要求之外,还由于美国已公开表示要对华提供2500万美元的桐油借款,且没有引起日本方面的强烈反响。用英国驻日本大使克莱琪(Sir Robert Craigie)的话来说,就是对华货币贷款并不会导致战争②。为了减少风险,英国方面起初试图说服美国政府联合支持中国的货币,但为美方所拒绝。英国政府决定不再等待美国,先单独支持中国货币,并把对华维持法币汇价的借款定位于财政援助。

就在已经大体上确定向中国提供平准基金借款之后,英国政府却向中国方面提出,要以承认1938年的英日海关协定作为提供平准基金的前提条件③。这遭到了中国方面的强烈反对。孔祥熙指出:英国加

----

① 《哈利法克斯致驻美大使林德赛电》(1938年12月5日),*DBFP*, Ser. 3, Vol. 8, p. 297.

② 《克莱琪致哈利法克斯电》(1938年12月4日),*DBFP*, Ser. 3, Vol. 8, p. 295.

③ 《宋子文致蒋介石电》(1939年1月17日),引自蒋中正档案－特交档案－外交－对英国外交,057－4.

入中国平准基金只须付出极小的代价,但却可以向外界证明英国在保护其利益;英国在援助中国问题上已经说得够多的了,现在该是付诸于行动的时候了,这不仅关系到中国的利益,也关系到英国本身的利益①。另一方面由宋子文在香港与汇丰、麦加利银行洽商,英国政府原先只同意贷款额在300万英镑之内,经中方要求以及罗杰士的工作,至1939年2月下旬,英国政府原则上已同意增至500万镑,按当时的英、美间汇率,约合2500万美元,即与美国的桐油借款额相等。英方最后还同意,提供平准基金借款与中国承认英日海关协定及恢复支付外债本息不直接关联②。3月3日,英国提出了平准基金借款协定的具体方案:由汇丰、麦加利、中国和交通四家银行达成合作协议,汇丰出资300万英镑,麦加利银行出资200万英镑,中国银行与交通银行共出资500万英镑,总共1000万英镑,组成法币平准基金,维持法币对英镑的汇率;在香港设立一个五人委员会来管理该平准基金,中国、交通银行每6个月以英镑向汇丰、麦加利银行支付利息,利息率另行商定;基金结束时,所有资产将根据最初投资比例在上述四银行间划分;英国政府则将为汇丰、麦加利银行的投资提供担保;中国政府应承诺,在基金运作期间,其经济和货币政策须以维持法币对英镑的汇率为原则;中国政府须通过上述委员银行买卖外汇,所得外汇余额,在平准基金不足1000万英镑时,应优先售予基金委员会;当基金结束时,除征得英国政府同意之外,中国政府应按当日汇率购回英方银行名下所摊得之法币③。对于该方案各条款,罗杰士认为中方应感到满意;中国驻英大使郭泰祺也认为:方案各条款"均属寻常问题,并无故意为难之意,罗杰士

---

① 《葛林威致在上海的英国大使馆电》(1939年2月5日),*DBFP*, Ser. 3, Vol. 8, pp. 441 - 442.

② 《罗杰士致孔祥熙电(1939年2月25日)》,《中华民国重要史料初编》第三编《战时外交》(二),第208页。

③ 《外交大臣哈利法克斯致驻华大使卡尔电》(1939年3月3日),*DBFP*, Ser. 3, Vol. 8, pp. 486 - 487.

认为圆满,我方似不必犹豫也"①。

　　国民政府接受了英方提出的方案。1939 年 3 月 10 日,双方在伦敦签署了《中国国币平准基金协定》,共 19 条②。《协定》规定平准基金总额 1000 万英镑均须存于英格兰银行,专用于维持香港、上海两地外汇市场的法币之英镑汇价;出售英镑所购入之法币应存于香港、上海的汇丰银行或麦加利银行;协定有效期为 12 个月,但经中、英两国政府同意,每 6 个月得续延一次,这表明当时英方不愿为维持中国法币汇率承担长期的责任;英镑基金所得之利息或贴息应存于英格兰银行,以备付汇丰、麦加利两行应得之利息,并规定中方由中国、交通两行按 2.75％的年利率为英方供款银行提供息金担保,这一利息率确实比同期中国政府所获得的外债的利息率要低得多,英方银行对基金之认款将由英国财政部担保清还,基金结束时,将以基金所生利息扣除英方银行所得利息后之余额,作为英国财政部上述清还义务之回报,也就是说,中方虽不直接对英方银行负有还本义务,但实际上是以对基金认款存于英格兰银行所生之利息,作为英方本金之担保。另一方面,英方对中方认款本金不承担任何清还义务,对于中方认款的利息收益,也未作具体的保证,只规定基金清算时,在扣去英方利息和本金之后,其余额将按投资比例在双方银行间分配,亦即中方仅有参与纯益分红之权利。另规定设立一个基金管理委员会,由上述四家银行各出一名代表,另一委员由中国政府委派英籍人士担任,其人选须商得英国政府的同意,未得英方同意,中方不得将其免职;平准基金委员会表决任何问题,均以出席人员之多数通过为原则;委员会须按月及每半年将工作情形及基金状况向英国财政部报告。根据英方的

　　①　《郭泰祺致孔祥熙电》(1939 年 3 月 6 日),《中华民国重要史料初编》第三编《战时外交》(二),第 212 页。

　　②　《民国外债档案史料》第 11 卷,档案出版社 1991 年版,第 143—150 页。

意见,中方提名罗杰士代表国民政府参加平准基金委员会,并担任主席。

就在中英平准基金协定签署的当天,郭泰祺与哈利法克斯以互换照会的方式,代表中、英两国政府确认了由汇丰、麦加利、中国、交通四家银行所签订的平准基金协定,并且强调了英方所关注的各点①。无论该照会还是平准基金协定,都表明英方承担的义务和责任要少于中方,而其直接权益则较多且更有保证。

中英平准基金是自1935年11月实施法币政策以来,首次设立的真正意义上的中外联合平准基金,主要通过维持上海、香港的法币汇率,进而维持法币在日伪统治区的地位和在后方国统区的稳定。由汇丰、麦加利银行这两家在华地位最重要、影响最大的英商银行公开和直接出资,又有英国政府作为英方投资担保,可以看作是对国民政府的大力支持。蒋介石甚至认为,英国决定提供平准基金借款对日本的刺激,必比美国对华借款更甚②。不过,由英方银行来保管平准基金并控制基金的使用,固然有利于增强基金的信用度,但也意味着中方将不可能自主地进行基金的投资,遑论整个基金管理和运用了。

中英平准基金和基金委员会设立后,按法币1元合8.25便士的汇价,在上海和香港公开出售,力图把汇价维持在这一水平上。但是,由于通货膨胀、物价上扬,加上日伪方面不断以法币套取外汇,以及投机商的推波助澜,使平准基金不敷应付。至1939年5月底,基金已总额售出三分之二,至7月中旬英日在东京举行会谈时,上海金融市场发生重大震荡,平准基金会持有基金几乎耗尽,这使得重庆当局十分担心,蒋介石在日记中便写到:"法币惨跌,英倭妥协,人心动摇,于此为甚。"③当年5月起,中国方面就由郭泰祺和罗杰士分别向

---

① 《民国外债档案史料》第11卷,第148—150页。
② 蒋介石日记1939年3月11日,胡佛研究所藏蒋介石日记手稿影印件。
③ 蒋介石日记1939年7月22日,胡佛研究所藏蒋介石日记手稿影印件。

英国政府探究提供新的平准基金的可能性。到了形势最紧迫的 7 月中旬,连宋美龄也出面向驻重庆的英国使馆官员求援。7 月 28 日,蒋介石电示郭泰祺把新的平准基金借款额提高到 1000 万镑,向英方承诺平准基金委员会在供应外汇的方法上将更慎重,杜绝日伪套汇以及资本逃避等情况①。郭泰祺根据蒋介石的指示书面照会英国外交部,但到了 8 月底,英国外交部借口英国财政部持异议,拒绝了中方的要求。

英国虽然不准备直接向中方提供新的平准基金借款,但却数度游说法国方面加入平准基金。在 6 月中旬时,法国方面一度同意向平准基金认款 2 亿法郎(按中英、中法间汇价套算,约合 100 万英镑),但要求派两名代表参加平准基金委员会。英方既认为法方的认款额太少,更以容易泄密和降低工作效率为由,不同意法方在平准基金委员会中占两个席位②。后来法方同意只向平准基金会派出一名代表,但考虑到当时英方本身对继续支持平准基金态度不甚明朗,法方也犹豫了。

1939 年 9 月初开始爆发的欧洲大战,一度缓解了国民政府维持法币汇率的巨大压力。到 1940 年 3 月平准基金协定一年期满,鉴于汇市又趋严峻,中、英双方均同意延长原协定。此后中方还数度向英方提出,希望向平准基金增加新的认款。但法币汇率的连连下挫,使英方原投资银行的信心受到较大影响,麦加利银行拒绝提供新的借款,汇丰银行也仅愿供款 100 万英镑。1940 年 7 月 6 日,中央、中国、交通和汇丰四家银行的代表,在香港正式签署了设立乙种平准基金的协定,共 22 条③。上述各行对平准基金认摊额分别为:中央银行

---

① 《中华民国重要史料初编》第三编《战时外交》(二),第 215 页。

② 《英国财政部致罗杰士电》(1939 年 6 月 13 日),*DBFP*, Ser. 3, Vol. 9, pp. 167‐168.

③ 可见于《民国外债档案史料》第 11 卷,第 150—153 页;《中华民国货币史资料》第二辑,第 455—457 页。

300万美元,交通银行200万美元,中国银行60万英镑,汇丰银行100万英镑,共500万美元又160万英镑[1]。与第一次中英平准基金相比,加入乙种平准基金的银行之中,中方增加了中央银行,英方减少了麦加利银行;认款总额,也从双方平摊改为中方约占三分之二。在乙种平准基金协定中,为汇丰银行投资提供担保的是中国银行,而不是英国财政部。但汇丰银行方面不满足其投资本息仅由中国银行出面担保,汇丰银行总经理格兰朋(Sir Vandeleur Grayburn)借口在当年5月初与中方达成的谅解中,有国民政府财政部与中国银行共同提供担保的承诺,要求财政部提供书面担保。于是,财政部不得不在同年8月23日致函汇丰银行,称:"所有原合同订明应由中国银行负责向汇丰银行缴还本息一节,并准由本部备函加以保证。"[2]就维持法币汇率的职能而言,乙种基金与1939年基金并无本质的区别,其实际意义,还在于使外界知晓中英双方的决心:为了联合维持法币对英镑的汇率,中英双方都不惜向平准基金追加新的投资。

英方在乙种平准基金协定中仅由汇丰银行承诺新增100万英镑,且英国政府不提供担保,在一定程度上反映了英国在远东问题上的谨慎态度,这与当时英国在封存天津英租界中方银行存银问题,以及关闭滇缅路问题上对日本的妥协让步,其基本出发点上有相同之处,即尽可能避免与日本发生正面冲突。

然而1940年9月底德、意、日三国达成的同盟条约,使英国朝野开始清醒地认识到:日本将对英国在远东的利益造成更大的威胁,对中国的援助是制约日本扩张的有效途径。于是,在向中国提供新的平准基金借款问题上,英国政府转持较积极的立场。自1940年10月起,中国方面先由驻英大使郭泰祺在伦敦接洽新的平准基金借款。12月初英方安排财

---

[1]　《罗杰士致宋子文电》(1940年7月6日),吴景平、林孝庭主编《宋子文与外国人士往来函电稿(1940—1942)》,复旦大学出版社2009年版,第40页。

[2]　《民国外债档案史料》第11卷,第154、157页。

政部次长费立浦(Sir Frederick Phillips,又译斐律普、裴律普)飞抵华盛顿,与宋子文进行谈判。国民政府又加派财政部次长郭秉文抵伦敦,与英国财政部保持联系。在重庆,当时蒋介石本人也与英国大使卡尔数次谈到平准基金借款问题。中英新平准基金借款的交涉过程中,中方要求英方提供平准基金借款1000万英镑,另加信贷1000万英镑,共为2000万英镑,约相当于1亿美元。按照中方的设想,这是中方应从英方获得的最低借款额。但英方只同意贷款总额为1000万镑,其中平准基金和信贷各500万镑,认为中方提出的数额超出了英方的财政能力。当时蒋介石在重庆、宋子文在华盛顿、郭泰祺在伦敦都进行了交涉,希望英方扩大贷款总额①。但12月10日,英国国会正式通过的对华贷款案总额仍为1000万镑,平准基金借款和信用信贷各500万镑。

除了新平准基金借款的数额之外,中、英双方在是否将平准基金运用于上海地区,也不无分歧。至迟在1940年5月即达成乙种基金前夕,孔祥熙便已有异议②。待到1941年1月初,上海市场法币之汇率日趋疲弱,单靠原有的平准基金难以维持。18日,蒋介石电示郭泰祺转告英方:蒋本人"对平衡基金维持上海黑市场之计划,不能赞成,此徒为日寇套取外汇,而非有利于抗战与经济也。请勿再作此利敌损己之

① 蒋介石于1940年12月9日和10日分别电示宋子文和郭泰祺向英方表明:如果英国政府确实有困难,可以实际上先提供币制借款1000万镑,另外1000万镑的信用借款可以以后另议;但希望英国政府宣布借款总额为2000万镑,否则不如暂缓宣布。10日晚些时候,路透社发表了英国政府将对华贷款1000万镑的消息,蒋介石又急电郭泰祺和宋子文,要求与英方"切商此一千万镑专作为币制借款,对于信用借款必须另行续商订借"。《中华民国重要史料初编》第三编《战时外交》(二),第230—232、234页。

② 1940年5月6日,孔祥熙在中央委员会谈话会上指出:"与我们抗战有关系的便是上海外汇的变动,这仍旧是平衡基金委员会的老套,他们总是他们的办法,他们口口声声要维持自由,不听我们的话。中国的情形有所不同,因为许多外国银行可以不受中国管辖,同时我们的政治网又达不到那里。"《中央委员谈话会纪录·二十九年份》,台北中国国民党党史馆藏档,5.5—1。

打算为盼"①。在这里,不仅仅是蒋介石对英方在新平准基金借款数额上不接受中方要求表示不满,而且确实表明重庆当局对以大量外汇来维持上海汇市的做法,产生了重大疑虑:当时中国沿海与陆路国际通道大多遭到日本封锁,通过关税和对外贸易的外汇收入来源基本枯竭,国民政府外汇储备日见拮据,获得外汇借款又如此不易,美国尚未通过对外军事援助的《租借法案》,中国在美国采购军用物资还得花费外汇。1941年1月上旬,汪伪中央储备银行开业并发行"中储券"之后,上海外汇市场遇到了更大的套汇压力。蒋介石和财政部长孔祥熙都主张放弃上海,在日伪难以套汇的重庆另辟外汇市场。

　　但是,英国方面却把提供新平准基金借款与维持上海汇市联系在一起。1941年2月24日,卡尔向蒋介石转告了英国政府的答复:"贵国政府撤销上海法币之支持,如无其他有建设性之政策代之,恐将铸成大错;同时敝国政府以为,就贵国现状而论,统制外汇恐难十分有效,而外汇统制不健全,能否规定任何建设性之政策,实成疑问。"英方在致蒋介石的书面备忘录中陈述维持上海汇市的种种必要性,还断然宣称,无论从组织与设备、交通运输还是自由外汇来源等方面比较,在重庆不可能设立类似上海那样的外汇市场,因此"似以维持现状为最妥办法"②。由于英方坚持以维持上海外汇市场作为提供新的平准基金借款的前提,中国方面只得在重庆新设立外汇市场的同时,同意与英方一起继续维持上海的法币汇市③。

　　1941年4月1日,由宋子文作为中国政府全权代表、李幹代表中

　　①　《蒋介石致郭泰祺电》(1941年1月18日),《中华民国重要史料初编》第三编《战时外交》(二),第240页。

　　②　《中华民国重要史料初编》第三编《战时外交》(二),第244—247页。

　　③　Arthur N. Young, *China and the Helping Hand 1937-1945*, p.186. 1941年3月1日,国民政府宣布在重庆开设外汇市场,由中央银行提供合法的外汇需要,但是在两个月内仅出售了不到20万美元,对维持法币的汇率并没有起到明显的作用。

央银行、费立浦代表英国财政部,在华盛顿签署了中英新平准基金借款协定,共 17 条①。与 1939 年第一次平准基金借款协定和乙种基金协定比较,新设立的平准基金则必须用于在上海、香港维持法币汇率,但1939 年平准基金之余额经英方同意可用于上海、香港以外地区;协定是直接由中、英两国政府的代表签署的,英方向该基金提供借款的是财政部而不是汇丰、麦加利银行;新平准基金借款的利息率有较大幅度的下降;不再规定中方必须与英方同步向平准基金注入新款项;也不再明确规定协定的期限,不要求每 6 个月须办理延长期限手续;在操有对平准基金存废权的情况下,英方同意在平准基金委员会中方委员占多数。这些都表明,新的平准基金借款带有更多的援助性质。联系到英国同时还向国民政府提供了 500 万镑的信用借款,可以认为在援华问题上英国政府已不再顾忌来自日本的反对,英国的远东政策迈出了较积极的步伐。在第二次平准基金借款达成后不久,应中国政府的要求,英国决定冻结在英的中国资金,经双方协商,由中央银行代表中国政府控制被冻结资金的解冻之权②。这意味着中国私人和商业机构在英国银行的存款,将可以由中国政府支配使用,是继信用借款和平准基金借款之

① 协定中文全文可见于《中外旧约章汇编》第三册,第 1195—1220 页;《中华民国重要史料初编》第三编《战时外交》(二),第 247—253 页;《民国外债档案史料》第十一辑,第 348—354 页;《中华民国货币史资料》第二辑,第 465—470 页。关于 1941年 4 月 1 日中英平准基金协定的签署地点,《中外旧约章汇编》第三册第 1195 页记为"伦敦",误,应为华盛顿。宋子文、李幹在同一天(1941 年 4 月 1 日)还与美国财政部长摩根索签署了中美平准基金协定,据同书第 1187 页则把签署地点记作华盛顿。另蒋介石 1941 年 5 月致丘吉尔电文中提及中英新平准基金协定的签署地点:"贵政府最近在华府签订成立平准基金之协定",见于《中华民国重要史料初编》第三编《战时外交》(二),第 256 页。

② 英国财政当局原决定:四行在英存款及中国政府任何英金存款,以及中国政府所属各机关在英存款,均不与冻结;其他中国存英资金(如非政府银行之存款)中方希望予以解冻者,请核示转知。但中方决定只有中央银行有解冻之权,其他冻结之中国资金,暂不解冻。见于 1941 年 7 月 29 日财政部次长郭秉文自伦敦致电孔祥熙和 8月 1 日孔祥熙复电,蒋中正档案-特交档案-外交-对英国外交,057—14。

外，在财经领域支持中国的又一举措，有助于促进双方的关系。

第五节　美国对华提供贷款和租借援助

一　寻求美国对华提供商业信贷

抗日战争爆发之初，国民政府谋求美国财政经济援助，还只是继续战前的以白银换取美元的方式。待到1937年末布鲁塞尔会议之后，中国开始向美国接洽借款。1938年1月30日，蒋介石致函罗斯福："吾人急迫之愿望，则美国即于此时在经济上及物质上予中国以援助，俾得继续抵抗。至其他美国所可采之有效办法，足使阁下意想中之最后解决得以实现，则惟阁下之裁夺。"[①]当时，中国驻美大使王正廷经过美方中介人与美方银行接洽，曾达成2000万美元的借款意向，规定中方至少以半数在美购物。而中方当时希望获得可自由动支的借款，以稳定币制，周转外汇[②]。国民政府起初对通过这一方式获得美国贷款持盲目乐观态度，1938年7月初时甚至以为王正廷已经达成三年期总共达6亿美元的巨额借款，但不久便确认纯系子虚乌有，中方"耗费巨款，毫无结果，受各方之指责"[③]。当年，驻美大使王正廷因此而遭撤换，由胡适接任。此后，国民政府考虑另派特使径直赴美，与美国专门洽商借款事宜。

　　与此同时，美国政府也表示希望与国民政府的代表会谈援华问题。1938年7月26日，时在法国的美国财政部部长摩根索（Henry Morgenthau Jr.）在与中国驻法大使顾维钧的谈话中，表示美国政府在援华

---

　　①　《中日外交史料丛编》（四）《卢沟桥事变前后之中日外交关系》，第460—462页。

　　②　《中华民国重要史料初编》第三编《战时外交》（一），第225—226、232页。

　　③　据王世杰1938年7月9日的日记："今日孔庸之在国防最高会议报告，我方向美国借款六万万美金（分三年付，第一年三万万元，第二年二万万元，第三年一万万元）已签字，惟尚未交付。"《王世杰日记》手稿本第一册，第306页。

问题上准备采取"使中国得到援助而又不使美国政府为难的办法",并建议中国政府派陈光甫赴美国,摩根索本人将与陈直接洽谈对华援助问题。1936 年,陈光甫便代表国民政府赴美,与摩根索达成了著名的《中美白银协定》,而且两人都是美国宾夕法尼亚大学的校友。摩根索向顾维钧表示:陈光甫是一个正直的和绝对信得过的事业家①。陈光甫起初推辞,由宋子文推荐浙江兴业银行总经理徐新六赴美交涉,但 8月 24 日徐新六应召乘飞机由香港赴渝,途中遭日机截击遇难。在此情况下,行政院复督促陈光甫赴美交涉,陈无法推托,遂于 9 月 9 日偕同中央银行业务局局长席德懋、资源委员会负责矿产出口的官员任嗣达自香港启程。

在美国谈判期间,美方原则上同意提供信用贷款,即中方用美方的贷款在美国购买产品,这也是摩根索此前向顾维钧所提到的方式;中方另以美方所需要的桐油运美销售,以货款偿付借款本息。但美方坚持:无论贷款的获得还是在中、美两国的货物购运,都必须采取商业的方式,要求中方以商业公司而不是政府机构的名义,出面经办贷款和购运货品等事项。于是,国民政府方面只得拨出美金 50 万元,以"世界贸易公司"(Universal Trading Corporation)的名称,在美国纽约州申请办理了注册手续;由中央银行代表席德懋任总经理,陈光甫任董事。另拨1000 万元国币为股本,在国内成立"复兴商业公司",向经济部办理注册手续,而陈光甫也是复兴商业公司的董事②。

----

① 《顾维钧回忆录》第三分册,中华书局 1985 年版,第 151—152 页;《中华民国重要史料初编》第三编《战时外交》(一),第 234—236 页。应当指出,在摩根索主动向顾维钧提出上述建议的同时,美国国务院已有官员主张通过援助中国抵抗日本,来避免美国与日本直接冲突。见范宣德致贺百克备忘录(1938 年 7 月 23 日),*Foreign Relations of the United States*(《美国对外关系文件》,以下简为 FRUS),1938,Vol. 3,pp. 234‑237.

② 《财政部呈行政院》(1940 年 1 月 12 日),何思瞇编:《抗战时期美国援华史料》,台北"国史馆"1994 年版,第 64 页。

经过中、美双方的交涉以及国民政府内部各方面的安排,首先由"中华民国注册之复兴商业公司"和"美国纽约州注册之世界贸易公司"于1938年12月30日订立了购售桐油合同,共11条,规定由复兴商业公司在五年内将总共22万吨(每吨2000磅)桐油,自中国装运至美国港口,交付与世界贸易公司;世界贸易公司代理复兴商业公司在美购买农工产品运往中国;该合同各条款完全受美国纽约州法律之约束和制裁。由陈光甫和席德懋分别代表复兴公司和世界公司在合同上签字①。这份合同在形式上完全符合一般商业合同的要求。

随后,席德懋、陈光甫又分别以世界贸易公司总经理和董事的名义,与美国华盛顿进出口银行总经理庞尔生(W. L. Pierson)、金库副主任格立芬(D. B. Griffin),于1939年2月8日在华盛顿签署了总额为2500万美元的借款合同,这笔借款通常被称为"桐油借款"。该合同共11条,规定世界公司所得之借款,"应如数购运美国农产品及工业品";借款年利率4.5%(后减至4%),每半年偿付一次,清偿期限不得超过1944年1月1日,世界贸易公司将以销售复兴公司运美桐油收入的半数偿付债款;其余收入亦应购买美国产品运华;世界公司所购货物,均将委托美旗商船装运;美方保留随时停止信用放款之权。而复兴公司与世界公司的购售桐油合同,则作为桐油借款合同的附件甲;附件乙则是世界公司所开还款期票式样。根据美方的要求,另由中国银行为该借款提供担保②。

----

① 《抗战时期美国援华史料》,第55—60页。

② 《民国外债档案史料》第11卷,第119—121页。关于桐油借款和下项华锡借款的担保问题,两项借款协定载明由中国银行"完全"、"无条件"地承担,财政部长孔祥熙亦要求在纽约的中国银行出面担保,但时任中国银行董事长的宋子文以"事关国家整个财政"为由,提出应由中央、中国、交通三行共同负责,中央、交通两行应向中国银行书面声明共同承担到期还本付息的责任;孔祥熙同意三行按四、四、二的比例分担责任,并交换文件存证。参见《中国银行史1912—1949》(中国金融出版社1995年版)第548页。

陈光甫当时曾指出：美国向中国提供桐油借款，"虽云助我，实际为增进其工商，解决一部分失业问题，故合同最要点为购买美货"。但就中方而言，则是"试探美方合作之门"，为进一步争取美国援助打下基础①。当时来自德国的军事物资已经很困难，但苏联对华军事援助态度积极，前景看好，所以在陈光甫赴美前后，中国对美国提供大批援助的期望值并不很高。

美方还明确限定，"桐油借款"不得在美国购买中国所急需的飞机②。这样，中方只好把借款用于未列入限制的兵工材料，另以售银收入在世界贸易公司名义之下办理购买飞机、军火事宜③。陈光甫还建议以军用矿产销美，作为续洽借款及军火之基础④。

世界贸易公司与复兴商业公司之间订立了购买桐油的协定，这样，复兴商业公司成为代表国民政府在国内收购桐油、运美交货以及接受美货的机构；世界贸易公司则代表中国政府在美国经办借款、销售桐油、得款偿债和采购美货。

嗣后，由于桐油市场价格的上涨，经中方的要求，1939 年 10 月 14 日，世界公司与华盛顿进出口银行签订了桐油借款的补充合约，主要是美方同意暂行放弃对中方在美售卖桐油价格的限制，允许中方根据市场价格确定售价⑤。美方的这一让步对中国关系至关重大。由于美国市场上的桐油价格由每磅 14 美方涨至 34 美分，从 1938 年 9 月开始至 1941 年 10 月，中方共运美桐油 89 批，计 59005.94 吨，离确定借款合

---

①　《陈光甫致孔祥熙电》(1939 年 1 月 4 日、3 月 8 日)，蒋中正档案－特交档案－外交，040－4。

②　《陈光甫致孔祥熙电》(1939 年 2 月 10 日)，《中华民国重要史料初编》第三编《战时外交》(一)，第 249 页。

③　《陈光甫致孔祥熙电》(1939 年 3 月 7 日)，《中华民国重要史料初编》第三编《战时外交》(一)，第 250 页。

④　《中华民国重要史料初编》第三编《战时外交》(一)，第 252 页。

⑤　《抗战时期美国援华史料》，第 68－70 页。

同时预计的运交桐油 22 万吨的数量相差颇大，但价值却达 27,835,016.15美元，这样，至 1942 年 3 月，中方提前清偿实际动支借款 2200 万美元和利息 1,466,573.68 美元[①]。

在"桐油借款"合同签署之初，因复兴商业公司成立不久，国内桐油仍由财政部贸易委员会负责采购，运至香港，再由复兴商业公司装船运美。自 1940 年 1 月 1 日起，财政部贸易委员会将国内购油之业务完全移交给复兴公司办理。贸易委员会负督导之责，并统一规定国内之油价。

陈光甫在美国接洽第二笔借款是"华锡借款"2000 万元。在谈判时，中方承诺提供美方急需的锡矿品。美国政府代表、联邦债务署主任琼斯起初对中国运输能力颇表不满，认为中国大量所购货物积压在海防，不如少购；同时以桐油借款尚未动支完毕为理由，对中国新要求借款的数额 2000 万美元提出疑问，表示先借 500 万美元。陈光甫则称，中国政府正在努力改善运输条件，运输能力将有较大之提高；另外中国对美货物需要甚巨，仅汽油便达 500 万美元，另外改善滇锡生产状况亦至少需 200 万美元，但在新借款数额未最后确定之前，中方对桐油借款的动支颇谨慎。琼斯最终同意了中方的借款数额[②]。

1940 年 3 月 7 日，美国宣布了即将对华提供新的信贷，即"华锡借款"。然而孔祥熙突然致电陈光甫和驻美大使胡适，要求向美方交涉取消以提供锡品作为借款的条件，实际上是想改商业信贷为政治援助。孔祥熙认为，大体同时进行中的美国对芬兰借款，并不要求芬兰方面提供什么担保，如果中方负有提供锡品的义务，那么在中国国内会对政府产生不满，尤其是"参政开会在即，更恐引起质询，势将无以为对"。但是陈光甫和胡适认为，这一借款本身就是商业性质，基本条件都已经与

---

① 《抗战时期美国援华史料》，第 98—99 页；贸易委员会编《关于对美桐油借款偿债报告》(1945 年 12 月)，《民国外债档案史料》第 11 卷，第 137—139 页。

② 《陈光甫致孔祥熙电》(1940 年 3 月 5 日)，《民国外债档案史料》第 11 卷，第 260—261 页。

美国财政部长摩根索以及琼斯等人确定,且已经公布,难以再向美方提出改变。孔祥熙只好在请示蒋介石之后,同意按原议与美方签约①。

对于"华锡借款",美方同样要求中方严格按纯商业方式办理,于是,先由陈光甫以复兴公司董事、任嗣达以世界公司副总经理的名义,于1940年3月15日订立售购华锡合同,规定复兴公司七年内运售滇锡共4万吨至美国,同时委托世界公司在美国购货运华;陈光甫、任嗣达再分别以世界贸易公司董事和副总经理的身份,同美国进出口银行的代表庇耳生、格立芬,于1940年4月20日在华盛顿达成2000万美元的借款合同,年利率4%,清偿期限7年;世界贸易公司以借款在美购货,并以售卖滇锡之货款偿付债款②。嗣后,国民政府由财政部出面,委托资源委员会代购滇锡、钨砂及锑运美,交世界公司在美洽售。这些矿品一般先运至越南的海防或西贡,然后再待美国货船装运赴美。

"桐油借款"与"华锡借款"在数额上远少于同期苏联对华贷款总额,借款的使用也受到种种限制,不能满足当时中国迫切需要。尤其是1940年3月底汪伪政权出笼,国民政府面临更严峻的局面,蒋介石急于从谋求经济与军事援助入手,使得对美关系有大的突破,进而考虑委派新的特使赴美接洽,同时召回陈光甫。1940年4月初,蒋介石便决定派宋子文赴美商洽新的借款③。宋子文当时虽然只是国民政府委员、中国银行董事长,但却与蒋介石和国民党中央政权决策层有着极密切的关系,同时与罗斯福政府不少官员较熟悉。到同年6月宋子文启

---

① 《胡适致孔祥熙电》(1940年3月26日)、《孔祥熙复胡适函》(1940年3月27日)、《孔祥熙致蒋介石函》(1940年3月28日),蒋中正档案－特交档案－外交,040－4。

② 《民国外债档案史料》第11卷,第262－266页。在此次借款的交涉过程中,中方曾提出免除抵押品,但被美方拒绝;借款年利率初议为3.6%,后美方称北欧、南美各国纷纷援例,提至4%,并应中方要求,把桐油借款利率减至4%。见《陈光甫致孔祥熙电》(1940年4月21日)《民国外债档案史料》第11卷,第269－270页。

③ 蒋介石日记1940年4月9日,胡佛研究所藏蒋介石日记手稿影印件。

程赴美时,他的身份为蒋介石的私人代表,其在美使命已不仅限于商谈借款,而是被蒋介石赋予"代表中国政府在美商洽一切之全权"①。

宋子文于 6 月下旬抵美后,于 7 月 1 日和 2 日接连两次访问了罗斯福,他向罗斯福提到:"我国三年来不惜任何牺牲,忍痛苦撑,以期民主集团最后胜利,俾中日问题得在美国领导之下公平解决。惟欧洲诸国几乎不战而降,即如法国,其大部陆军实力未减,海军及属地更未持久抵抗,而竟然降德,致使英国危急万状,因而日本肆无忌惮,断我越南运输,陷中国于万分困难境地,影响军心民心实巨,向所期望民主集团最后胜利之抗战理论,不得不重新考虑。"宋子文表示,他本人系受蒋介石委派来美,"委座亟欲总统指示此后应付大计方针"。宋子文还强调中国抗战事业因法国对德投降遇到的困难,与罗斯福谈到"三角援华方式",即中国向美国借款、向苏联订货和由中国西北运华,以及美、苏在远东问题上达成谅解的可能性。罗斯福表示愿尽力促成对中国币制及物资之援助②。

此后,宋子文又向其他美国政要多次游说,包括赫尔国务卿、国务院政治事务顾问贺恩贝克、财政部长摩根索等人。7 月 12 日,宋子文向美国财政部提交了援华备忘录,包括三方面的要求:1. 支持中国稳定法币,需 5000 万美元,另外的 5000 万美元可以只是名义上的;2. 购买飞机、军事物资和兵工厂设备,约需 7000 万美元;3. 改善交通状况,如滇缅公路和铁路,从缅甸北部的腊戍到中国昆明的空运等,约需 2000 万美元。宋子文同时向美方表示,中国可以向美国提供金属原料以偿付债款,在今后五年内,中国至少可出口价值 5000 万美元的钨、锑、锡③。

---

①　《蒋介石致罗斯福函》(1940 年 6 月 14 日),《中华民国重要史料初编》第三编《战时外交》(一),第 274 页。蒋介石在信中还称宋子文"受余完全之信任,且其对国内之情形与对外之关系完全明了"。

②　《中华民国重要史料初编》第三编《战时外交》(一),第 93—94 页。

③　*Morgenthau Diary*,China,Dacapo Press,New York,1974,p. 178 .

　　当时,美国方面不愿意向中国提供维持法币汇价的平准基金借款,但同意通过新的商业信贷,中方以矿砂偿付,由联邦债务署主任琼斯与宋子文具体商谈。宋子文起初提出的数额是 5000 万美元,琼斯只同意 500 万,宋通过在白宫、国务院和财政部之间活动,希望在借款数额上不要少于以往达成的协定。这时,由于日本军队在印度支那的推进,美国感到需要通过对国民政府的公开贷款,使日本人"停停,看看和听听"①。1940 年 9 月 25 日,即日本占领原法属印度支那两天之后,美方便宣布将对华贷款 2500 万美元,即"钨砂借款"。

　　宋子文最初向国内报告的该项借款数额是 5000 万美元,所以财政部长孔祥熙得悉达成的"钨砂借款"数只有 2500 万美元,感到太少,希望增加②。宋也曾对借款额太少而感到不满,但基于在美寻求援助的局面尚未打开,担心如向美方"斤斤于数目之多少,时机一失,易生变化,且恐引起反感",主张待机接洽新的借款。

　　此后,双方为起草借款合同条款磋商。至 1940 年 10 月 22 日在华盛顿签署了 2500 万美元借款合同,因规定中方以售美钨砂偿付债款,又称"钨砂借款"。中方由宋子文代表国民政府、李幹代表中央银行、吴志翔代表资源委员会签字,美方仍由庇耳生、格立芬代表华盛顿进出口银行签字。同日由资源委员会与美国金属准备公司达成的钨砂合同,则作为"钨砂借款"合同的附件。根据合同,美国进出口银行向中央银行提供 2500 万美元借款,年利率 4%,清偿限期 5 年,中方由作为借款协定债务方之一的中央银行开出期票,国民政府无条件担保偿付;资源委员会则在五年内向美国金属准备公司运售总共不少于 1000 吨的钨砂,其收益首先偿付借款利息和本金③。此后经交涉,至 1942 年 2 月,

---

　　①　Arthur N. Young ,*China and the Helping Hand* , *1937 - 1945* , Harvard University Press,Cambridge,Massachusetts,1963,p. 135.

　　②　孔祥熙致蒋介石电(1940 年 9 月 26 日),蒋中正档案－特交档案－外交,040－4。

　　③　《民国外债档案史料》第 11 卷,第 286－288 页。

美方又同意嗣后资源委员会售美钨砂所得货款,向金属准备公司免交75％,其余25％继续付给华盛顿进出口银行,以偿付金属借款利息和到期本金①。

需要指出,与此前和美方达成的"桐油借款"和"华锡借款"合同相比,"钨砂借款"不再通过陈光甫发起成立的世界贸易公司和复兴商业公司。这固然与主持接洽的中方代表已由宋子文取代了陈光甫有关,但更主要的,是在"钨砂借款"交涉与合同中,美方已不再要求中方形式上以商业机构出面经办贷款、购运货品等事项,而是直接由中央银行和直属国民政府经济部的资源委员会出面,宋子文更是以国民政府代表的名义。因此,"钨砂借款"不仅是新获得的美援,还标志着国民政府对美外交的进展和美国远东政策转趋积极。

中美"钨砂借款"合同签署后,日本旋即正式承认了汪精卫在南京成立的伪政权,重庆国民政府面临着军事和政治的双重压力。宋子文借此时机要求美国政府加大援华的力度,希望提供1亿美元的新借款。另外,美国驻重庆大使詹森于1940年10月和11月两度致电美国国务院,称除非华盛顿给蒋介石新的财政与政治援助以示支持,重庆政权的垮台将迫在眉睫②。在此情况下,美国总统罗斯福于1940年12月宣布,将由美国华盛顿进出口银行和财政部各向中国政府提供5000万美元。

中国方面与华盛顿进出口银行达成的5000万美元借款,亦称"金属借款",于1941年2月4日在华盛顿签署了借款合同,并以同年1月31日资源委员会与美国金属准备公司所签署的金属合同作为附件。美方由华盛顿进出口银行向中央银行贷款5000美元,用于资助中国政府输美金属原料和在美购货,借款年利率4％,清偿期限7年,中方由

---

① 美国金属准备公司致资源委员会函(1942年2月11日),《民国外债档案史料》第11卷,第300页。

② *FRUS*,1940,Vol.4,pp.439、678.

中央银行开出期票,国民政府无条件担保偿付,另规定中方在偿付期内由资源委员会向美国金属准备公司运售价值 6000 万美元(不少于 1400 吨)的钨砂、锑、锡,其收益首先提作偿付基金①。中美双方签约人和身份均与"钨砂借款"相同。

通常认为,上述陈光甫与美国接洽达成的"桐油借款"和"华锡借款",宋子文与美方接洽达成的"钨砂借款"和"金属借款",是自抗战爆发以来美国最初向中国提供的第一、二、三、四笔借款。国民政府有关部门当也有这样的提法,如孔祥熙 1940 年 8 月 6 日在致宋子文的信中提到"华锡借款",便称之为"美国第二次借款"②;抗日战争结束后,国民政府财政部还谈到:"查我国在美国举借借款,第一次系桐油借款,第二次以华锡作抵,故名华锡借款,或称第二次中美借款"③;"钨砂"、"金属"借款达成后,"中美第三次钨砂借款"、"第四次金属借款"的提法,也常见于有关文件④。不过,也有史料表明,在达成"桐油借款"和"华锡借款"之间,中国政府还与美国商业机构直接达成过另项可视为债务与债权的关系。1941 年美国官方公布过中国所获得的主要外债情况,在列举了"以桐油支付的借款"、"以锡支付的借款"和"以出售钨砂来偿付的借款"之后,明确提到:"除此之外,中国还(从美国)获得 1280 万美元的商业信贷和 1500 万美元的飞机信贷。"不过,该文件没有指出提供信贷的美国机构的名称⑤。而在国民政府国库署档案中,有关于中美联

---

① 《民国外债档案史料》第 11 卷,第 309—311 页。

② 《民国外债档案史料》第 11 卷,第 273 页。

③ 国民政府财政部:《中美华锡借款节录》(1947 年),《民国外债档案史料》第 11 卷,第 280 页。

④ 如国民政府文官处 1942 年 1 月 15 日致国防最高委员会秘书厅函、同年 6 月 4 日国防最高委员会秘书厅致国民政府文官处函,见于《抗战时期美国援华史料》,第 178、179 页。

⑤ *Documents on American Foreign Relations*, Vol. 3, p. 245, World Peace Foundation, Boston, 1941。这两笔信贷与下述中美联洲公司飞机价款之间的关系,尚有待于作进一步的研究。

洲公司飞机价款的记载,称国民政府方面曾与美国联洲公司洽商订立价款总额达 1200 万美元的购买飞机及配件的总合同,1939 年 5 月 20 日先达成了部分定购合同,价款为 4,424,154 美元 78 美分,其中 20% 即 884,830 美元 96 美分作为定金付现,其余 80% 自当年 6 月 30 日起分 27 期支付,每期 131,086 美元 6 美分,另记息 5 厘。嗣后商得联洲公司同意,减去价款 294,585 美元 63 美分①。当然,中美联洲公司飞机价款并不是两国政府之间的直接借款,属于分期付款的性质;但在较广泛的意义上,仍可视作美方向中国提供的商业信贷。

太平洋战争爆发前的美国对华各次信用借款,是租借方案实施之前中国在美购买战时物资主要的财政安排,帮助中国解决了外汇不足的困难;其采用商业信贷的方式,则使得美方当时得以避免主要来自日本的责难。待到中国开始获得租借法案物资之后,信用借款仍然使得中国可以按照中方实际需要购运美国货品,对支持抗战不无裨益。

二 中美平准基金借款交涉

与分几个年头分别达成四次信用借款不同,为了获得美国以借款方式支持中国法币,中国方面经过了数年的努力,双方多次进行交涉。

1935 年 11 月 4 日国民政府实施法币政策后,根据与美国财政部的交涉协议,于当年和次年共向美国出售 12500 万盎司白银。美国以该种特殊方式提供的美元外汇,在抗日战争爆发前国民政府维持法币汇率的努力中,起到了十分重要的作用。只是在运用美国所提供的美元外汇维持中国的汇率方面,战前中、美之间并没有达成进一步的契约性关系,美方对中国法币汇率的稳定并不承担任何义务。

---

① 详见《民国外债档案史料》第 11 卷,第 219—223 页。中方所欠价款以及息金,最后于 1941 年 1 月和 3 月,经由国民政府售让印度航空公司之飞机价款内清偿毕。

　　1937 年 7 月 8 日,国民政府财政部长孔祥熙在华盛顿与美国财政部长摩根索达成如下协定:1. 美国财政部以每盎司 45 美分的价格,买下中国在美存银 6200 万盎司;2. 美国将以黄金支付购银款,价格为每盎司黄金合 35 美元计,这些黄金存于纽约的美国联邦储备银行,用于稳定中国法币;3. 如果中国需要,美国准备向中国贷款 5000 万美元,用以维持法币对美元的汇价①。7 月 9 日公布的孔祥熙－摩根索联合声明指出:中国币制改革和稳定货币的方案已取得了重大成功,"美国财政部将根据达成的安排,在保证两国利益的条件下,使中国的中央银行获得美元外汇,用以稳定中国的货币"②。当时中方确实认为,与美国政府达成的这一新货币协定,标志着两国经济合作的新的进展③。此后中美双方经过交涉,分别在 1938 年的 2、4、7 月达成了总额为 1.5 亿盎司白银的售银协议,售价在每盎司 43－45 美分之间④。

　　通过出售白银以获得美元外汇,对稳定中国法币的汇率当然也不无裨益,但国民政府方面仍希望美国直接提供借款,以增加中国的外汇基金,也有助于确立市场对法币汇率稳定的信心。在抗战爆发后的一年多时间里,中国驻美大使王正廷在美国接洽巨额借款,其主要目的,也是想交涉获得稳定币制的美元外汇。1937 年底到 1938 年初,王正廷报告称基本达成总额为 1 亿 5000 万美元的借款,条件大致为:期限 10 年,年息 3 厘,九一发行,中方以借款价值四分之一的现银存双方指定银行,债券经中国银行签保⑤。中国方面一度对获得该项大借款的

　　①　FRUS,1937,Vol. 4,p. 610.

　　②　FRUS,1937,Vol. 4,pp. 611 - 612.

　　③　孔祥熙致罗斯福函影印件(1937 年 7 月 13 日),《罗斯福与 1937—1939 年的国际事务》(F. D. Roosevelt and International Affairs, 1937 - 1939) Vol. 2, New York,1979,No. 376.

　　④　China and the Helping Hand, 1937 - 1945, p. 61.

　　⑤　《宋子文致孔祥熙电》(1938 年 1 月 2 日)。宋子文还要求财政部将以往中国银行运英现银项下拨出 3300 万元,用中国银行名义交存英国银行或其他银行,作为获得美国借款的准备。蒋中正档案－特交档案－外交,040－2。

前景颇为乐观。

嗣后美方把借款总额减至 1 亿元,又提出先行提供 2000 万美元的小额借款,有两家美国银行表示了贷款意向,双方对借款条件的商议大致为:期限三年;年利率 3⅝% 至 4%,后减为 3%;中方以白银和证券作抵押,另由中国银行作担保;中方还须支付律师费和佣金①。中方最后未与美方达成正式借款合同。

1938 年 9 月陈光甫以国民政府代表的身份在美国交涉经济援助时,也曾要求美方提供外汇现款借款,以帮助中国稳定货币。当时美方只同意以购买中方 2000 万盎司存银的方式来提供现汇②。此后,中、美之间虽然先后达成了数笔信用借款,但美方迟迟不同意向中国提供直接用于维持法币汇价的借款。在美方看来,中国法币汇率的稳定主要关系到英国的利益,因此应由英国出面提供相应的帮助③。

国民政府还通过英国政府向美方接洽,希望英美共同对华通过借款,维持法币汇率,但也被美方拒绝。1939 年春,中英达成第一次平准基金后,美国政府依然不为所动。而美国运通公司、花旗银行及其他美商一度在上海大肆购买外汇,导致法币汇价低落,孔祥熙也因此不得不直接向美国国务院提出严重交涉,要求美国政府出面制止④。与此同时,蒋介石电令驻美大使胡适在美促进美方增援中国平准基金,并且特别提到,希望不要通过国会,而直接由美国政府或金融界增援中国平准

---

① 参见 1938 年 2 月至 7 月王正廷与孔祥熙的往来电函,《中华民国重要史料初编》第三编《战时外交》(一),第 223—224 页。

② *China and the Helping Hand*,1937 - 1945,p. 80.

③ 参见《陈光甫致孔祥熙电》(1939 年 1 月 10 日),蒋中正档案-特交档案-外交 040—04。原电如下:"孔院长:密电计达。币制问题,经再与财部要员商洽,称美方协助须国会通过,如动用汇兑基金情形复杂,势难办到,且该问题关系英国最大,美国甚小。应由英国协助云,特闻。辉真。"

④ 《孔祥熙致美国国务院电》(1939 年 7 月 18 日),*FRUC*,1939,Vol. 3,p. 684.

基金①。但美方仍未予理睬。

　　从1940年春夏之交起,国民政府方面在继续与英方谈判新的平准基金借款的同时,还加强向美方谋求平准基金借款。当年4月中美达成"华锡借款"2000万美元之际,曾考虑商请美方拨出一部分现款,以加强外汇平准基金②。但中方通过"华锡借款"实际上只能在美购料,至于维持法币汇价,不得不另行洽借平准基金借款。当时除了驻美大使胡适向美国财政部有所接洽外,蒋介石本人也多次向美方呼吁。如5月14日,蒋在致罗斯福的电文中指出:"目前日本军事进展既受打击,不宣而战之战争已演为经济战争,最近伪组织宣布拟在上海设立发行银行,加以欧洲局势日趋险恶,敝国币制所受之压力益形严重,以致物价上涨,汇价跌落,外汇基金如不予充实,则经济状况日趋疲弱,影响所及,商业更致纷乱,万一金融崩溃,将使日人藉傀儡组织之力,统制敝国币制,贵国经济利益必遭摧残。最近上海美国调查委员会自动电请贵国政府贷款敝国,以维持币制,此事足以显示一般人士,深恐日人破坏敝国币制之企图,势必影响贵国商业之利益也。"蒋介石要求美国政府"于此紧急之时,贷我现款,以维持敝国币制"③。同年8月11日,蒋介石又电示宋子文转告美国政府:"美国若不在金融上从速援我救济,则中国内外情势实难久持。"④

　　1940年6月起宋子文在美国接洽援助时,曾建议中美共同设立平准基金,其中由美方实际出资5000万美元(名义上宣布出资1亿美

---

　　①　《蒋介石致胡适电》(1939年7月30日),《中华民国重要史料初编》第三编《战时外交》(一),第253—254页。

　　②　《杭立武致蒋介石呈文》(1940年4月18日、27日),《中华民国史档案资料汇编》第五辑第二编《外交》,第329—330页。

　　③　《中华民国重要史料初编》第三编《战时外交》(一),第271页。美国方面公布该电文的译文时,记为1940年5月17日,见于 FRUS,1940,Vol. 4, pp. 656 - 657.

　　④　《中华民国重要史料初编》第三编《战时外交》(一),第277页。

元），中方出资 1250 万美元；设立由三至五人组成的基金管理委员会；委员会的外汇基金存于美国银行，法币基金存于在中国或香港的美国银行；由委员会指定的银行具体实施有关维持法币汇价的措施。宋子文并提出另行设立协调中美和中英两个平准基金的委员会①。11 月 9 日，蒋介石在重庆会见美国驻华大使詹森时，由外交部长王宠惠宣读了一份名为《中英美合作方案》的文件，内中提到，希望英、美联合或分别向中国提供借款，用以维持中国法币的汇率，该借款的总额应在 2 亿美元至 3 亿美元之间②。美国方面，包括罗斯福总统本人，起初不相信中国能够对货币制度实行有效控制，对中国希望美国提供平准基金借款的要求虚予应付。与此同时，日本公开承认了汪伪政权，英国方面又表明了将提供新的平准基金借款，美国对于向中国提供平准基金借款的态度才转趋积极。1940 年 11 月 30 日，罗斯福总统宣布美国将向中国提供 5000 万美元借款，用于维持中国货币和美元之间的汇率。摩根索曾谈到罗斯福作出决定时的情况："他（罗斯福）为中国担心，他显然担心汪（精卫）和蒋（介石）之间会发生某种事，他要求我在 24 小时内向中国人提供 5000 万美元的平准基金借款。"③

此后，主要以宋子文代表国民政府，摩根索代表美国政府，双方就平准基金相关各问题经过数度谈判交涉。

关于美国是否真正向国民政府提供用于维持法币汇率的现汇借款，起初摩根索称，如果要以美国的平准基金来帮助任何一个处于战争状态的国家，必须得到国会的特别批准；摩根索又提到，关于罗斯福宣布的 1 亿美元援华总额，"有人说是 1 亿美元的贷款，也有人说是 1 亿 6 千万美元的贷款，总之你们希望的是在全世界产生的效果"，暗示美国已宣布的对华 5000 万美元的平准基金借款可能只是名义上的。宋

---

①　*Morgenthau Diary*，China，pp. 180 - 181.

②　*FRUS*，1940，Vol. 4，p. 691.

③　*Morgenthau Diary*，China，p. 243.

子文则提出,尽管中国财政部部长孔祥熙寻求过"橱窗装饰"即名义上的借款,但如果美国政府此次借款只是停留在"橱窗装饰"上,势必引起误解。他坚持平准基金借款必须是真正意义上的现汇借款①。

关于实际提供的平准基金借款额,在原则上同意向中国提供平准基金借款后,摩根索又提出,在美国政府宣布给中国的5000万美元的平准基金借款中,美国拟实际新贷款3000万美元,此外的2000万美元由1937年中美货币协定之下中国获得的价值2000万美元的黄金抵扣。这也是此前美国财政部与国务院统一过的口径,按摩根索的说法,宋子文"做梦也想不到,我已经清清楚楚地向韦尔斯(Sumner Welles,美国副国务卿)表明,我们将讨论的是3000万(美元)"。宋子文不同意3000万美元的数额,他提到,蒋介石希望为维持法币获得2亿至3亿美元的借款,5000万美元尚嫌不够,如果再减少2000万美元,蒋本人肯定将十分不满,中国民众也会失望的。宋子文甚至表示:如果这次不是实贷5000万美元,即使中国政府公开接受,他本人也不愿接受②。在宋的力争下,美国财政部方面不得不同意按5000万美元的实贷额作进一步的谈判。

关于逐月拨付还是一次拨足,在12月26日的草案中,美方起初提出,为了保证5000万美元的平准基金借款额能够应付较长时间的需要,在事先未得到美方允准下,每月向中方拨付的款额不超过500万美元。在中方表示异议后,美方同意首次先拨付2000万美元,余款分6个月平均拨付。宋子文坚决不同意,认为分期拨付的方式将使平准基金无法应付紧急情况,何况这一消息一旦走漏,市场对外汇的需要肯定会激增,势必无法满足。参与谈判的中国大使胡适起初同意分期拨付,但宋子文坚持不允,并且通过蒋介石向美方发去措辞强硬的电文。另

　　①　*Morgenthau Diary*,China,pp. 300 - 301.
　　②　*Morgenthau Diary*,China,p. 303,pp. 310 - 320;《中华民国重要史料初编》第三编《战时外交》(一),第287页。

一方面,中方宣布由摩根索所赞赏的陈光甫担任平准基金会主席,使摩根索颇为满意。罗斯福的助理居里(Lauchlin B. Currie)也向摩根索指出,不要在这一问题上使中方认为美方不信赖国民政府,何况中国方面根本用不了5000万美元,平准基金的主要作用是心理上的①。居里还向罗斯福进言,协定的条款应显示出美国对蒋介石信任和信心②。但是,美国财政部坚持不肯把美方认款额一次交付于平准基金会支配,所以直至中美签署平准基金协定之后,中方还曾就此点继续向美方交涉③。

到1941年4月1日,国民政府代表宋子文、中央银行代表李幹,在华盛顿同美国财政部长摩根索签署了中美平准基金协定④。该协定共十条(其中第一条至第五条又共分十五款),主要内容为:中国设立中美平准基金,美国财政部提供5000万美元,中国政府银行拨出基金至少2000万美元及其他资产;设平准基金委员会,五名委员中,至少三人应为华籍,并由中方在其中指定一人为主席;至少有一名美籍委员,将委员会业已实施或计划中之一切活动随时呈报美国财政部长;委员会在利用基金中的美金进行投资及再放款时,须获得美国财政部长或联邦储备银行之同意;委员会应将有关基金的说明书、报告书、决算表,及基金及其资产已实施或计划中之一切活动情形,提供予美国财政部;凡动支美方资金维持法币汇率,中方由按年息1.5％向美方支付利息;协定还规定美方可以单方面取消以美元维持法币的义务⑤。从中美平准基

---

①　*Morgenthau Diary*,China,p. 386、395;《中华民国重要史料初编》第三编《战时外交》(一),第307—308页。

②　*China and the Helping Hand*,1937‐1945,p. 182.

③　蒋介石日记1941年4月16日:"本日对美大使说话,痛诋其财政部不肯以平准基金整数交付之小器行为。"胡佛研究所藏蒋介石日记手稿影印件。

④　该协定全文可见于《中外旧约章汇编》第3册(王铁崖编,三联书店1962年版)、《中华民国货币史资料》第2辑(中国人民银行参事室编,上海人民出版社1991年版)、《中华民国重要史料初编》第三编《战时外交》(一)等资料集。

⑤　详见《中外旧约章汇编》第3册,第1187—1193页。

金协定的各条款来看，虽然没有采用借款和贷款等字眼，但规定了中方使用美方资金的一系列限制并须支付利息（尽管利息率较低），双方的权利和义务是不平等的。

在签署中美平准基金协定的同一天，中英之间也签署了新平准基金之协定。之后，中国方面又同美、英经过磋商和换文，在形式上把中英、中美两个平准基金合并为统一的"中英美平准基金"，三方的认额分别是：英方共认 1000 万英镑（约合 4000 万美元），美方摊认 5000 万美元，中方出资 2000 万美元①。1941 年 8 月 13 日，成立了由中、英、美三方代表参加的平准基金委员会。另外，在美方最终明确同意一次性拨款后，1941 年 4 月 25 日，宋子文与摩根索正式签署了 5000 万美元的平准基金借款协定②。同日，宋子文与摩根索发表联合声明，称中美平准基金的达成，是两国在货币领域的合作所采取的重要步骤，除有助于稳定两国货币间之关系外，还是促进两国福利的重要因素③。

中美平准基金达成之初，美国方面还是比较支持的。1941 年 5 月 8 日，摩根索向参议院银行与币制委员会提出，将中美平准基金协定有效期延长至 1943 年 6 月底，称平准基金的设立，对于稳定法币汇率、巩固币制，当有重大之帮助。6 月 14 日，摩根索在该委员会发表演讲，称中美平准基金协定有助于中国政府整理金融和开展对傀儡政权货币的经济战④。另外，担任中英美平准基金会的美方委员、美国关税委员会研究部主任福克斯（A. Manual Fox）也于 6 月份抵达中国，在英方委员迟迟不能确定的情况下，福克斯与中方一起拟订了平准基金会的最初工作计划。

---

① 《财政部向国民党五届九中全会的报告》(1941 年 10 月 6 日)，《中华民国货币史资料》第 2 辑，第 481 页。

② 分别见于 1941 年 4 月 5 日《胡适致蒋介石电、宋子文致蒋介石电》，《中华民国重要史料初编》第三编《战时外交》（一），第 308、311 页。

③ *FRUS*，1941，Vol. 5，pp. 633 - 634.

④ 《新华日报》1941 年 6 月 15 日。

1941年9月初,美国政府在和英国政府协调之后,要求所有在华友好银行,对于新设立的中国平准基金会全面合作。英国政府也采取了相应措施。美国政府还表示,各银行的合作是与美国财政部在中国货币领域的合作一致的。美国国务院还分别要求荷兰政府与比利时政府照知各该国在远东的银行,配合中国平准基金会的有关措施①。

中英美平准基金的正式运作,是在美国政府率先决定冻结中国在美私人资金、英国与荷兰相继响应之后,这在一定程度上平抑了市场的套汇风潮,减轻了基金会的售汇压力。另外,新的基金会以外汇审核制取代了以往中英平准基金会公开抛售外汇的办法,并按每1元法币合英金3又5/32便士(即1英镑合法币76.04元)、合美金5又5/16美分(即1美元合法币18.82元)的汇率,供给正当商业所需之外汇。这一汇率要比同期上海黑市约高10%②。美国财政部还主动提议由平准基金会审核所有的美中贸易,即凡在华之中外商人,必须持有平准基金委员会核准使用外汇的证明,才可从美国订购货物运往中国;另一方面,自中国任何地区运往美国售汇之货物,必须出示已将外汇售与平准基金委员会之证明者,美国政府才允准其货物入口。这样,一方面私存外汇难以绕过平准基金会订购进口货物,另一方面对黑市外汇的来源也有所限制。此外,在取消上海外汇黑市和香港法币黑市问题上,美商银行和英商银行都予以配合,这对于中英美平准基金会无疑是一大支持。

尽管如此,中英美平准基金委员会正式运作之后,为维持法币汇率仍然售出了较大数额的外汇。从1941年8月中旬至11月底的3个半月内,平准基金委员会直接出售外汇总额约为2100万美元,这大大超

---

① *FRUS*,1941,Vol.5,P.723.

② 1941年8月16日,上海每1元法币的黑市汇价为$2\frac{27}{32}$便士,以及$4\frac{3}{4}$美分,*China and the Helping Hand*,1937-1945,p.198.

过了以往三年的平均售汇额①。不过,中英美平准基金会在该时期所售出的美元主要来自中方银行,所售英镑来自英国方面。尽管自抗日战争爆发之后法币的汇率明显呈下降的趋势,通货膨胀比较严重,直到太平洋战争爆发前夕,上海的法币汇率大体上平稳,黑市基本消灭。

1941 年 11 月 12 日,美国财政部宣布修订 1941 年 7 月 26 日颁布之资金封存法令,声明关于汇华款项,亦已颁发新执照,在新订条例之下,所有中美商务间之款项来往须经中国平准基金委员会之管制②。这意味着以后所有进出口概由指定或特准之银行经办,各该银行买卖外汇,必须由平准基金会予以核准,并照平准基金会所订之章则办理,平准基金会得以有效地支配出口货物及汇款所得之外汇。

1941 年 12 月太平洋战争爆发后,国民政府不可能继续在上海与香港维持法币汇率。另外,在以重庆为中心的后方地区,国民政府实际上也不再以出售外汇的方式来维持法币汇率,而是实行了外汇管制,平准基金逐步不再起作用。至 1944 年,中美、中英平准基金均告结束。在 5000 万美元的中美平准基金借款内,中方仅在 1942 年 12 月 10 日一次动用 1000 万美元。根据中美平准基金协定,中方由中央银行按 1.5% 的年利息率,自 1942 年 12 月起每月付息一次。至 1943 年 4 月,中央银行已清偿了本金和息金 54246.58 美元③。

---

① *China and the Helping Hand*, *1937-1945*, pp. 201-202. 此前的售汇情况为:自 1938 年 6 月到 1939 年 4 月第一次中英平准基金成立,由中国银行出面净售汇 600 万美元;财政部自 1938 年 6 月起的一年里,向市面投入 600 万美元;中英平准基金会自 1939 年 4 月 10 日到 1941 年 8 月 18 日净售汇 3400 万美元。三方面共计净投入 4600 万美元,平均每月投入 120 万美元。另据《中国银行行史资料汇编》上编(1912—1949)第二卷第 1414 页载,该时期平准基金会售汇额为美金 1570 万元、英金 211 万镑。

② 重庆《扫荡报》,1941 年 11 月 15 日。

③ 《冀朝鼎致钱币司司长杨庆春函》(1944 年 2 月 22 日),《民国外债档案史料》第 11 卷,第 374 页。

三　力争美国对华提供租借援助

抗日战争时期,中美两国间租借关系的建立,是中国方面寻求美国军事援助的不懈努力和美国政府调整相关政策的结果。

1937年抗日战争爆发后,中国国民政府除了向苏联及其他欧洲国家寻求军事援助外,还在美国采购军用物资。特别是陈光甫在美国注册成立世界贸易公司后,这类采购活动的规模有较大发展。但最初中方在美国所能购买到的主要是些非武器类物资。至1939年底,该公司在美国共购得总额为7467.46万元的物资,种类为以下几类:(1)卡车及零配件、维修器械,(2)汽油和润滑油(1145.2万美元),(3)黑色和有色金属(2468.33万美元),(4)无线电和电话设备、器材(560万美元),(5)通用机械(215.1万美元),(6)铁路器材(400万美元),(7)锡矿采掘设备(300万美元)。与此同时,中方也在美国购得若干武器并运回国,但无论种类和数量,都远不能满足中方的需求。例如,据缅甸海关统计,从1939年10月28日至12月31日,经由仰光转运中国的武器价值总额为8,352,756美元,其中购自苏联的为5,418,665美元(火炮、机关枪、步枪及弹药等),占64.87%;购自比利时、英国、瑞典、捷克、法国五国的共1,702,923美元(高射机枪、步枪、爆炸器材、炸药、弹药等),占20.39%;购自美国的1,231,168美元(手枪、雷管、子弹、飞机零件、炸药等),只占14.74%①。

1939年9月欧洲战争爆发后,美国政府的军火禁运政策发生了重大转变。1939年11月,美国修改《中立法》,规定外国可在美国用现金购买武器,运输自理。1940年7月初,蒋介石曾电示宋子文,按照兵工署署长俞大维开列的总额为3000万美元的物单洽购械料,同时订购驱

---

① 根据美国财政部档案中世界贸易公司至1939年底的购货清单,以及缅甸海关统计单,引自 *Morgenthau Dairies*,China,pp. 49 - 51,90 - 91。

逐机 150 架①。由于当时法国维希政府已经向德国投降,中方认为美方可把以往售法飞机额度,转售于中国,因而当月宋子文向美方正式递交的第一份军用物资订单总额,除了 3000 万美元的械料外,还有价款达 4000 万美元的飞机,包括 300 架驱逐机和 100 架轻型轰炸机②。这是自抗战爆发以来中方向美方提出的数额最大、包括轻重武器和作战飞机在内的军事援助要求。只是美国能否如额提供,中方如何支付价款,却是双方都无法立即解决的问题。

随着欧洲战局的发展,美国已成为中国能够获得外来军事援助的最重要的国家。可是,当时美国提供援助的方式,却无法从根本上解决中国对美国军事物资日益增加的需要。通过“桐油借款”、“华锡借款”、“钨砂借款”和“金属借款”,中国已经把到 1945 年为止的矿产品的预期交货量抵押殆尽。从美国对华借款数额来看,也比同期苏联对华贷款总额小得多。此外,由于日本军队占领了中国主要外贸口岸和盐区,国民政府的关税、盐税收入急剧下降,不可能调拨巨额外汇用于购买外国军事物资。因此,到了 1940 年末,即美方允诺提供“金属借款”和“平准基金借款”后,中美双方实际上都意识到,只有采用新的方式,才能从根本上解决中国为获得美国军事援助所面临的财政困难。以“租借”名义对华提供军事援助,就是这种新的方式。

1940 年 12 月 19 日,罗斯福便批准向中国提供军事援助,指示国务院、陆军部、海军部和财政部协商,拟订相应实施方案③。1941 年 1

---

① 《蒋介石致宋子文电》(1940 年 7 月 7 日),《宋子文驻美时期电报选(1940－1943)》,第 40 页。1940 年 6 月 15 日,俞大维在重庆面交宋子文这份物单,包括 7.9 毫米轻机枪 10000 挺,价额 250 万美元;7.9 毫米子弹 3 亿发,价额 750 万美元;7.9 毫米步枪、37 毫米战车防御炮、75 毫米山炮,共 1000 万美元;兵工厂设备及物资 1000 万美元。见于 T. V. Soong Collection, Box 65 - 13, Hoover Institution Archives.

② *Morgenthau Diaries*, China, pp. 178 - 179.

③ Charles F. Romanus and Riley Sunderland, *Stilwell's Mission to China*, Office of Military History, Department of the Army, Washington, D. C. , 1953. p. 11.

月 30 日,即美国会尚在就《租借法案》进行听证期间,美国副国务卿韦尔斯在一次演讲中谈到:如果美国人民希望中国、希腊等友好国家能够继续成功抵御那些意欲征服世界的力量,那就必须提供美国所能的一切必要的援助①。1941 年 3 月 11 日,美国国会正式通过并经罗斯福签署了《租借法案》。该《法案》授权美国总统,可在其认为有利于国防的任何时候,在资金许可的范围内,或根据国会批准的合同,可以批准为任何国家的政府生产任何防御物资,只要总统认为这些国家的防御对于美国的防御是必不可少的;也可以向上述任何国家的政府"出售、划拨、交换、租借,或另行处置"任何防御物资②。3 月 15 日,罗斯福又在一次演讲中明确表示:"中国通过蒋介石委员长要求我们提供援助;美国已经答应,中国将获得我们的援助……正如我们所曾宣布过的,我们的祖国正在成为民主国家的兵工厂。"③1941 年 5 月 6 日,美国政府正式宣布中国为有资格获得租借援助的国家。

当租借方案在美国参、众两院寻求通过之际,蒋介石曾向造访的美国特使居里递交一份《美国空军援华备忘录》,请其转交罗斯福总统,这可谓中国向美国接洽租借援华问题的开端。美国国会通过《租借法案》后,蒋介石立即在 3 月 12 日和 13 日连续致宋子文三份电报,指示宋与美国军方洽商具体的军事援华事宜④。旋即国民政府委派宋子文为处理租借事务的全权代表,另从国内调派兵工与交通技术专家赴美襄助。1941 年 4 月,宋子文出面,在美国特拉华州注册成立了中国国防物资供应公司(China Defense Supplies, Inc.),专门从事租借物资申请及接洽事宜。5 月 1 日国防物资供应公司正式成立,额定资本 20 万美元,由宋子文代表国民政府认购公司首批发行的股本 1000 股计 10 万美

①　*FRUS*, 1941, Vol. 5, p. 652.

②　*Documents on American Foreign Relations*, Vol. 3, pp. 712 - 713.

③　*FRUS*, 1941, Vol. 5, pp. 652 - 653.

④　陈立文:《宋子文与战时外交》,台北"国史馆"1991 年,第 41 页。

元,并出任国防物资供应公司的董事长;下设航空、兵工、交通、电信、医药军需等部门①。为便利对美交涉,公司另聘请美国资源计划委员会主席、罗斯福总统的舅父德来诺(Frederic A. Delano)担任名誉顾问,聘请了杨门(William S. Youngman Jr.)、毕范理(Harry B. Price)、科克伦(David Corcoran)等美籍人员出任该公司董事和经理人员,这些美方人员都明确知道宋子文是中国国民政府的代表②。根据美国政府的相关规定,国防物资供应公司申请租借物资通常经过多重手续:1. 整理国内发来的料单并草具计划;2. 向美国政府租借事务管理处(Office of Lend‐Lease Administration)说明申请物资的用途,并转请美国各购料机关采购;3. 从战时生产委员会(War Production Board)获得优先配额;4. 敦促美国购料机关及时采购;5. 防止中方获得额度之物资转拨其他战区;6. 预定船只,整批装运;7. 预筹货物到达远东口岸后转运国内方法。凡涉及计划、方针及特别重要事项时,中方还必须向包括罗斯福总统、华莱士副总统(Henry A. Wallace,兼美国经济作战委员会主席)、陆军部、海军部、财政部、租借事务管理处,以及英美合组的联合军火分配委员会(Munitions Assignment Board),进行游说接洽。另外,在重庆的蒋介石、孔祥熙也曾向美国大使高斯、美国军事代表团团长马格鲁德等人交涉过租借援助问题。

　　从1941年3月底到1942年1月,中国方面曾分三次向美国申请提出租借预算案,其具体内容可分为兵工器材、航空器材、交通器材(包括战车)、运输(包括船只)、军用杂品、农工产品、服役及其他、厂房器材;从申请物品合计的价款来看,1941年3月31日第一次提出为218,038,500美元,1941年10月28日第二次提出为461,834,253美

---

　　① 宋子文:《租借部分报告》,第7—9页,T. V. Soong Collection,Box 56‐2,Hoover Institution Archives.
　　② 《科克伦等致宋子文函》(1941年4月23日、5月20日),《宋子文与外国人士往来函电稿(1940—1942)》,复旦大学出版社2009年版,第126—127、129—130页。

元,1942 年 1 月 15 日第三次提出为 1,379,779,067 美元①。如果这些申请得以满足,对于中国抗战事业无疑是极大的帮助。但是,在租借物资的分配上,美国当局表现出明显的"重欧轻华"倾向,分配给中国的数额往往少于中国的申请额。而实际上向中方交付的物资,又要少于分配定额。罗斯福便曾指示有关人员在审议中方提出的军需品申请时,"只有在研究我们的军事问题以及我们自己和英国的需要之后,才能最后决定"②。经过中方的交涉,4 月 28 日美国批准向中国提供第一批租借援助物品,价值仅达 4510 万美元,包括:滇缅铁路材料价款 1500 万美元、康印公路器材价款 100 万美元、军用卡车和民用卡车各 2000 辆价款 1200 万美元、汽油 500 万加仑价款 100 万美元、柴油 5000 吨价款 5 万美元、润滑油 2500 吨价款 25 万美元、兵工厂原料 1000 万美元、轻蚕形卡车 150 辆价款 30 万美元、载客车 300 辆价款 30 万美元、棉毯 300 万条价款 450 万美元、棉布 1000 万方码价款 70 万元③。5 月 18 日,包括 300 辆汽车在内的第一批租借物资从纽约启运赴华④。同月,美方批准向中国提供价额达 4934.1 万美元的军械弹药。至 7 月中旬,美方同意向中方提供飞机 435 架,大大少于中方要求的 1000 架。7 月下旬,美国军方人士曾非正式地表示,将建议罗斯福批准当年向中方交

---

① 宋子文:《租借部分报告》,第 19 页,T. V. Soong Collection, Box 56 - 2, Hoover Institution Archives. 另参见《中华民国重要史料初编》第三编《战时外交》(一),第 445—447、620 页。

② [美]罗伯特·达莱克:《罗斯福与美国对外政策 1932—1945》上册,商务印书馆 1984 年版,第 399 页。

③ 《宋子文致蒋介石电》(1941 年 4 月 28 日),《中华民国重要史料初编》第三编《战时外交》(一),第 450—451 页。

④ 陶文钊、杨奎松、王建朗:《抗日战争时期中国对外关系》,中共党史出版社 1995 年,第 265 页。

付 2.4 亿美元的军火,翌年再交付 5 亿美元①。至 8 月 15 日,宋子文
已与美方拟订了 6 亿美元的租借援华清单,包括 2 亿美元的飞机、1.75
亿美元的军械、7600 万美元的卡车等运输工具,以及其他物料及运
费②。然而,中方获得的诸多租借物资额度,实际交付情况往往不尽如
人意,有些货单甚至不得不改向加拿大商购,虽然仍归租借案内办
理③。至于那些当时只能在美国生产而中国难以得到优先额度的货
品,中方不得不请美国出面,帮助与其他国家恳商可否先行转让给中
国。如 1941 年 10 月和 11 月,经过罗斯福总统亲自劝导,英方把美国
专为英国制造的 66 架轰炸机连同机枪、瞄准器等,一并移交给中方④。
根据美国财政部的统计,1941 年中国实际获得的租借援助约为 2600
万美元,仅占当年美国提供给各国租借援助总额的 1.7%⑤。但即便
如此,经过中、美之间的反复交涉,美国毕竟开始向中国提供租借援助,
中国对日本的抵抗又多了一种特殊形态的外援,中美之间也开始结成
了一种特殊的经济－军事互助关系。

---

①　*FRUS*,1941,Vol.5,pp.635-636;Stilwell's Mission to China,p.17,pp.
20-21;《中华民国重要史料初编》第三编《战时外交》(一),第 450－451、459—460
页。

②　《宋子文致蒋介石电》(1941 年 8 月 15 日),《中华民国重要史料初编》第三
编《战时外交》(一),第 463 页。

③　《宋子文致蒋介石电》(1941 年 7 月 1 日),《宋子文驻美时期电报选(1940—
1943)》,第 93 页。

④　《宋子文致罗杰斯》(1941 年 11 月 7 日、15 日),《宋子文与外国人士往来函
电稿(1940—1942)》,复旦大学出版社 2009 年 8 月,第 161、163 页。

⑤　*China and the Helping Hand*,*1937-1945*,p.350. 以后几年中国实际获得
的租借数额以及占美国对外租借援助总额中的比例分别为:1942 年,1 亿美元
(1.5%);1943 年,4900 万美元(0.4%);1944 年,5300 万美元(0.4%);1945 年,
11.07 亿美元(8.0%)。1945 年的 11.07 亿美元中,抗战结束前拨付 5.5 亿美元。

四　居里和拉铁摩尔访华

如前文所述,1940 年 11 月底美国政府已经宣布将对华提供平准基金借款 5000 万美元,对于借款合同的起草,中美双方有待进行具体磋商。而美国加入中国的平准基金之后,如何处理与中英平准基金的关系,则需要中、英、美三方有关人士进行协调。中方更希望由此而促成英美在对华援助方面进行全面的合作。蒋介石最初指示驻美代表宋子文,邀请英、美政府派遣经济专家组织远东合作团,共同来华考察。但宋子文认为这一方式在当时尚无可能性,主张首先加强中美间的经济联系,遂建议邀请罗斯福的行政助理兼经济事务主任居里前来中国,考察经济和币制方面的情况。宋子文向蒋介石提出:居里"学识经验宏富",能够帮助蒋介石决定有关方针;居里在华期间,中方有关部门应向其"随时供给经济财政多项材料"。蒋介石赞成宋子文的看法,即居里结束访华回国后,因其日常在罗斯福总统旁,此后美国经济财政上或能加强援华,且可成为蒋介石与罗斯福之间的私人联络线①。这也是当时国民政府开展对美外交的积极举措之一。

1941 年 1 月 30 日,居里离开美国旧金山赴华,取道马尼拉和香港,于 2 月 7 日飞抵重庆。美国联邦储备局代表戴沛礼(Emile Despres)偕同居里来华。国民党中宣部副部长董显光作为蒋介石的代表专程赴香港迎接居里一行②。

重庆当局十分重视居里的来访。正如美国驻重庆大使詹森指出的,包括蒋介石在内的中国政府主要成员,把居里的来访视作美国决心

---

①　《宋子文致蒋介石电》(1941 年 1 月 20 日),《中华民国重要史料初编》第三编《战时外交》(一),第 533 页;《宋子文致蒋介石电》(1941 年 1 月 21 日),蒋中正档案－特交档案－外交,053－1。

②　《蒋介石致居里函》(1941 年 1 月 31 日),Lauchlin Currie Papers,Box 1,Hoover Institution Archives.

继续援华中国的标志,同时也是向美方表达中方意见的机会①。在三周的逗留期间,蒋介石本人便与居里进行了十余次会谈②。居里除了拜访国民政府主席林森之外,与其进行过会谈的政、军、财经方面的官员有:孔祥熙、翁文灏、张嘉璈、何应钦、白崇禧、徐永昌、商震、俞大维、徐堪、彭学沛、席德懋、徐伯园、顾翊群、贝祖诒和陈介等。在美方看来,国民政府对于居里来访给予了充分协助,提供居里想要了解的各种资料,尤其是财政部、军政部、经济部和交通部③。除了重庆之外,居里还到成都地区进行了访问,包括专为美国军用飞机降落的机场工地。

　　由于皖南事变发生不久,蒋介石原本不想与居里讨论国共关系,曾指示驻美代表宋子文向美国国务院表示,不希望把调查国共冲突作为居里来华的正式使命④。但是,在2月8日与蒋介石的首次正式会谈中,居里便转达了罗斯福关于维持中国政治团结、避免内战的口信。根据当时中方的译文,罗斯福的口信大意为:“予自万里外观察中国之共产党员,似与我等所称之社会党员无甚差别。彼等对于农民、妇女以及日本之态度,足值吾人之赞许。故中国共产与国民政府相类者多,相异者少,深盼其能排除异见,为抗日战争之共同目标而加紧其团结,双方之距离,如为二与八之比,殊少融和之望,如其距离为四与六之比,则接近易矣。”蒋介石则指称中国共产党惟为第三国际服务,无视中国本国

---

① 《詹森致国务卿电》(1941年2月28日),*FRUS*,1941,Vol. 5,pp. 602-603.

② 据《中华民国重要史料初编》第三编《战时外交》(一)所刊载的蒋介石与居里的会谈记录就达11次,会谈日期分别是:2月8日、10日、15日(2次)、16日、17日、22日、23日(2次)、26日(2次)。胡佛研究所居里档案第4盒中的英文会谈记录则为14次,分别是:2月7日、8日、10日、15日、16日(2次)、17日、21日、22日、23日(2次)、24日、25日、26日。居里回到美国后,于3月19日把与蒋介石的14次会谈以及与周恩来的1次会谈记录,均送交罗斯福总统。

③ 《詹森致国务卿电》(1941年2月28日),*FRUS*,1941,Vol. 5,pp. 602-603.

④ 《蒋介石致宋子文电》(1941年1月25日),《中华民国重要史料初编》第三编《战时外交》(一),第535页。

之利益;中共反抗中央之命令,即为反对中国与英美合作且立于同一战线。蒋向居里表示:中共如能服从命令,严守国家纪律,当以爱护,一视同仁,否则如彼利用抗战为名而冀图发展第三国际势力,乃至有违抗中央命令,则当限制其活动,不能任其贻害国家也①。在与蒋介石的第二次会谈中,居里又指出,美国相当部分民众同情中共,相信中共受到国民党当局的压迫,而对农民爱护备至;他还以罗斯福在美国国内与反对派争取民众的方法为例,表示不赞成国民党的中共政策②。虽然蒋介石一再表示了对中国共产党的不满,居里还是提出了希望会见驻重庆的中共代表周恩来的要求,并于 2 月 14 日与周恩来举行了会晤,就国共关系、共产党的政治工作、土地政策、美国援华等问题交换了意见。居里表示美国赞助中国统一,反对日本,不愿内战扩大,主张政府改革,并询及蒋介石有无投降倾向、皖南事变真相、中共当前民主主张和各项政策的内容。周恩来回答了居里的问题并提供了相关资料,表示如果蒋介石不改变反共政策,将引起内战,从而严重影响抗战③。通过与国共双方的会谈,居里得出的结论是:蒋介石对中共极为忌恨和不信任,但既无法收买,又压服不了;中共是唯一能够得到民众支持的政党。由于蒋介石和周恩来都表示希望一致抗日,居里认为,虽然局势依然严峻,但近期不会发生大规模的冲突,在整个对日作战期间,国内冲突将得到控制④。居里所转达的罗斯福的意见和居里本人的态度,显然使蒋介石在处理中共问题时不得不有所顾忌。

　　作为一名经济事务专家,居里更多关注的是中国的经济、财政、金

---

①　《蒋介石与居里会谈记录》(1941 年 2 月 8 日),《中华民国重要史料初编》第三编《战时外交》(一),第 542—543 页。

②　《蒋介石与居里会谈记录》(1941 年 2 月 10 日),《中华民国重要史料初编》第三编《战时外交》(一),第 546—547 页。

③　中共中央文献研究室编:《周恩来年谱 1898—1949》(修订本),1998 年 2 月版,第 503 页。

④　《居里致罗斯福的报告》(1941 年 3 月 15 日),*FRUS*,1941,Vol. 4,pp. 81 - 86.

融、外汇管理、交通、工业等方面的问题,尽可能地收集资料和了解国民政府方面的政策。他与蒋介石和中方其他官员多次交换意见,并且提出了不少建议。

居里提议,由美国政府冻结华人在美国银行之存款,据美方调查此类存款总额达 2 亿美元,这样"中国人民即不能再以外汇汇至美国,而中国出口贸易所得之外汇,将全部受中国政府之支配"。居里还以个人名义建议,中国政府应保留所冻结的资金为战后建设之用。蒋介石对该建议极表赞成,认为如果美国帮助解决此事,中国之经济问题实已解决其一部分矣①。居里回美后,促成中美双方有关机构间的正式接洽,并于同年 9 月实现了冻结中国在美资金。

关于维持中国外汇汇率问题,是居里关注的重点。他与国民政府官员以及银行家多次交换意见,他的倾向性观点,是维持上海的外汇市场,以限制大批法币流入大后方地区;另主张在重庆设立外汇市场,以便在日军占领上海租界之后,继续实施维持汇率之政策(2 月 15 日谈话)。居里还与蒋介石讨论了有关美国对华提供平准基金借款的问题。居里转达美国财政部的意见,即 5000 万美元的借款,每月拨付不超过500 万美元,蒋则强调,必须 5000 万美元全数一次交付,并称将制止上海外汇黑市对平准基金的耗费。居里代表美国政府提议,中英平准基金会与即将设立的中美平准基金会的合并,即中、英、美三方组成一个平准基金会,总部设在重庆,上海设分部,以比较有限制之数目暂维上海外汇市场,以期逐渐缩小为原则,不使上海市场顿时混乱;由陈光甫担任即将成立的中英美平准基金委员会的主席。蒋介石接受了美方的提议。双方还约定:如果英国不同意,那么中英平准基金和中美平准基金分别运作,中英基金继续维持上海外汇市场,中美基金将设在重庆。但两个基金虽分立,而政策仍须由中国政府统一,以期不至彼此冲突;

---

① 《蒋介石与居里会谈记录》(1941 年 2 月 10 日),《中华民国重要史料初编》第三编《战时外交》(一),第 551—552 页。

居里回美之后,中美平准基金协定先行签字,美方款额一次交付①。同年 4 月达成的中美平准基金借款协定和中英美联合平准基金会的成立,就体现了居里在华会谈时与中方达成的共识。

在讨论国民政府的中央银行制度时,蒋介石起初不了解居里的观点,把全部为政府投资的中央银行说成有少量商股。居里即明确表示:政府应收买下商股,"俾中央银行成一真正之政府银行",并且应单独集中纸币发行权②。这就促使蒋介石下决心进一步强化中央银行的地位,并于次年年中实行政府银行的专业化,把原由中央、中国、交通、中国农民四家银行分享的法币发行权,完全集中于中央银行。

居里还与蒋介石讨论了国统区的食粮管制、查缉走私、征税、公债、交通运输、防止沦陷区法币内流和战后中国经济建设等问题。

蒋介石向居里提到了英美向中国派遣经济使节的问题,寄望来华规划有关外汇、币制、通货膨胀、沦陷区发行纸币与走私等问题之计划,并希望由美方专家担任使节之主席。居里表示同意,称将尽力促成美国政府派遣第一等人才来华,在居里离华前夕,蒋介石与之达成的共识为:经济顾问之职责应集中注意立即措施之当前问题,惟同时可有助手若干人研究战后建设问题,或另组一经济使节以研究战后问题。且最好为知名人士,得到罗斯福总统之信任。蒋介石还明确提出,希望美方派出一合适人选,担任滇缅公路局局长,负养路、运输及人事之全责③。后来蒋介石与居里确定了滇缅公路委员会的组成,由军事委员会后方勤务部长为主任委员,一为交通部长,一为美国公路专家。

在居里离华前夕,蒋介石向居里提交了两份备忘录,进一步明确提

---

①　《蒋介石致宋子文函》(1941 年 2 月 27 日),T. V. Soong Collection,Box 61 - 10,Hoover Institution Archives.

②　《蒋介石与居里会谈记录》(1941 年 2 月 16 日),《中华民国重要史料初编》第三编《战时外交》(一),第 562—563 页。

③　《蒋介石与居里会谈记录》(1941 年 2 月 17 日),《中华民国重要史料初编》第三编《战时外交》(一),第 567—570 页。

出了对美国空军援华的要求,即希望美国以空中堡垒12架和其他飞机数百架供给中国,俾于日本向英美挑衅作战之前,先予日本海军以致命之打击,阻止日军南下;另希望美国加强其在关岛的军事设备,以制约日本。居里还直接询问蒋介石,中国内部是否有主张对日妥协者,正在对日进行秘密议和,如果有的话,是哪一部分人,议和之目的是否希望日军南下。蒋介石明确回答称,除中国获得最后胜利外,绝无对日和议可言,不论日本以何动人之条件向中国求和,亦必在英美参加的和平会议上谈判;但蒋也表示,英美在精神上物质上的援华是中国继续抵抗的重要条件①。

2月26日,居里向蒋介石辞行,27日乘中国航空公司班机抵香港,3月2日乘美国航班的飞机返美。

居里回美后,向罗斯福汇报访华情况。他提到了国共关系存在的问题,引起了罗斯福的关注②。居里向罗斯福提出,中国正处于十字路口,既可能出现军事独裁,也可能成为真正的民主国家,美国应利用其在华的重大影响,引导中国战后成为一个大国③。这显然对国民党当局有关政策持批评态度。不过,在3月15日致罗斯福的书面报告中,居里明确强调美国应加强对华关系,这也是居里首次访华之后得出的基本结论④。居里的主张不久便付诸实施,如对华提供平准基金借款、租借物资援助、冻结中国在美资产、向国民政府派遣政治和经济顾问、经济代表团访华等,并且派出了拉铁摩尔担任蒋介石的政治顾问。

1941年一二月间,蒋介石在重庆数次向居里提出,希望美方派出适当人员,担任蒋本人的政治顾问。蒋介石后来还明确提出过以原美

---

① 《蒋介石与居里会谈记录》(1941年2月23日),《中华民国重要史料初编》第三编《战时外交》(一),第585—589页。

② 《宋子文致蒋介石电》(1941年3月20日),蒋中正档案－特交档案－外交,053—1。

③ *FRUS*,1941,Vol. 4,pp. 94 - 95.

④ Lauchlin Currie Papers,Box 4,Hoover Institution Archives.

国驻苏联和法国大使蒲立德（W. C. Bullitt）为人选。但当时居里指出，蒲立德曾任大使之高位，来华为政治顾问，将使美国驻华大使处窘困之地位；蒲立德与苏联政府之关系素不融洽，当此中国仍拟与苏联保持亲善关系之时，蒲氏来华出任政治顾问，恐将使中国政府为难；且罗斯福已经任命蒲立德为流亡伦敦各国之大使。这使得蒋不得不同意美方另外推荐人选①。

居里回美后，辗转物色到在美国约翰·霍普金斯大学国际政治学院任教的欧文·拉铁摩尔（Owen Lattimore），即推荐给罗斯福。拉铁摩尔是加拿大裔美国人，童年和少年在中国渡过，在英国完成学业后又回到中国，曾在英商洋行和《京津泰晤士报》任职，并在太平洋学会主办的刊物《太平洋事务》（Pacific Affairs）担任过编辑。经过居里的极力引荐，蒋介石在美代表宋子文会见了拉铁摩尔，双方初步确定了赴华条件。蒋介石起初对宋子文关于拉铁摩尔与罗斯福并不熟识的报告颇感到意外，要求宋进一步了解拉氏与罗斯福的关系。然而，5 月 29 日居里致电蒋介石，告知罗斯福总统提议由拉铁摩尔（霍普金斯大学 Page 国际关系学院院长）以私人身份担任蒋的政治顾问，希望蒋及早答复，因为拉氏原定 6 月 9 日起上课。蒋于 6 月 1 日回电居里，同日并电指示宋子文进一步了解情况，具体办理拉氏赴华事宜。6 月 11 日和 12 日，宋子文还就旅费、薪金等具体问题与拉铁摩尔达成共识②。稍后，居里针对重庆当局的疑虑，强调指出罗斯福总统了解拉铁摩尔本人，对拉氏有高度评价③。

拉铁摩尔于 1941 年 7 月 19 日飞抵重庆任职，来华以前他只是个

---

① 《蒋介石与居里会谈记录（1941 年 2 月 22 日）》，《中华民国重要史料初编》第三编《战时外交》（一），第 579 页。

② FRUS，1941，Vol. 5，p. 651；《中华民国重要史料初编》第三编《战时外交》（一），第 726—728 页。

③ 《居里致 SEGAS 电》（1941 年 6 月 9 日）、《居里致蒋介石函》（1941 年 6 月 25 日），Lauchlin Currie Papers，Box 1，Hoover Institution Archives.

普通的学者,并非罗斯福的幕僚成员。拉铁摩尔来华伊始,便接到居里的指示:对美普通电讯,即交大使馆转递,特种电讯,则直接由居里转达①。稍后,居里进一步明确要求:"凡发自委座之任何建议或请求,包括重要之政策,其发动或经由正常外交机关,或起自委座,此项电讯,皆可由里转呈,想此事先生定能了解也。"②这意味着拉铁摩尔要通过居里,才能在蒋介石和罗斯福之间建立联系。居里曾通过拉铁摩尔了解中苏军事合作的详情③。蒋介石时而还会请拉铁摩尔起草致罗斯福的英文函电,这些英文函电稿通常由宋美龄转蒋介石定稿,然后拍发美国。即便如此,他对促进这种联系还是尽力的。蒋介石曾请拉铁摩尔转告罗斯福,要求美国向英、苏政府建议与中国成立同盟,并同意中国参加进行已久的美、英、澳大利亚、荷兰太平洋联防会议。拉铁摩尔在起草电文稿时,提议删去易造成中国只能依赖美国的印象之字句,同时加上:"委座颇愿利用全般局势发动反攻,惟念军备有限,倘不能如建议办法在政治上取得保障,此项努力之消耗实甚危险。"拉铁摩尔认为,加入这一内容有助于美国和其他有关国家在军事上在政治上重视中国④。而居里收到拉铁摩尔8月2日的来电后,又立即转给尚在度假的罗斯福⑤。同年11月24日和26日,拉铁摩尔两次致电居里,转达蒋介石对美国在与日本谈判中的妥协倾向的不满,要求美国在对日谈判中坚定立场,使中国不被孤立。居里于11月26

---

①　《居里致拉铁摩尔电》(1941年7月30日),蒋中正档案－特交档案－外交,053－6。

②　《居里致拉铁摩尔电》(1941年8月7日),蒋中正档案－特交档案－外交,053－8。

③　《居里致拉铁摩尔电》(1941年7月22日),蒋中正档案－特交档案－外交,053－6。

④　《蒋介石与拉铁摩尔会谈纪录》(1941年7月31日)、拉铁摩尔致蒋介石函(1941年8月1日),《中华民国重要史料初编》第三编《战时外交》(一),第730－734页。

⑤　《居里致拉铁摩尔电》(1941年8月4日),*FRUS*,1941,Vol. 4,p. 362.

日便复电拉氏转知蒋介石：罗斯福总统的根本态度"迄未改变"①。在太平洋战争爆发之初，拉铁摩尔还及时向白宫转达了蒋介石的一系列重要意见，如：美国应当集中军事力量于太平洋战场，这有助于及时把苏联拉入对日作战阵线，成立太平洋联合军事指挥部，由军事重心之美国为之领导②；对英缅当局强占在缅甸的美国援华租借物资表示强烈不满③。

蒋介石之所以希望由罗斯福推荐的美方人士担任自己的政治顾问，意在建立起与罗斯福"个人直接关系"④。当时蒋介石不满美国国务院在远东问题上所持的消极立场，与美国大使高斯的关系也很不融洽，因此对拉铁摩尔颇为重视，往往把最重要的意见请拉铁摩尔经居里直接转达罗斯福，而不是通过美国在华大使馆。而蒋的这一考虑与当时居里的想法不谋而合，他起先指示拉铁摩尔代蒋介石起草致美方的电报时，可把普通电报交美国驻华使馆转递，特种电讯则由居里直接转达⑤。居里和拉铁摩尔都非常重视发展美国对华关系，通过他们两人分别在华盛顿和重庆的努力，罗斯福和蒋介石之间建立起了一条特殊的联系渠道，这一联系渠道一度绕开了美国国务院和驻华大使馆。如1941 年 11 月 11 日，拉铁摩尔曾在致居里的密电中，以蒋介石的名义转达了对美方的要求：增加维持汇率基金约 5000 万美元，提高对法币的信心；固定法币与美金的兑换率，遏止投机性购汇；授权中国领馆派

---

①　《中华民国重要史料初编》第三编《战时外交》（一），第 734—736 页；蒋中正档案—革命文献—抗战时期第 35 册，文件第 17—19。

②　《拉铁摩尔致居里电》（1941 年 12 月 8 日、12 月 10 日），蒋中正档案—特交档案—外交 053—6。

③　《拉铁摩尔致居里电》（1941 年 12 月 28 日、1942 年 1 月 1 日），《中华民国重要史料初编》第三编《战时外交》（一），第 736—738 页。

④　《蒋介石对宋子文 1941 年 6 月 3 日的批示》，《中华民国重要史料初编》第三编《战时外交》（一），第 726 页。

⑤　《居里致拉铁摩尔电》（1941 年 7 月 30 日），蒋中正档案—特交档案—外交—对美外交，053—6。

员监督美国对华进口,遏制投机和奢侈品对华出口;把对华小额贷款合并为大额贷款,减少中国战时还款的负担。拉铁摩尔还转达了蒋介石的担忧,即中国的经济困难要比军事局势更严峻①。

拉铁摩尔从被居里介绍给罗斯福,再由罗斯福推荐给蒋介石,事先均未征求国务院的意见;待到国务院方面得悉拉铁摩尔即将赴华时,虽不便表示反对,但向白宫强调拉氏只应当以私人名义,而不是作为美国政府官员的身份,担任蒋介石的政治顾问②。而拉铁摩尔在重庆的活动得不到美国使馆的支持和配合,使馆方面也从不就任何事情征求拉铁摩尔的意见,不邀请拉氏参加使馆为招待中方人士所举行的活动,尽管拉铁摩尔作为蒋介石唯一的外籍政治顾问是由罗斯福推荐的。另外,拉铁摩尔还访晤过英国、苏联、法国等国驻重庆的使节和武官,这类活动既不通过中国外交部,也不经过美国驻华使馆。驻重庆美国大使馆对拉铁摩尔的"不合作"态度,使远在华盛顿的居里颇为不满,1941年9月间,他向美国国务院一官员谈到:国务院应当维护拉铁摩尔的威望,现在高斯与拉铁摩尔的关系不融洽,蒋介石据此断定拉铁摩尔不能对美国政府起到影响,这就妨碍了拉铁摩尔在中国发挥其作用③。这正是太平洋战争爆发前中美外交运作机制复杂性的体现之一。

拉铁摩尔作为蒋介石的政治顾问,确实也对当时国民政府面临的如新疆、外蒙古等敏感问题进行了一定的研究,对如何解决这些问题,提出了书面意见。如建议蒋介石派私人代表赴新疆,以柔远政策感化新疆督办盛世才,中央政府宜在"政治及经济建设各方面,与新疆以指导及援助,使新疆与中央之关系日趋密切"。在外蒙古问题上,建议中

---

① 《拉铁摩尔致居里》(1941年11月11日),Lauchlin Currie Papers, Box 1, Hoover Institution Archives.

② 《赫尔致罗斯福备忘录》(1941年5月21日),*FRUS*, 1941, Vol. 5, p. 648.

③ *FRUS*, 1941, Vol. 5, p. 716.

国驻苏联大使与外蒙公使交涉承认中国在外蒙主权等五项目标；与苏联交涉订立互助防御协定；减少外蒙之苏共势力，阻止中共思想及势力侵入外蒙，发展外蒙资源，增加与内地贸易，注意外蒙对内蒙之影响；外蒙问题之紧急性，交涉之方法，等等。在东北问题政策上，提出了中国应坚决申述中国在东北部分之完整主权与治权等六项原则以及九项建议，外交政策与收复东北之关系、内政与收复东北之关系、战后东北之建设，如何应付在东北问题上的日本外交策略①。这些意见有的不久即为蒋介石采纳，如派朱绍良等大员入新疆；还有的供国民政府有关部门参考。

　　在中国的半年多时间里，除了孔祥熙外，拉铁摩尔还与冯玉祥、张群、何应钦、王世杰、郭泰祺、董显光、迪鲁瓦·呼图克图等中方人士有过多次交谈，也同在重庆的中共代表周恩来有过多次会谈和社交场合下的会面。拉铁摩尔还到滇缅路的中国段进行过视察，会见过云南省主席龙云，了解到国民政府对云南地方当局资助不足的情况。他还向华盛顿报告说，云南多山的地形无论对中国的防御还是日本的进攻，都起了制约作用，关键是制空权的掌握②。这与蒋介石迫切希望美国增加对华空军援助的要求是一致的。拉铁摩尔本人对介入中国内部政治关系非常慎重，对当时的敏感问题通常不表态，然而拉氏也多次明确表达了罗斯福重视中国抗日统一战线、希望避免内战的主张。周恩来曾非常坦率地谈到，拉铁摩尔在重庆的存在有助于维护统一战线的局面③。

---

　　①　拉铁摩尔致蒋介石新疆问题节略（1941年8月28日）、外蒙古问题节略（1941年9月）、东北问题节略（1941年9月9日）、最近将来解决东北问题方案（1941年12月2日），蒋中正档案—革命文献—抗战时期第35册对美外交（5），文件14、15、16、20。

　　②　拉铁摩尔致居里电（1941年11月2日），*FRUS*，1941，Vol. 5，p. 747.

　　③　［日］矶野富士子整理：《蒋介石的美国顾问—欧文·拉铁摩尔回忆录》，复旦大学出版社1996年版，第148页。

　　1942年1月，拉铁摩尔返回美国休假。蒋介石当时致电罗斯福，称"拉顾问业已完全满足我等之期望……中对之从无纤介之疑虑"。重申中国将竭力相助，对抗日本侵略①。拉铁摩尔则利用受罗斯福接见之际，谈到蒋介石不会垮台，不会向日本人投降，蒋继续抗战的决心是毫无疑问的②。这对于促使尔后美国加快对国民政府的财政军事援助不无裨益。拉铁摩尔还在美国与各方面开展联络，向中方报告美国可能改变对华补给线等重要消息。他还在《国家地理杂志》、《生活周刊》、《星期六邮报》等美国报刊上，撰文宣传中国抗战③。由于在美国治疗疟疾，拉铁摩尔直到1942年10月初才回到重庆。由于蒋介石与史迪威之间的矛盾已经公开化，拉铁摩尔从内心不赞成蒋的许多做法，但又不可能支持史迪威，旋向蒋介石辞去政治顾问的职务，于当年11月返回美国，就职美国新闻局，负责对远东地区的宣传工作。

　　当然，拉铁摩尔的辞职对当时的中美关系并没有产生什么消极影响。事实上，拉氏抵华不久，蒋介石就发现罗斯福推荐的并不是哈里·霍普金斯那样的重要角色，能够影响到罗斯福的对华政策很有限。而到太平洋战争爆发后，美国政府的外交、财政、军事各部门都与重庆方面建立起直接联系；另外通过当时已出任外交部长但仍常驻华盛顿的宋子文，蒋介石与美国白宫之间联系渠道之畅通，也是前所未有的。在这种情况下，拉铁摩尔的退出也就不足为奇了。

---

① 蒋中正档案—革命文献—抗战时期第35册对美外交(5)，文件21。
② 《蒋介石的美国顾问—欧文·拉铁摩尔回忆录》，第156—157页。
③ 蒋中正档案—革命文献—抗战时期第35册对美外交(5)，文件23。

参考文献 *

中文档案文献

陈启天回忆录,美国哥伦比亚大学珍本与手稿图书馆藏,纽约

陈布雷先生从政日记稿样,"国史馆"藏,台北

国防最高会议记录,中国国民党党史馆藏,台北

国防最高会议常务委员会议记录,中国国民党党史馆藏,台北

国民政府外交部档案,"国史馆"藏,台北

国民政府档案,"国史馆"藏,台北

蒋介石日记,斯坦福大学胡佛研究所档案馆藏,美国

蒋中正档案,"国史馆"藏,台北

居里档案(Lauclin Currie Papers),斯坦福大学胡佛研究所档案馆藏,美国

军事委员会办公厅顾问事务处民国二十八年全年工作报告摭要,中国国民党党史馆藏,台北

日本外交档案,日本外务省史料馆藏,东京

上海市银行档案,上海市档案馆藏,上海

上海市银行公会档案,上海市档案馆藏,上海

宋子文档案(T. V. Soong Papers),斯坦福大学胡佛研究所档案馆藏,美国

汪伪(组织)档案,中国第二历史档案馆藏,南京

伪上海市政府档案,中国第二历史档案馆藏,南京

---

* 本书目所收为本卷所引的主要参考文献。中文和日文书目以书名汉字的音序排列,西文书目以作者姓氏字母顺序排列。

杨格档案(Arthur N. Young Papers),斯坦福大学胡佛研究所档案馆藏,美国

张嘉璈档案(Chang Kia‐ngau Papers),斯坦福大学胡佛研究所档案馆藏,美国

中国国民党中央执行委员会政治委员会第五十一次会议速记录,中国国民党党史
　　馆藏,台北

中央委员会谈话会纪录(民国二十九年度),中国国民党党史馆藏,台北

中文著作

《1930年代的中国》,中国社会科学院近代史所民国史研究室编,北京,社会科学文
　　献出版社,2006

《1937—1945日本在中国沦陷区的经济掠夺》,[日]浅田乔二等著,袁愈佺译,上
　　海,复旦大学出版社,1997

《1938年英日关于中国海关的非法协定》,中国近代经济史资料丛刊编辑委员会
　　编,北京,中华书局,1965

《八路军》,岳思平主编,北京,中共党史出版社,2005

《八路军·综述大事记》,中国人民解放军历史资料丛书编审委员会编,北京,解放
　　军出版社,1994

《八路军·文献》,中国人民解放军历史资料丛书编审委员会编,北京,解放军出版
　　社,1994

《"八一三"抗战史料选编》,上海社会科学院历史研究所编,上海人民出版社,1986

《八一三淞沪抗战》,中国人民政治协商会议全国委员会文史资料研究委员会《八
　　一三淞沪抗战编审组》编,北京,中国文史出版社,1987

《百团大战史料》,何理、王瑞泉、刘威选编,北京,人民出版社,1984

《兵火奇观——武汉保卫战》,敖文蔚著,桂林,广西师范大学出版社,1995

《拨云雾而见青天——陈立夫英文回忆录》,陈立夫著,卜大中译,台北,近代中国
　　出版社,2005

《财政年鉴》(续编),财政部《财政年鉴》编纂处编,重庆,商务印书馆,1943

《长沙三次会战》,容鉴光著,台北"国史馆",1990

《陈布雷回忆录》,台北,传记文学出版社,1985

《陈毅军事文选》,《陈毅传》编写组编,北京,解放军出版社,1996

《大本营陆军部（摘译）》，日本防卫厅战史室编，天津市政协编译委员会译，成都，四川人民出版社，1987

《大变局——抗战时期的后方企业》，张守广著，南京，江苏人民出版社，2008

《德国对华政策研究》，周惠民著，台北，三民书局，1995

《东北抗日联军斗争史简编》，李惠著，北京，解放军出版社，1987

《东北抗日联军史料》，《东北抗日联军史料》编写组编，北京，中共党史资料出版社，1987

《东江纵队史》，《东江纵队史》编写组编，广州，广东人民出版社，1995

《东江纵队史料》，广东省档案馆编，广州，广东人民出版社，1984

《第二次中日战争史》，吴相湘著，台北，综合月刊社，1973

《革命文献》第 106 辑，秦孝仪主编，中国国民党中央委员会党史委员会，台北，1986

《顾维钧回忆录》第 3、4 分册，中国社会科学院近代史研究所译，北京，中华书局，1985、1986

《国共关系 70 年纪实》，黄修荣编，重庆出版社，1994

《国民参政会纪实》，孟广涵主编，重庆出版社，1985

《国民参政会纪实》（续编），孟广涵主编，重庆出版社，1987

《国民参政会史料》，国民参政会史料编纂委员会，台北，1962

《国民参政会资料》，四川大学马列教研室编，成都，四川人民出版社，1984

《国民革命军战役史》第 4 部第 2、3 册，三军大学战史编纂委员会，台北"国防部"史政编译局，1995

《海桑集·熊式辉回忆录》，洪朝辉编校，香港，明镜出版社，2008

《合作与冲突，1931－1945 年的中苏关系》，李嘉谷著，桂林，广西师范大学出版社，1996

《河内汪案始末》，陈恭澍著，台北，传记文学出版社，1983

《胡适任驻美大使期间往来电稿》，中国社科院近代史研究所中华民国史组编，北京，中华书局，1978

《胡适日记全编》第 6 卷，曹伯言整理，合肥，安徽教育出版社，2001

《胡适往来书信选》，中国社科院近代史研究所中华民国史组编，北京，中华书局，1979

《华北治安战》,〔日〕防卫厅战史室编,天津市政协编译组译,天津人民出版社, 1982

《纪念七七抗战六十周年学术研讨会论文集》,台北"国史馆",1998

《蒋介石的美国顾问——欧文·拉铁摩尔回忆录》,〔日〕矶野富士子整理,吴心伯 译,上海,复旦大学出版社,1996

《蒋介石政府与纳粹德国》,〔美〕柯伟林,陈谦平等译,北京,中国青年出版社,1994

《蒋委员长中正抗战方策手稿汇辑》(一),中国国民党中央委员会党史委员会,台 北,近代中国出版社,1992

《蒋中正总统档案·事略稿本》第44册,台北"国史馆",2010

《金城银行史料》,中国人民银行上海市分行金融研究室编,上海人民出版社,1983

《今井武夫回忆录》,〔日〕今井武夫著,天津市政协编译委员会译,上海译文出版 社,1978

《旧中国公债史资料》,千家驹编,北京,中华书局,1984

《抗日御侮》第5卷,蒋纬国著,台北,黎明文化事业公司,1978

《抗日战史》,台北"国防部"史政编译局,1985－1994

《抗日战争时期国民政府经济法规》,重庆市档案馆编,北京,档案出版社,1992

《抗日战争时期中国对外关系》,陶文钊、杨奎松、王建朗著,北京,中共党史出版 社,1995

《抗日战争正面战场》,中国第二历史档案馆编,南京,凤凰出版社,2005

《抗战后方冶金工业史料》,重庆市档案馆、四川省冶金厅《冶金志》编委会编,重庆 出版社,1988

《抗战时期大后方经济开发文献资料选编》,唐润明主编,重庆市档案馆,2005

《抗战时期美国援华史料》,何思睒编,台北"国史馆",1994

《李宗仁回忆录》,李宗仁口述,唐德刚撰写,上海,华东师范大学出版社,1995

《粮政史料》,朱汇森主编,台北"国史馆",1989

《刘少奇选集》,中共中央文献研究室编,北京,人民出版社,2004

《罗斯福与美国对外政策 1932－1945》,〔美〕罗伯特·达莱克著,陈启迪等译,北 京,商务印书馆,1984

《毛泽东年谱》,中共中央文献研究室编,北京,中央文献出版社,2002

《毛泽东选集》(合订本),北京,人民出版社,1968

《毛泽东文集》第 2 卷，中共中央文献研究室编，北京，人民出版社，1993

《蒙古"自治运动"始末》，卢明辉著，北京，中华书局，1980

《民国财政史》，杨荫溥著，北京，中国财政经济出版社，1985

《民国社会经济史》，陆仰渊、方庆秋编，北京，中国经济出版社，1991

《民国外债档案史料》第 2、11 卷，财政部财政科学研究所、中国第二历史档案馆
　　　编，北京，档案出版社，1991

《南京保卫战》，中国人民政治协商会议全国委员会文史资料研究委员会《南京保
　　　卫战》编审组编，北京，中国文史出版社，1987

《南京大屠杀史料集》第 1、7 册，张宪文主编，南京，凤凰出版社，2005

《南侨回忆录》，陈嘉庚著，出版地不详，1946

《七七事变》，中国人民政治协商会议全国委员会文史资料研究委员会《七七事变》
　　　编审组编，北京，中国文史出版社，1987

《潜流与点滴》，陶希圣著，台北，传记文学出版社，1970

《侵华日军南京大屠杀档案》，中国第二历史档案馆等编，南京，江苏古籍出版社，
　　　1997

《侵略与自卫》，曹振威著，桂林，广西师范大学出版社，1994

《日本帝国主义的本质及其对中国的侵略》，[日]依田憙家著，卞立强译，北京，中
　　　国国际广播出版社，1993

《日本帝国主义对外侵略史料选编（1931—1945）》，复旦大学历史系编，上海人民
　　　出版社，1983

《日本帝国主义侵略上海罪行史料汇编》，上海市档案馆编，上海人民出版社，1997

《日本在华中经济掠夺史料（1937—1945）》，上海市档案馆编，上海书店出版社，
　　　2005

《日伪对华中沦陷区经济的掠夺与统制》，黄美真主编，北京，社会科学文献出版
　　　社，2005

《日伪统治河南见闻录》，邢汉三著，开封，河南大学出版社，1986

《三民主义青年团与中国国民党关系研究（1938—1949）》，王良卿著，台北，近代中
　　　国出版社，1998

《审讯汪伪汉奸笔录》，南京市档案馆编，南京，凤凰出版社，2004

《四联总处史料》，重庆市档案馆、重庆市人民银行金融研究所编，北京，档案出版

社,1993

《宋子文与外国人士往来函电稿(1940—1942)》,吴景平、林孝庭主编,上海,复旦大学出版社,2009

《宋子文与战时外交》,陈立文著,台北"国史馆",1991

《宋子文驻美时期电报选(1940—1943)》,吴景平、郭岱君编,上海,复旦大学出版社,2008

《外人目睹之日军暴行》,[英]田伯烈,杨明译,汉口,正中书局,1938

《万耀煌将军日记》,台北,湖北文献社,1978

《汪精卫集团投敌》,黄美真、张云编,上海人民出版社,1987

《汪精卫骂汪兆铭》,徐达人编,岭南出版社,1939

《汪精卫是什么东西?》第4辑,祝小明编,岭南出版社,1940

《汪精卫伪国民政府纪事》,蔡德金、李惠贤编,北京,中国社会科学出版社,1982

《汪精卫先生抗战言论集》,汉口,独立出版社,1938

《汪伪汉奸政权的兴亡——汪伪政权史研究论集》,复旦大学历史系中国现代史研究室编,上海,复旦大学出版社,1987

《汪伪政权全史》,余子道、曹振威、石源华、张云著,上海人民出版社,2006

《汪伪政权资料选编·汪精卫国民政府成立》,黄美真、张云编,上海人民出版社,1984

《汪伪政权资料选编·汪精卫国民政府"清乡"运动》,余子道、刘其奎、曹振威编,上海人民出版社,1985

《汪伪政权资料选编·汪精卫集团投敌》,黄美真、张云编,上海人民出版社,1984

《王世杰日记》,台北中研院近代史所,1990

《王子壮日记》,台北中研院近代史所,1990

《伪廷幽影录》,黄美真编,北京,中国文史出版社,1991

《我的前半生》,溥仪著,北京,群众出版社,1963

《我们的檄书》,钱俊瑞等著,集纳出版社,1940

《武汉抗战史》,欧阳植梁、陈芳国主编,武汉,湖北人民出版社,1995

《西北中苏航线的经营》,简笙簧著,台北"国史馆",1984

《新四军·文献》,中国人民解放军历史资料丛书编审委员会编,北京,解放军出版社,1994

《新四军战史》,《新四军战史》编委会编,北京,解放军出版社,2007

《徐永昌日记》,台北中研院近代史所,1991

《徐州会战》,中国人民政治协商会议全国委员会文史资料研究委员会《徐州会战》
编审组编,北京,中国文史出版社,1985

《血染辉煌——抗战正面战场写实》,马振犊著,桂林,广西师范大学出版社,1993

《张公权先生年谱初稿》,姚崧龄编,台北,传记文学出版社,1982

《中德日三角关系研究》,陈仁霞著,北京,三联书店,2003

《中德外交密档 1927—1947》,中国第二历史档案馆编,桂林,广西师范大学出版
社,1994

《中共中央抗日民族统一战线文件选编》,中央统战部、中央档案馆编,北京,档案
出版社,1986

《中共中央文件选集》第 10、11 册,中央档案馆编,北京,中共中央党校出版社,
1985、1986

《中国共产党历史》,中共中央党史研究室编,北京,人民出版社,1991

《中国国民党第五届中央执行委员会常务委员会会议纪录汇编》,国民党中央委员
会秘书处编印,南京、重庆,出版时间不详

《中国国民党历次代表大会及中央全会资料》,荣孟源主编,北京,光明日报出版
社,1985

《中国近代对外关系史资料选辑(1840—1949)》,复旦大学历史系编,上海人民出
版社,1977

《中国近代海关史》(民国时期),陈诗启著,北京,人民出版社,1999

《中国近代史资料丛刊·抗日战争》,章伯锋、庄建平主编,成都,四川大学出版社,
1997

《中国近代通史》第九卷,王建朗、曾景忠著,南京,江苏人民出版社,2007

《中国近代政治制度史》,林代昭、陈有和、王汉昌编,重庆出版社,1988

《中国近现代政党史》,朱建华、宋春主编,哈尔滨,黑龙江人民出版社,1984

《中国抗日战争史》,军事科学院军事历史研究部编,北京,解放军出版社,2005

《中国抗日战争史 1931—1945》,张宪文主编,南京大学出版社,2001

《中国抗日战争正面战场作战记》,郭汝瑰、黄玉章主编,南京,江苏人民出版社,
2002

《中国民主党派史》(新民主主义时期),张军民著,北京,华夏出版社,1989

《中国民主同盟历史文献》,中国民主同盟中央文史资料委员会编,北京,文史资料
　　出版社,1983

《中国人民解放军七十年大事记(1927—1997)》,军事科学院军事历史研究部编,
　　北京,军事科学出版社,2000

《中国人民解放军战史》第二卷,军事科学院军事历史研究部编,北京,军事科学出
　　版社,1987

《中国人民解放军战史简编》,国防大学《战史简编》编写组编,北京,解放军出版
　　社,2001

《中国事变陆军作战史》,[日]防卫研究所战史室编,田琪之、齐福霖译,北京,中华
　　书局,1979—1983

《中国通货膨胀史》,张公权著,杨志信译,北京,文史资料出版社,1986

《中国银行行史资料汇编》上编,中国银行总行、中国第二历史档案馆编,北京,档
　　案出版社,1991

《中国银行行史 1912—1949》,卜明主编,北京,中国金融出版社,1995

《中国战时交通史》,龚学遂著,上海,商务印书馆,1947

《中国资本主义发展史》第 3 卷,许涤新、吴承明主编,北京,人民出版社,1993

《中华公路史》,周一士著,台北,商务印书馆,1984

《中华民国货币史资料》第 2 辑,中国人民银行参事室编,上海人民出版社,1991

《中华民国交通志(初稿)》,台北"国史馆",1991

《中华民国金融法规档案资料选编》,中国第二历史档案馆等编,北京,档案出版
　　社,1989

《中华民国史》,张宪文等编,南京大学出版社,2006

《中华民国史档案资料汇编》第 5 辑,中国第二历史档案馆编,南京,江苏古籍出版
　　社,1997

《中华民国史史料长编》第 41 册,万仁元、方庆秋主编,南京大学出版社,1993

《中华民国史事纪要》(1937—1941),台北"国史馆",1987—1993

《中华民国政治制度史》,徐矛著,上海人民出版社,1992

《中华民国重要史料初编》,秦孝仪主编,中国国民党中央委员会党史委员会,台
　　北,1981—1988

《中华民族的抗日战争》,罗焕章、支绍曾著,北京,军事科学出版社,1987

《中日外交史料丛编》第 4、5、6 册,中国国民党党史委员会编,台北,1995

《中日战争时期的通敌内幕》,[美]约翰·亨特·博伊尔著,陈体芳、乐刻等译,北
　　京,商务印书馆,1978

《中外旧约章汇编》第 3 册,王铁崖编,北京,三联书店,1962

《资源委员会档案史料初编》,台北"国史馆",1984

《周恩来军事活动纪事(1918—1975)》,刘武生、杜宏奇编,北京,中央文献出版社,
　　2000

《周恩来年谱 1898—1949》,中共中央文献研究室编,北京,1998

《周佛海日记全编》,蔡德金编注,北京,中国文联出版社,2003

《朱家骅先生言论集》,台北中研院近代史所,1977

《总统蒋公大事长编初稿》,秦孝仪主编,中国国民党中央委员会党史委员会,台
　　北,1978

《总统蒋公思想言论总集》,秦孝仪主编,中国国民党中央委员会党史委员会,台
　　北,1984

中文报纸

《大公报》,天津、上海、重庆、香港

《南京新报》,南京

《清乡日报》,南京

《清乡新报》,南京

《扫荡报》,重庆

《申报》,上海

《实报》,北京

《新华日报》,重庆

《新民报》,重庆、成都

《新民会报》,北京

《新蜀报》,重庆

《中华日报》,南京

《中央日报》,南京、武汉、重庆

中文期刊

《档案史料与研究》,重庆

《东方杂志》,上海、重庆

《国民政府公报》,南京、武汉、重庆

《国闻周报》,上海

《建国教育》,重庆

《江苏教育》,南京

《交通公报》,重庆

《解放》,延安

《解放日报》,延安

《近代史研究》,北京

《近代中国》,台北

《抗日战争研究》,北京

《历史档案》,北京

《民国档案》,南京

《民力》,汉口

《时代文选》,上海

《绥靖公报》,南京

《文汇年刊》,上海

《文史资料选辑》,全国及各省市

《兴建月刊》,上海

《银行周报》,上海

《政治大学历史学报》,台北

《政治月刊》,南京

《中日文化月刊》,南京

《中央银行月报》,上海

日文档案文献

《关于卢沟桥事件之支那驻屯步兵第一联队第三大队战斗详报》,藏地不详,1970

日文著作

《悲剧的证人——日华和平工作秘史》,西义显著,东京文献社,1962

《汉奸裁判史》,益井康一著,みすず书房,1977

《近卫内阁》,风见章著,日本出版株式会社,1951

《满洲国现势》,"满洲国"通讯社编,1941

《日本外交年表和主要文书(1840—1945)》,外务省编,原书房,1969

《日中 15 年战争》,黑羽清隆著,日本教育社,1979

《日中战争内幕记》,冈田酉次著,日本经济新报社,1975

《日中战争史》,秦郁彦著,原书房,1972

《日中战争史料》,洞富雄编著,河出书房新社,1973

《上海恐怖机关—76 号》,晴气庆胤著,日本每日新闻社,1980

《上海时代》,松本重治著,东京中央公论社,1975

《石原莞尔之悲剧》,今冈丰著,东京芙蓉书房,1981

《通向太平洋战争的道路》,日本国际政治学会太平洋战争原因研究部编,朝日新
　　闻社,1963

《维新政府之现况》,维新政府宣传局编,1939

《现代史资料》7—9、11,みすず书房,1964—1972

《扬子江还在流》,犬养健著,文艺春秋社,1960

《西园寺公爵与政局》,原田熊雄著,岩波书店,1967

《支那事变战争指导史》,堀场一雄著,原书房,1973

《支那事变关系公表集》,外务省情报部编,1937

《昭和之动乱》,重光葵著,中央公论社,1952

英文著作

Documents on American Foreign Relations, World Peace Foundation, Boston, 1941

Documents on British Foreign Policy 1919 - 1939, Series 2 - 3, London, 1955

Documents on German Foreign Policy, Series D, London: Her Majesty's Stationery Office, 1949

Fox, John P. *Germany and the Far Eastern Crisis 1931 - 1938*, Oxford University Press, 1982

Morgenthau Diary, China, Dacapo Press, New York, 1974

Clifford, Nicholas R. *Retreat from China*, Da capo Press, New York, 1976

Romanus, Charles F. and Sunderland, Riley. *Stilwell's Mission to China*, Office of Military History, Department of the Army, Washington, D. C., 1953

Young, Arthur N. *China and the Helping Hand*, *1937 - 1945*, Harvard University Press, Cambridge, Massathusetts, 1963

英文报刊

F. D. Roosevelt and International Affairs, *1937 - 1939*, Vol. 2, New York, 1979

Foreign Relations of the United States, *1937 - 1941*

人名索引[*]

　　＊　本索引收入本卷中出现的人名,中国、日本、朝鲜、越南人名以其汉字的音序排列,其他国家的人名以其译音汉字的音序排列,并附其原文,少数不知原文者暂付阙如。